U0006531

日本人眼中的中國

過去與現在

日本にとって中国とは何か

尾形勇、鶴間和幸、上田信
葛劍雄、王勇、礪波護——著
陳柏傑——譯

第一章 面對著大自然 環境、開發、人口的中國史 尾形勇……8

第二章　中國文明論　多樣性與多元性　鶴間和幸……67

第六章 日本人眼中的中國

第一章　面對著大自然　環境、開發、人口的中國史

尾形勇

前言

中日兩國建交[1]後的第四年，也就是一九七六年的這一個龍年，可說是變動極為劇烈的一年。周恩來、朱德以及毛澤東，三個人分別在一月、七月及九月相繼過世。而在同年的七月，還發生了死者人數超過二十四萬人的唐山大地震。我初訪中國的時間，便是在這一年的八月下旬。當時即便是在江南地區，人們也因為聽聞種種即將發生地震的傳言而心生恐懼露宿街頭，整個中國社會籠罩著一股人心惶惶的氛圍。當然，文化大革命也在這個時期進入了最高潮。

從這一年開始，若不論時間長短的話，我到中國的次數已經超過了三十次，幾乎就像是每年的固定行事般，我一直持續地進行著我的中國之旅。雖然我只是單純以旅行者的角度進行觀察，但就像黃河有時會發生的九十度大轉彎一樣，我仍親眼目睹了中國多次的政治路線轉換，以及因此連帶產生出來的社會改變。[2]

我第一次所見到的上海，就如同戰時印在明信片上的圖片般，黃浦江上有著無數中國帆船（戎客）與舢舨交織而過的景色。時至今日，由於市場經濟政策的實施，像這樣子的優閒氣氛早已不復

存在。浦東地區，在過去全是田地，主要為農民和低下階層勞動者的簡樸住宅區，但現在已被幾座橫跨黃浦江的巨型吊橋與地下道連結起來，而錯綜林立於兩岸的高樓大廈與蛇行穿梭於其中的高速道路，正向世人誇耀著上海，不，應該說是中國顯著又急速的經濟成長的一種表徵。

然而，對於在孩提時期就經歷過日本敗戰，且在日本高度成長期度過了青春期，近年又目睹了「泡沫經濟瓦解」的我來說，實在是無法由內心發出「偉哉，中國」的讚美之聲，對於中日未來的展望，我也無法樂觀以對。在提筆撰寫本書的同時，仍會有一些畫面不由自主地在我的腦海閃過，那就是透過媒體得知，發生在一九八九年的「六四天安門事件」（第二次天安門事件），當時的中國青年們的身影。那些中國年輕人的身影，與「六〇年代安保運動」之際，日本民眾群情激憤的畫面重疊在了一起，讓我感到極度地悲憤與感概，甚至接連數日都不得成眠。回憶

黃浦江的今昔　上方照片攝於一九七九年，許多中國帆船於黃浦江上穿梭；下方照片攝於二〇〇五年高樓大廈林立的黃浦江沿岸（兩張照片皆由作者所攝）。

當時的那份感概，再與時下高喊著「抗日愛國」的年輕人互相對照，實在很難讓人產生共鳴。或許是我自己早已趕不上時代潮流，但看到那些人不願直接與體制、權力、權威正面對決，而只會把像是有人刻意準備、毫無防備的「假想敵」當作標的物，在我看來，不過是一種卑劣的暴動罷了。

由於我的中國之旅本來就是以造訪史蹟與遺址為目的，因此旅程往往會不知不覺地深入到內地各處，也因為這個關係，我並不會被光鮮亮麗的大都會所迷惑，反而得以窺探無法及時趕上經濟成長列車的農村地區——自古以來的「純樸生活情況」。就如同我將會在後面章節敘述到的內容，中國是一個農業大國，約有百分之八十的人民務農，這是一個從古至今未曾改變過的事實。身為學習中國歷史，特別是研究古老時期歷史的我而言，我「凝視歷史的目光」，到頭來終究還是會回歸聚焦在那些歷經種種時空環境的歷練，最後好不容易得以存活下來的農民身上，然後這道「目光」，同時也會移轉到歷史悠久的「傳統中國」上。因此，我的著作就如同本篇文章一樣，不以都市為書寫標的，而是以生活於農村、那些被稱作「老百姓」的普通農民，作為文章的主角。

今日，都市與農村間的鴻溝與差距，是任何人都能夠看到的問題。這個存在於農村、農民、農業間的諸多矛盾現象，就是所謂的「三農問題」。「三農問題」是一般公認中國中央政府尚未解決，也是最應該要設法解決的難題。[3]雖然本文終究不過是一篇以「凝視歷史的目光」之角度寫成的文章，但我會試著針對這些問題進行討論。

中國，從現在到過去

作為超級大國的中華人民共和國

中國的總面積為九百六十萬平方公里，大約是日本國土面積的二十五倍，是僅次於俄羅斯聯邦、加拿大、美國的世界第四大國。人口約有十二億六千五百八十三萬人。[4]即便國家強行推動了「一胎化政策」，但其人口總數，特別是在農村地區，仍處於逐漸增加的狀態，再加上那些遭到隱瞞未被登報戶籍的人口，因此很有可能總人口數早已突破十三億人。不論如何，單就地球上的人類中，每五至六人就有一個人是中國人的這一個現況來看，中國的的確確是一個會令人人感到畏懼的超級大國。

此外，再加上人數高達兩百五十萬的解放軍、擁有核潛艦等武器的強大海軍，以及大量能搭載核子武器的飛彈（即便只是自衛用），使得中國被視為亞洲最強的軍事大國。

不過，若與那個沿用古典世襲制度、擁戴獨裁統治者的某個國家的「危險程度」相比，一般日本人不認為中國會對日本發動軍事攻擊的這個一般認知，可說是一種非常不可思議的現象。之所以會產生這樣的現象，論其背景原因；首先可歸因於過去因侵略所造成的那一段慘痛歷史，還有就是迄今為止，中國從未直接對日本列島發動過侵略攻擊。

若是重新翻開歷史進行檢視的話，就可以得知，中國大陸與日本之間常被描述只隔著一個海域（一衣帶水），如同《漢書》地理志：「樂浪海中有倭人，分為百餘國，以歲時來獻見云。」所言，自從日本以「倭國」身分出現在中國正史以來，兩國間已有兩千年以上的交流歷史。

話雖如此，事實上，兩國並非自古以來都一直保持著友好關係的。先不談「元寇」的那段歷史，在唐朝與明朝的兩個時期，兩國也曾因為朝鮮半島的問題發生過對峙、衝突與侵略攻擊。特別是發生在一個世紀前的甲午戰爭，以及緊接於後的日俄戰爭，兩場戰爭都是發生在大清帝國的領土上。之後沒過多久，又發生了先前提到過的，長達十五年的「不幸時代」。在兩國的交流史中，由於日方犯下了如此糊塗的行為，因此留下了百口莫辯，無法揮之而去、宛若「原罪」般的陰影。

不知道是否因為久安於這個「瑞穗之國」[5]的關係，日本人似乎很擅長於任由過去的事情「隨波而去」，但是在面對於被侵略的人們時，如此的態度是行不通的。正因為如此，所以不光是中國，日本與東南亞各國，在「歷史認識」問題上也發生了不少強硬衝突。

「歷史認識」的問題

理解「日中不再戰原則」的大多數日本民眾，他們的「歷史認識」，並非是那些也讓許多日本學者專家百思不解，或是讓鄰近國家感到憂懼的、部分歷史教科書內容所能影響的，換句話說，事實不會因這些引發爭議的教科書通過審查而動搖。包括上述的教科書在內，在民主主義體制下，透過各種史觀與觀點所寫成的歷史教科書，都有獲得出版上市的權利。

再者，容我自我開脫一下，中國與歐美國家的情況相似，自古以來，一向都對於「公私之分」感到敏感。常聽人形容中日關係「政冷經熱」，而形成所謂「政冷」的核心關鍵，便是靖國神社的參拜問題。代表著「公」權力，身分相當於古代宰相的人，利用「私」情，或是用一些說得不清不楚的、帶有「私」成分的理由，前往那間就法律而言、無法禁止其合祀活動之宗教法人的神殿進行參拜，而且還是「公」形式的參拜……先不考慮總是跟隨著行政部門走的司法部門會如何下判斷，單就是否違反憲法這一點，我就一直抱持著懷疑的態度。即使在不久的將來，宰相暫停或是延期了官方性質的參拜活動，又或者基於自我約束而不再參拜，但看在他國眼裡，應該也只會將其視為一種違心之論罷了吧。哪個國家？用什麼理由？為什麼要如此執拗地要求日本處理歷史認識的問題？關於這些現象發生的原因，自己不去追究探討，也沒有想要去瞭解的打算，甚至只會在本身還不具備理解認知的能力下表示「合適的判斷」，我想今後類似的外交牌仍會一直被打出來。

以「漢族」為中心的多民族國家

一九四九年十月所成立的中華人民共和國，這幾年來不斷積極地實施市場經濟政策，且以凌駕其他資本主義國家的氣勢，完成了許多經濟成就。不過，國家的政體卻依舊是以、標榜著驅逐「皇軍」有功的中國共產黨為首，是一個不管在外交或是內政上，都以獨裁統治作為方針的社會主義國家。此外，雖然中國標榜自己是一個蘊含多元民族與文化的多民族國家、但事實上，卻仍擺脫不了「以漢族為中心的國家」的觀念。

這裡所說的「漢族」，指的是居住在中華、中原、中夏等、總稱為「中國」的黃河文明發祥地上，發展出先進文明的民族（華夏人）。若是以北方的「夷狄」——匈奴還會稱呼華夏人為「秦人」這點來看，至少要到漢朝成立以後，「漢人」之稱才逐漸被確立下來。

維吾爾族的少女　作者攝於一九九四年的新疆維吾爾自治區和田市。

身為「漢族、漢人」的「標準」，取決於構成華夏文明之風俗、習慣、言語、信仰、飲食生活等最大公約數條件。若能大致接受這個標準的話，不管出身自哪個民族，都能夠「脫夷狄，入漢族」。民族間的區分，並非依據出身或是血統，而是著重於文化及文明，正因為這樣的融通性，因此中華、中國才得以大國之姿持續發展至今。

不過，即便是使用漢字及漢語的漢族，只要在日常生活中堅行奉守伊斯蘭教信條，在今天已經很明確地被劃分為「回族」。附帶一提，回族人雖然人數不多，卻散居中國各地，遵行著諸如視豬肉為禁忌的「清真飲食」等信條。雖說寧夏回族自治區已經算是回族人口相對較多的區域，不過事實上也只有該地漢族人口數的百分之零點五，我想，這塊維吾爾自治區的這塊招牌就快不保了。

事實上，雖然說中國是多民族國家，但漢族卻占了總人口數的百分之九十以上，剩下的五十五個民族中，以占了總人口百分之一點三的壯族（舊稱僮族）最多，其他各民族都未達總人口數的百分之一，因此可說全部都是少數民族。雖然中國政府對於除了壯族以外的少數民族，實施了可以不必遵守政府「一胎化」的優惠政策，但是政策區別所造成的歧視疑慮，仍是無法排除。

在行政區的劃分上，中國全國有北京、天津、上海、重慶四個直轄市，還有香港、澳門兩個特別行政區。另外，還設置了內蒙古、廣西壯族、寧夏回族、西藏、新疆等五個自治區，這也是在中華人民共和國成立後所實行的禮遇少數民族政策之其中一環。

不過，就算是廣西壯族自治區，區內的壯族人口數也只占總人口數的百分之三十二，漢族則占了百分之六十二，呈現出了一種人口比例倒轉的現象。新疆維吾爾自治區中的維吾爾族人，雖然約占了人口總數的百分之四十五，但是據聞最近的政策卻開始逐漸轉向禁止維吾爾語教育的方向。

接下來的這個案件，經過日本媒體的報導後，已有部分內容被披露出來，[6]雖然案件中的學生並非直接接受我論文指導，但因為他曾修過我的課，也算是有間接指導關係，因此我在這邊不得不提一下；這名年輕的學生來自維吾爾族，他在日本就讀研究所的留學期間，曾短暫返回中國一趟，不料卻突然遭到中國政府逮捕，並以「煽動國家分裂罪」和「為境外竊取、刺探、收買非法提供國家祕密罪」之罪名起訴，被判處了有期徒刑十一年，褫奪公權二年，入獄服刑。我並不是想要干涉中國的內政，儘管確信他是無罪被冤枉的，且大學方面也不斷要求中國政府讓該名學生返回學校復學，[7]不過時至今日，這些請求，都如石沉大海般，毫無音訊。這樣下去的話，被外界誤解為這才是「多民族社會主義國家」的真面目，也是無可奈何的事情了。

另一方面，在西藏自治區中，藏族占人口比例的百分之八十六。然而，隨著每年進入該區的漢族人數不斷地增加，都市的景觀及文化遭到「改裝」，逐漸內地化。雖然能掌握的資訊還不夠全面，但聽說西藏的政治、軍事、商業買賣等主控權，都是被進入西藏高原的漢人所掌握著，這些漢人還會干涉藏族傳統的宗教、風俗、語言，當然，這也會牽扯到了複雜的地下資源問題。總之，漢族與少數民族的相處，或者是地方與中央之間的對立、抗爭，這些都是想消除也消除不了的爭端。

作為農業國家的中國

雖然中國面積廣大，但若是以黃河與長江中段流域為基點畫一條直線來看的話，可以發現有百分之九十六的人口，集中生活在東半部東南沿海地帶的百分之五十的區域。因此，我們常聽到「中國百分之九十的人口居住在海岸沿岸百分之十的區域」，這個說法是相當準確的。

一級產業占中國國內生產總值的百分之十六，特別是農業；先不算直轄市，我們會發現不管是在哪一個省或是自治區，從事農業的人口比例都超過了百分之七十。將國內生產總值與占壓倒性多數的農業人口相互對照來看，姑且不論沿岸都市近郊的農家，但其他地區的農家，特別是內陸區域的一般農家，農民的生活可以想見一定是極為嚴峻的。

大約是從一九九八年，中國政府一直無法妥善處理好農村、農民、農業之所謂的「三農問題」，開始慢慢地浮上檯面。例如曾經發生過這樣的故事：二〇〇二年春天，湖北省某村莊的幹部提交了一份報告書給國務院，在這份報告書中，該幹部將「三農」改成了「農村真窮、農民真苦、農業真危險」三句話。當時的國務院總理對此回應：「這是很嚴重的問題！從以前到現在，只有好消息會回報到我這！」，並且開始著手進行改革，而下一任的總理也持續推動改革。[8]

不過事實上，三農問題仍舊持續惡化中，這是我們應該要有的基本認識。根據陳桂棣與春桃兩位作家，深入安徽省的農村所完成的農民生活實態報告《中國農民調查》，[9]根據其調查結果，若用一句話來形容該地農民，就是「一貧如洗」。該書具體地記載了一些發生在村落中的事件，並且進行了深入的追蹤紀錄，從這些記載中可以看到經濟飛躍成長的超大國之「危險的一面」。

一級產業從業者與二、三級產業從業者之間的收入差距持續擴大，繁榮的都市與逐漸失去活力的純樸農村生活，形成強烈對比，在這樣的刺激下，農村的人不光只是想離開家鄉到大都市打拚而已，甚至會想辦法定居在都市，更甚者，還會想要移民到國外，如此的想法就像是一波波的巨浪，不斷地掀起農村人口外移的「潮流」。大都市的車站附近群聚著上京謀生求職的「待業者」（失業者），以及遊民和乞丐，就算是我這樣偶爾才來的旅行者，也能夠輕易察覺到。

根據先前提到的《中國農民調查》，那些好不容易在北京找到打工地點的「民工」當中，每四人就有一個人拿不到工資，再者有百分之十六的人，就算是有工作，也是處於被雇主要求一天工作十四小時的過度勞動狀態，而且還無法享教育與醫療等社會福利——這是在中國首都北京的情況。

為了填飽肚子，農民們往往三五成群或是集體組織動員，放棄農田與村莊遷徙異鄉，這種「潮流」，可說是一個千古不變的現象。數以萬計，不，是數以十萬計、百萬計之遷徙行動，讓這些農民被冠上了「流民、流氓、窮民、徙民」，又或者是「華僑」（華人），大量出現在史冊之中。現在回頭去讀這些內容，或許有時候會讓我們感到不解，但即使到了今天，宛如賽珍珠的小說《大地》中主角王龍一家顛沛流離的畫面，仍持續上演。10

中國歷史的特色　改朝換代

王朝的更迭

發生流民與民眾遷徙潮流的原因，第一是各種戰亂或是動亂，第二則是大規模的水害、乾旱、蝗災等自然災害，第三是「苛政猛於虎」（《禮記・檀弓下》）——發生在各個朝代，特別是在各王朝末代經常會發生君主壓迫、剝削人民的情事，第四個原因為中央、地方官僚或鄉紳階級的腐敗。[11]不過，上述之自然災害的情況，由於中國社會一般來說都會有「有備無患」的觀念，因此自然災害的發生並無法與農民的窮困畫上直接關係。另一方面，歷代各王朝確實也都不敢怠惰於日常的「準備」，以防發生災害之際，能夠及時「救荒、荒政」（救災），致力於援助與重建。就這個層面而言，我們可以得知「危機管理」的成敗，甚至會牽連到一個王朝的興亡存廢。

不過現實生活中，就如同「權力集中，必生腐敗」這句格言一樣，國家忽視自己理應負起之角色的例子屢見不鮮。具體的案例已經在本系列書的其他各卷中敘述過了，因此這裡便不再重複贅述。簡言之，面對這些出現問題的王政，窮困的農民，或者是因為某些共同信仰而集結的人們，就會開始進行反抗，訴求建立一個可以享有美好生活的新政權

德裔美籍漢學家卡爾・魏特夫（Karl August Wittfogel）指出，當權者會整頓原野與荒蕪之地，並推動治水、灌溉等工程，將開墾農耕地納入國家事業的其中一環，並將無法謀生的流民安置於這

些農地，照料他們的生活，這正是中國政權之所以能夠維持專制主義體制長達兩千多年的關鍵所在，而日本學者木村正雄更以此特徵所造成的影響為基礎，提出了更進一步的具體闡釋。儘管這些研究者的學說，最近遭受到了一些批判和質疑，但仍是今天在討論中國重要特質時必定會提到的卓見。特別是關於木村正雄所提出的以下推論：若因為王朝掌權者疏於治水灌溉，尤其是管理、修復灌溉水路，導致田地荒蕪的話，被逼到窮途末路的農民百姓便會武裝起義，最後整個王朝便會被推翻，[12]我認為他將前近代中國史在改朝換代之際、就會爆發大規模反亂的這個固定現象，作了很精彩的解讀。

從這個觀點來看，中國史上從未停歇過的改朝換代現象，可說是用來確保「以皇帝作為權力頂點之中央集權專制體制」，得以不斷重生延續的一種充滿矛盾的「安定體系」。也就是說，改朝換代，只不過是把舞台上的布幕與場景換掉罷了，以中國前近代史為主題的時代劇，只要將場景不斷地替換，就可以一直演到末代王朝的終焉為止。或者，我們可以這樣說……一個王朝的滅亡，是一個依照既定程式，自發性地將不需要的細胞破壞掉的「細胞凋亡（apoptosis）」機制。

自古以來，王朝有其一定壽命（曆數）的說法，透過經驗法得到眾人的認同，然後在改朝換代之際，這個主張更會被搬上檯面賦予機能，發揮作用。若以正當化東漢禪讓政權給曹魏的例子來說，我們可以在《三國志・魏書》，注引「獻帝傳載禪代眾事」中看到這樣一段話：

臣聞帝王者，五行之精，易姓之符，代興之會，以七百二十年為一軌。有德者過於八百，無德者不及四百載。是以周家八百六十七年，夏家四百數十年。漢行夏政，迄今四百二十六歲。天之歷數，將以盡終。

簡而言之，若只將中國史當作只是一部「單純的改朝換代史」來看，是無法完整交代清楚中國歷史之大潮流。

王朝的正統性與更迭的意義

改朝換代之際，為了將新王朝的正統性訴諸於世，因此會透過當時各式各樣的政治論述以及過去的歷史知識，然後推出新的政治制度，或者是舉行諸多儀式，向大眾確認創立該王朝乃是接受上天「天命」之舉。

特別是與農業作業順序關係密切的「曆法」，就如同《史記・曆書》中所言：「王者易姓受命，必慎始初，改正朔」，對於獲得天命的帝王來說，重新規定曆法的歲首（正月）與月初（月的首日）的「正朔」行為，既是特權也是一種義務。秦始皇統一度量衡，就是代表戰國七雄互相競逐的時代已經結束。另一方面，由於尺寸的長短、砝碼的重量以及升斗的大小規定，會與穀物或布帛徵收數量的多寡產生直接關係，因此，公布新的度量衡制度，也是新王朝在宣布往後施政方針的一個表意行為。「聽說接下來升斗的基準要調整了，如果變大不就表示租稅要增加了嗎」，在新王朝建立之初，總能聽到像這樣的討論。因為，對於當時的人們來說，度量衡的變動可是攸關生計的重大事情。

時代（王朝）／換算值	一尺（公分）	一升（公升）	一兩（公克）
殷（商）	15.9	——	——
周	——	1.98（東周）	12.6（東周）
戰國	23.1	1.75（趙）	15.6（楚、趙、魏、韓）
		2.25（楚）	
		2.25（魏）	15.8（秦）
秦	23.1	2.00	15.8
西漢	23.1	2.00	15.5
新	23.1	2.00	14.9
東漢	23.75	2.00	13.8
三國	24.2	2.055	13.8（魏）
西晉	24.2	2.055	13.8
東晉、十六國	24.5	2.055	
南北朝	29.6	2.00（齊）	13.8（梁、陳）
		3.00（梁）	～37.8（北周）
			＊從一斤的重量推定出來
隋	29.6	6.00（大升）	41.3（大兩）
唐		2.00（小升）	13.8（小兩）
	30（大尺）	6.00（大升）	41.3
	36（小尺）	2.00（小升）	
宋（遼、金、西夏）	31.2	6.70	40
元	31.2 ?	9.50	40
明	34（裁衣尺）	10.0	36.9
	32.7（量地尺）		
	32（營造尺）		
清	35.5（裁衣尺）	10.0	37.3
	34.5（量地尺）		
	32（營造尺）		
中華民國	33.33	10.0	31.25
中華人民共和國	33.33（市尺）	10.0	50（市兩）

度量衡變遷的概略表　根據《漢語大詞典》（漢語大詞典出版社，一九九四年）製表。表中的虛線是依據本系列各冊所討論的時代所作的大略區隔。

我們在這邊只舉「尺」作為考察範例。正如同《史紀・律書》開頭所言，「王者制事立法，物度軌則，壹稟於六律，六律為萬事根本焉」，以適合新王朝的宮廷音樂律數當作基準，將樂器的弦長當作類似於國際米原器的測量工具，並以此為基準，制定出尺寸，依據這個新制訂出來的尺吋標準，田地的大小就會產生變化。上頁圖是各王朝所制定出來的度量衡基準值一覽表，每個王朝都有一些微妙的相異點，光就這點來說，我們或許就不應該把改朝換代當作是一個單純的過程。這裡插個題外話，根據史書的記載，蜀漢劉備玄德的身高有七尺五吋（《三國志・蜀書・先主傳》），若用東漢尺來換算的話為一百七十八公分，雖然這樣的身高算是很高，但還不到讓人震驚的程度。

本系列書，在敘述歷史變遷時之所以不敢便宜行事地略過王朝名稱，便是因為考量到上述不同朝代間的計算單位之差異。

以「公」權所建構的王朝國家

之所以會提到這麼多關於改朝換代的事情，特別是在與日本的前近代史進行比較的時候，改朝換代的現象可說是這個叫作中國的「世界」與眾不同的極大特徵。姑且不論，日本是否是因為從未遭外來民族侵略、統治整個列島的緣故，總之，日本因為有「相對較為安定的體系」的天皇制度，使得天皇、朝廷的存在與功能，得以到了前近代都保持一貫，即使掌權的大將軍家族時有更替，但仍巧妙地避免掉了像中國那樣、整個主政者崩盤的改朝換代現象。這個所謂的「萬世一系」的思想，產生出了「萬民皆是天皇的赤子」一般的「家族國家」國體論，並且在戰爭時期透過國家的權力機制進行教育，不斷地被強調，最後演變成了支撐軍國主義發展的基石。

在中國，的確也有把各個王朝國家當作是一個「家族國家」的看法。就像是我們之前略微提到過的「夏家、周家」等用語，又例如劉邦所創建的漢王朝或者是漢帝國的別稱是「漢家」，李淵和李世民所建立的唐帝國，一般也習慣稱為「唐家」。[13]這樣的現象正足以佐證「天下一家」觀念是存在的。不過，在這裡要留意的是，王朝創立者並沒有直接採用家族的姓氏，把王朝稱作「劉家」或是「李家」。這是因為從漢代起，「國家並非由一族一姓所持有」的這種政治思想，發揮了極大的影響力。

這個政治論指的就是儒家思想，特別是祕藏在正式經典（經書）中的另外一部經典（緯書）中所論述的精神。不管怎樣，這個思想之所以被提出，就是想要掣肘劉氏一族、李氏一族等「自家」唯我獨尊的支配行為。

礙於篇幅無法詳述，簡言之，不管是對於建立政權有功的眾臣，甚至是庶民百姓，都從自己的家族與家庭（這稱為「自家」）中被抽出（這稱為「出身」、「起家」），然後在這個前提下，王朝創立者會以自己為「君」，其他個人為「臣」，締結君臣關係，如此一來，國家的架構便算完成。如此流程，可以理解為一個王朝國家在建立之際的一道必經「手續」。經過這道手續後，不管是自己或他人都可被視為「公」，而不是「劉家」也不是「李家」，各王朝便以「立場中立的公家」的型態被建構了起來。然後透過這樣一個制擬架構，王朝創立者便順理成章地將「公」權攬入懷中，並可名正言順地支配人民。[14]

在這裡特別耐人尋味的是，與前文所提到的「漢家、唐家」同義的「漢氏、唐氏」等用語，一般也常會被使用。「～氏」的「～」部分，代表的是「家」的名稱──「姓」。如此一來，「漢」或者是「唐」這樣的王朝名稱，便成為了「公」家的「姓」（國家的姓）。例如，從隋朝轉換到唐朝的過程，當然算是「從楊氏到李氏」的「易姓」，但若要更精確地理解的話，應該要說是從「隋氏」轉換到「唐氏」的「易姓」才對。改朝換代是藉由改天之命所實現的。而正如同大家所知道的，這個「革命」也可以稱作「易姓革命」，而潛藏在該用語中的背景，便是中國特有的政治思想、「公權國家的輪替」。以上所述或許有些囉嗦，總之我想表達的是，中國歷史中隱藏了許多若只用一般常識解讀、便無法準確讀出的「祕密」。

中國史的時代區分

中國四千至五千年的歷史，可說是中國人運用許多創意、下了許多功夫，不斷地與大自然搏鬥，並且克服各種接踵而至的「外部壓力（攻擊）」之過程。所以，不管是稱作「發展」或是「進化」，中國社會確實是經過了許多「變化與變動」。過往的歷史學與歷史敘述，主要都是將精力放在分析與整理這些變化、轉折。特別是中華人民共和國的成立，馬克思主義的唯物史觀可說在形成國民國家與推動國家現代化的時間點（moment）及架構上，發揮了很大的效用。雖然說馬克思主義在中國已經被相當程度地中國化，但若單就結果來看，馬克思主義確實成為了一種「武器」，並完成了「救國」的目的。我們回頭重新審視的話，這個發展階段論，成為了學界外與政治連接的大問題。因此，踏上階梯，一路上昇至社會主義的所謂「發展」式歷史理論，時至今日，仍具有不可隨意捨去的意義。

至於發展的階段要如何以時期區分，這個問題從二戰之前，在日本國內外就一直進行著激烈的爭辯。針對區分的方式，日本學界不斷深化研究，最後發現了新史實，獲得極大的成果。[15]不過時至今日，正如同發展階段論已經凋零了一樣，時期區分問題在歷史學界的舞台上已不再受到關注。

只不過，拜這些研究的成果所賜，雖然有些時代被稱作「古代」，有些時代被稱作「中古」，但我們至少已經可以明白近代以前的中國史[16]有春秋戰國時期，唐末五代時期，明末清初時期等三大時代。尤其是唐末五代時期，也就是大唐帝國滅亡後，五代十國紛立，最後由宋朝將專制統治的體制再度重建的這一段時期，不管在政治、經濟、社會等各個層面，都發生了劇烈的變動，時至今日，仍舊是研究者所共同關心的主題。接下來的文章內容，也會將這個「唐代邁向宋代」的變動時期，放入討論的範圍內。另外，請容我畫蛇添足一番，中國採取市場經濟政策活絡國內經濟，也就是所謂的「鄧小平路線」時期，讓我聯想到這個「唐代邁向宋代」的變革時期。

風土與文明　作為歷史舞台的自然環境

紮根風土的文化，超越風土的文明

二〇〇五年上半年度，我們可以在報紙上屢屢看到「愛國無罪」與「企業風土」（企業風格之意）等字眼。前者導致部分人士發動了不理性的「反日」暴行，而後者雖然引發了電車翻覆的慘事，但造成意外事件的企業「風土」，則依舊沒有任何變化。

儘管印象有點模糊，但我依稀記得「愛國無罪」一詞，應該早在一九一九年，就已經出現在五四運動遊行隊伍的橫布條上。這個訴求起源於紛擾的第一次世界大戰期間，由於日本強迫中國簽定喪權辱國的「二十一條要求」，引發中國國民激烈反彈，加上中國政府又在巴黎和會失利，導致無法取消這個如同國恥般的條約，最後山東省濟南與北京的學生們終於站了出來，發起一連串的反日運動。那個時候，「愛國無罪」一詞所代表的是一種正當性的崇高理念，所謂「愛國」，只要位居上位的掌權者不要強行壓制，原本就屬無罪。這陣子發動「抗日與抵制日貨」的暴徒，便是巧妙運用了這個道理。對於這些食髓知味的人而言，「愛國」兩個字是一道精心設計過的免死金牌，能夠避開國家的鎮壓，今後必定也會繼續在各種不同的場合中出現。

而所謂的「風土」，是以一地之地形、氣候、土壤等為基礎而成。然後以此風土為根基，一個地方的「文化」（風俗、習慣、禮儀……）就此醞釀出來。風土所帶出來的各種文化，會沿著時代發展，逐漸成長為一個「文明」。最後這個「文明」，會因為具備某些、比其他文明更為便利的特質，而逐漸往其他不同風土的區域擴散傳遞，有些時候，也會透過政治、軍事的壓迫手段，強行加諸到其他區域。如此一來，一個更為龐大、能夠包攝更廣範圍的大型文明，乃至於「文明圈」便會成形。

這樣的「文明圈」也會透過擴張的過程，不斷地納入其他「風土」所孕育出來的不同文化，使得自己獲得更進一步的成長。此前提到的「漢族」擴張，說穿了，其實就是「華夏族文明」的擴大過程；適切地吸收周邊民族的異文化後，達到自己再生的一種過程。

戰國時期，趙國的武靈王17採用了北方騎馬民族「胡服騎射」戰法，讓趙國的軍力大幅提昇，這便是前述採用異文化的一個絕佳事例。秦朝兵馬俑的士兵，臉上標悍的神情，有一股在「漢族」身上無法看到的西方異族氣概。另外，在本系列第五卷，由川本芳昭教授執筆的《中華的崩潰與擴大：魏晉南北朝》，書中所討論的內容範圍，將整個政權置於華北地區之北魏王朝的「新中華文明」，就是一種將五胡民族各自擁有的文化進行「大融合」後的產物。而其中一項源自於北方系統的文化——「均田制」，還被隋唐帝國沿用，成為後來土地政策的基礎方針。而就如同大家所知道的，隋、唐兩王朝的皇族血統，甚至還是源於前朝北周的突厥系胡族。王朝的變遷史，特別是從北方颳進來的「新風潮」，使得「華夏文明」獲得滋養，進而得以長存永在。

由於每種文化、文明、文化圈，原本都是由一個獨特的「風土」作為核心所構成。因此，除非是遭遇天搖地動般的巨大打擊，否則很難輕易改變。

所謂的「發展史觀」，雖然是一個常規且正統的方法論，但卻讓人感受不到中國根深蒂固、不易改變的風土樣貌，換言之，「中國的特質」被人所忽視。因此，本文嘗試強行突破這個死角，試圖探索出「中國果然就是中國」的特點。我在下筆時除了要確認文章的走向外，也要留意不超出歷史學的基本框架。不過行文至此，仍舊來來回回地交錯於「過去」與「現在」之間，變成一種切換自如的書寫方式。

接下來，我會先概要統整這個構成中國悠久歷史舞台的「風土」。這個「似乎沒有變化」的中國大自然環境，在中國農民的挑戰下，一點一點地逐漸被克服，同時，在這個過程中顯露出諸多矛盾現象，最後，試著摸索出中國在不久的將來的樣貌。

各式各樣的景觀

中國大陸的地形，以西邊的喜馬拉雅、崑崙、天山山脈為頂點，緩緩地往東邊下降，直至東方之海。因為這樣的地形，兩條巨大的河流黃河與長江，便由西向東蜿蜒展開，最後注入東海。

平原　以黃河中下游流域作為中心，北起於包圍住北京市的河北省，南則經由江蘇省直至長江下游流域，在這一個地帶，除了屹立於山東半島的泰山以外，沒有一座像樣的山。這裡便是華北平原。另外，位於長江上游流域的四川盆地，因是《三國演義》的舞台之一而為人熟知，這裡因為蜀漢政權而繁榮。事實上，四川盆地的面積極為廣大，足以將日本整個本州包覆。過去日本在中國東北地方的殖民地「滿洲」，也有一塊總稱為東北平原的廣大平野。這個平原的西邊有著南北走向的大興安嶺。在看地形圖的時候，會覺得這是一座地勢險阻的山脈，不過實際上搭著火車緩緩前進時，卻又會讓人不知道它到底何時要上坡，何時下坡，感受不到險峻坡度，反倒覺得像座丘陵。這是因為該座山脈的底邊過於龐大之故。

不過，這樣的平野與盆地，卻占不到中國總面積的三分之一，剩下的國土都是山地、高原、丘陵。愈是往中國這片寬廣土地的深處挺進，進行大範圍移動式的旅行的話，就愈會在各個不同的地方，體驗享受到在日本島國上所感受不到的山水風情。

草原　在中國的最北邊，有著一大片草原，祕藏著過去的光榮，這就是「蒙古大草原」。蒙古高原，自古以來，都是趕牧羊群的騎馬遊牧民族所活躍的舞台，同時他們還曾奔馳於一條被稱作「草原之路」的東西向交易道路上。氣候方面，年間平均氣溫約為零至六度，平均降雨量為三百至六百毫米，屬於亞寒帶氣候。過去與西伯利亞相連在一起的針葉樹森林「泰加林」，現在只殘留下來一部分。中華人民共和國成立後的內蒙古自治區的主要生產，以東北部為中心的林業大約占百分之二十七左右，剩下百分之五十以上皆為農業，畜牧業則占百分之六至七左右。這個數字從一九四九年之後到現在都幾乎沒有任何變動。一九八七年，我初次拜訪這個地方時，位於區都呼和浩特市北郊的高原，就如同充滿砂礫的戈壁沙漠一樣，是一片幾乎寸草不生，一望無際的大原野。根據我一位蒙古族的友人表示，這個區域的草原，自從文化大革命進行「下放」以來，有許多漢民族移居到這裡，因為他們在中高地進行大規模的耕地開拓作業，因此周圍的大片草原的景色開始快速變化、荒蕪。

先不論我這位友人所言正確與否，在同時期，由於中國政府開始推動游牧民族的定居政策，因此羊的飼育方式也從遊牧式改成了畜牧式，如此一來，「草地的消耗」被公認為是造成草原荒蕪的起因。為什麼會這樣說，主要是因為只要將羊群停留在一定區域的話，羊隻就會把草吃到連根都沒有。而另一方面，在自治區的中部與東部地方，還是能看到像是鋪著地毯般的綠色大草原。這個地方也有漢民族移居，但是由於他們從事牛群放牧，而牛隻在吃草的時候，只會使用舌頭把莖的部分捲起來吃，並不會連根都吃掉，因此即便是改成定居的生活型態，也不會造成草原荒蕪。因為這個原因，蒙古族便開始陸續採行牧牛。

沙漠　從內蒙古自治區的西端開始，一直到包含甘肅省，新疆維吾爾自治區在內的區域，由於年降雨量不到二五〇毫米，因此形成了戈壁、塔克拉瑪干沙漠等極度乾燥地帶。點狀存在於該區域中的綠洲，便是人們會選擇的定居之處。然後依據湧水的水量規模，形成綠洲國家。雖然農耕地有限，但因為有「沙漠之舟」之稱的駱駝商隊將綠洲與綠洲之間進行串聯，形成東西向的交易路線，使得沙漠地區得以發展起來。而這個交條路線，德國的地理學家費迪南・馮・李希霍芬男爵（Ferdinand von Richthofen）將其命名為「絲路」。不過，這是從西方的角度所取的名稱，若是從中國的角度來看的話，應該要取為「玉路」才對。

在中國，除了葡萄以外，還因為各種物產的引進，連帶地融入了許多文化。順道一提，只要是中文名稱中帶有「胡」字的植物（例如：胡麻、胡瓜、胡桃、胡蒜），一定都是從西方引進輸入之物。另一方面，當時候的中國也會輸出作工細緻精巧的陶瓷器具，而這項任務由適合大量運輸重物的「南海絲綢之路」負責。利用綠洲的水以及山脈的雪融水，波斯語稱作「kārīz（karez）」，阿拉伯語稱作「qanāt」（灌溉用地下水路），沙漠中也開始進行小麥（春小麥）的耕作。另外，時至今日，我們仍舊可以在天山、崑崙山麓一帶，看到直接利用雪融水開墾稻田的景象，據說這是從唐代開始傳承下來的。

這個像是不毛地帶的區域，其最大特色就是有著極為豐富及多樣的礦物資源。埋藏於塔里木盆地底下的石油、天然氣，正是經濟發展的必需品，因此在中央政府的直接指導下，開採管線的相關建設，正急速地進行中。

高地　從青海省一直到西藏自治區的區域，海拔高度達到四千公尺以上，面積二百三十平方公里，稱之為「青藏高原」的高地。西藏高原，在唐代時期，曾有一個叫作「吐蕃」的佛教國家興盛一時，其勢力甚至一度達到現今新疆維吾爾自治區一帶，但後來經過了許多曲折，中華人民共和國成立後就被中國以武力併吞了。這座高原，東西地區的數值雖然有些差異，但整體上平均溫度約為一至十四度，年降雨量則為五十至三百毫米，是一個寒冷乾燥的地方。主要栽種作物為一種叫做「青稞」的變種大麥，藏族會利用其製造一種叫做「糌粑」的麵包來當作主食。近來，除了春小麥以外，冬小麥、蕎麥、玉蜀黍的栽種也在逐漸增加中。犛牛、羊、山羊為該地區的馴養牲畜。而工業化則是以首府拉薩為中心正積極推動中。包括空中交通，以及從青海、四川省兩地而來的鐵路、高速公路等交通管道，都能直接連接到區中央。此外，這裡與其他位處邊境的省、區狀況相同，中央區往往因為擁有豐富的地下資源而令人感到魅力無窮，自一九五九年達賴喇嘛開始進行流亡起，關於宗教議題的反抗運動便一直持續發生。雖然和解與從屬之道似乎正在逐漸成形，但就如同此前所提，由於中國仍會進行資訊的管制，因此無法得知詳情究竟如何。

華南沿岸地帶　從上海的南方、隔著杭州灣的浙江省起，一直到與臺灣遙遙對望的福建省為止的這一帶，便是緩緩沉入東海之「浙閩丘陵」，多屬山地地形。正因如此，所以這個地區極為缺乏適合栽種穀物的平原地形。因此，茶田便成為了支撐該地區農業生產的重要主幹。此外，從丘陵流出的許多條河川，因為長時間的侵蝕作用，在沿岸地區創造出了眾多天然良港。例如寧波、溫州、福州、泉州、廈門等，都是遠從漢代、唐代等古老時期，就已於史上留名的港口城市。

這個地區的生產特色，就屬漁撈與海上交易等活動，因此人們總是習慣性地將眼光投向大海。生活窮困或是懷抱野心的人，為求發展，自古以來便懂得要遠渡重洋，到海的彼端謀求生路。這也就是所謂「華僑」的由來。這些沿岸區域，在過去曾是「倭寇」橫虐的地方，明朝的時候，「南倭」（相對於「北虜」一詞）更是深深困擾朝廷的一大問題。而破壞這塊區域的倭寇之中，在後期更有不少的倭人參與其中。

從浙江、福建省再往南走，便是緊鄰南海的廣東省了。省會廣州在唐代，首次由朝廷設置了「市舶司」，這個單位用現在的概念來看，就是負責管理海洋貿易的事務所。雖然廣東全省三分之一處都是總稱為「兩廣丘陵」的山坡地，但因為中國南部最大的河川——珠江流經此處，因此所沖積出來的三角洲平原也占了不小的面積。此地氣候屬於亞熱帶及熱帶地區，降雨量一年超過一千六百毫米，水資源之豐富在中國可謂首屈一指，因此能夠進行三期稻作。總的來說，這裡是土地極為豐饒的地方。廣州灣入口的兩端是過去曾為租借地的香港與澳門，廣東省的西邊是廣西壯族自治區，南邊則為海南省，不過由於篇幅所限，因此這裡就不再多做介紹。

風土大不同的「北方」與「南方」

在長江與黃河的中間，有一條同樣也是東西流向的大河——淮河。淮河的下游經過人為工程，被修改成了直線，因此已與過往風貌大不相同。洪澤湖以西，匯集了淮河的大小支流，整個華北平原因此得到滋潤。在淮河的水源地一帶的西邊，有一座將甘肅省東南部、陝西省南部以及河南省西部連結起來的秦嶺山脈。這座秦嶺山脈是由二千至三千公尺高的山岳層層相疊而成，這也使得秦嶺南北的氣候有著很大的差異性。比如說，秦嶺北側，也就是過去長安所在地的渭河盆地，屬於半乾燥地帶，年降雨量約為五百至六百毫米左右。若是往南越過了秦嶺北側的終南山，就進入漢中盆地，這個地方過去是劉邦被封為漢中王的地方，漢朝的「漢」就是來自這個地名。

這個盆地以南，雖然地形漸趨和緩，但山岳及丘陵仍彼此緊緊相連，最後進入四川盆地。漢中盆地以南的年降雨量超過一千毫米，秦嶺南北兩地的平均氣溫的差距更是達到十度。若要從陝西省西安（長安），移動到四川省省會（成都）的話，中間必須要利用棧道跨越一些險阻之地，蜀漢的諸葛亮為了北伐，便曾多次往返此地。而唐玄宗為了躲避安史之亂南逃之際，也曾經過這個棧道。

淮河南北兩側的氣候，有著非常顯著的差異，年降雨量約相差七百毫米左右，年均溫則是相差了十度上下。一般來說，從日本到中國的旅人，若是到北方乾燥地帶的話，特別容易感到喉嚨乾渴難耐，特別是在嚴寒的冬天，以及初春黃土紛飛之際，一不小心就很容易會感冒。相對於此，淮河以南地帶，氣候與日本相同屬於濕潤溫暖，因此來到這個地方時，應該會覺得比較舒適。

若將淮河到秦嶺連成一條東西向的直線，首先，就氣候方面來說，這是一條可將中國主要地區的氣候一分為二的界線。本文將此線以北的地區稱為「北方」的世界，以南則稱為「南方」的世界。此外，我每次一有機會就會強調，這條連線也是理解中國歷史的訣竅所在；若就政治紛爭來看，我們也會看到「南、北」間的差異。我們若是試著觀察過去中國南北分裂對立時期的地圖，便會發現不管是三國時代的魏國與蜀國、吳國，或是五胡十六國與東晉，金朝與南宋，只要是兩股政治勢力相互對峙的時候，都會不約而同地以這條秦嶺—淮河間的連線為界，這是一個很耐人尋味的現象。

「南、北」的植被

「南、北」的差異，除了會因為氣候差異形成不同的風土外，也會造成不同型態的飲食文化。首先，在植被方面，「北方」的主要作物為小米、黍米（黃米）、蕎麥以及冬小麥，東北部還會栽種高粱。相對於此，「南方」則是以稻作為主的米世界。居住在「北方」的人們，習慣將這些穀類作物磨成粉後作成麵條、饅頭或是餃子、包子等、粉食類食物作為主食。

另一方面，在「南方」則是以米飯作為主食。從安徽省南部開始，就進入了可進行二期作水稻栽種的氣候區，因此，「南方」從明清時代起，就成為中國的穀倉地帶，即便是到了現代，仍然是供應「北方」食糧的最主要來源；現在「北方」可以很容易地吃到米飯，玉蜀黍或馬鈴薯等、外來作物的栽種範圍擴大，而「南方」種植甘藷的風氣也很興盛，這些變化，在歷史上都算是較為晚期的事情。另外，與小米類作物相比，麥類作物（大麥、小麥）的栽種普及與受到「北方」世界的重視，其實就歷史上來說，並不是太久以前的事情，根據西嶋定生的名文「碾磑の彼方」[18]指出，這樣的情況大約是從唐代中期以後才開始形成的。

而玉蜀黍這個農作物取代了小米，成為了麥以外的副作物，在北方非常普及。我問過中國的友人「為什麼要栽種這麼多的玉蜀黍」，他回答我說：「大家都拿它來作酒」，雖然我當下接受了他的說法，不過實際上，玉蜀黍是被用來當作主食的替代物，也被拿來製作為家畜的飼料，同時這些家畜飼料也是重要的外銷商品。雖然玉蜀黍的栽種相對來說是比較容易的，不過由於較不耐乾旱，且多數的栽種品種並不是太好，因此種植的風潮最近似乎已在慢慢退去。

不管是北方或是南方，穀類的生產量在一九九八年到達了頂點後便急速下降。到了二〇〇三年，總產量甚至減少了一成。整個農耕地的面積本身也是呈現出逐漸減少的趨勢。論其原因：第一，由於資本主義的影響，穀物栽種地愈多，其價格反而會下降，因此農民的生產意願受到了制約。第二，特別是在「北方」的世界，自然環境不斷地惡化（耕土流失、耕地的沙漠化、森林濫伐、草地減少）造成能夠進行耕作的土地面積愈來愈少，或者是廢棄化，造成農民耕作意願下降。第三，由於農地被轉用為住宅地、工廠用地、道路等建設的用地，因此耕作地面積也跟著減少。第四，不管是南方或是北方，都開始在都市近郊改種蔬菜類等商品作物。而在以上所列舉出來的原因當中，因為環境與生態系變化所造成的第二個原因，可說是最為嚴重的一個問題。[19]

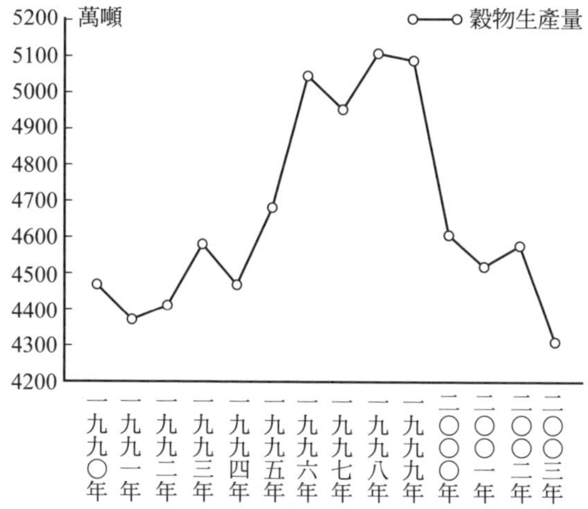

穀物生產量的演變　資料來源：牛若峰等著，《中國的「三農」問題—回顧與展望》圖5-1。

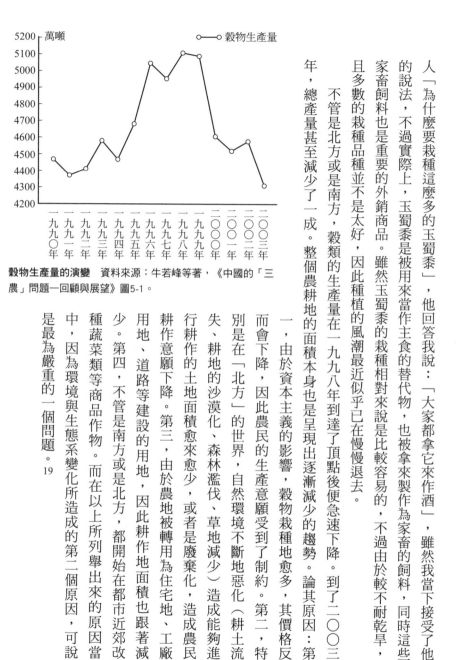

「北方」的自然環境與文明之形成

受到杉樹花粉的影響，日本只要一進入春季，就會看到許多人為了避免或舒緩花粉造成的過敏症狀而戴上口罩。在中國的「北方」世界，春天也是得戴上口罩的季節，但與日本不同的是，中國人要避的是沙塵暴。這些粒子細微的沙塵甚至會飄洋過海飛散到日本。而黃砂一詞之所以會變成該季節的其中一個代名詞，正是源由於此。在日本，由於黃砂可以遮蔽掉五月強烈的紫外線，因此有給予正面評價的聲音。不過，天空卻也因此變成了使人感到陣陣憂鬱的淡黃色。

中國，特別是北京一帶的沙塵暴災害，每年都在逐漸惡化中。到底是因為全球氣象變遷所造成的呢？還是由於過度拓展農耕地所造成的呢？雖然其成因迄今仍尚無定論，但目前可確知的是，肇因於西北地方的乾燥化（某些地方甚至嚴重到沙漠化）。首都位於北京的中央政府，雖然有點臨時抱佛腳，但近年來總算算是開始動起來，著手進行像是植樹等抑制沙塵暴的相關對策。

黃土高原的過去與現在

以黃河流域為中心的華北一帶，被隨著沙塵暴揚起的一種稱作「黃土」的獨特土壤所覆蓋。這些乘著偏西風而來的黃土，經過數萬年的堆積，逐漸形成了所謂的黃土地帶。黃土的堆積一般會達到二十至四十公尺。特別是在黃河中、上游的北側，更是形成了最深達到兩百多公尺的深厚黃土層，包含甘肅省南部、寧夏回族自治區、陝西省中部、以及部分的河南省，在這一大區帶裡，黃土隨著流經此區域的眾多小河流，流竄深入侵蝕到其他地方，然後這些黃沙就不斷地被推往下游區域。

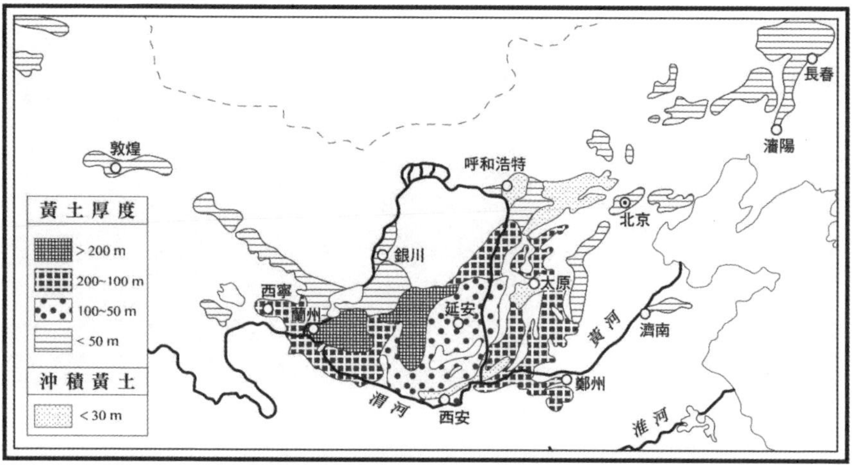

黃土分布圖　資料來源：《中國黃土》，陝西人民美術出版社，一九八〇年。

黃土高原大約每一平方公里會流出五千噸左右黃土量，而其所侵蝕的區域，面積更是達到了十四點四萬平方公里。根據一九三三年的測量計算，堆積在河南省三門峽附近的泥沙，總計共有十六億噸，流到下游地區的泥沙則有三九點一億噸，其中百分之九十都來自黃土高原。以防制洪水為目的所建造的多功能大水壩——長江三峽大壩，終於在一九六〇年完工，不過完工之後卻因為大量土砂的堆積，使得大壩隨時有崩壞的危機。因此，中國政府後來又進行了二度改修工程，使其能夠排除土砂堆積，才使得大壩得以維持運作至今。

從高原流出的黃沙，首先會被沖積到黃河最大支流之一的渭河流域，形成了關中平原，以及華北平原。黃河氾濫問題是中國各朝代共同的煩惱，每個朝代都對於水災的防治下了非常大的功夫。上古時期的堯、舜、禹，同樣也非常關注治水議題，「登龍門」一詞的語源，據傳是大禹將黃河上游岩礁劈開，使河水得以流通之故。我過去曾聽說，在龍門這個地方，從岩壁間流出的水勢是極為猛烈的。不過，我在二

從黃土台地到黃土平原　攝於西安市北方的上空。

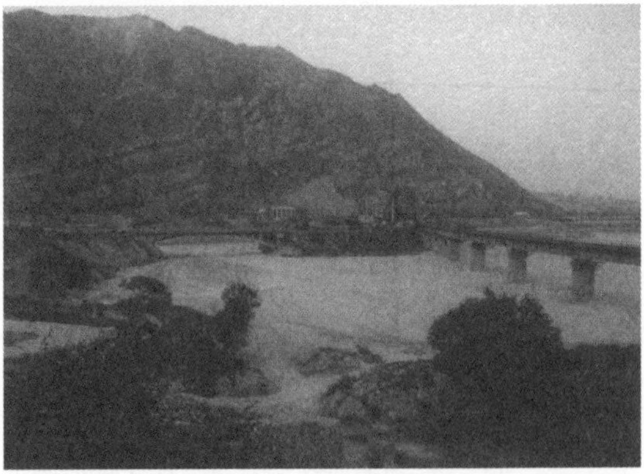

枯水時期的黃河「龍門」　作者攝於二〇〇二年。

〇〇二年時實際走訪一趟，發現水流量並沒有想像中的這麼大。到了下游區域河川寬度一下子變寬，盡是泥沙的堆積地，只見牧羊人在上頭悠哉放牧著羊群。這也讓我切身感受到最近黃河枯水的實際狀況。

一直變化的黃河流域

黃河的水量，只要增加太多就會發生水災，但是水量若太少的話又會導致旱災。黃河流域內所發生過的旱災次數，在從西元十八世紀中葉開始到一九四四年，光是有留下記錄的就高達了一千零七十次。十九世紀後半的清末時期，山東、河南、河北、山西四個省，更是連續三年艷陽高照，最後造成一千三百萬人餓死。一九二〇年，黃河流域全域乾旱，受災人數達到三千四百萬人。一九四二至一九四三年期間，河南、河北、安徽的大旱災，也造成了數百萬人餓死的慘劇。

在中游地段的鄭州到開封一帶，堤防的高度被往上墊高，該區段的黃河水位遠比街道要高上許多。也就是說，這個區段的黃河，就是日文中所謂的「天井河」（河床比周圍土地高的河川）。根據統計，在過去的兩千年間，因為堤防決潰造成的水災次數就超過了一千五百次。而這些災害的嚴重程度超乎想像，例如在一九三三年，下游的堤防潰堤，三百六十萬以上的民眾流離失所。另外，在中日戰爭進行得如火如荼之際，國民黨政府為了阻止「皇軍」前進，曾在鄭州北邊的花園口進行過戰術性的堤防爆破作業，結果造成八十九萬人不幸溺斃犧牲，然而阻止「皇軍」前進的成效卻十分有限。

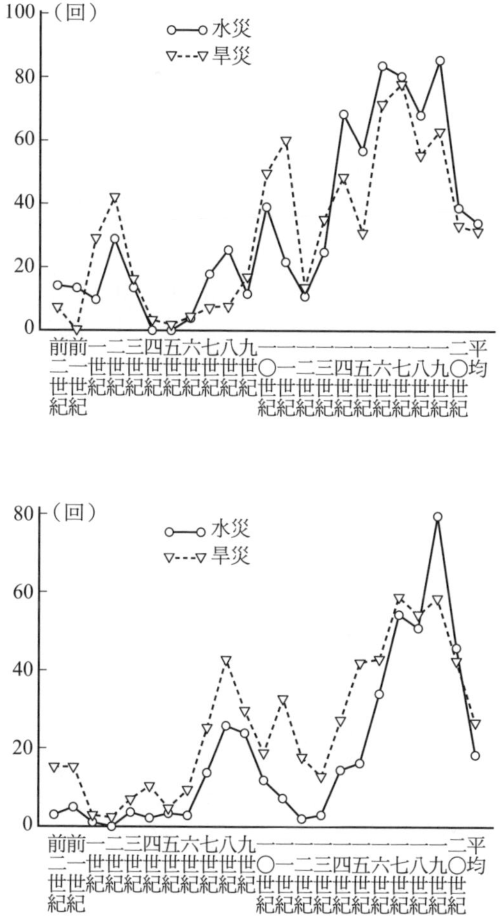

黃河流域的水災與旱災數　上圖是河南省一帶，下圖是陝西省一帶的數據。資料來源：錢林清主編，《黃土高原氣候》，氣象出版社，一九九一年。

黃河挾帶著大量泥土往河川下游流去，結果在河口處擴散而出，形成了三角狀的巨大沖積平原。雖然我並沒有親眼見過，但聽說在河口一帶，是一整面的平野，在那裡並沒有黃河的流水。也就是說，黃河是以伏流的形態注入大海之中。因此，若是水流超過了原本的極限，入海口的地點是有可能改變的。順帶一提，單就紀錄來看，黃河出海口總共改變過二十六次，其中高達七次是很極端地，從位於山東半島北側的渤海灣改道至南側的黃海海域。

目前黃土高原被樹木所覆蓋的面積，只占高原整體的百分之三，因此幾乎可說是一座「裸山」，不過在太古時代，黃土高原應該是一片被林木完全覆蓋的區域。順帶一提，散落在西安與洛陽郊區的漢、唐時期之歷代皇陵，雖然大部分都是人工建造的高大土台，但是在興建當時，為了預防陵墓的崩壞，都有種植樹木。即便是利用自然山岳搭建而成的唐太宗李世民的陵墓（昭陵），雖然現在周邊是一望無際的田地，但若從杜甫的詩作《行次昭陵》與《重經昭陵》的描述來看，在這個相當於日本東京電車山手線之內側線路面積大小的陵園，在當時種有一大片松柏樹林。

林木茂盛的黃河流域

在一般的黃土地帶中，適合寒冷地域的落葉闊葉林及適於乾燥氣候的硬葉林生長地極為茂盛。此外，在每個地方也都能發現一些令人感到無拘無束、自由自在的草原。在那個時代，只要將落葉及草與動物的糞便攪拌在一起進行堆肥，會結出果實的禾本科植物便能夠獲取足夠的養分。只不過，由於該地降雨量很少，對於在日常生活中只能依賴自然降水的黃土地區居民而言，便必須以人力的方式，從深山峻谷處挑水灌溉。

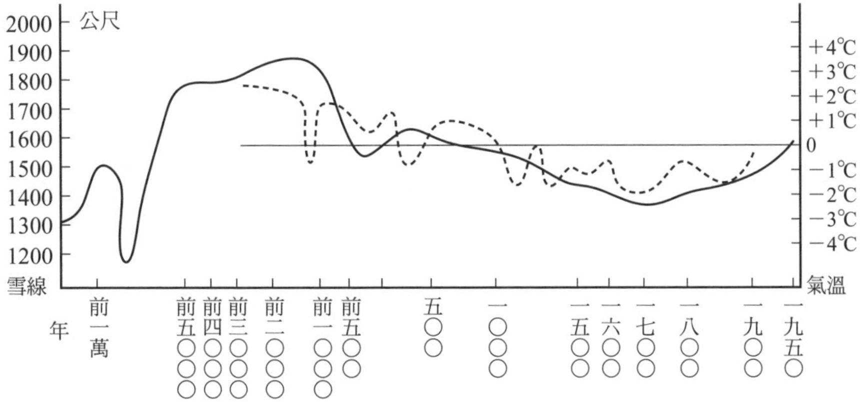

穀物生產量的演變　資料來源：牛若峰等著，《中國的「三農」問題—回顧與展望》圖5-1。

在漢代的時候，當地居民還會做田畦，並於其間進行播種，而且當時採用的是一種叫作「代田法」的農法，也就是說今年若在某個畦種過東西的話，隔年會換到另外一個的畦去播種，採用循環輪替的方式使用土地，避免連作，因此能夠能讓有限的水資源與土壤力發揮最大效力。峰巒相疊的每座丘陵上，從底部到頂端，都有著一層一層逐階而上的田地，這是現在我們可以在黃土高原上見到的一般景色。而這也恰好用來闡釋：（一）將貧乏的水源作最大成效的利用，（二）防止土壤流失。為了達到這兩個目標，農民經年累月所累積出來的智慧與努力之成果。

自古以來，藉由如此勤奮不倦的集約式勞動，生活在黃土高原的人們辛苦栽種小米與黍米，而為了躲避水害，人們會選擇在黃土台地上有森林環繞的廣場中心形成聚落，例如陝西省半坡遺址與姜寨遺址便是如此。若再進一步觀察的話，我們可以發現這個時代的聚落遺跡（之後總稱為「邑」）的分布位置，主要呈點狀分散於黃河以及渭水（大支流）與渭水支流附近的小高台地上。為何會有這樣的現象，一般認為主要原因是當時人民為了要避免水害之擾以及躲避外敵與野獸侵襲的緣故。附帶一提，根據中國氣象學家的推測，若觀察從西元前一萬年左右開始的氣象變化圖時，會發現一個有趣的現象；特別是在北方，新石器時代出現聚落的時期正好就是氣溫上昇的時期。

就土壤的性質而言，黃土雖然含有碳酸鈣、鉀、磷、錳、氟素等礦物質，但卻缺乏氮的成分。因此，由富含大量碳酸鈣所堆積而成的黃土，就顯得極為不耐侵蝕。常常會因為一場驟雨，高原上的黃土就被削去一大半，而辛苦堆積在田地上的表土也會因此流失殆盡。在過去樹林生長茂盛的時代，土壤流失的情況並不會這麼嚴重，因此部落周圍的森林便會被當作為狩獵場，融入人民生活的一部分。從這些森林中，還能取得開伙、取暖、燒製土器的時候所需要的薪材，也可以在森林裡砍伐築材建蓋小木屋或是豢養家畜。這就是新石器時代聚落的基本樣貌。

不僅是黃土高原，根據推估，大約從戰國時期開始，黃河中上游一帶林木茂密的地區，環境便開始遭受破壞。這些林材主要被拿來建造城壁內的宮殿、官衙、一般家屋。此外，也會被拿來製作弓箭或是攻城用的大型機關。特別是鑄造青銅器、冶鐵、製鐵、鍛鐵等，更是需要用到大量木炭。雖然戰國時期的君主曾將「山林藪澤」獨占為家產加以保護，不過到了秦漢時代，木材的消耗數量急速增加，而在關中平原（渭河平原）到秦嶺山脈的北面為止，由於濫伐的關係，更是造成了森林地帶後退。[20]如此一來，並無法阻止黃土從黃土高原流出之勢，然後正好又碰上了氣溫的整體下降時期，因此森林資源陷入了危機。由於這些森林遭受破壞，宋代以後，黃河流域諸多河川便開始無法保持穩定的水流狀態，最後導致這些河川的水運也發生了運行上的困難。

黃土是肥沃的土壤嗎？

最近，有學者對於「黃土曾是肥沃土壤」的這個一般說法提出了質疑。原宗子以「黃土並不算肥沃之土」之觀點，在當地進行考查作業，蒐集論述證據，重新檢視相關文獻資料後所研究出來的成果，21對學界的「常識」，投下了一枚震撼彈，非常值得肯定。的確，現在黃土高原的土壤，就算是毫無專業知識的一般人，也都知道其土質極為貧瘠。也就是說，該地區之所以不利於作物生長，其實並非完全是因為乾旱之故。另一方面，在黃土沖積平原地帶的麥作，近年來由於灌溉設備與化學肥料等施肥技術的進步，因此農作物的生長收成情況看起來是很不錯的。

那麼，要如何運用「非肥沃的土壤論」來完整說明中華文明是如何在這個獨一無二的黃河流域開始萌芽與發展起來的呢？首先我們可以先觀察漢代的人口分布圖；先不論黃土高原，從黃河中游起，特別是在黃河的下游範圍，其人口總數共有四千萬人左右。當時養活這些人口的主要食糧，便是小米類的農作物，而生產出這些小米的，不就是那獨樹一格的黃土嗎？

在重新思考這個層面的問題時，我認為或許可以直接將黃土視為一種擁有足夠養分孕育小米類或是麥類農作物的土壤。或者應該這樣說；因為連續耕作造成土壤力下降，但偏偏能夠補強這些流失土壤力的草及落葉又不足，經年累月下造成了黃土高原土壤貧瘠的現況。

在前文已有提到，黃土高原地區的居民精心地將整座丘陵從頂端到底部闢成了一層又一層的田地。之所以要如此費盡心思的另外一個原因就是，因為想要找到尚未活用或是尚未使用的土壤，所以必須要一層一層地往上方開拓新的田地。這會讓人聯想到每當道路在進行施工時，就會有農夫開

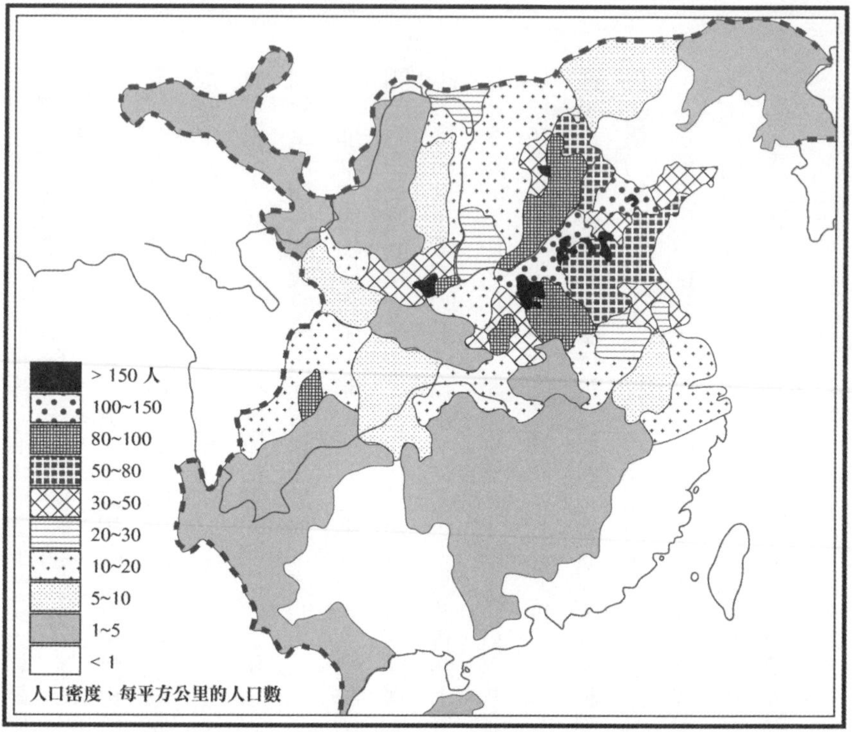

西漢末期的人口密度　資料來源：葛劍雄，《西漢人口地圖》，人民出版社，一九八六年。

著裝載著手推車的耕耘機，不眠不休地努力將那些從新的斷崖處崩落下來的土壤，運回自己田地堆放的畫面。

因為新的土壤會從黃河上游，不斷地往下游沖積堆運，所以平原地區的土壤力即使下滑，按理說應該可以補足流失的養分。如果仍無法補回土壤力的話，只好像高原地區的居民一樣，必須去找尋新的土壤。最近黃河的枯水現象，造成了泥土積聚在各個不同的流域，形成河床地且面積逐漸擴大。按照常理來說，人民是不會錯過這種尚未使用過的沃土，雖然看起來似乎是因為無法取得相關單位的許可，大多仍屬未申報的土地，不過當地居民仍會活用這些地方，用來種植蔬菜或是玉蜀黍等農作物。

我在這邊將一些可能會成為原氏新學說的反論作條列式整理。首先，從秦始皇的帝陵向終南山方向眺望的話，可以看得到山的表面上都會有一條一條的線，那些都是梯田。而點狀分布於洛陽北部邙山的東漢時期之黃帝陵寢，被切割成了一節一節的階梯形狀，僅開拓出了少量的田地。現在我們可以在洛陽東郊的「漢魏洛陽城」遺跡中，見到城壁上已是種滿蔬菜與豆類的農田。一九六二考古學家在進行調查的時候，發現許多原本應該存在的「馬面」（突出的堡壘）遭到了破壞，部分的城壁，甚至被削到像紙張一樣的薄度。居住在河南省安陽市郊外的「殷墟」附近的農夫，還曾因要將新發現埋回古墳的殘土挑運回家而遭到文物處研究員的訓斥。這座古墳便是如同殷墟遺跡之珠般存在的「婦好墓」。位於河南省臨穎縣的三大祭壇中的其中兩座，在大躍進的時候遭到摧毀，被夷為平地。不管是上述的哪個地方，其周邊都是無際的田地，因此這些取土行為，若只是解釋為單純想要拓展耕地面積的話，似乎欠缺說服力。

殷墟（河南省安陽市）的婦好墓　上圖攝於殷墟博物館（一九九八年）。下圖為殷墟剛被挖掘出來時的面貌（一九八一年）。兩圖皆由作者所攝。

一般提到黃土地帶，就如同原氏的研究所言；堆積有厚薄之差，導致有些地方露出了原生之土，然後與黃土交雜，土壤也會因為地區不同有所差異。附帶一提，若是根據中國土質研究者的研究成果，也就是各種土壤分佈圖來看的話，會發現華北地區顯現出來的，是一種五顏六色的狀態。

我知道這個提案在實際執行上是極為困難的：我強烈期待今後研究人員能夠以原氏的研究結果為基礎，盡可能地篩選出一些具有代表性的區域，不只是針對表土而已，而是採集該地區較為深層的土壤或是水質進行分析，以「對於農作物來說，如此的土壤是否算是肥沃之土？」為問題點，利用科學的方式，展開全面性的土質成分調查。這應該是一個很適合二十一世紀，或者是中日聯手學際調查研究的主題。不過，對於已是「老頭子」之軀的執筆者我而言，卻是已無氣力……。

「南方」的開發與環境破壞

長江與「江南」

源起於遙遠彼端的青藏高原的長江，日本習慣將其稱呼為「揚子江」，這是源起於遣唐使在中國的時期，用來稱呼長江下游某個區域的名稱。不管怎樣，長江全長六千四百公里，排名世界第三大河。包括長江南岸一帶，以及淮河以南的長江流域一帶，用歷史與文學的觀點來看的話，可以將其總稱為「江南」。

這個江南地帶，氣溫介於亞熱帶到溫帶之間，年平均降雨量為一千至一千六百毫米，是一處水土、氣候與日本非常相似的地方。從江南地區再往南走方，會到達氣溫與降雨量逐漸增加的熱帶氣候區——華南地區。這個地區的上游有四川省的岷江等諸多河川，中游則聚集著南流的漢水以及從南而至的湘江，在江蘇省的南京以南地區，則匯集了從北方流至的許多河流，最後淮河的水經由大運河（京杭運河）流入長江，因此河川的寬度大幅度地增加，一年大約會有九千億立方公尺的水量注入大海。也就是說，江南地區整體而言水資源極為豐沛，是一個由大大小小的河川、湖泊、沼澤所羅織而成的水鄉澤國，不管在山地或是平地，都可以看到人民用心開拓出來的田地，是中國的一個非常重要稻作地帶。

話雖如此，該區域卻也常飽受水患之苦。根據文獻的記載進行統計的話，從西漢時代西元前一八五年起，到清末的一九一一年止，發生過的大小水患，超過了二百次。其中，十九世紀中葉的四次，與進入二十世紀後的五次大洪水，尤其是一九三一年的水災，被淹沒的農田面積達到了三百四十萬公頃，受害民眾則是超過了二千八百萬人。一九九一年七月的洪水，造成下游的蘇州整個浸水，我在那次水災發生之後沒過多久，剛好從武漢附近上空目擊到了尚未完全退去的大規模洪水。

河水暴漲的長江　一九九一年，作者攝於武漢市附近。

中華人民共和國成立之後，為了解決淹水問題，政府確實投入了不少心力在進行堤防的延伸與補強作業。一九九八年所發生的「長江大洪水」，中國政府動員解放軍兵力投入救災作業，這些新聞畫面在日本也被廣為報導。不過，長江的洪水，與黃河的情況相同，可說都是上天所安排的宿命。在這個背景因素下，中國政府才會加速執行超巨大的「三峽大壩」建設工程。

在這裡要特別注意的是，長江的水害，至少就受害土地面積而言，比起宋代，擴大了非常多。發生這個現象的背景原因與中國北方地區相同，長江周圍具有安定河川作用的森林遭到採伐。另一方面，為了開發許多湖泊與沼澤也被填補成地，導致「蓄水池」的數量日漸趨少，因此人為因素導致自然環境遭到破壞。另外，隨著時代的推進，災民人數也跟著急速增加，這是因為長江流域周邊的居民人數一直持續增加的關係。順帶一提，雖然說現在長江與黃河一樣屬於濁流，不過，唐詩中卻曾提到長江之水很清澈，肉眼能夠看到在水底游泳的魚。另外，海潮能夠直達長江中游，也對河水的清澈化提供了不少幫助。22

湖泊的開發、填土造地與環境破壞

安徽省淮河的南側，也就是現在的壽縣南郊的「芍陂」，是一個早在春秋時代就已經修造完成的人造湖，利用該人造湖於周邊平野地帶所開拓出來，在當時可謂先進的灌溉水田，更是廣達六百六十七萬平方公里。三國時代在這個區域進行了屯田，其生產力更是支撐起了隨後司馬氏王朝的經濟。不過，從唐代開始，這個湖泊便開始逐漸被填補起來改作稻田，宋代之後，填土造地工程更是急速發展，到了明代，湖面已完全消失。

在浙江省紹興市附近的「鑑湖」（南湖），是在東漢時期，由會稽太守馬臻進行查勘主持、藉由塘（堤防）的修建所築造出來的一個蓄水湖，爾後更是藉此水利建設進行稻田開拓。一直到南朝宋的時代為止，這個開拓工程都持續進行著，最後到達「年無水患旱災，人民衣食無缺」的程度；依據資料顯示，唐代在山陰、會稽兩縣的十四個鄉村，共計有九千頃（約五萬四千公頃）的水田因此得到灌溉。不過，到了宋代，湖泊中央出現了中洲，同時也出現了「圍湖造田」的現象，宋代便是利用這個方式，持續一段時間進行水田開發作業。[23]因此，唐宋八大家中的曾鞏便對鑑湖的狀況感到憂慮不已（〈越州鑑湖圖序〉）。

> 宋興，民始有盜湖為田者，……，當是時，三司轉運司（財務相關的官廳）猶下書切責州縣，使復田為湖。然自此吏益慢法而奸民浸起，至於治平之間（一〇六四～六七年），盜湖為田者凡八千餘戶，為田七百餘頃而湖廢幾盡矣。

讀到這篇記載的時候，應該不是只有我聯想到一九九七年發生在長崎縣諫早灣的強行填土造地事件，真可說是「殷鑑不遠」。

宋代時，長江中游最大的淡水湖，也就是總面積曾經達到一萬七千九百平方公里的洞庭湖，開始出現大規模的圍湖造地工程。而這個圍湖造地工程到了明、清時代，甚至是到了現代，都未曾中斷，一直持續進行。最後，洞庭湖的面積也因此縮小到不到三千平方公里，且如同前文所提到過的內容，洞庭湖也因此失去了作為長江巨大蓄水池的功能。

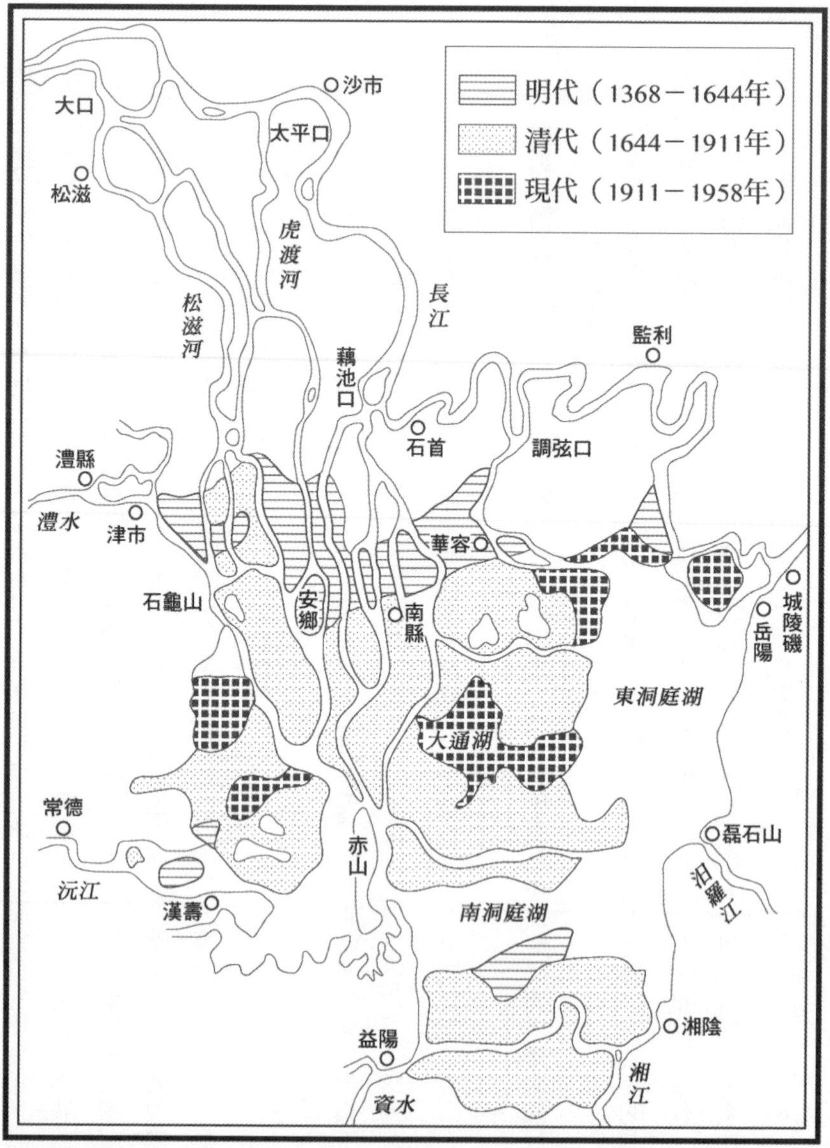

洞庭湖的圍堤填土造地　資料來源：長江流域辦公室編，《長江水利史》，高橋裕監修、鏑木孝治譯，古今書院，一九九二年，圖28。

至於長江下游的太湖，情況則有些許的不同。如同前文所述，隨著長江上游區域的持續開發，造成泥土顯著地流失，因此從唐代開始，太湖周邊區域的泥沙堆積情況愈來愈嚴重。在這樣的情況下，人們並沒有讓太湖本身的面積縮小，而是在湖泊周邊的溼地、西側的固有山地、還有位於東側包含現在上海市在內的微高地，建造防潮堤或是防波堤（塘路），在其周邊地帶，也因此形成了一大片土壤肥沃的水稻生產中心。

江南三角洲地帶的開發，可說是一件與唐宋交替相互呼應的大事；從十一世紀中葉開始，長江下游區域原本由民間和地方官員主導的水利建設，因為國家直接插手推動「圍田、淤田」事業，再加上不斷地修復或是新造灌溉排水用的溝渠，使得該地區的新興水田面積達到了大約六十五萬五千公頃。是以，在長江下游區域所收成的大量米穀，便透過大運河被運往中國北方。

至於，同樣位於長江下游水利不便的台地與沙丘地帶，從明代開始便導入了經濟作物棉花的栽種，另外再配合上玉蜀黍、甘藷、落花生、馬鈴薯等作物的栽種，到了現代，長江下游區域（江浙、蘇湖）與發展速度稍慢的中游區域（湖廣），已成為了支撐整個中國農業生產的穀倉地帶。[24]

長江流域的風土與文化

過去的長江流域，若就氣候特色來看，該地乃屬照葉林[25]茂密生長的區域，唐代時，長江下游沿岸更是有著一望無際的楓葉樹林。[26]但在上古時期的中國南方，由於未知疾病的猖獗，因此對於人們來說，這是一片難以接近的區域，我想應該就宛如今日亞馬遜流域般的景色才對。附帶一提，漢武帝曾經出兵攻打概稱為「西南

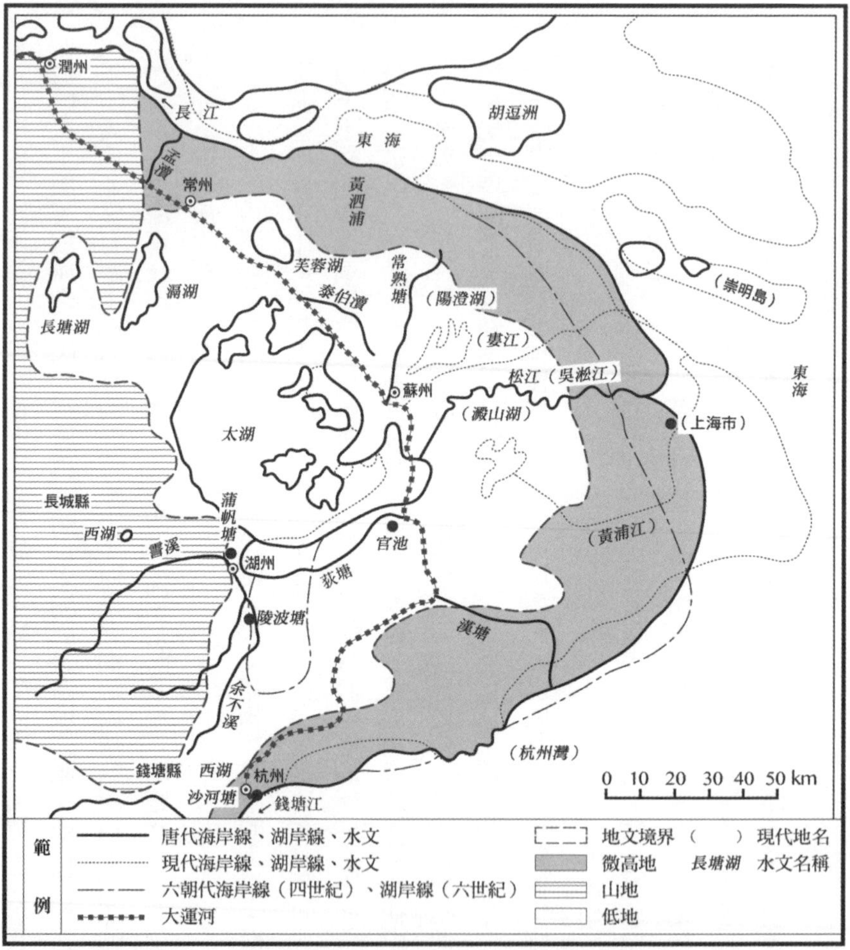

唐代太湖周邊的開發　資料來源：北田英人，〈唐代江南の自然環境と開発〉，《シリーズ世界史への問い1》，地圖1。本圖乃參考譚其驤主編，《中國歷史地圖集》第四冊、第五冊（地圖出版社，一九八二年）所繪製而成。但太湖湖岸的東部、南部只是概念圖。此外，地文（地形區分）則是參考陳吉余等著，〈長江三角洲的地貌發育〉，《地理學報》第二十五期第三期，一九五九年。

夷」的地方，也就是現今的江西省、廣東省、雲南省一帶。在那個時候，就曾面臨過「道路不通，士卒飢餓疲累，因暑氣與濕度的問折損眾多士兵，再加上西南夷也屢屢進行反擊，就算出兵也只是徒勞無功」的情況（《漢書・西南夷傳》）。

由於上述風土地理條件等因素，因此人們所能居住的地方便非常侷限。以新石器時代的遺跡為例，在中國北方有「從仰韶文化到龍山文化」之系列的文化圈，而遺跡的數量更是無法數盡。相對於此，在中國南方，就目前為止所發現的獨特貴重遺跡看來，彼此似乎沒有任何脈絡關係，詳細情形可參考本系列第一冊，宮本一夫教授的《從神話到歷史：神話時代與夏王朝》。在河口部的浙江省（餘姚市）所發現的「河姆渡文化遺址」中，發現了可以證明已有耕田習慣的證據，例如除去稻殼的農具或是骨製的犁鋤，同時也發現干欄式建築的遺跡。此外，在杭州市近郊（餘杭市）的「良渚文化遺址群」中，發現了除了稻田遺跡以外，還有許多玉器，且做工精緻令人感到驚訝，同時也在附近區域發現祭壇的遺跡。此外，在長江上游的四川省廣漢市中，還出土了一種具有異樣造型的青銅器，此即為「三星堆遺址」。不論是哪一個遺址，都是與北方大為不同的「文化遺產」，而這些「文化」的存在，更是吾輩在談論中華文明的形成過程時不容輕忽的內容。特別是河姆渡文化遺址尤其讓人感到驚訝，因為它比中國北方的仰韶文化的時期還要早一千年左右。

不過，河姆渡文化或良渚文化遺址群中所發現的稻作文化，是否曾沿著長江向北方傳播，至少到目前為止，尚未發現足以證明該說法的證據遺跡或遺址。原本淮河以北的地方，就不具備可能栽種水稻的風土條件，因此這也可以說是符合邏輯的事。另外據推測，別具特色的良渚文化，很有可能是因為遭受大洪水襲擊之故，才會突然消失。若以與太陽神有關的祭祀作為溯源之根據的話，部分人士提出上述的良渚文化，經由江蘇省北部大汶口文化，然後一路影響到山東龍山文化，這樣的假設實在是一個富饒趣味的見解。不過，雖然我們能夠大方承認，這些文化分別是由不同的風土與自然環境中所孕育出來，但若要將其當作是一個、足以與北方的黃河文明相互匹敵的所謂「長江文明」的話，還是會讓人感到些許猶豫。

由「北」到「南」的人口移動

就如同前文曾經提到的內容，從戰國時代開始一直到秦漢時代為止，不管是關中平原或是北方的黃土高原，又或者是草原，甚至是在西北乾燥地帶綠洲水源的沿岸地帶，其農地都是在建造灌溉用水路的同時所形成的。在秦朝與西漢時期，朝廷利用軍事力量將匈奴驅趕出去後，在這些北方地帶擴張設置郡縣，許多「漢族」就自己遷移或是被迫遷移到了該地區。早從秦始皇時代開始，就在靠近黃河源頭，流速平緩且河道彎曲之上游地區（鄂爾多斯）引進黃河河水進入該地，這個如同沙漠般的黃土地帶，便被創造出了大片的農耕地。寧夏回族自治區的銀川市之南方一帶，就是在這個歷史淵源下形成的農耕地帶。現在，更是因為建造在上游的青銅峽水庫，因此配置了較為大規模灌溉用的大小水路，作為秦始皇遺產的這些無邊無際的小麥田，雖然被承繼到了後世，但周邊沒有被灌溉到的地方，仍舊保持著貧瘠荒涼的狀態。有水以及無水的地方，兩者間的差異，若從高空往下看，就能很明顯的感受出來。中國北方的世界，雖然在戰國時期經各國君主之指導，開拓出了一些新農耕地，不過從秦漢時代開始，由於大一統國家的關係，開拓事業逐漸大規模化，人們的生活場所也跟著擴大，特別是往北方與西北方。像這樣透過國家權力而形成的農耕地，日本學者木村正雄命名為「第二次農地」，並且認為其乃專制支配的基礎條件。[27]

「第二次農地」因為得到國家的重視與經營，因此才得以維持經營，一旦中央政府弱化的時候，就很容易陷入疏於管理的狀態。灌溉水路會因為土沙的堆積變得無法使用，另外淹過水的地面，經過一段時間後，地表上就會覆蓋上一層鹽鹼，土地再度轉變回稱作「斥鹵」的不毛之地，變成岌岌可危的農地。東漢時期，皇帝的力量較西漢時弱，因此北方一帶的農地開始難以維持，最後導致原本居住於這塊土地上的人民失去了賴以為生的場所。也從這個時間點開始，人民開始進行遷徙；橫越了淮河，往江南方向移動。

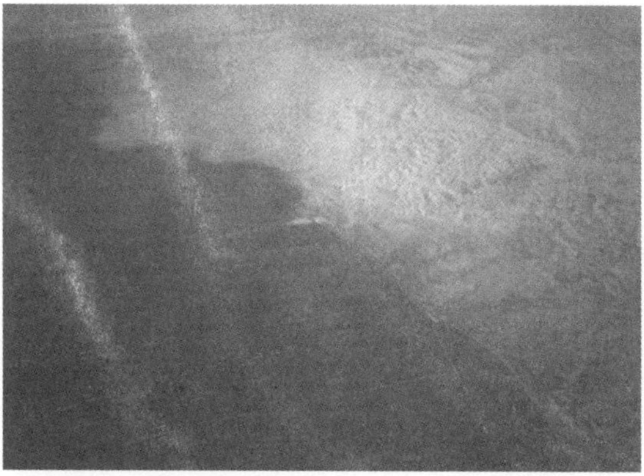

灌溉農地與沙漠的對峙　作者攝於一九八七年銀川市（寧夏回族自治區）附近的高空。

另一方面，在中國南方，從中國史上最初的時代區分，也就是春秋戰國時期開始，伴隨著鐵製器具的普及化，人民開始踏入蒼鬱的森林地帶進行開拓。這些拓荒者流著血汗，以簡樸的方式發展水道栽種；在山巒間進行火耕、修築攔水堰、建造儲水池，定期引水以助稻作成長及除草作業（火耕水耨）。如此的水田開發，在秦漢過後仍被承繼持續發展，稻田也從原本的山地擴展到了平地區域。而迎接中國北方人民的，便是這樣帶有強烈自主性與自立性的稻作地帶；從五胡十六國到南北對立時期，如雪崩般地從北方逃出的人民，就是在這樣的情境下被納入南方。南方接收了這些勞動力之後，稻作生產的發展也因此更上一層樓。

地面被鹽分覆蓋住的「斥鹵之地」　作者攝於一九八七年銀川市（寧夏回族自治區）郊外。

江南的開發與人口的增加

根據殘留下來有關歷代王朝戶口統計的文獻資料顯示，從西漢末年到唐朝為止的中國人口，大約都維持在四千至六千萬人的程度。不過，在改朝換代的時候，總人口數常常會急速減少，有的時候甚至會一次就驟減一千萬人。像這樣子的戶籍人口數目，是國家為了進行徵稅等作業所作的戶籍登記，我們必須要了解這與實質上的人口數目是會有所出入的。不過不管如何，至少我們可以大概掌握當時候的戶口概況，特別是可以充分地參考這些戶口的數目，得知整體人口增減的趨勢與變化。當然，若要利用這些統計文獻資料來推算實際人口，還必須經過許多考證作業，而因為研究者的不同，也就會產生不同的推估數值。

不論如何，根據到目前為止的考證，可以確定宋朝的人口已經突破了一億人的大關，而人口之所以會如此大幅增加，主要是與江南的開發有所關聯。而維持江南地區如此龐大人口生活的關鍵，

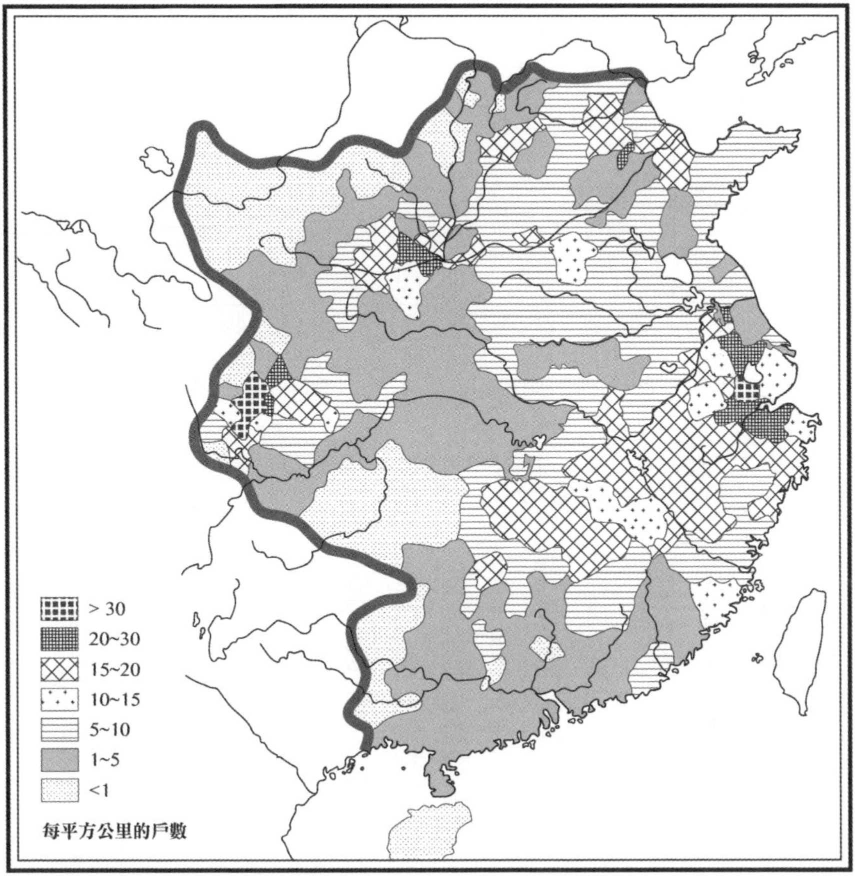

北宋時期的人口密度 資料來源：陳正祥編，《中国歴史·文化地図冊》，原書房，一九八二年。

則在於其特別適合進行稻作的地理條件。隨著江南地區逐漸發展成中國的穀倉地帶，「北方」與「南方」的戶口數比率也產生了變化，雖然金朝與元朝的情況還有待商榷，不過不管怎麼說，至少毫無疑問地，從十一世紀起，「南方」的戶口數量便已占總戶口數之百分之六十至七十了。高人口密度的區域當然也就順理成章地轉移到了「南方」。

從清朝乾隆時期開始，戶口數一口氣成長到了二億戶，而到了清末，

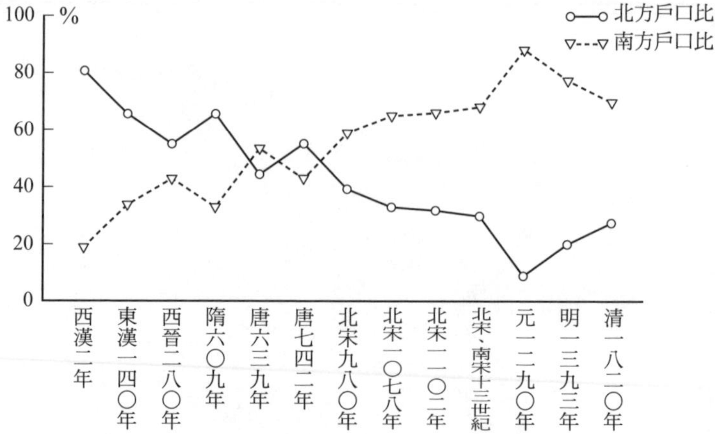

「北方」與「南方」戶口數比率之變遷　資料來源：鄭逸麟主編，《中國歷史人文地理》，科學出版社，2001年，表5-2。

戶口數更是急速增加到了將近四億戶，這可以歸功於康熙皇帝所實行的「盛世滋生人丁，永不加賦」之德政，因此人民可以非常放心地將家中壯丁登錄到戶口中。

道光三十年（一八五〇年），清朝的版圖達到了極致，人口數也超過了四億三千萬人，而從這個頂點開始，歷史也轉入了近代。之後的辛亥革命到中國內戰時期，人口成長開始進入停滯期，根據內務部的統計資料，一九三六年的人口數為四億七千九百萬人，而據中國解放後的第一次全國戶口普查，扣除掉臺灣，人口數約為五億八千三百六十萬多人。[28]到了今日，在我們還很難確定造成人口大爆炸現象的關鍵成因時，中國的人口總數，就已經突破了十三億大關。

伴隨「都市化」所產生的諸多矛盾

和日本的現狀一樣，中國的農村也面臨人口外流的現象。農民一直往比較容易賺到金錢的都會區移動。

這個被稱作「都市化」的問題，也是中國政府不得不設法

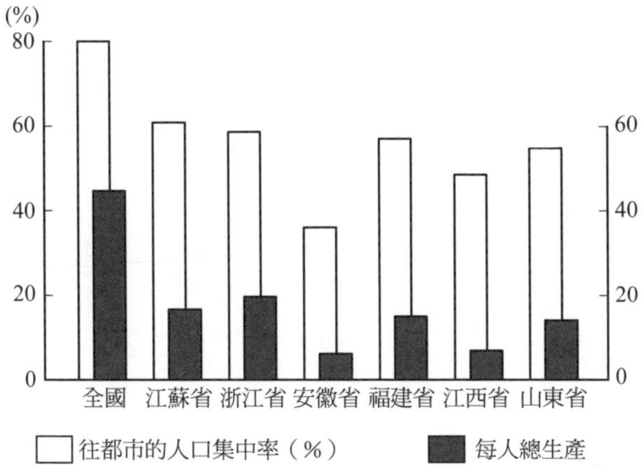

都市化的趨勢與都市居民的總生產值　每人總生產：國內生產總值（GDP）÷城市常住人口。單位：千元。資料來源：《2004中國城市發展報告》，中國統計出版社，二〇〇五年。

解決的難題之一。這裡所謂的「都市」，指的是「城市」或者是「城鎮」的總稱，並沒有特別使用人口數量（例如十萬人以上）來作定義，而是「該地居住著許多非從事農業生產的人，且是一定區域範圍的政治、經濟、科學、文化、教育、資訊的中心」，符合上述條件，便是本文所謂的「都市」，目前共有六百六十個地方被指定為「城市」。[29]

在這六百六十個城市中，有百分之四十三位於東部的沿岸地區，而人口數達四百萬人以上的大都市中，也有百分之六十四（七個）位於東部。更進一步觀察的話，還會發現光是位於東部地區的北京、上海、天津等三地之國內生產總值（GDP），就占了全國的百分之五十四點七。往都市集中的人口數已達到總人口的百分之八十，扣除掉臺灣的二十二省中，沿岸的江蘇、浙江、福建、山東省，都市化程度達到了百分之六十上下，雖然仍不及拉高全國平均值的四個直轄市與香港、澳門兩個特別行政區，但居住在這些省份之居民的GDP及收入還是很高。

相對於城市的農村地方，中文總稱之為「鄉村」。在「大躍進」失敗後的一九六一年，城市的數量銳減，三千萬的城市居民被強制送往鄉村，城市與鄉村的關係，也時時隨著政治路線產生連動變化。舉山西省為例，現在的山西省屬於典型的黃土地帶，有許多小規模的農家。雖然資料的年代或許有些久遠，但如果我們就連動變化的問題點切入觀察的話，馬上就會發現在一九八三至八四年的階段，「都市化」發生了戲劇性的進展。這個變化正好就與中國政府將市場經濟導入作為國家政策的時期互相吻合。附帶一提，人民公社確定瓦解的時間是在一九八二年，而鄧小平正式承認「鄉鎮企業」、倡議「一國兩制」則是一九八四年的事情。

農民人口的比率明明沒有變化，但居住在鄉村的農民卻正在極端減少，關於上述現象，可以解釋成因為國家實行政策，在農村區域建造新的「鎮」，然後讓近郊的農民搬遷到這些具有「文化性質」的城市裡。在這裡礙於文章篇幅限制，無法多作說明。[30]

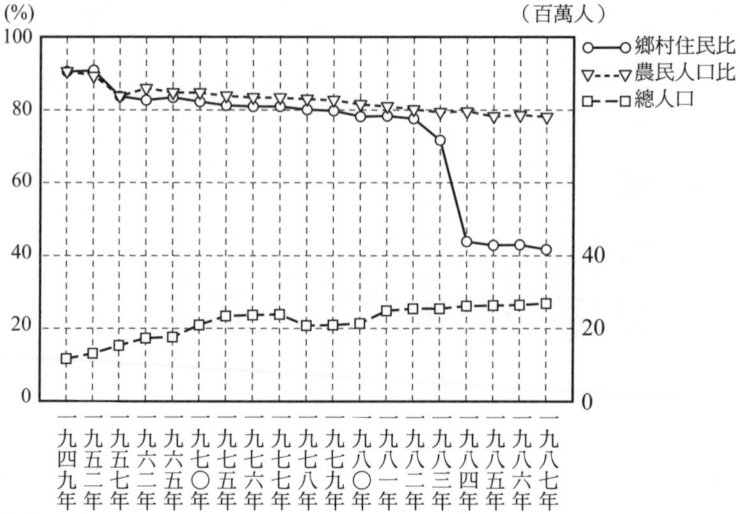

山西省「都市化」趨勢的變化　資料來源：壽笑鶴等主編，《中國省市自治區資料手冊》，社會科學文獻出版社，一九九〇年。

不管是在城市或是鄉村，這些地方的政治都是由黨的幹部在掌控的。這個由官僚制所架構而成的統治型態，既是「傳統中國」所留下來的遺產，也是這個政體要有效率地統治大陸所構思出來的「中國人的智慧」。關於「三農問題」有研究指出：「漢朝每八千人、唐朝每三千人、清朝每一千人養一名官吏。而到了現在（一九八四年），則為每四十人養一名公務員」。[31]中央或是地方官員的素質優劣，都會直接影響到人民的生活，關於這點，是古往今來都未曾變過的現象。以地方公務員為例，市長或是村長（黨書記）等人，每位幹部所握有的權限都相當地大。也因此，這些幹部的專橫跋扈或是貪污行為，所造成的傷害程度也都會極為驚人，這是日本社會無法比擬的。今天我們會說中國是一個以「愛國精神」所一統的人民共和國、或是多民族國家、或是巧妙地採用一國兩制，來完成急速經濟成長的經濟大國……但不管怎樣，中國仍是個一黨專政的巨大官僚國家，這是我們不該忘記的事實。

結語　該如何與中國往來呢？

我曾碰巧取得一本由陸軍恤兵部[32]所出版的《支那事変——戦跡の栞》。[33]閱讀完後發現，儘管侵略中國的將校軍官與一般士兵彼此存在著地位階級尊卑之分，不過他們會相當程度地彼此分享關於中國的歷史與地理知識，並且都對中國懷抱著無限的憧憬，由於這與我自己過去的認知出入甚大，因此我感到極為訝異與恐怖。後來我也因此以〈「知」の皇軍——憧憬と侵略——〉為題，寫了一篇專欄文章來分享這個心得。[34]對於我的那篇文章，某位人士曾經極為生氣地批評過我：「你說的侵略是什麼意思！」，但我認為侵略就是侵略。

該篇短文的目的並非是想要將上述將士歸為一類，而是想指出日本官士兵對於中國的「認知」與「情感」之差異並不大。若能讓那些一廂情願認為中日兩國能夠友好來往的善意人士讀到這篇文章，針對他們的「草率認知」提供一些警語的話，便達到了我的本意。譬如說，那些自豪於自己在漢詩、漢文、歷史故事上擁有深厚造詣的人士，往往會認為自己很懂中國，但這對他們來說，恐怕會是一個從來沒有料想到的隱形陷阱。是的，以前的那些將軍們也都曾經這樣過，他們很多都是「熱愛漢詩的人」。

簡而言之，「自以為很了解」，是一件最危險的事情。因為這樣反而會讓人對於「認知」的深化產生怠惰之心。最後恐怕會演變成自己只會從對方那學習、接收到有利於對方的知識與資訊。

另一方面，透過與中國益友間之相互交流，或是經由接觸大陸美麗山河之景觀，在內心深處所產生的沸騰之「情」，在需要考慮到國家利益的「國家對國家」的場合，很有可能會對於正常的交涉談判造成不良的影響。因此，若是真心希望中日兩國能夠維持長久友好關係，就方法論而言，我認為類似這種性質的「情」，最好應該暫時捨去。

石橋湛山是一名優秀的記者，他在一九三一年發表於《東洋經濟新報》社論的〈解決滿蒙問題的根本之道〉一文中，有著以下的敘述：「常言戰之要道，在於知己知彼。而當雙方處於和平往來的年代，也是相同的道理。然而，我國國民對於中國，卻是不知彼亦不知己，只會不斷妄加行動」。[35]雖然可能與以前讀過的魯德亞德・吉卜林（Joseph Rudyard Kipling）有些不同，不過應該就像是吉卜林所寫的「啊啊，東是東，西是西，這兩者永不相交」。36

或許他的觀點與一般大眾的認知有所出入，不過老實講，我是這樣認為的；正因為中日兩國「一衣帶水」的地理關係，彼此往來的歷史既久遠又深厚，反而會導致彼此之間「認知與認識」上的困難。

不管怎麼說，中國是外國，是異國。其國情風土，即便到了現代，仍與日本有著極大的差異。當然，雙方的歷史進程也不一樣。因此彼我雙方對於「歷史」的「認識」有所歧見，這是想當然耳。自己原本就易陷於「情」，這是我不斷提醒自己的事情。關於中國的過去與現在，不了解的事情就要承認不了解，不要輕易草率地用感情下結論，立足在理性且冷靜的「知」的地平線上，與中國的交往才能夠「真正」地轉化為「天長地久」吧。我們要學習的中國，以及要向中國學習的事物，還有很多很多。

1 【編按】日文原文是「日中間の国交が回復」。

2 參見尾形勇，《中国歴史紀行—悠久なる中国の大地》，角川書店，一九九三年。

3 請參照本系列第十一冊《巨龍の胎動》，作者為天兒慧教授。【編按】該書中譯本已於二〇一六年十一月出版：《巨龍的胎動—毛澤東、鄧小平與中華人民共和國》。

4 《中國二〇〇〇年人口普查資料》，中國統計出版社，二〇〇二年。

5 【譯按】「瑞穗之國」為日本自古以來的美稱。

6 《AERA》，二〇〇二年二月二十五日。

7 《東京大學學報》，二〇〇三年四月二十三日。

8 陸學藝，《「三農」新論—當前中國農業、農村、農民問題研究》，社會科學文獻出版社，二〇〇五年。

9 陳桂棣、春桃，《中國農民調查》，人民文學出版社，二〇〇四年。【編按】此書的繁體中文版由大地出版社於二〇〇四年出版。

10 【編按】賽珍珠（Pearl Sydenstricker Buck），一九三二年以《大地》（*The Good Earth*）獲普立茲小說獎。該書的繁體中文版可見輕舟出版社於二〇〇七年出版，由馬真翻譯的版本。

11 江立華、孫洪濤，《中國流民史・古代卷》，安徽人民出版社，二〇〇一年。

12 木村正雄，《中国古代農民叛乱の研究》，東京大學出版會，一九七九年。

13 【編按】漢家即漢朝，例如李白《憶秦娥》：「樂遊原上清秋節，咸陽古道音塵絕。音塵絕，西風殘照，漢家陵闕。」唐家指唐朝，例如文天祥《平原》詩：「唐家再造李郭力，若論牽制公威靈。」

14 參見尾形勇，《中国古代の「家」と国家—皇帝支配下の秩序構造》，岩波書店，一九七九年。
15 谷川道雄編著，《戦後日本の中国史論爭》，河合文化教育研究所，一九九三年。
16 【編按】日文原文為「中国前近代史」。
17 趙武靈王在位時間是西元前三二四至二九八年。
18 該文收錄於西嶋定生，《中国経済史研究》，東京大學出版會，一九六六年。
19 參見牛若峰、李成貴、鄭有貴等著，《中國的「三農」問題—回顧與展望》，中國社會科學出版社，二〇〇四年。
20 袁清林著，《中国の環境保護とその歴史》，久保卓哉譯，研文出版，二〇〇四年。【譯按】該書譯自：《中國環境保護史話》。
21 參見原宗子，《「農本」主義と「黃土」の発生—古代中国的開発と環境2》，研文出版，二〇〇五年。
22 北田英人，〈唐代江南の自然環境と開発〉，《シリーズ世界史への問い1：歴史における自然》，岩波書店，一九八九年。
23 以上參照袁清林《中国の環境保護とその歴史》等書。
24 參照渡部忠世、櫻井由躬雄編，《中国江南の稲作文化》，日本放送出版協會，一九八四年。
25 【編按】照葉林又稱亞熱帶常綠闊葉林，是亞熱帶溫潤氣候下的典型植被。
26 北田英人，〈唐代江南の自然環境と開発〉，《シリーズ世界史への問い1：歴史における自然》。
27 木村正雄，《中国古代帝国の形成—特にその成立の基礎条件》，不昧堂，一九六五年；新訂版，東洋比較文化研究所，二〇〇三年。
28 參見鄒逸麟主編，《中國歴史人文地理》，科學出版社，二〇〇一年。

29 《二〇〇四中國城市發展報告》，中國統計出版社，二〇〇五年。
30 參見尾形勇，〈山西省雁北的小城〉，《立正大學人文科學研究所年報》別冊一五號，二〇〇三年。
31 陳桂棣、春桃，《中國農民調查》。
32 【譯按】陸軍恤兵部是戰前隸屬日本「陸軍省」的單位，負責慰勞軍隊的相關業務。
33 《支那事変―戦跡の栞》，一九三八年。
34 該文收入《史学雑誌》第一〇五卷第七期，一九九六年。
35 松尾尊兊編，《石橋湛山評論集》，岩波書店，一九八四年。
36 中村為治譯，《キップリング詩集》，岩波書店，一九三六年。

第二章　中國文明論　多樣性與多元性

鶴間和幸

前言　對過去的評價以及對現代的難以理解

「你對中國的印象如何？」我曾在課堂上詢問過就讀文學院的大學生們這樣一個問題，那是二〇〇五年五月底的事情。講台下的學生，大多是歷史系二、三年級生，對於中國議題非常關心。剛好那一年是第二次世界大戰終戰六十周年，又碰上了反日抗爭風潮、靖國神社等問題，因此在中日關係如此緊張的氛圍下被詢問到這個問題，是有一定的敏感性。而學生們的回答大致上可以區分成三種類型；有好感的正面印象、有嫌惡的負面印象、以及好壞參半的印象。

《三國演義》所描述的古代英雄豪傑的世界、重仁重義的武俠世界、豐富的飲食文化、悠久的歷史與文明、高山大海的壯麗景色、一個給予日本莫大影響的國家等，是日本學生對中國所抱持著的正面印象。相對於此的負面印象則是，激進的權力鬥爭、懸殊的貧富差距、環境汙染、瞧不起其他國家的大中華本位思想、國民容易陷入狂熱狀態、情感表現激烈、反日情緒高漲等。我認為中國能夠同時給人這兩種落差極大的印象，便是一個特色。偉大的文明與強烈的愛國主義、富裕的沿海城市與尚未開發的區域、悠久的文化與嚴峻的政治情勢、豐饒的大自然與喧鬧的大都會等，都是日本人對中國的普遍印象。有一位學生以「奔騰的黃河與浩瀚的長江」來形容這個現象。這也讓我聯想到和辻哲郎在《風土》一書中所描述，兼容黃河與長江兩種大相逕庭風土的中國。

我也在課堂上，向學生們分析解說了前述觀點。日本人從近代開始，在評價過去文明中國的同時，也對於存在於眼前的現代中國，抱持著難以理解的負面印象。文明中國與現代中國，對於日本人而言，就像是古典漢語與現代漢語般的差別。接收了中國漢字文化的日本人，能夠使用漢字標註訓讀的方式，研讀古典漢語，而且完全不會意識到自己是在閱讀外國語言。雖然透過文書閱讀的過程，讓日本人對文明中國心生敬佩之感，但若是以近代以後的西歐文明價值標準來檢視中國的話，又會讓人產生如同侵略戰爭時期的那種看低中國的情緒。這些學生的想法，與我在二十五年前於大學初執教鞭時所接觸過的學生們相較的話，會發現他們的感受沒有什麼太大的變化。

文明中國與現代中國

其實中國人自身已發現到了文明中國與現代中國時而一體，時而分離的擺盪現象。我之所以會知道這件事情，主要是因為一九八八年時，在因緣際會下曾經翻譯過一部名為《河殤》的紀錄片的腳本之故。[1]由於該影集拍攝完成

對於中華文明的反省

後的底片數量龐大，因此製作NHK大黃河節目的中國工作人員，又將這些底片重新剪輯，製作出了另外一套節目。在那個時候，中國人都會聚集在電視機前面，熱切地談論著歷史。河殤的「河」

指的是黃河文明，而「殤」則是引用《楚辭》中的「國殤」一詞，是「夭折」的意思。有人認為由於過去黃河文明的早熟，導致其身軀提早進入了一種瀕死苟活的狀態，連帶造成現代中國的落後。只要考古發現了文明遺產，就會轉換成一種撫慰現代中國人心靈之物、也有人會認為過去的文明並沒有像歐洲一樣，與近代工業文明產生連結、或是還可以看到一些以否定角度評價農業文明與內陸文明，並認為現在的中國應該需要有所改變的主張。甚至認為長城是使中國人失去了外出機會的一個悲劇性紀念碑。過去，中華文明可說從未出現過含有自己反省的社會現象

距離那個年代已過了十七年，現在的中國以「經濟中國」之姿迅速竄起，對於過去中華文明之強烈自我意識的自省，早已不復見。取而代之的，是中華主義、是「巨龍中國」的登場。處在這種情況下的日本人，已不能一直維持著過去老舊的中國觀，而應該掌握現實的動態，找尋出理解中國的新方法。

《河殤》節目中，介紹了一首名為《龍的傳人》的歌曲：

古老的東方有一條龍，它的名字就叫中國。
古老的東方有一群人，他們全都是龍的傳人。
巨龍腳底下我成長，長成以後是龍的傳人。
黑眼睛黑頭髮黃皮膚，永永遠遠是龍的傳人。

所謂龍的傳人，指的是龍的子孫，也就是中國人的意思。這首歌曲風行於將中國大陸視為故鄉的臺灣、香港、東南亞華僑之間，在中國本地也同樣地被廣為傳唱。這首歌已經是三十多年前的老歌了。最後一句歌詞是「巨龍巨龍你擦亮眼，永永遠遠地擦亮眼」，伴隨著悠悠的旋律，這首美麗的歌曲讓人格外容易產生親近感。不過，關於歌詞的意思，我想如果不是身為中國人，內心很難產生共鳴與感動。而這個巨龍中國，現在正在胎動著。

現代的網絡

進入二十一世紀以後，中國，這個國土面積比日本要大上二十六倍的國度，開始擺動起她的龐大身軀。大規模的交通與資訊網絡正不斷建造完成，搭車在道路上移動的話，可以發現高速公路的網絡已延伸到了全國各處。此外，藉由網際網路（Internet）與行動裝置（Mobile）所形成的資訊網，更是令人眼睛為之一亮。在中國，Internet稱作「互聯網」或「網絡」，而Mobile則稱為「手機」。

帶動這些資訊產業不停地前進發展的企業有：中國電信（China Telcom）、中國移動通信（China Mobile）、中國聯通（China Unicom）、中國網通（CNC）等公司。為了向消費者表現出自己代表的是全國性的品牌，因此每間企業的名稱都會冠上中國兩字，試圖將企業版圖涵蓋住整個中國。我們可以在大街小巷看到中國網通的宣傳口號──「中國網、寬天下」，意思就是中國的網路可以通達整個天下（世界）。這似乎還表現出了跳脫出中國國內的框架，加入了全世界視野之含意。過去所稱的天下，如今已拓展到整個地球。

二〇〇五年四月，有一群年輕人在網站上發起了反日抗爭活動，而這個活動最後甚至擴散到了包括北京、上海、深圳、香港、瀋陽在內的中國各地。有一個叫作「中國九一八愛國網」的網站（也是冠上「中國」二字的網站），號召民眾參加示威遊行，這項行動，正是透過手機簡訊被快速傳遞的。人手一機的中國年輕世代，透過這樣的形式，能瞬間掌握所有在中國境內傳遞的訊息。

中國的汽車工業也正在急速地成長。美國的GM（上海汽車）、Ford（長安汽車、第一汽車），德國的Volkswagen（第一汽車、上海汽車）、DAIMLER（北京汽車），日本的TOYOTA（天津汽車）、HONDA（東風汽車）、MAZDA（第一汽車），馬路上隨處可見以中資結合外資

中國移動通信　中國移動通信公司位於北京市內的手機專賣店。

磁浮列車　進站中的上海磁浮列車，攝於二〇〇四年。

中國石化　中國石化加油站，二〇〇六年攝於鄭州市。

的方式所生產出來的汽車。在中國，民眾一般會對純外資的汽車有排斥感。街頭上也會看到由中國石油（PetroChina）、中國石化（SINOPEC）所經營的加油站。中國石化的加油站更是已經深入到農村內部。

在如此最尖端的現代化網絡中，若我們仔細觀察的話，仍可以發現中國的特徵。首先，高速公路的設計是從首都北京呈放射狀延伸到各地，總共有十二條。不過這十二條放射狀的幹線，並無法完全包覆整個中國。因此，地方都市間的高速公路，就擔負起補強的角色。南北走向的高速公路共有二十七條，東西走向的則有二十九條，如此一來，整個中國全土便被涵蓋在內了。關於道路的稱呼，例如連結北京、鄭州、武漢、廣州、深圳的道路為一〇七號，而串聯包頭、西安、重慶、貴陽、南寧的南北線為二一〇號，走西寧、若羌、喀什的絲路西域南道之東西線則為三一五號，像是這樣，中國政府利用一ＸＸ號、二ＸＸ號、三ＸＸ號的編號方式來劃分公路，總計有六十八條線路，將中國全土串聯了起來。

高速鐵路的建設計畫也同時在進行中。中國在北京與上海間，建蓋一條長達一千三百公里的鐵道，以時速二百五十到三百公里的高速列車來串聯兩地，往返兩地所需花費的時間預計為四、五個小時左右。另外，從上海的浦東國際機場到市區龍陽路車站間的三十公里距離，則是利用磁浮列車進行連結，如此一來，在這兩個地點間的移動，只需花費短短的七分二十秒。附帶一提，磁浮列車的速度可急速加速至每小時四百三十公里。漂浮在地面上快速滑行的列車氣勢，就像正帶著中國衝往全球化的舞台上一樣。對於中國來說，古時候常說的「天下」一詞，套用到現代時空環境下的話，指的就是整個地球。

作為古代網絡的道路網

涵蓋全國的網絡並非是現代才發展起來的。最早可追溯到約二千二百年前，時間約在西元前二二一年，秦始皇掃平戰國六雄，統一全國後。當然，現代中國廣大的領土面積與古代中國的面積是不相同的。距今二千二百年前，秦國在統一中國的時候，當時的領土面積約為二百七十萬平方公里，約只有現在中國國土面積的百分之三十，換句話說，只比日本大七倍而已。根據推算，人口也不過只有二千萬人左右。不過即便是這個數字，在西元前三世紀末的世界，應該仍算是一個規模巨大的帝國。我們常常會受到明清時期之近代大中華帝國概念影響，在討論古代中國的時候往往會將之放大化，我想這是我們必須要屏除的一個偏見

不管怎樣，這個在當時不可一世的強大帝國，也試圖構築其情報網絡系統。在秦朝的主導之下，打破戰國七雄國境界線的工程便開始展開了。雖然沒有發布統一貨幣的宣言，但實際上卻是以秦的半兩錢作為基準，建立起了以一半兩錢為一錢的貨幣制度。人頭稅也開始以錢來徵收，而官吏的俸給也透過錢來支付。至於道路網方面，有從首都咸陽為起點，向各地放射出去的一級道路「馳道」。為了要到北方的長城，還修築了名為「直道」的軍事道路。如此一來，過去七國的國界藩籬便被打破，人與物開始得以於其中來去移動。而戰國時期由各國在國境處所建造的長城，則是因為失去了原本存在的意義，所以遭到廢棄，各國國都的城郭，亦皆毀壞。為了要讓車子能夠在鋪裝道

路上更有效率地行走，因此秦朝統一了車軌的規格。這些高度裝備過的車輛，從出土於秦始皇陵的銅車馬上，便可一窺究竟。總而言之，跨越戰國七國國境的大變化，便是始於這個年代。

然而，在這個中國史上第一個中央集權網絡下，所形成的並非是齊頭式的社會。移動的方便，促使人與物往某些特定的地方集中，換句話說，這樣的制度與環境，助長了區域之間的差距。以首都咸陽作為中心的舊秦國領地，集結了來自全國各地的人與物。相反地，被秦國所征服的舊六國國都，則遭受到破壞，一時之間喪失了各區域核心都市的機能。

象徵巨龍中國之物

從古延續至今的所謂「巨龍中國」，是象徵擁有悠久歷史、廣大國土、龐大人口、以及強大權力的一個詞彙。號稱中華三千年、四千年亦或是五千年的漫長歷史，以及相當於日本面積二十六倍大的九百六十萬平方公里的國土，還有占全世界六十億人口中的百分之二十二的十三億人口，不管是哪個數字，都能讓我們感受到這條巨龍，也就是「龐然大物中國」的巨大身軀。

龍，是在新石器時代被創造出來的一種動物。中國曾在一九八七年時，於河南省濮陽市的一處古葬墓群中，發現一名被葬者的身旁兩處，置放著使用貝殼所描繪出來的龍虎圖案，而這乃是距今六千四百年前之物。這個「中華第一龍」引發不小的騷動，在二〇〇〇年時更舉辦了一場「龍文化與現代文明」的學術研討會。[2]這條小龍長約一點七八公尺，略小於被葬者一點八四公尺的身高。雖然目前黃河並沒有流經濮陽，但在西漢時期前，這裡卻曾是黃河流經、且屢屢發生洪水氾濫的地方。在這片幾乎沒有任何傾斜的大平原上流動的黃河，所呈現出來的姿態，很有可能就是龍的起源。在遼寧省紅山文化的遺跡中，曾出土玉製的龍。到了秦始皇與劉邦的時候，「龍」的意象開始與皇帝產生重疊。例如預言秦始皇將死的那句「今年祖龍死」，以及劉邦母親身懷六甲時見到龍之後便生下了劉邦的傳說等。[3]創造於新石器時代裡的小龍，一旦與皇帝的權力結合後，就成了巨大的龍。而中國對於龍的印象，與古代近東地區或是歐洲，將之視為應消滅之物的形象，形成了很大的對比。

在濮陽發現的龍　於被埋葬者兩側以貝殼排列形塑的虎與龍（下方）。

龍像鹿一樣，有角和鬍鬚。口中有舌，皮膚像魚一樣有鱗片，四隻腳上長有爪子，然後還有一對翅膀，因此能夠在空中飛舞。龍便是以這個樣貌自在地遨遊於天地之間。漢代時，龍、虎、鳳凰、玄武（蛇與龜）被合稱為四靈（四神）。在二十八個星宿當中，分別就東西南北四個方位各自掌管七組星宿，最後形成了大家熟知的東方青龍、西方白虎、北方玄武、南方朱雀。魏晉南北朝以後，四靈降臨地面，成為了象徵守護都市或是墓地地形的四神。而東方曲折迂迴的山稜之線，就是青龍。

除了龍以外，象徵「巨大中國」之物還有很多：例如秦始皇陵寢——為了守衛一位過世的帝王，居然埋了高達八千具的兵馬俑，還有綿延五千公里長，歷經數個朝代修築而成的萬里長城、人口高達一百萬的國際都市——繁華的唐代長安城、從北京到杭州全長一千七百公里，貫穿南北的京杭大運河等古今建設，都是很好的例子。甚至像是三峽大壩的建設或是南水北調（讓長江的水流到黃河）的計劃等，基本上也都繼承了過去中國大興土木的傳統。另外，像是黃河、長江、黃土高原、青藏高原、華北平原、四川盆地、塔里木盆地等自然地形，同樣讓人感受到中國的雄偉壯闊。

到中國旅行的時候，常常會被蜿蜒在重重山稜上的雄偉長城所感動，瞭望黃河或是長江等大川，也會讓人的心胸不由自主地開闊了起來。不過，若一味地被上述「巨大中國」的意象牽著走的話，確實會妨礙我們對中國實際狀態的理解。前面我所提到的那群學生，便很率直地說出了對於「巨大中國」的正面及負面印象。

微小中國的競爭，成就偉大中國的文明

事實上，能夠在上述「巨大中國」的背景下，清楚意識到「微小中國」的人並不多。我在接下來的文章中所提到的「中國」，指的是一個「歷史概念」，而不是中華人民共和國的略稱，這一點我想必須事先說明清楚。所謂的「中國」一詞，除了是現代中華人民共和國的略稱以外，也是在歷史概念中會使用的一個區域名稱。例如周朝青銅器上的銘文中所寫的中國，指的是洛陽周邊，換句話說，在過去，「中國」一詞原本代表的是一個很小的區域。中國的「國」字，是指由四方形的城壁所圍繞出來的都市，完全沒有傲視天下之泱泱大國的含意。到了戰國時期，「中國」的範圍逐漸擴展到了中原。「中原」指的是黃河中下游流域的華北地區。到了秦漢時期，中國一詞於王朝領域的概念

中，泛指包含黃河與長江流域之區域名稱。隨著時代的演進，「中國」概念也逐漸擴大，最後終於演變成了代表中央的名稱。

接下來我們要藉由數字呈現出「微小」歷史性的中國。只要仔細觀察中國地形圖的話，就會發現平原的面積，其實只占了中國整體面積的百分之十二。剩下的土地當中，丘陵占了百分之九點九，山地與高原占了百分之五十九點三。至於占了百分之十八點八的盆地，也都是像塔里木盆地一樣、絕大部分都不適合人類居住。若將這僅占全國面積百分之十二的平原面積擷取出來進行換算對照的話，會發現其面積只比日本的國土大三倍左右。因此，中國的龐大人口與耕地，可說都是擠在極為有限的空間中。再繼續觀察土地的使用地圖，會發現陸田、水田等耕地的面積比例，事實上是更低的，只占不到百分之十。比起「巨大中國」的形象，中國事實上是以這個「相對微小的中國」為中心，孕育出古代文明與建立古代帝國。

黃河與長江下游區域乃是廣大的平原，由於該地區並沒有一個特定的名稱，因此這個地區便一直被稱做東方大平原。這個東方大平原既不屬於黃河文明，也不屬於長江文明。雖然在中國當地，一般會稱其為中華文明或是華夏文明，但對於中國以外的人來說，特別是在位於漢字文化圈周邊的日本人眼中，中國與中華是不同的。對中國人而言，中華思想或是中國思想所代表的都是相同的意涵。不過若從日本人的角度觀之，「中華」所代表的，則是與華夷思想有著密切的關係。

將兩千年前的漢代與現代的人口分佈圖進行比較的話，便能觀察出在整個歷史脈絡下，這個平原的人口分佈情形為何？密集聚居的區塊是否有逐漸往南移動的趨勢？兩千年前的中國人口為五千九百萬人，現在的中國人口則是十三億人，不論是在以前或是現在，中國人口分布都是不平均的。人口通常都會集中在降雨量適中、氣溫舒適，適合居住的地方。在兩千年前的西漢末期，人口主要集中在黃河下游區域的大平原，而長江流域則是屬於人口稀少的地帶。不過，隨著中國歷史巨輪的滾動，中國人口逐漸從黃河下游區域往長江下游的江南地帶移動。當然，這並非意味北方的人口減少，而是指人口密集區域從內陸地區往沿海地區擴展。

「微小中國」一詞，絕非一個帶有貶意的詞彙。中國人密集聚居於有限的區域中，透過彼此的相互競爭與合作，激盪出嶄新的文化，人類的文明與智慧也在不斷琢磨的過程中得到進步。「微小中國」聚合起來逐漸形成「巨大中國」，而各「微小中國」就在其中取得平衡與發展。我認為忽視「微小中國」之間的血淚史，只注視大一統的「巨大中國」是不行的。我們必須回頭重新審視，在「微小中國」的基礎上建構「偉大中國」的歷史過程。因為這個和善又充滿包容性的架構才是中國文明的精髓所在。透過微小中國的競爭機制所形成的偉大中國的文明，其實是充滿活力的。這與日本「靜」或「恥」的文化完全不同。踏進「不明白說出自己的主張就沒辦法獲得對方理解」的文化圈，老實講是一件很累人的事情，不過這也正是研究中國的魅力所在。過去在參加中國的學會時，會場的討論情況只能用「百家爭鳴」成語來形容。所謂的「百家」，指的是戰國時代的諸子百家，也就是說許多學者自由議論的意思。換句話說，就算沒辦法迅速導出結論，也能在討論的過程找出意義。我們幾個日本人也試圖打破語言障礙的藩籬，想要打入中國學者們的圈子裡。只要與中國學者在考古現場碰到面的話，即便是在夜晚飲酒聚餐的場合，也都能夠進行短暫的議論。隨時接納一位外國研究者、分享各式各樣資訊的寬大度量，在與中國文明的接觸過程中，我自己也獲得了許多鍛鍊與成長。

大長城與小長城

位於北京郊外，建造於明朝時期的長城，並不是只有已觀光化的八達嶺而已。近年來，慕田峪（北京懷柔縣）、古北口（密雲縣）、金山嶺（灤平縣、密雲縣）也都完成整修工程，並且開放旅客自由參訪。與擠滿觀光客人群的八達嶺不同的是，旅客得以悠哉漫步於這幾座延伸在大自然中的長城，因為壯闊景觀而不由得佇足良久。在中國人的心中，萬里長城這座巨大的建築物，便是中華民族繁榮的象徵。一九八七年，萬里長城與泰山、故宮、敦煌莫高窟、秦始皇帝陵、周口店，同時成為中國有史以來首度被登錄為世界遺產的景觀與建築，便是因為這些所代表的都是象徵偉大中國的史跡。而這也是英文將萬里長城翻譯為Great Wall的原因。

從明代長城的建蓋時間再往回追溯一千八百年，也就是在秦始皇的時候，萬里長城便已開始建造了。由於這座從甘肅省臨洮一路綿延到遼東半島的古代長城，目前只有一小部分殘存，因此在介紹秦朝的萬里長城之際，多半會借用明代長城的照片。而在歷代的長城當中，只有明代的長城是透過層層堆疊燒製過的煉瓦修築而成，因此建築物特別堅固。我們不能忘記的是，秦始皇時期修建、這座象徵大一統的「大長城」背後，再往前追溯一百五十年前的戰國時代，諸國間彼此競爭的「小長城」。

戰國時代的長城，便是各國用來劃分國界的建築。到了現今，我們仍舊可以見到部分的遺跡。例如河北省張家口留有燕國與趙國的長城，而蔚縣則有利用石頭堆砌而成的趙國長城。而秦國與魏國的長城遺跡則可在寧夏回族自治區中找到，寧夏固原縣甚至還能找到利用版築法建造、狀況仍保持良好的長城。另外，像是楚國（河南省）或是齊國（山東省），也都分別在國境處建築了長城。戰國時代之所以會普遍建蓋長城，乃是因為各國為了要針對當時的騎馬戰術進行防衛。因此，建造出馬匹無法躍過的幅度與高度之城牆便已堪用。戰國時代的長城，相對於正方形的「城」而言，其實只是一種單純的「長牆（Long Wall）」。

秦朝統一天下後所建造的長城，是利用燕、趙、秦三國的北方長城為雛形所建的。也就是說，中國北方的「小長城」經過再組合後，形成了中國的「大長城」。至於其他地方的小長城，則多遭廢棄。黃河所流經之最北端處，有石頭堆砌而成的秦代長城遺跡。其西側的部分是沿黃河所築的呢？還是因為有黃河及賀蘭山脈等自然要塞存在，因此沒有必要另行建造？存在多種說法。現在的沙漠雖然緊臨黃河，但在秦朝時，該地區卻曾是草原。也就是說，我們在進行考察時，有必要將自然環境變化的因素也考慮進去。之前曾經從砂堆中發現記載著漢代對匈奴戰爭內容的石碑，因此，或許也有某些長城仍埋藏在沙堆底下。長城學權威羅哲文曾表示，「雖然漢代長城終止於敦煌的玉門關，不過事實上新疆境內的長城是從玉門關一路延伸進來，一直到羅布泊與樓蘭地區」。總而言之，我們至今仍舊未能掌握長城的全貌。

從現代用語解讀古典中國

筆者曾試圖將文明中國與現代中國連結起來進行綜合性的解讀。我認為文明絕對不是過去中國的專有物，即便身處現代，我們仍舊可以用文明的視角來解釋眼前的中國。我在大學上專題討論課時，就將司馬遷的《史記》用訓讀的方式先讀一次，再用現代中文的發音朗讀。雖然最理想的情況是使用兩千年以前的上古漢語音來朗讀，不過那並不是一件簡單的事情，因為那是比起我們所熟知的西元七至九世紀之唐代長安的漢音，或是西元五至六世紀之六朝時代江南地方的中古漢語（吳音），還要更加古老的一種讀音。

日本人雖然導入了吳音，但踏入漢音的世界並且真正開始習慣，卻是開始於派遣遣唐使到中國，然後對大唐文化產生崇慕情感之後的事情。除了佛典以外，漢文書籍的發音都被統一成大唐帝國首都的發音。因此到了現在，「秦」的讀音「ジン＝jin（吳音）」比起「シン＝sin」（漢音）、「始皇帝」的讀音「シオウタイ＝shioutai」（吳音）比起「シコウテイ＝sikoutei」（漢音）、「劉邦」的讀音「ルホウ＝ruhou」（吳音）比起「リュウホウ＝ryuuhou」（漢音）、「項羽」的讀音「ゴウウ＝gouu」（吳音）比起「コウウ＝kouu」（漢音）、「史記」的讀音「シコ＝shiko」（吳音）比起「シキ＝shiki」（漢音）、「司馬遷」的讀音「シメセン＝shimesen」（吳音）比起「シバセン＝shibasen」（漢音）、其父「司馬談」的讀音「シメダン＝shimedan」（吳音）比起「シバタン＝shibatan」（漢音），日本人仍舊比較習慣使用後者的發音方式。我們可以透過唐代的中古音，或是這些日本人口音的漢音世界，來認識八百年前的秦漢時代。

上古音的困難之處

至於更久遠之前的上古音，我們可以藉由《詩經》中詩的押韻規則與形聲（諧音）文字的同音原則將其還原。[4]關於文字的同音原則所指為何？在學習現代中文時，日本人除了學習漢字的讀音以外，還必須要學習表達聲音抑揚頓挫的「四聲」。在看一個漢字的時候，我們可以利用形聲文字中相同的聲符（非意符），推測出該字應該也會是相同的讀音；例如，假設知道了「豆」字的讀音，由於「餖」、「逗」、「脰」、「痘」都擁有相同的聲符，因此可以推測出其讀音亦為「DOU」。不過「短」音「DUAN」、「裋」音「SHU」，與該原則並不相合。然而，若是上古讀音的話，則全部都讀作「DOU」，因此似乎比較容易記憶。其實，漢字本來便是藉由意符與聲符的組合，數量才不斷地增加。

只不過經過復原後的上古音，發音仍是極為困難的。例如「秦」讀作「zin」、「始皇帝」讀作「thəg ɦuaŋ teg」。由於g比p、t、k等入聲字母（以子音作結的發音）的發音要來得弱，因此在唐代的時候便消失了。劉邦的發音為「lıog pŭŋ」、史記「ṣiˌəg kiˌəg」，都是語尾連續有g的發音，而「司馬遷」讀作「siəg mǎg ts'ian」，「司馬談」讀作「siəg mǎg dam」。[5]我們透過文字而熟悉《史記》，其內容要如何以聲音唸出，可說是一個未知的世界，這是比唐朝還要早八百至六百年的世界。日本的萬葉假名還留有部分上古音。「意」不唸作「i（イ）」（吳音、漢音），而是唸「o（オ）」，「支」不唸「shi（シ）」（吳音、漢音），而是唸「ke（ケ）」，「居」不唸「ko（コ）」（吳音）或是「kyo（キョ）」（漢音），而是唸「ke（ケ）」。由於始皇帝的「始」字讀音是依據漢字偏旁的「台」，因此比起漢音的「SHIH」，事實上更接近「DAI」或是

「TAI」的發音。

用現代音來唸

即便經過了兩千年，使用現代中文發音誦讀，仍可以將文章的語氣化為聲音表現出來。以本系列第三卷《始皇帝的遺產》的內容為例，《史記》分別記載了項羽與劉邦從遠處望見秦始皇時說過的話。項羽望見秦始皇時，曾對一旁的叔父項梁說：「彼可取而代也」，項梁摀住項羽的嘴，對他說：「毋妄言，族矣」。這兩個句子若用現代中文發音的話，則分別為「Biˇkeˇquˋerˊdaiˋyeˇ」，「wuˊwangˋyanˊzuˊyiˇ」。劉邦也曾在咸陽見過秦始皇，劉邦當下發出讚嘆，而說「嗟乎，大丈夫當如此也」（jiēhū dàzhàngfū dāng rú cǐ yě）。

由於中文的漢字都分別有各自的發音，因此這些字句會化作一種聲音節奏流傳後世。句末的助詞對中文來說有輔助節奏的功用，因此在以日文繕寫時，就算跳過不讀也不宜隨意省略。至於掌管抑揚頓挫的「四聲」，則更是增添了中文節奏的變化。不過由於日本人在進行繕寫的時候通常會忽視這點，因此對於中文的連續發音往往會有中挫之感。最後造成即便是會讀漢文，卻也沒有辦法閱讀古典漢語。例如助動詞的「可」與斷定助詞的「也」字，表現出項羽強烈的奪權野心。蘊含於助詞「矣」字中的假設完成語氣，整句話的意思是「如果說了這樣的話，全族人可是會被賜死的」。另外，項羽所用的「可」字，帶有客觀審視自身狀況後發言之語感。「想要成為像那樣的男子」，便是劉邦當時候的心境。

要理解中國，必須要意識到古典漢語與現代中文同樣都是「外語」，必須要字字句句仔細閱讀其中的含意。千萬不可因為同屬漢字文化圈，就馬馬虎虎的閱讀這些漢文文章。

中國文明的多樣性與多元性

編纂中國歷史地圖集的歷史地理學家譚其驤，在〈中國文化的時代差異和地區差異〉[6]一文當中，強調中國文化會因為區域間的差異而產生不一樣變化。他也在文中表示，中國人認為自己的中國文化是亙古不變、且具備全國共通性的這一認知，事實上是一種誤解。因為國家的統一並不代表文化上的統一。而他在這裡所談到的「全國共通性」，指的是什麼呢？

多元一體的中華民族

社會學者費孝通在一九八八年發表了「中華民族多元一體格局」的論點。[7]他認為所謂的中華民族，指的是目前中國所認定的五十六個民族。換句話說，雖然我們把中國的民族分成了漢族、壯族、滿族、回族、苗族、維吾爾族等，但全部還是可以總稱為「中華民族」。對日本人而言，即便將費孝通所提出的「多元一體格局」翻譯為「多元一体の構造」，仍讓多數人感到難以理解。中文裡也有「構造」這個詞彙，因此費孝通在遣詞用字上應該有過相當考量。中文裡所謂的「構造」，與日文所謂的「構造（kouzo）」，在意思上是有些許差異的，比較像是日文漢字「鉄筋構造」這個詞彙中的「構造」。而日文的「構造」一詞還包含了骨架、大架構的語感。中文的「格局」一詞，也有類似這樣籠統微妙的語感。

費孝通的研究，主要是將十九世紀以後，中國在與西洋各國接觸的過程中，面臨國家近代化時，近代與傳統在接觸時產生的種種社會變化，進行直接的剖析。在他的《鄉土中國》8一書中，便針對不同於歐美社會的中國社群社會，進行特性上的描述。中國社會有著因為時代潮流產生的改變，但也有不變的部分。傳統的中華夷狄之區別、近代各民族之區別，中國社會便是在這樣糾葛複雜的背景下，拉扯、折衝，然後逐漸轉變，而這個糾葛複雜的關係，便是費孝通所謂的「多元一體格局」。「格」指的是窗戶的窗格，所以格局指的便是整個窗架。另外，「格」也可以代表象棋或圍棋等棋盤般的格狀物。因此，或許我們可以如此理解：中國並不是一個因為國家所產生的統一體，而是由許多個體所集合形成的一種文化一體感。而這個「格局」，在外人的眼中，是一整個物體沒有錯，但若是靠近細細察看的話，會發現它其實是由一小格一小格的格子互相連結後所形成的物體。費孝通認為，中華民族的形成是帶有歷史性格的。其核心部分為漢族以及中原這個地區。費孝通的這個論點，後來成為被中國考古學者頻繁引用的一個概念。

「中國文明展」與「四川文明展」

筆者曾於二〇〇〇年時，負責監製「中國文明展」，利用展出的一百二十一項展覽品介紹中國的文明。9該展覽主要是將源起於兩大河流域的中國文明之全貌，以新石器時代至隋唐時代為止的遺跡為主進行展示。雖然日本過去也曾舉辦過許多次以古代中國為主題的展覽，但像這次以「與自然和諧共生的過程所發展出來的智慧——中國文明」之觀點所舉辦的主題展，卻是一個全新的嘗試。兩河流域孕育出了人類的農業社

金面人頭像　戴金面罩的青銅人頭像，出土於三星堆遺址二號祭祀坑，收藏於四川廣漢三星堆博物館。

會，然後形成了都市，不久後便揭開了擁有龐大人口規模的帝國序幕，這個展覽的目的，是嘗試要將上述中國歷史之發展，用一種簡淺易懂的方式，讓參觀者能夠得到一定程度的理解。展覽在橫濱美術館舉辦，主辦單位將農業文明（新石器時代）、都市青銅時代（夏殷周時代）、中國帝國文明（秦漢、隋唐時代）的文物分別擺置於三間展覽室，並將其設定為展覽的「縱軸」，搭配「橫軸」，也就是所謂文明舞台的黃河流域與長江流域進行展出。主要展覽品有三峽出土文物、夏代二里頭青銅器、殷墟出土文物、殷周春秋戰國青銅器、戰國楚墓出土絹織物・鎮墓獸、秦始皇帝陵兵馬俑以及新出土的石製鎧、西漢景帝陽陵的陶俑、長沙馬王堆漢墓出土漆器・帛書・漢代畫像、石、唐代壁畫等，許多從未在日本公開展示過的國寶級的一級文物。

一九八六年，在四川省省會成都北方四十公里處，也就是廣漢市郊外的三星堆裡發現很特別的青銅大假面，這項文物讓我們明白；在龐大的中國文明中，可能還存有各式各樣、未被發現的中國文明。在這批被毀壞棄置於兩個小坑洞裡的青銅器中，有一個宛若展開雙臂長度的大型青銅器。青銅器上有一個詭異面具；突起的瞳眼、像牛一般的大耳朵、咧開的大嘴、高聳的鼻子，總而言之，這個異樣的面具，是一具跳脫過往大家對於青銅器之傳統印象的文物。由於古代的蜀人，曾參與過殷、周改朝換代時期的戰爭，因此對他們而言，中國並非一個由「異世界人」所構築起來的。這件文物雖然是個面具，但卻不是人類穿戴之物，而是放置在祭壇等神聖場所，用來去除邪氣的物品。我們從面具的外觀上可以觀察出其擁有視力、聽力及觸覺等超能力。

在前文所提到的二〇〇〇年「中國文明展」當中，出自於三星堆遺址的「銅縱目面具」與「金面人頭像」也是展示品。而二〇〇四年所舉辦的「甦醒的四川文明展」，比起單純地呈現出中國文明的多樣性，該展覽更強調中國乃是「由多元文明所構成」的面向。[10]

在這個展覽中，總共展示了一百一十件出土品，展現了古代四川文明的精華。關於展覽的名稱，當時曾經考慮了很多，最後還是決定採用「四川文明」的這個名稱。主要是因為想要表達多樣化的中國文明在與各個地方進行結合的時候，也同時形成了多元的中國文明。換句話說，四川文明與中國文明是互不牴觸的；四川文明指的是以四川（古代的巴蜀地方）為根據地所展開的文明，而中國文明則是多個地方文明的總集合。如此的理解方式，也得到了許多四川研究者的大力贊同。

銅縱目面具　四川省廣漢市三星堆文物，收藏於四川廣漢三星堆博物館。

萌芽於四川的文化，過去也曾被稱作為「巴蜀文化」、「古蜀文明」、「三星堆文化」、「南方文明」。巴蜀文化的概念，雖然早在一九四〇年代就已藉由特殊青銅器武器作為基礎，被學者提出來討論，但卻是到了一九五〇年代隨著獨特的船棺葬遺跡的出土，才得到更大的關注。前四川大學歷史系教授童恩正，在一九八九年九月於東京國立博物館的演講上，便曾以「失去的文明」為題介紹三星堆遺跡。古代的蜀於西元前三一六年為秦所滅。之後隨著秦人的移居，逐漸失去了其文明的獨特性。因此，四川文明一詞，可以理解成一種強調四川文化獨特性的稱呼方式。展覽會不使用「失落的四川文明」，而是使用「甦醒的四川文明」名稱，便是想要營造出一種明亮的氛圍。二〇〇一年於美國的西雅圖藝術博物館（Seattle Art Museum）所推出的展覽，展覽名稱為「Ancient Sichuan Treasures from a Lost Civilization」，翻譯成中文則是「古代四川：失落文明的祕寶」。

多元的中國文明

近年來，在中國的考古學界中，已經開始針對「中國文明乃發源於黃河文明」這樣一元論的立場進行反思。同時也開始注意黃河流域以外，特別是長江流域或東北地方遼河流域等地所新發現的新石器時代遺跡之區域特性，因此中國文明多元誕生論的主張也開始被提出。過去之所以認為「黃河流域為中國文明誕生處」，主要是因為中國古代王朝的政治中心，多為長安或是洛陽等黃河流域北方的區域。此外，也與二十世紀的考古學活動範圍，主要都在黃河流域一帶有一定的關係。

而近年來，隨著長江流域不斷被發掘，我們逐漸可以發現一種異於北方的文明，古代的長江從上游經過中游到下游，分別被區分成了巴蜀、荊楚、吳越等獨立區域。位於下游區域的浙江省河姆渡遺址中所發現，適合高濕度氣候的干欄式木造建築遺跡，讓我們見識到了一種與北方農業文明互別苗頭且具有相當水準的文化，而大量的在來品種與蓬萊品種的稻米，也說明了此處是水稻技術傳播至東亞地區的一個重要遺址。同樣於浙江省被發現的良渚遺址，則出土了許多玉器，我們可以推測出該文化有某種負責進行宗教活動的階級存在。良渚文化是距今約五千三百年至四千年前，廣布於長江下游流域太湖周邊地區的一個新石器文化；該地區在一九三六年時發掘出黑陶後，考古學家出版了一份名為《良渚》的報告書，到了一九五九年，夏鼐先生將之正式取名為良渚文化。該文化最特別之處即為玉器的陪葬品，目前我們可以知道這是一個同時具備墓地、祭壇以及村落的複合式遺址，同時也是一個「在國家形成之前舊有的集團」。浙江省博物館與浙江省文物考古研究所裡展示了三件大型玉器：分別是綠色的細長玉琮、平滑具有重量感的玉璧，以及被稱作「鳥紋玉璧」之物。而「鳥紋玉璧」直徑長達二十六公分，邊緣處有著刻紋。

中國料理的口味多樣與一體化

不只是古代文明，就連日常生活當中的飲食文化，中國也同樣呈現出多樣化的樣貌。比如說我們就無法用一句話來形容出中國菜（中華料理）的特徵，這是因為所謂的「中國菜」，實際上便是中國各地之料理之統稱的緣故。中國菜的四大菜系為山東菜、上海菜、廣東菜、四川菜，分別代表著中國北方、東方、南方、西方各地獨特的風味。不過即便如此，我們也不能夠說中國菜就只有這四種標準類型。貼近各個區域進行觀察的話，會發現配合當地風土氣候的料理種類，實在可說是要多少就有多少。一般而言，北方菜的口味偏鹹辣，南方菜的口味偏甜，西方菜的口味偏辣，而東方菜的口味則偏酸。

中文裡有著鹹、甜、辣、酸、苦等五味的詞彙。藉由木火土金水等五要素來解說萬物生成與變化的五行思想，也能與五味進行搭配；北方因為屬於寒冷地帶，因此料理味道鹹辣、南方高溫多澀，因此味苦、東方沿海地區的料理帶有酸味、西部內陸地帶的料理味辣、而中央地區則是偏好甜味。這在某種程度上應該可解釋成，配合氣候的寒暖乾溼下所發展起來的飲食習慣。不過原則上，各地方料理的口味特色，都是在先取得了五味平衡之後，才又另外強化了某一味。

人類的味覺機制，是以舌頭作為受體（感受器），然後經由神經傳導到大腦後產生感覺。舌頭的前端負責感受甜味與鹹味，兩側部位負責感受鹹味與酸味，舌根負責感受苦味，而辣味事實上並不屬於味覺，而是神經受到刺激後擴張所產生的痛覺。[11]在中國醫學的領域中，認為味覺並非透過大腦，而是藉由五臟來感覺的。心臟所對應的為苦味、肝臟為酸味、脾臟為甜味、肺臟為辣味、腎臟為鹹味。五味並非絕對互相排斥，經過組合之後，會產生相乘或相抵作用；例如像是五行相剋說認為水剋火，又或像是相生說中的水生木。添加鹽能增加甜味、在醋裡加入砂糖或是鹽則會產生中和的效果，混合酸味與辣味的話則會產生稱作「酸辣」的獨特口感。吃到四川菜的山椒，舌頭產生麻痺感的時候，只要喝黑醋，麻辣感馬上就能獲得消解，這便是所謂的相抵作用。

中國菜的調味料是很多樣的。鹽、各式醬料、豆豉、醋、甘草、蜂蜜、蔥、生薑、韭菜、大蒜、桂皮、花椒等，都是基本調味料，到了十七世紀的明代，又增加了一項辣椒。調味料在與食材本身的味道進行調和後，能夠產生出獨特的風味。因此透過中國菜，我們也能夠看出中國文明的多樣性。

雖然小麥亦屬稻科穀物，但小麥與稻子卻創造出了分屬中國北方與南方的不同文化特徵。若從北京搭火車前往上海，從山東省進入江蘇省之際，會讓人注意到窗外的風景明顯地出現變化；農地開始慢慢從旱田變成水田。淮河與秦嶺山脈的東西連線，正好是年平均氣溫十五度、年降雨量八百毫米的氣候分界線，也成為了中國的南北分界線。

小麥與稻子

小麥為生長於乾燥寒冷氣候地區的穀物，而稻子則是生長於溼潤溫暖的氣候下。播下一粒種，就能長成一根穗，這在人類史上，可說是一項極為重要的發明。然而，雖然小麥與稻子同屬稻科穀物，但種稻與種麥的人們，卻是過著完全不同節奏的生活。小麥的一整年乃是從秋天開始，插秧後渡過嚴酷的寒冬，接著進行踏麥苗，最後於春天收成，因此冬天並非農閒休耕期，而春天則是進行灌溉的最好時期。另一方面，稻子的一整年始於春天的播種，然後到了秋天進行收割，除草、保溫等水田的管理，是生產稻作不可或缺的作業。

小麥乃是從西域傳至中國之物。自然科學家的研究，並非使用現在的國界概念，在對小麥的基因進行分析後，一般認為小麥乃是源起於西亞之物。根據木原均教授以後的、日本農業學者之研究顯示，擁有七條染色體的小麥當中，有兩倍體栽培種之一粒系的「一粒小麥（Triticum monococcum）」、四倍體栽培種之二粒系的「杜蘭小麥（durum wheat）」、六倍體栽培種之普通系的「節節麥＝普通小麥（Triticum aestivum）」等品種，二粒系的小麥起源於土耳其東部地區，而普通系的小麥則是起源於裏海南岸地區。土耳其東南部現在仍舊可以發現野生種的小麥。新疆的巴里坤、樓蘭孔雀合、甘肅省民樂縣等地都曾有小麥出土。

由於胚乳會緊咬住小麥的外皮（麩皮），因此並不好脫殼，通常不會直接食用顆粒，而是利用臼將其研磨搗碎成粉狀，進行加工。從各地皆有石臼出土的情況，可窺知漢代時期的普及情況。將小麥帶著穎殼（chaff）保存，需要食用時再粉碎。一直以來普遍認為中國古代的主食為小米，而小麥為補助食品的看法，我認為有重新檢證的必要。

歷史學與考古學界從未將飲食文化當作正面研究與論述的對象。飲食文化不但是農業生產或生產技術的重要題目，古代人做過、品嚐過怎樣的料理，教科書中也幾乎都不會提及。中國在春秋戰國時代，鐵器已成為普及化的農業器具，以家族為單位的農業活動也逐漸成形，其後利用牛隻拖行鐵製的犁耕田，使得農作物生產量大幅增加。不過，只透過這些記述，我們仍無法得知古代人吃了什麼東西。

生長於冬季的小麥，韌性堅強，把水加入小麥粉中揉捏的話，蛋白質便會轉化成兼具彈性與黏著性的固體物。可燒烤成圓餅，也可將麵團切成麵條，甚至是利用模具加工製作成各式各樣的糕點。一九七七年，考古學家在位於新疆維吾爾自治區吐魯番市的阿斯塔那古墓群中，發現了利用小麥粉製作而成的糕點與餃子等古代食物。

「吃」這件事情，在送死者最後一程的時候同樣也具有重要的意義。墓室牆壁上，繪製廚房或是宴會的場面，便被視為悼念撫慰死者的亡靈。棺木中會放置食品或是食品清單，子孫也會在墓外供奉食物祭祀死者的靈魂。

五色土壤的文化

土壤的顏色也同樣能夠表現出中國文化的多樣性。溼潤環境下的地表，土壤顏色會因為植物的腐爛而呈現黑色。南方的亞熱帶氣候則由於風化作用的緣故，岩石或礦物會因氧化鐵的游離而變成紅色。沙漠地帶的砂土則為白色。位於黃河下游區域的東方的平原因為沒有什麼傾斜，因此形成地下水位較高的現象，如此一來，特別是沼澤地或是水田的土壤，會因為沒有接觸到空氣的關係形成無氧狀態，鐵質經過還原之後，便造成土壤青化。古代的中國人之所以會將顏色納入五行思想，就是因為對多樣化土壤的一種意識反映。根據五行思想的配置，中央為黃色、北方為黑色、南方為紅色、東方為青色、西方為白色。換句話說，中國並不是一個能使用單一顏色形容的世界。五種顏色的土壤是無法混合的。秦朝以黑色作為朝代的代表顏色，紅色為漢朝的王朝顏色。黃土與黃河的黃色，則是象徵多元一體的色彩。

在秦始皇帝陵東邊挖掘出的兵馬俑之中，發現了全身色彩仍保留完善的兵俑。由於過去所發現的兵馬俑，顏料多半早已剝落殆盡，只能看到原本的陶土顏色，但這批新出土的兵俑上，則仍可清楚看到當初所塗滿的鮮豔色漆；有紅、黃、綠、白、黑等五色，非常的鮮豔。染色的素材皆為自然的礦物；除了生漆的黑色之外，還有朱砂的紅色、磷灰石的白色、藍銅礦的青色、雌黃的黃色等。

顏色與文明的關係也是一個耐人尋味、值得研究的課題。首度一統整個中國的秦朝，從五色之中選擇了黑色作為王朝的代表顏色。人們對於顏色的感覺，會因地理條件與文化而有所差異。活在現代時空下的人們，對於紅色的印象為象徵火焰或是血液的激情顏色，藍色代表像是大海或是天空般的自然顏色，提到白色則會直接聯想到純白，至於黑色的話則會想到暗黑。古代的中國人並不一定與我們擁有相同的顏色觀。葬儀時穿著的喪服為白色，夜晚前往迎娶新娘的新郎穿著黑色的衣服。官吏的冠為黑色、囚犯的囚服為紅色，像是這樣，對於顏色的認知意識，與生活在現代的我們是大為不同的。

中國文明並非單一顏色的文明。或者也可以說是由許多不同顏色的區域綜合而成的一個文明。

中國文明與東方世界

四大文明之一的中國文明

中國文明與古埃及、美索不達米亞、古印度等其他三個文明相同，都是起源於大河流域的文明。二〇〇〇年的「中國文明展」便是以世界四大文明之一為號召，與其他三個文明展同時舉行的。這也是將中國文明相對化成歐亞大陸文明之一的一個新嘗試。「中國」一詞便如同字面所示，是將自己定位為世界中心的一個概念。西方人以「秦」這個王朝的名稱來稱呼中國，而即便是位於東方的日本，也會使用如「漢」、「唐（Kara）」、「唐土（Morokoshi）」、「支那（「秦」於梵語讀音的漢字表記）」等王朝名來稱呼中國。

相較於古埃及只有一條大河（尼羅河）流穿沙漠地區，但是其餘三個古文明區域，卻都不約而同有兩條像是兄弟般的大河流經，並灌溉出大片的平原。分別是底格里斯河與幼發拉底河、印度河與伽噶哈克拉河（留有乾涸河床），以及中國的長江與黃河。

日本的國中歷史教科書中，在介紹世界四大文明時，都會說明這些文明是起源於尼羅河、底格里斯河與幼發拉底河、印度河、黃河等大河流域。例如日本國中教科書《中学校歴史——日本の歴史と世界》中，便有如下的敘述：

世界上最古老的國家們，都是起源於西元前三千五百年到西元前一千五百年左右的較乾燥區域之大河流域（美索不達米亞、古埃及、印度、中國）。在這些區域中，會利用大河發展農耕，然後使用青銅器及文字。

簡而言之，就是說明大河流域乃是孕育出古文明之處。另外，課本中的歷史地圖則會標記河川名稱以及從古埃及文明一直到黃河文明等四大文明的名稱。日本國中的歷史課，是將日本史與世界史混編在一起的，因此介紹完四大文明後，課程內容便逐漸地縮小到與日本有直接關係的範圍。

中國雖然在國中世界史教科書中的古代史之章節中，並未直接使用四大文明這樣的說法，不過仍然有說明古代非洲與亞洲的文明是誕生於尼羅河、兩河（底格里斯河與幼發拉底河）、印度河與黃河等大河流域，而這些地方也出現了人類史上最早的奴隸制都市國家。

日本的高中教科書中，除了上述的四大文明以外，還另外增加了美洲大陸的中部美洲文明（阿茲提克與馬雅等中美洲的古文明）及安地斯文明（印加古文明），似乎挑戰了四大文明的說法。然而，其實這並不是要否定四大文明的存在，而只是以四大文明為前提，再另外加上美洲大陸的文明而已。因此，也有一些研究者主張世界古文明乃是包括美洲南北兩個文明在內的「六大文明」。不過，位於中美洲的中部美洲文明（馬雅文明）與位於南美洲的安地斯文明，皆起源於西元前一千年，換句話說，都晚於四大文明的開始時間，到西元之後，發展進入了最高峰時期，直到十六世紀，遭到西班牙人的侵略而滅亡。因此，雖然可以作為與亞洲、非洲的四大古代文明比較的對象，不過在文化起源與發展的年代上，卻仍有所差異，因此還是分開討論較為恰當。如果是設定為在世界史上起源於同時期之古文明的話，那麼只討論四大文明就不會有任何異議的空間了。

與大自然的緊繃關係中所孕育出來的文明

仔細觀察並列為世界四大文明之一的中國文明的話，會發現要與大河這樣的自然環境共存，是無法單純只享受大河所帶來的豐饒的。換句話說，人們必須要有所覺悟，大河是會化身為凶暴的激流，並且帶來自然災害，因此必須要有緊張感與警覺心才行。現代的工業文明，或許早已遺忘了先人過去在與自然共存的時候所累積起來的文明智慧。正是因為自然與人類間的強烈緊張關係，因此古代文明中才會蘊含先人的各種智慧。特別在中國文明之中，「自然」一詞並非單純地只有代表人類周遭的環境；人類、動植物、河川、山、海，還有整個天體，全部都有一定的秩序，都是在一定的循環體系之中運轉，而這個「秩序」，就是所謂的自然。換個說法，自然並非是指環繞人類的生活環境，人類本身就是自然的一部分。漢語中的「自然」一詞，原本的意思並非nature（人類周圍以外的自然世界）一詞所翻譯出來的意思，而是指一種「原本、天真的狀態」。人體內的「氣」只要能夠順著原本的狀態流動的話就會健康，反之，若有所滯礙的話，就會生病。這與河川流動的道理是相同的。我們必須正視秩序的重要性，若忽視了秩序，人類便無法生存下去。我們必須要學習先人在過去環境中所發現並流傳至今的種種智慧。

開放的中國文明

中國文明對於日本人而言，乃是四大文明之中最靠近自己的文明。同屬漢字文化圈的日本，例如儒家文化、漢譯佛教經典、律令制度等，有非常多的文化都是從中國接收來的。而像是筷子文化或是關於中國菜的飲食文明，也都完全地融入日本人的日常生活之中。然而，雖然中國文明是如此貼近日本人日常生活的一種存在，但我認為還是有必要將中國文明視為四大文明之一，進行客觀的檢視。中國文明向朝鮮半島、越南、日本等東亞世界擴散，這是在日本的主流認知。可是，若從整個中國史的脈絡觀之，會發現中國與西域（中亞地區）諸民族以及北方的遊牧民族，事實上存在著非常緊密的關係。中國文明並非一成不變的，特別是在與西方文明的接觸或是時代的變遷潮流中，一直持續性地有著各式各樣的變化。在「中國文明展」中展示的唐代壁畫上，我們可以看到唐代女性的服飾與漢代女性的服飾是完全不同的。由於遊牧系的民族進入中國之故，導至女性的服裝也變得較為開放。漢代在地面上鋪放蓆墊的文化，也是受到了北方文化的影響，到了魏晉南北朝以後，才轉為椅子與床的生活習慣。起源於西亞的小麥，經由中亞區域輾轉流入了中國。在小米等雜糧中，將小麥穀於石臼中搗碎成粉狀後食用的文化，在漢代逐漸普及。

我認為應該要將這樣明顯具備開放性質、聚集各地方文化的中國文明，用「中華」與「東方世界」的概念去理解。換句話說，中華帝國與東亞世界是不同的。所謂的「中華」，並不是一種嚴格的華夷思想，而是一種將外部文化與保留地方文化特性，進行融合的一種「溫和機制」。而「東方世界」，指的是歐亞大陸東端的區域。只要順著陸地一路前行便能抵達歐洲的這種概念，對於與大陸之間隔著海洋的日本人來說，是較不容易理解的。一九九八年編輯出版的「岩波講座世界歷史」第三卷，書名便是《中華の形成と東方世界》。

亞洲內的中國文明

雖然距離岡倉天心提出「亞洲一體論」已經過了一百多年了，但日本人內心深處的亞洲觀，似乎仍沒什麼太大變化。一九〇三年，發表於倫敦的《東洋の理想》，便是以這句名言起頭的。岡倉天心為了要概觀整個日本美術，首先便是從代表儒家文化與佛教文化的中國與印度兩大文明開始說明寫起。學習歐洲近代文明、實際感受接近歐洲的中國文明之多樣性、然後再寫到印度文明。岡倉天心注意到亞洲地區的普遍共通性，並且認為這是一種被保留在「文明博物館」的日本當中。

現代人在談論到亞洲的時候，雖然會自然而然地用一種「連帶感」的心情相互理解，但另一方面，卻也容易受限於複雜多樣的亞洲特性，而無法繼續深論。之所以會產生所謂的「連帶感」，一方面是地理上相較於歐美的「近距離」感，另一方面則是人種上的接近感。雖然岡倉天心感受到了一種亞洲文明的存在，不過對於我們現代人而言，通常都會被要求必須要對亞洲的多元特性有所認知後，才彼此互相進行理解。而這個「位於亞洲的中國文明」之觀點，對於中國人來說是一種較不易注意到的看法。近代日本人將一直以來位於東亞中心位置的中國文明，藉由西歐文明的導入而轉移到了亞洲東端。

原本「亞洲」這個地名，語源乃是出自於希羅多德的《歷史》。[12]希羅多德將世界視為一大塊陸地，並將其區分成三個部分，分別用「利比亞、亞細亞、歐羅巴（Libya, Asia, and Europe）」等三個女性名字命名。歐羅巴就是面向地中海的希臘，其對岸日昇之地則為亞細亞，北非的部分則稱作利比亞。所謂亞細亞，指的是希臘人不停往返的殖民地，小亞細亞半島，對於往東方一直延伸過去的陸地，最多也只知道印度西北方，而位於更遠之處的中國，是一片完全空白的未知領域。

與歐洲相接之地原本就是亞洲，從希臘的視角觀之，亞洲指的是東方之地的意思，是一塊模糊的區域。不過隨著後來希臘和波斯帝國的接觸，給人模糊感覺的亞細亞，也逐漸讓人開始產生較為具體的印象。希羅多德自己本身也前往這三個地方旅行，增廣了不少見聞。亞細亞也因此被理解成了強大王權之統治地。

東方亞洲，這個讓人感到模糊不清的概念，事實上，其實就只是一種西方戴上「眼鏡」遙望東方所形成的印象罷了。愈往東方深處走，就會發覺原來歐洲與亞洲是一片連綿不絕的廣大大陸。從歐亞大陸西側望向東側的時候，只要遇到超出自己認識的世界，就可以一直借用「亞洲」這副便利的「眼鏡」來理解。因此，地中海東岸、中亞、印度洋沿

亞洲與西域

岸、東南亞群島、中國、日本列島，一律都可以套用「亞洲」這個概念來進行認識。然而像這樣廣大範圍的地方，基本上共通性是很有限的，亞洲明明是一個極具多樣性質的區域，卻被視為一個共通世界。假設要說這個範圍逐漸擴大的亞洲有什麼共通點的話，應該只能回到「非歐洲世界」或是「歐洲以東的地方」等基本面向上。之所以能夠使用像是「非歐洲的區域」這樣的分類方式，是因為歐洲近代在世界史之一體化過程中扮演著先驅者角色的關係。

若從歐洲大陸眺望的東方大地是亞洲，那麼從歐亞大陸東端的中國所見的西方大地就是所謂的西域。對中國人而言，毗鄰相接的西方，是一個充滿幻想空間的世界。駱駝運著許多中國沒有的物產，從遙遠的彼端到來。玉、葡萄、苜蓿、葭葦、檉柳、胡桐、白草（毒藥用於製作毒箭矢），烏孫或是大宛的馬匹，還有大大改變了中國人精神世界的佛教，比唐代長安還要早個六百至九百年前，在漢代的長安或是洛陽的市集之中，便已充滿了西域文化的氣息。

此外，不管是在《史記》或是《漢書》、《後漢書》，對於西域都花了相當篇幅與心力描述。例如《史記》中的大宛列傳便記載著與司馬遷同時代的人物——張騫開闢西域交通的歷史。而整合《漢書・西域傳》上、下的班固，就是以西域都護身分出使西域諸國，使其臣服中國的班超之兄長。最初漢代人所謂的西域，指的是北達天山山脈（北山），南及崑崙山脈（南山），西至帕米爾高原（蔥嶺山），東西長六千餘里（約二千四百公里），南北千餘里（四百公里）的廣大陸地。之後隨著亞洲的逐漸東擴，西域也逐漸地往西推進，最後變成從中亞一直到地中海的區域。羽田亨曾經將西域設定為東西文明接觸之地，寫過一本西域文明史。[13]

文明與帝國的亞洲

歐洲人認為日昇之地亞細亞乃東方四大悠久古文明之一。十七世紀Petrus Bertius＝Bert所繪製的地圖中，描繪了從埃及到中國之間的四大河流，最東端的河流，上游標記著Seres，下游標記著Sinae。來自耶穌會的傳教士們目睹了清朝的政治體制，並對於清帝國的德治主義感到驚訝，孟德斯鳩與伏爾泰等百科全書派者，更是將清帝國的安定秩序評為「可作為歐洲絕對主義君主制之範本」的制度。十八世紀的歐洲，曾掀起一陣Chinoiserie（中國藝術風格的物品）的流行風潮；蒐藏白瓷藍花樣式的瓷器，或是如同繪畫般、色彩豐富的明清陶瓷器。另外，中國茶葉也廣受大眾歡迎，新茶總是爭先恐後地被輸往歐洲。這些在西方世界廣受歡迎的中國文明代表產品，都會如同china（陶瓷器）、camellia sinensis（茶的學名）等名稱一樣，引用遠古中國的稱呼——「秦」發音系統，是一個很耐人尋味的現象。

在近代亞洲帝國崩解的時期，古文明亞洲也同時被探索著。「文明」與「帝國」，是了歐洲人在觀察亞洲時的兩大關鍵字。許多來自歐洲的探險家在大清帝國末期進入新疆地區。與其說「帝國」這個詞是一種絕對主義下的權力體制，倒不如說它代表的是一種永恆不變的專制主義。

十九世紀的馬克思與恩格斯等人所關注的便是「沙漠亞洲」。這是因為從西方世界看亞洲時，首先映入眼簾的，便是西亞、中亞這一片廣大的沙漠地帶。恩格斯在一八五三年六月六日寫給馬克思的書信中提到，從撒哈拉到阿拉伯、波斯、印度一直到韃坦等這片廣大的乾燥沙漠地帶，人工灌溉乃是發展農耕的首要條件，由於這個灌溉工程是共同體或地方政府或中央政府的任務，因此這些地方並沒有土地所有權的制度。恩格斯在一八七七年至七八年所著的《反杜林論》一書中，也指出了一個氣候條件：波斯、印度若不進行灌溉的話，農耕便無法發展，並且另外指出在這樣的條件之下，會形成什麼型態的國家等，也就是說，他針對了國家型態與灌溉體系間的關聯性進行了闡述。當部落共同體組織成為更大的團體時，便會產生具備協調各共同體之間的利害關係、完成「社會性質職務」活動之功能機關，這也是國家權力形成的開端。在東洋，推動灌溉或是水利工程，便是上述「社會性質職務」活動的一個例子，只要能夠完成這份職務，政治的統治便能夠永續維持。

卡爾・魏特夫（Karl August Wittfogel）主張，要用文明與沙漠與帝國的連結概念來理解亞洲。第二次世界大戰後，魏特夫以他反共的立場為出發點，在一九五七年完成了《東方專制主義——對於極權力量的比較研究》（*Oriental Despotism: A Comparative Study of Total Power*, Yale Univ. Press. 1957）一書。魏特夫在一九三〇年時，提出一個理論，認為大規模的治水灌溉工程是東方社會的決定因素，這是完全不同於西方社會發展類型，是東洋社會的一種特殊生產方式。到了一九五〇年代，魏特夫將水利社會類型學化，並與共產主義權力作了連結。換句話說，他極端地認為中國人民共和國在西歐的影響下，以更為強大規模的亞洲式專制主義（despotism）形式復活。

地域與環境的亞洲

雖然「文明」與「帝國」在亞洲是呈現零散狀態的，但歐洲探險家仍試圖找出存在於各區域之間的網絡關係。十九世紀的費迪南・馮・李希霍芬男爵（Ferdinand von Richthofen）將貫通中亞的東西向道路，命名為絲綢之路（Silk Road）。鄂圖曼土耳其帝國、蒙兀兒帝國、清帝國，便是藉由這條絲綢之路連結起來。我認為今後我們有必要由四大文明發源地——亞洲為出發點，探索新文明觀。如果我們說十九至二十世紀是發源於歐洲的工業文明擴展到全世界之時代的話，那麼二十一世紀應該可以說是一種人類與自然共生的知性文明時代吧。我們可以重返創造出人類世界許多智慧的亞洲古文明原點，探索出超越近代工業文明的新知。

所謂的文明，並不是指相對於野蠻或是未開化的一種優越文化概念。而是指人類在生活當中，受到大自然的影響而發展出來的具備創造性、經過洗鍊過的整體文化。而在人類與自然環境的共生過程中所蘊育出來的東方文明之中，特別是在崇敬大自然偉大的力量之意識下構築出獨特文明的中國，更發展出了許多智慧與技術。例如從大自然的資源中找出了鐵、青銅、玉、竹簡、絹、紙、漆器、陶瓷器等，對人類與社會生活有幫助之物。或是研究自然環境的機制與人類間的相互關係，促使人類生活更為便利，如天文、曆學、醫學、數學、歷史、水利等學問的發展。

生活文化的變遷

如果把漢代的畫像石和唐代絹上的畫像進行比較的話，就會發現漢代與唐代的生活文化有著很明顯的不同。漢代的人習慣脫鞋，然後跪坐在席子上或是地板上。所謂的「異席」，其意思是將一張席子分開。席子有分為單人用、雙人用、多人用等種類。在招待客人的時候，同坐一張席子與分席而坐所代表的待遇含意是不同的。東漢時期的羅威，在寒冬的時候，總是先以身體將席子暖過之後，才讓年近七旬的老母入座，對於這段故事，如果將席子用椅子的概念進行理解的話，是行不通的。席子是一種布做的墊子。

關於席子的跪坐方式，有臀部壓住小腿的坐法以及小腿立於臀部下方的坐法兩種，此為坐的文

唐人宮樂圖　描繪唐代宮廷女眷們圍著桌子一面飲酒，一面欣賞音樂的景象，現藏於國立故宮博物院。

化。就禮而言，也有跪坐之後頭部碰地的禮法。教師與弟子分席而坐，進行學問的傳授。此外，廚師在料理、食膳之際，也是採取坐姿。彈奏樂器、六博[14]對弈的時候，也都是坐著進行。拉馬車同樣也可分成立姿與正坐兩種方式。

席地正坐後來轉變成了坐椅子的文化。北方遊牧民族長時間乘坐於馬鞍之上，因此在下了馬之後，也會習慣坐椅子。魏晉南北朝的時候，北方胡人進入華北地區，這項文化便一同被傳入中國。此後，人們的視線提高了，而一個人一個人各自使用的膳桌也轉變成了大家共用的大桌子，這些現象都是因為從西域傳入中國的「胡床文化」（座椅文化）取代了正坐文化的關係。日語中的「胡床、胡坐」（あぐら），共有三個意思：（一）有腳的高座椅、（二）可交叉摺疊起來收放的椅子、（三）雙腳交叉盤腿而坐。

就連佛像的造像也都變成坐椅子的樣貌了。不管是北魏的交腳菩薩或是半跏思惟像，都讓我們觀賞到了極為優美的坐姿。隨著座椅生活習慣的形成，人們的服裝也產生了變化。觀察唐三彩的女性坐像，會發現裙子是向下垂放，而鞋尖則朝向裙襬方向上翹。另外，唐代女性的騎俑，她們身上穿著一種從胸部一直往下延伸的裙裝，而我們也可以發現這種服裝的其中一種特性便是讓人能夠直接乘坐馬匹。女性們開始穿著該服裝後，即便是坐在地板上，也沒有正坐的必要，腳開始會輕鬆擺放。用餐習慣也因此產生了改變，變成坐在椅子上圍著餐桌用餐。此外，觀察唐代的餐桌文化，會發現筷子的放置方式與現代的中國不同，而是與現代的日本一樣橫放，這一點也很有趣。

服飾文化的變化

被譽為世界帝國的唐朝的三座太子墓（惠莊太子、節愍太子、章懷太子）中的三枚壁畫，第一次獲准海外出展，便是到日本進行展覽。雖然每一幅畫都是縱橫長度在兩公尺以下的作品，但為了確保不會因為搖晃造成文物損傷，因此全部採取了水平置放且在下方加裝緩衝彈簧的方式運送，格外地慎重。在畫中所描繪的宮女，穿著低胸襯衫與有折擺的裙子，梳著高髮髻並上著濃妝。很明顯的與穿著像是現代日式和服的深色服裝之漢代女性有很大的不同。我們也可以從這裡感受到遊牧民族開放的氛圍。而女性之所以開始穿著男性褲裝，也是受到這個風氣的影響之故。與其說是男裝，或許應該說是女性也開始穿著胡服騎馬。換句話說，女性也開始尋求較為開放式的打

宮女圖　一九六〇年於陝西咸陽乾縣乾陵唐永泰公主墓出土。

高松塚古墓壁畫　繪於日本高松塚古墓西側壁上的四名侍女。

扮。這些都讓我們感受到，擁有超過百萬人口的唐代長安城的輝煌樣貌。

若與同一個時期的飛鳥高松塚古墳的女性像作比較的話，可以我們觀察出一些古代東亞世界的國際關係；日本雖然一直積極地從大唐帝國接收中國文明，但同時也對於朝鮮半島的國際情勢保持著敏感的態度。

一九七二年在奈良縣明日香村發現的高松塚古墳，是一個只有二點七平方公尺的小墓室空間，裡面繪製著四十公分左右的彩色古代日本女性。從四名並排著的女性的動作與服裝中，可以感受到與唐代女性有相似也有相異之處。這似乎也反映出，日本當時一面求教於大唐帝國，一面建立屬於自己的國家的立場。四名女性聚集在一塊的構圖、豐腴的五官、塗成紅色的雙唇、拱著手、拿著「團扇」與「如意」（或是馬球球桿）的姿態以及從衣襬中露出鞋子的服飾，都是在唐朝壁畫中常見的穿著。不過，唐代女性敞開胸口、纏著長披巾的打扮，又與穿著長上衣的高松塚女性有所不同。雖然通說是與西元五世紀前的高句麗水山里古墳壁畫中的女性像類似，不過在同時代的唐代壁畫中，我們也能經常見到這些服裝。流行也是一種文明，古代東亞世界對於流行如此敏感，是讓我們感到驚訝的一個現象。

音樂文化的演變

中國擁有異於西洋音樂的悠久中國音樂傳統，並有自己獨特的音階。在春秋時代，孔子便早已將詩與弦樂器搭配在一起進行歌唱。而流傳至今的古箏則出現於春秋戰國時代，而琵琶是在魏晉時代從西域傳進中國的樂器。中國的音樂，可以說是透過與

鈸、笙、琵琶、橫笛、拍板與指揮者　蘇思勗墓壁畫，攝於北京首都博物館。

隨音樂起舞的胡人　蘇思勗墓壁畫，攝於北京首都博物館。

箜篌、七弦琴、直笛、排簫與指揮者　蘇思勗墓壁畫，二〇一三年攝於北京首都博物館「金（女真）歷史淵源及文物特展」。

西方不斷地交流所發展起來的。因此，我們可以從這一個角度看出中國文明的開放性質。接下來，我們就藉由樂器探索中國文明的演變與特徵。

在唐代蘇思勗墓的壁畫中，我們可以看到圖畫的中央有正在跳舞的胡人，而並排於兩側的則是古代的管弦樂隊。管樂器有縱笛、橫笛、排簫、笙，而弦樂器則有箜篌、七弦琴、琵琶，再加上打樂器鈸，還有九名演奏者與兩名指揮者。配合著舞蹈，我們似乎可以從畫面中聽見輕快的音樂。另外，我們在畫面中看到的唐代琵琶為四弦，橫抱著彈奏。從河南省安陽市之隋代張盛墓中出土的文化，便是八個女性管弦樂隊的俑。基本上，成員組成與男性管弦樂隊相同，可以看到兩名琵琶演奏者。琵琶可分成四弦與五弦兩種，四弦的是曲頸琵琶。據調查，四弦琵琶乃是由波斯傳入，而五弦琵琶則是由印度傳入中國之物。

我聽過現代琵琶演奏家蔣婷的演奏，任教的大學也開設了「東亞音樂」的講座，目前正在規劃要將演奏表演編入講座課程之中。現代的琵琶為四弦樂器，直式拿法，然後利用膠布纏住指甲進行彈奏。彈奏的方式為手指頭向外張開彈撥，與吉他的向內側抓撥的彈奏方式恰好完全相反。而現代與古代的琵琶的演奏方法也有很明顯的差異，這就像是餐桌上的筷子由橫放改為直擺一樣，抱琵琶的方式，也從橫式轉變成直式的拿法。

茶的文化

岡倉天心是少數很早就注意到中國沒有存在一致文化的人，我們應該細思他當初所提出的「支那無共通性」論述。岡倉天心於十九世紀末時，到中國漫遊，前後長達三個月的時間，因此可說是在第一現場直接感受到了中國各地方文化上的巨大差異。後來他便根據這些所見所聞，總結出一本關於茶的文化史。《茶之書》[15]對於唐、宋、明時期，茶文化的變遷過程，有著很詳盡的整理。從用煮式的沱茶（磚茶、固形茶），到攪拌式的粉茶（抹茶）、一直到沖泡式的茶葉，其轉變過程正好也可代表中國文明在各時代間的眾多差異。

在漢朝時，三人以上的庶民若無故聚集飲酒的話，會被課處四兩罰金。不過，在中央高級官員或是地方豪族之間的宴席上，酒、音樂、舞蹈、六博等，卻是習慣會附帶進行的餘興節目。從畫像石上所描繪的宴會場面中，酒樽、酒杯都是常見之物。茶在這個時代，仍尚未普及。因此在漢代時，「茶」這個漢字是不存在的。在當時，茶葉只不過是一種地方上的食用品而已。王褒所寫的《僮約》中，有蜀的豪族命令奴婢煮「荼」之葉來食用的相關描述，這正是發生在地處靠近茶樹的原產地——雲南附近四川的故事。

北方豪族南遷至江南地區開始接觸茶之後，酒的文化也開始逐漸轉變成茶的文化。比起釀造酒，北朝人開始變得喜愛飲用乳製品飲料，而南朝人除了部分愛好飲酒者之外，喜歡飲茶的人也逐漸增多。

一九八一年，因為久雨造成地盤凹陷崩壞的明法門寺，偶然被人發現磚塔下方居然保存著唐代的地下宮殿，而在一九八七年時更從中挖掘出了佛舍利，我在一九八五年造訪之際，佛舍利仍是沉睡於地下之遺產。在這批出土品當中，也有許多能夠幫助我們了解茶文化的寶貴文物。例如有當時貴族在使用的銀製茶碾子、茶籠、茶羅子等成套茶具。吃茶的時候，會先將固狀茶弄碎，然後使用茶籠烘烤溫熱，接著放入齒狀圓盤狀物體之皿，也就是茶碾子中，前後來回研磨（茶研），最後使用茶羅子篩選出容易溶於熱水中的粉粒部分，放置於茶屜收存。另一方面，北方則是因為受到胡人習俗的影響，碾磑加工蓬勃發展，就如同將穀物粉狀化後食用一樣，吃茶習慣也隨之改變，唐代時已完全從蒸食轉變成了粉食的風俗。對於習慣明代之後的飲茶方式，也就是將茶葉放入茶壺中沖泡後飲用其精華的現代人來說，與其說將茶葉粉狀化的方式認知為「飲用」，或許理解成「食用」會更為貼切。

固狀茶現在仍流傳於雲南、四川等地。通常為了方便保存，只要在要喝的時候才會弄碎，且其硬度極高，需要使用槌子才能敲碎。食用方式多樣化，可以將之泡入沸騰的熱水中、拌入稀飯中食用，或是加到牛奶中飲用，具有一種不同於烏龍茶或茉莉花茶的古中國文明的味道。

自然環境與中國文明

孕育出文明的自然環境時時刻刻都在變化，因此，古代與現代的自然環境是不相同的。比起現代，古代的黃土高原的氣候更為溫暖濕潤，是一片森林茂盛的綠色平原。後來這片土地為了要養活龐大的人口，因此被不斷地開發，結果造成了自然環境產生變化。中國文明可說是在與不可預測之乾旱與洪水的持續苦鬥過程中，所發展建構出來的。生活在生態環境體系中的人類，愈是不斷發展文明，對其生態環境體系的破壞程度就會愈大。換句話說，大自然的反撲，也就是所謂的自然災害對於發展文明的人類所產生的壓力，是會不斷加重的。古代中國在與大自然共生的過程中形成的文明，有許多是值得生活在現代的我們去學習的。

自然與文明

在現代的中國，北方有黃河的斷流現象存在，南方則是必須面對長江洪水的嚴重自然災害問題。黃河的河水因為工業用水與農業灌溉用水的過度利用，因此造成水流量短缺，河水無法流至河口。而長江則是因為流域中的森林被過度砍伐，加上填湖開發的工程，引發了像是過去的黃河所發生的濁流洪水災害。一九九八年夏天的長江洪災，災期更是長達兩個月以上，上游出現了高達八次的洪峰，以鋪天蓋地之勢不斷地湧入中下游的平原地區。這是因為人類的種種開發，造成生態環境產生了變化，最終導致大自然向人類社會進行反撲的一個典型案例。在這個背景之下，以唐代史專家、日本中央大學教授妹尾達彥為首，我們從一九九七年開始，與陝西師範大學進行了一個為期三年的共同研究調查計畫——「黃土高原的都市與生態環境史」，試圖從自然環境的歷史變化過程中，探索出新的中國文明觀。

黃河全長五千四百六十四公里、流域面積七十五萬平方公里，而長江更是僅次於尼羅河與亞馬遜河的世界第三大河，全長六千三百公里，流域面積一百八十萬平方公尺。因此，若我們說理解中國的關鍵就是這兩大河，絕對不是誇大其詞。這兩大河的流域面積合計為二百五十五萬平方公里，占全中國面積的四分之一，更比日本全國面積還大七倍，中國大約十三億的人口，便有四億集中在這塊流域中。一直到十七世紀中國人口超過一億人的規模之前，從西漢到清朝順治帝為止的一千七百年間，中國人口數目一直安定地維持在五千到七千萬人的規模。而之所以能夠平穩地維持這個人口數目，一般認為主要原因是大河流域平原上的高度農業生產活動。

這兩條大河的源流都在青藏高原，然後一路流向遙遠東方的大海。巴顏喀喇山脈北麓星宿海、海拔四千五百公尺的黃河源流，與位於唐古拉山脈六千六百二十一公尺山間地帶的長江源流之間，雖然相距長達四百五十公里遠，不過通天河（長江上游）在流經巴顏喀喇山脈南邊的時候，與北麓的黃河源流極為接近，雙方僅僅相距數十公里。因此，我們可以說這個青藏高原永不枯竭的高地之水，正是中國文明的源頭所在。這兩條大河與其支流，順著西高東低的地形流動，於東方形成了廣大的平原和盆地，同時也為中國搭起了發展文明的舞台。黑格爾認為導致人類封閉發展的是內陸平原，而非海洋。另外，從馬克思與恩格斯開始，一直到卡爾・魏特夫，則是以流經部分乾燥地帶的黃河為例，與歐洲的自由對比，強調亞洲專制特性的水土構造。也就是說，雖然可以解釋成因為有治水灌溉的需求性，所以產生了巨大的權力，但實際上卻是由巨大的權力實行治水灌溉。兩大河流域與歐洲相同，是一個讓多民族頻繁交流的場所，「中華」便以此兩大河作為舞台，逐漸形成自己的獨特世界。

在此認知下，重新檢視中國古代文明的話，應可以發現兩個全新的見解觀點。第一是中國古代文明的主要舞台，遍布在長江與黃河，以及其支流所形成的平原上，也就是說，我們已不能再將黃河文明視為唯一的中國文明。過去人們之所以會將黃河視為中國文明的發源地，主要是因為夏、商、周、秦、漢、隋、唐等古代王朝的政治中心，都是分布在長安或是洛陽等北方的黃河流域之故。現在，除了黃河以外的長江以及東北的遼河等流域，都被發現曾存在獨特文明。因此，我們必須認知到中國文明的起源是極具多元性質的。

另外一個新的見解是：孕育出文明的自然環境也會隨著歷史產生變化，換句話說，古今自然環境的差異，是我們應該被注意的地方。現在黃河流域的黃土高原上，像是葉脈般，布滿了無數的侵蝕溝道，可以在丘陵的坡面上見到被大量開墾的整齊棚田，而鄂爾多斯高原，則持續性的沙漠化。不過，若我們將時光拉回過去，其實古代的黃土高原比起現代要溫暖濕潤許多，且處處可以見到茂密的森林與青蔥的草原。在工業文明發展起來之前，為了養活了數量龐大的人口，人們不斷地採伐森林，然後在山坡地的斜面上或是牧草地上開展耕地，造成自然環境發生變化。

漫步於文明的舞台上

只要在中國文明的舞台上稍加走動，馬上就能夠感受到自然與文明互相角力的緊張關係。我在一九九六年踏訪了陝西省北部與寧夏回族自治區的黃土高原，然後從一九九七年起，更進一步地花了足足三年的時間調查黃土高原的都市建設與水利。二〇〇二年，則是在緊鄰古都長安南方的水源地，同時也是木材資源地的秦嶺山脈進行森林調查，二〇〇四年起，我抵達黃河下游流域，進行為期兩年的古河道調查作業。在這些走訪過程中，我發現黃土高原與黃河下游區域間的自然環境有著極為密切的關係。

所謂黃土高原，指的是西北沙漠吹飛而至的砂土所堆積的區域。身為調查小組的我們，實際走訪各地，感受各地方的黃土特色，留下許多深刻的印象。那些排列於山巒上呈現階梯狀的整齊梯田，讓我們感受到人類對於追求可耕地的執著，也見證到了人類生命力的強韌。只要下過雨，這些黃土就會變成黏糊狀，調查小組的車輛因此陷入暫時動彈不得的狀態，這也讓我們確切地體驗到黃土不耐水的特性。特別是在豪大雨過後，該地區的交通就會中斷。另一方面，乾燥狀態下的黃土會變成像是小麥粉一樣的粉粒狀，飛舞於空中，不用多久馬上讓人全身上下沾滿粉土。這些黃土會隨著雨水到處竄流，一旦流進了河川，就會在河床或是岸邊沉積。人只要一踏進去，就會深陷「黏土」之中。總之，黃土著實是一種令人感到不可思議的土壤。

雖然堆積著厚厚黃土的黃土高原，其整體面積不容易計算，不過據推估大概是介於四十五萬平方公里到六十萬平方公里之間，這比日本全國總面積還要大上許多。黃土高原的西邊起於青海省、甘肅省的部分區域，北邊涵蓋了寧夏回族自治區與陝西省的大部分地區，而東邊則是一路延伸到山東省。堆積在如此幅員遼闊之大地上的黃土，是無法視為相同的。愈靠近西北沙漠地帶的黃土土壤，含細砂的比例愈高，也就是一般通稱的「砂黃土」。而愈往東南方遠離，飛至該處的黃土就會愈細，形成黏土質較細的黏黃土。混著砂的黃土因為重量較重所以在近處累積，較輕的黃土則飛到較遠的地方。

中國古代王朝的首都——長安與洛陽的周邊屬於黏黃土地區，而砂黃土地區的北邊，則與明代長城的位置互相重疊。瑞典的考古、地質學家安德森（Johan Gunnar Andersson）曾將砂塵比喻為雪花般，覆蓋整個溪谷，來形容這座黃土高原，雖然大致上每個地方都有堆積厚達一百至二百公尺的黃土，但實際上根據地形和氣候條件的不同，各地仍存有顯著的差異。古代的中國，雖然擁有如同秦朝咸陽、西漢長安、隋唐長安城等豐饒的大型城市，但同時也存在如同北方那樣，不斷地與沙漠化的乾燥現象進行苦鬥的地理環境。古都長安所在地，也就是陝西省西安的年降雨量雖然達到六百毫米上下的水準，不過，寧夏回族自治區的銀川附近卻只有二百毫米，該自治區內的鹽地地區，年降雨量也只有三百毫米。

調查小組曾利用三年的時間，針對黃土高原的南部、關中平原地區的水利設施與都市史跡等，進行重點式的調查。[16]居住在這塊土地上的居民，一旦只要稍微鬆懈，地下水馬上就會上昇，然後種植於地上的作物就會遭受鹽害。針對這個問題，我們曾經訪談過當地的農民，調查他們如何確保濕潤黃土的用水方法，以及管理的方式。即便關中平原位處古都長安中央、黃土高原南部的黏黃土地帶上，卻仍免不了面臨用水大作戰。秦朝時期的鄭國渠與漢代的龍首渠，至今仍舊健在。雖然降雨量較少的時候，只要依靠人力進行灌溉，就能確保黃土的濕潤狀態，但同時也必須要提防地下水的上昇現象，因此建造排水溝便成為重要的工作。

對於過去不斷遭受採伐樹木耕地化這個地方來說，最困難的便是山林復原的工程。農民為了要有飯吃，因此竭盡所能地進行大規模的耕地開拓，結果從山坡到山頂，處處可見一片又一片被開墾出來的梯田。另一方面，由於山坡地失去了樹木植被，因此每逢降雨，黃土的表土便會不斷地被雨水沖刷，最後這些泥砂就會隨著水流一股勁全部流進黃河之中。換句話說，山林原本所擁有的水土保持作用，幾乎可說是完全消失殆盡。也因此造成流經黃土高原的黃河水量劇減，河口處常會發生斷流乾涸的現象。

長江的大洪水與防洪區

觀察中國人對一九九八年長江大洪水的應對情況，很明顯地可以發現中國傳統文明的傳承。這裡所說的傳統文明並不是指歐洲人眼中所看到的專制亞洲，而是中國人一面與自然戰鬥、同時又與自然共存的態度與智慧。因為長江上游持續降下豪大雨所造成的洪災，追根究柢，其真正肇因乃是由於四川、雲南等長江上游區域的森林被過度採伐，以及中下游區域過度開拓湖沼之故。山坡地若失去樹木，只剩下梯田等耕地的話，就會失去應有的蓄存雨水機能。因此，雨水便會把表土一起沖刷進河川，換句話說，這些雨水無法被轉化為地下水，因此才會導致洪災發生。流速相對較為緩慢之中下游地區的湖沼，原本也具備相當於蓄水池的功能，不過由於填湖工程的開發，因此該機能也不復存在。中國政府注意到這兩個問題後，立刻在洪水尚未消退的九月初就頒布了此後禁止採伐森林的法令。然而，我所說從長江大洪水中見到的中國傳統文明，並不是指這件事情。

堤防無法抵擋住持續了將近三個月的長江大洪水。越過警戒水位的河水，其水壓與高速的水流，不斷地逼近堤防所能承受的極限。因此政府決定要事先進行人工潰堤。這是人類在面對威猛的大自然力量時，認清本身力量極限後所發展出來的一種智慧。所謂的防洪區，指的是進行潰堤洩洪的區域。若該區域無人居住的話便不會產生任何問題，但若是居住地的話，便會變成一種為了將損害減至最低所必須負擔的風險成本。因此，判斷要讓洪水湧入哪一塊防洪區是一件極為棘手的事情。一九九八年的長江水患，最終考量到為了保全人口高達七百二十萬人的武漢地區，因此選定了居住人口四萬人的防洪區；而位於下游的九江便是所謂的人工潰堤處。

不管是古代或是現代的中國，水利工程策略大致上可區分成兩種。一種是築高堤防，利用人力進行防堵，另一種方式則是破壞堤防，分流河水，散去其力。傳說中的大禹治水，便是採取了後者之治水方式。在廣大的平原地區，後者確實是較為有效的方式。就像這種能夠超越王朝更迭而一直流傳到後世的智慧，才是真正的「文明」。

大自然的恩惠與人類的智慧

我過去曾經監製舉辦過「中國文明展」（二〇〇〇年）與「甦醒的四川文明展」（二〇〇四年）等展覽，在製作展覽會的圖冊時，最讓我感到困擾的，就是雖然我有辦法將時代順序說明清楚，但是對於玉的研磨過程、青銅器的鑄造方式、或是在青銅器與俑上面所呈現出來的動植物為何等許多相關知識，我都不甚了解，因此我向各個領域的專家請教過許多問題；我拜訪過住在山梨，擁有一級研磨師證照的向井照夫、參觀復原鑄造青銅器的鑄金師菓子滿的工廠、向家畜學專家正田陽一請教家畜的事情、曾為了竹子的事情專程跑去靜岡、也曾向已故漆器工藝家小泉滿討教關於漆這種素材的細膩之處，而告訴我料理與自然之間同樣存在緊張關係的，則是廣東菜的名廚尹達剛師傅。

人類要如何從大自然中尋找出對生活有用的素材，進而組織運用這些資源，都需要發揮智慧。而這個生活體系，便可稱作為文明。為了理解這些古代的尖端技術，因此必須總動員現代各產業工藝師的技術與各領域的學問。這些古代文明的技術，未必全都被傳承到了現代。而發掘這些消失之物，便是古代史學的課題。

「玉石混淆」是一句出自於《抱朴子》的成語，意思是好的東西與壞的東西混雜在一起，令人難以區分。我到向井照夫師傅的工廠時，一踏入庭院馬上就能理解這句成語的含意所在。雖然庭院中堆放著瑪瑙的原石，不過因為尚未進行切鑿作業，因此從外表看來，就跟一般的石頭沒有兩樣。不過若是將這些原石切鑿開來後，就能看到帶著獨特紋路的原石。「和氏璧」的故事，也是在說同樣的事情，卞和分別向三代楚王進獻名玉，但從原石的外表卻無法區別進獻之物到底是石頭還是玉。今日，我們只需要將原石放進鐵製或是皮製的旋轉研磨盤中，再將碳與氧化鉻的研磨劑粉末混水後從上方淋入，接著使用磨刀石不斷研磨後切開石頭繼續研磨，最後才能獲得一塊美玉。「切磋琢磨」這四個漢字，其實便是將研製「骨、象牙、玉、石」的四個方式並列出來而成的一句成語。

我們也可從這個詞彙中瞭解到，古代工藝師掌握這些素材的硬度與材質的能力，有多麼敏銳纖細。

青銅器的材料是銅、錫、鉛等地下礦物資源。將這三種礦物溶解合金後，便易於以較低的熔點流入模型器具中，且能產出硬度更為強硬的新素材。鑄造的時候，會先使用黏土將模型燒製出來，然後必須以毫米為單位計量均等的幅度，使其懸浮於「外範」與「內芯」之間。趁以九百度高溫燒製出來的模型尚未冷卻之際，將熔於一千兩百度的合金倒入，若模型的溫度過低，合金便會無法順利流入，而若金屬溫度過高的話，則會造成氣泡混入其中。模型金屬的壓力很強，現在都會使用埋入鋼筋後用鋼絲固定牢綁。接著再將模型破壞，取出裡頭的青銅器。最後使用刷器研磨，金屬便會呈現出帶有紅金色的光澤。這也就是為什麼古代人會將青銅器視為黃金的一種，稱其為「金」的緣故。青銅器接觸空氣後，便會青綠色化。菓子滿師傅的高超手藝，實在令人折服。

至於動物的家畜化，同樣也是古人的智慧。在漢景帝的陵墓——陽陵之中，埋有大量的家畜俑。馬、牛、豬、羊、犬、雞等六畜，一應俱全。其中，犬還有分成尾巴成捲曲狀的家畜犬以及尾巴較為粗大成下垂貌的狼犬。羊則是綿羊與山羊混雜在一起。根據正田陽一的解說，令人感到意外的是，綿羊與山羊並不是很好區分。正田氏表示雖然一般來說有鬍鬚的是山羊，耳朵下垂的是綿羊，但還是會有例外。據說確實的區分方式是得觀察尾巴的長度與形狀；綿羊的尾巴較長，久了會變髒，因此才會斷尾。總而言之，這些陶俑，將當時家畜的樣貌忠實地呈現於我們眼前。

自然與烹調

野生動物是中國菜中常會見到食材來源。不過根據尹達剛師傅所言，食用野生動物也必須有所節制。捕獲野生動物後，會先將其圈養在家中庭院的柵欄內一段時間。這是因為中國人除了肉以外，還會食用野生動物的內臟，因此有必要淨化野生動物體內臟器。簡言之，古人會讓這些野生動物不斷飲水，並餵食人類吃剩的食物，一點一點地將這些野生動物的腸胃洗淨。如此一來，就連血液也都能變得較為乾淨。通常哺乳動物要養七十二小時，也就是三天以上，而鳥類則是兩天，某些大型動物甚至要飼養到十天左右。

漢代畫象磚庖廚圖　表現中國古代廚師下廚的情景。

漢代的畫像石上常常出現廚房或是人們做飯的畫面。細細逐一觀之的話，會發現許多有趣的事情；將肉塊垂掛於吊鉤上，是為了要讓肉塊晾曬於自然的空氣中以利保存。在現今的農村中，我們也能在路邊市場看到這個景象。這是因為自然的空氣當中並不含黴菌，因此有利於食材的保存，所以我們才會在畫像石上看到懸吊的牛腿肉與魚肉。若將肉塊一片一片疊放的話，是很不衛生的。此外，廚房空氣的流通也很重要，因此廚房的屋頂都會挑高，同時也重視採光，抑制黴菌的滋生。

在調理野生動物的時候，必須要注意動物的健康狀態，以避免吃到生病的動物。一流的廚師，通常也具備檢視動物健康狀態的眼力。例如動物走路時是否穩健，眼睛是否澄澈、鼻頭是否濕潤等。若是吃下患有皮膚濕疹疾病的犬隻，是很危險的事情。此外，也必須要注意傳染病。動物的眼睛若是不好的話，通常患有疾病的可能性很高。

《論語・鄉黨》中談到了飲食文化；食物是祭祀時不可或缺之物，不可怠惰於祭祀之物的準備。其中提到了「食饐而餲，魚餒而肉敗，不食」、「色惡，不食」、「不時，不食」、「割不正，不食」等內容，更是列舉出許多關於飲食的禁忌。這些都是古人為了品味自然食材所孕育出的智慧。

要將野生動物的皮毛或羽毛去除是一項需要高度技術的作業。尹師傅指出；在沸騰的熱水中添加百分之零點五的冷水進去後，該沸水溫度便會下降到九十五度左右。當要殺雞拔毛的時候，首先會割破雞的頸動脈進行放血，然後再將雞浸入這個溫度的沸水當中。為什麼要這樣做呢？主要是因為水溫若超過一百度的話，雞的皮膚便會緊縮，如此一來便無法將羽毛拔除，然而，若是水溫低於九十五度的話，同樣會很難拔。至於皮膚較硬的動物，則是使用溫度一百度的沸水較好。毛孔中的毛主要是靠手拔出來的，不過若是遇到拔不乾淨的情況，只須要稍微燒烤一下，就能夠將一些細毛清除乾淨。總之，毛孔中是不能殘留羽毛的。如果只是用剃刀去剃的話，毛孔之中還是會有所殘留，無法把毛完全除淨。至於熊掌的話，據說是要用泥土包好後拿去燒烤，等到變紅的時候，把泥土剝掉，熊毛便會連同泥土一起剝落。

在漢代的畫像石（山東）中，描繪著羊、豬、犬隻的解體畫面。我們可以從畫中看到古人習慣將羊的雙腳緊綁倒掛後剝皮。這些都是古代廚人流傳於後世的經驗與智慧。

東亞海洋文明中的中國與日本　跨越國界邁向共生的時代

日本一直不斷地從中國接收許多文明與文化。從稻作、青銅器開始，一直到漢字、儒家思想、律令（法律）、佛教（中國佛教），因此才建構出了日本古代的律令制國家，而這也是今天日本的國家雛形。如果沒有中國文明的話，實在很難讓人想像今天日本會是什麼模樣。歐洲人認為，「紙、印刷術、羅盤、火藥」，乃是世界四大發明，認為這是中國文明對於歐洲發展近代化的巨大貢獻，而對於日本而言，中國的「漢字、儒家思想、律令、佛教」，則是更加重要的四大發明。對於並未發明文字的日本，因為使用了中國所發明的漢字來標記日語，才有了今天的發展。儘管日本因為受惠於中國文明才有今天，且中國與日本的地理距離是如此接近，但日本要理解中國，仍不是一件簡單的事情。這是因為在中國廣大的土地上，混居著各式各樣的民族，彼此不停地進行接觸與激盪，才構築出所謂的中國文明。日本人不了解形成這些文明的困難，就直接接收了現成的中國文明。漢字，特別是象形文字，對於語言多樣化的中國人來說，是一種用眼睛去閱讀就能夠直接理解的便利工具。日本在不了解這個背景的情況下，就直接接收了經過長久時間才形成的漢字，然後用自己的日語讀音去標記。後來那些有能力閱讀漢字的日本人，便透過這些由漢字書寫而成的書籍去認識中國。因此，日本人的關注便聚焦在儒家思想等學問上，脫離了中國人的生活文化。因此我在這裡想要提醒日本人的是，不要忘了中國文明也與其他的文明相同，都是人類接受了大自然的恩惠後才開始發展出來的一種智慧累積。

隔著大海，醉心於大陸中國文明的日本人，接收了中國人在與大自然共生的過程中所發展出來的遺產。跨海侵略這塊大陸的日本人之中國觀，便在這樣的背景中左右擺盪著。東海上有著蓬萊、方丈、瀛洲三座仙山，上面住著長生不老的仙人，這是中國人過去所幻想的東方觀。歐洲人將日出之地視為東方（Orient），而對於中國人來說，「東方」所代表的也只是一個相對於「西洋」概念的「東洋之地」，換句話說，對於東夷是沒有鄙視之意的，而身為「東洋人」的日本卻侵略了文明中國，因此同樣地，中國人的日本觀也產生了動搖與變化。

日本與中國之間的廣闊海域並沒有共通的名稱。中國的大河——黃河與長江，帶著來自西方高原的大量砂土注入東方之海。黃河注入渤海，有些時候則是注入黃海（東海）。中國稱呼東方的海為渤海、黃海、東海、南海，朝鮮半島將日本海稱作為東海，而日本的話，則將東海稱為東支那海（東シナ海），將南海稱為南支那海（南シナ海），因此彼此之間對於這片海域並不存在一個共通的名稱。就如同被歐洲、西亞、北非三地所環繞的地中海，這塊要稱作「東亞海」也未嘗不可的海域，同樣地也被中國、朝鮮半島、日本列島包圍環繞。不過遺憾的是，人們早已遺忘這裡過去曾是一片大家互相進行交流的海洋。

身處於現在的我們，重新意識到了自然現象是沒有國境界線的。黃砂便是一種自然現象，跨越空間，明示日本列島與中國大陸乃是一個連鎖、連動的區域。中國大量採伐黃土高原的森林所造成的環境變化，影響了黃河水量的增減與混濁度。如果黃河一旦泛濫，東方大平原就會出現像是神龍擺尾般，河流流動方向會產生極大的變化。而這樣的現象會對東亞海域造成怎樣的影響，目前仍在剛開始著手進行研究的階段。單看黃河與長江的例子，這兩條河每年分別會將十二億噸與五億噸的淡水與泥砂沖進海洋之中。這樣的現象到底會帶給海水的溫度與水產資源何種影響呢？日本人每天都會看到東亞海域的氣象衛星畫面，若是透過網路連線觀看東亞海域海洋環境的觀測畫面，就能夠很清楚地掌握住氣象的瞬間動態變化。中國大陸的黃河、長江下游流域的平原氣象，以海洋為媒介，與日本列島的氣象串連了起來；這樣的現象有必要回溯過去，再次驗證文獻史料的記載。

透過「環境」的視角切入觀察環繞東亞海洋的這塊區域，毫無疑問地這應是一個要互相重視共生共存的小世界。如果說我們日本人生活於歐亞大陸的末梢，似乎也並不為過。對於日本人來說，中國早已不再是那片孕育出中國文明與中華帝國的遙遠大陸世界，也不再是書本中的那個想像的世界。日本人必須要有接受中國目前這個樣貌的氣度，相互理解、彼此往來，才能有所進步與成長。

註釋

1 蘇曉康編，《黃河文明への挽歌》，鶴間和幸譯，學生社，一九九〇年。

2 中華炎黃文化研究會、河南省炎黃文化研究會、濮陽市人民政府，《二〇〇〇濮陽：龍文化與現代文明學術討論會論文集（一）》，中國經濟文化出版社，二〇〇三年。

3 【編按】依據《史記・高祖本紀》記載：「其先劉媼嘗息大澤之陂，夢與神遇。是時雷電晦冥，太公往視，則見蛟龍於其上。已而有身，遂產高祖。」本書此段文字記述與《史記・高祖本紀》不盡符合。

4 藤堂明保、加納喜光編，《學研漢和大字典》，學習研究社，二〇〇五年。

5 【編按】此處上古漢音的拼寫方式參考藤堂明保、加納喜光編《學研漢和大字典》的擬音。

6 譚其驤，〈中國文化的時代差異與地區差異〉，《復旦學報》第二期，一九八六年；《長水粹編》，二十世紀中國史學名著，河北教育出版社，二〇〇〇年。

7 費孝通，《中華民族多元一體格局》，中央民族學院出版社，一九八九年。

8 費孝通，《鄉土中國》，上海觀察社，一九四九年。

9 特展圖錄《世界四大文明—中国文明展》，NHK、NHKプロモーション編，二〇〇〇年。

10 《よみがえる四川文明—三星堆と金沙遺跡の秘宝展》，共同通信社，二〇〇四年。

11 都甲潔，《味覚を科学する》，角川選書，二〇〇二年。

12 【編按】中譯本參見：《希羅多德歷史》，王以鑄譯，臺灣商務印書館，一九九七年。

13 羽田亨，《西域文明史概論》，弘文堂書房，一九三一年。

14 【編按】中國古代的一種博戲，共有十二棋子，六白六黑，投六箸，行六棋，故云六博。

15 【編按】中譯本參見：岡倉天心，《茶之書》，谷意譯，五南出版，二〇一四年。

16 《黃土高原の自然環境と漢唐長安城》，勉誠出版，二〇〇〇年。

第三章　中國人的歷史意識

教導孩子的第一件事情

上田信

正確使用親族稱謂是基本規矩

數年前，我曾經造訪過一個位於中國雲南的村落。站在狹窄的石磚路上，只要張開雙手，就會碰觸到左右農家斑駁剝落的土牆。有一次，當我彎過一個街角，看到離我數十步之遠處，有一位母親正背著她一歲多的小孩走來走去，而她哄小孩的話語也同時傳入了我的耳裡：「爺爺（父方的）、奶奶（父方的）、公公（母方的）、婆婆（母方的）、叔叔（父親的弟弟）、舅舅（母親的兄弟）、姑姑（父親的姊妹）……」，然後那母親轉進了下一個街角，消失在我的視線中。她一面輕拍著被包裹在美麗刺繡揹巾裡的孩子，一邊唸著親族的稱謂。

這位母親在哄小孩時所說的這些親族稱謂，正是將來要在這個村莊中成長的小孩，最先得要學會的事情。因為生活在村莊中，彼此寒暄時少不了親族稱謂。早先的中國漢族社會中，沒有「你好」這個詞彙。外國人在剛開始學習中文（漢語）時所學到「你好」一詞，其實是到了近現代才逐漸被使用。解放前的中國，若是兩個朋友在路上偶遇，通常會說的是「吃飯了沒有？」。對於過去曾經長時間在中國當過兵的日本人來說，這或許是長存於他們記憶深處的一句話。在過去，由於庶民們每天總是在操煩著三餐的著落，因此像是「吃飯了沒有」這樣子的招呼用語，會給人一種對方是在關心自己生活的感覺。不過，在經濟早已步入小康狀態下的現代中國，已經不太常聽到這個招呼用語了。年輕人如果聽到這句話，可能不知道這是句寒暄用語，說不定會誤以為對方是想要找自己吃飯。換句話說，這句話已經落伍了。

而現在仍然留存於社會中的打招呼習慣，則是人們在相遇的時候，下位的人（晚輩）要先用正確的稱謂呼喊上位的人（長輩）。比如說，在村子裡的小路上，父親方的男性長輩迎面走了過來，這時候身為子侄輩的小孩，就必須先喊一聲「叔叔」。如果稱謂喊對了的話，叔叔就會喊這個孩子的名字以表示回應。喊錯了的話，是很失敬的行為，如果是故意亂喊的話，甚至還會挨一頓罵。因此，我在前面所描述的母親哄小孩子的畫面，其實就是一位母親在教育她的小孩，讓她的小孩能夠學習到在社會上生活的最基本規則。中國的親族稱謂可分為父方及母方兩邊，甚至連丈夫親屬與妻子親屬的稱謂，也都必須要嚴格區別。這與日本的情況，也就是不管是父方還是母方的長輩親屬，一律都稱呼為叔叔或阿姨就可以的習慣，是大不相同的。

在徹底執行一胎化政策的現代都市中，親屬關係逐漸變得簡單化，且人們也變得較少與住在遠方的親戚往來連絡。我與我的家人一同在雲南居住過一年。在那段旅居雲南的時期，妻子曾與一位雲南大學的學生學習過中文。在練習家族聚會場合的會話時，這名從小就在都市長大的二十歲的青年表示，自己雖然沒有學習過那些複雜的親族稱謂，不過若是身邊常會碰到面的親戚的話，倒也從

使用傳統親族稱謂的村莊　雲南省騰衝縣的和順村，攝於二〇一一年。

未喊錯過。在一胎化政策下出生的這個世代，未來結婚之後，他們的孩子就會變成沒有叔叔也沒有阿姨，親戚也會只剩下祖父母及外祖父母。不過即便如此，在碰到親戚的時候，一定要用正確的稱謂來稱呼對方的這個習慣，仍然存在於中國社會。

到中國人家中拜訪時，常常會見到父母對孩子說「說叔叔好」、「說阿姨好」的畫面。「叔叔」一詞原本指的是父方的男性長輩，而「阿姨」指的則是母方的女性長輩，像這樣子將親族稱謂套用於沒有親屬關係的人身上，可說是一種稱謂的擴大使用。而父母親教導孩子的目的，則可以分成兩個層面來看；一是告訴孩子來訪的客人乃是相當於自己的叔叔或是阿姨的長輩，另一個層面則是讓孩子明白，若是將來與這位客人在哪裡遇到的話，自己必須要先跟對方確實打招呼。如此計較親屬關係，就能明確地區分自己與他者的關係性質，然後再依此調整彼此的往來方式。這也是在理解中國社會時的一大重要關鍵字，「禮」的真髓。

弄清排列順位，並依序行動

「禮」，是儒家思想在將親屬關係與社會關係作連結的時候，極為重要的一個概念。據傳，孔子在小時候，就曾經玩過模擬喪禮的遊戲。弔祭死者的喪葬場合，是親屬關係最會被嚴格審視的時候。由於眾多親屬不論關係遠近齊聚一堂，因此為了要讓喪禮能夠順暢無礙地進行，平常就必須要對親屬關係養成一定的敏銳性。此外，關於誰要先到死者靈柩前致意這樣的先後順序問題，都必須根據致意者與死者間的關係來決定。「禮」，可說是一套規定人與人之間排列順序的理念。

晚輩要主動先向長輩打招呼，這樣看似簡單的原則，要在人數龐雜的家族親人間正確地被執行，其實並非一件簡單的事，例如有時候會遇到年紀比自己小的「叔叔」。而即使年紀比較小，中國社會也會要求這位「叔叔」必須要有相對應其身分稱謂的行為舉止。就像是誰要先向誰打招呼這件事情一樣，在中國社會中，並非人人平等。在每個場合裡，正確地弄清楚排列順位，然後依照排列順位來行動，就是「禮」的本質所在。

我想不免有人會認為，儒家思想不是說朋友間需要重「義」守「信」嗎，如此一來不是所謂的平等關係嗎？提到「義」，馬上會出現在我們腦海之中的，應該就是《三國演義》裡的故事——劉備、關羽、張飛的「桃園三結義」吧。不過，由於這三人彼此是以兄弟相稱的緣故；劉備是長兄，處於最上位，因此也不能算是一種平等關係。

漢字當中，本來就沒有一個可以相對應英語的「brother」、不含上下關係成分的字彙存在。如果朋友與朋友之間，要利用親屬關係來作為模型，決定彼此社會關係與往來模式的話，就必須要決定誰是長兄誰是幼弟。但這樣子的關係也並非是固定不變的，這是與真正的親屬關係不同的一個地方，換句話說，這個稱兄道弟的關係，會隨著實際情況有所調整，是會發生變化的。反過來說，如果一段友情中，身為兄長的人想要繼續維持這段關係的話，他就必須一定要恪遵篤行「義」、

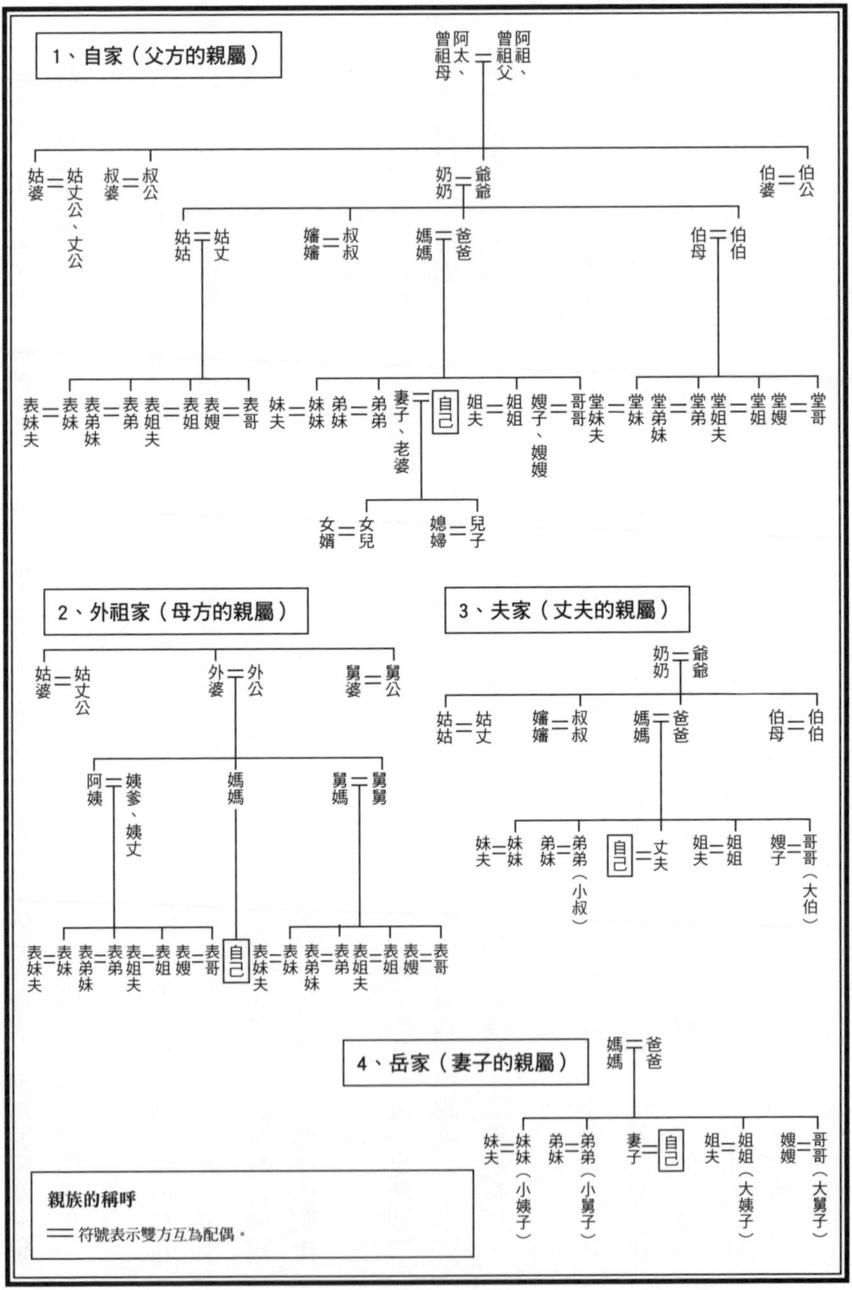
1、自家（父方的親屬）
曾祖母、阿太＝曾祖父、阿祖
姑婆＝姑丈公、丈公
叔婆＝叔公
奶奶＝爺爺
伯婆＝伯公
姑姑＝姑丈
嬸嬸＝叔叔
媽媽＝爸爸
伯母＝伯伯
表妹夫＝表妹
表弟妹＝表弟
表姐夫＝表姐
表嫂＝表哥
妹夫＝妹妹
弟妹＝弟弟
妻子、老婆＝自己
姐夫＝姐姐
嫂子、嫂嫂＝哥哥
堂妹夫＝堂妹
堂弟妹＝堂弟
堂姐夫＝堂姐
堂嫂＝堂哥
女婿＝女兒
媳婦＝兒子
2、外祖家（母方的親屬）
姑婆＝姑丈公
外婆＝外公
舅婆＝舅公
阿姨＝姨爹、姨丈
媽媽
舅媽＝舅舅
表妹夫＝表妹
表弟妹＝表弟
表姐夫＝表姐
表嫂＝表哥
自己
表妹夫＝表妹
表弟妹＝表弟
表姐夫＝表姐
表嫂＝表哥
3、夫家（丈夫的親屬）
奶奶＝爺爺
姑姑＝姑丈
嬸嬸＝叔叔
媽媽＝爸爸
伯母＝伯伯
妹夫＝妹妹
弟妹＝弟弟（小叔）
自己＝丈夫
姐夫＝姐姐
嫂子＝哥哥（大伯）
4、岳家（妻子的親屬）
媽媽＝爸爸
妹夫＝妹妹（小姨子）
弟妹＝弟弟（小舅子）
妻子＝自己
姐夫＝姐姐（大姨子）
嫂嫂＝哥哥（大舅子）
親族的稱呼
＝符號表示雙方互為配偶。

「信」之道，為人弟者亦須願意順從如此長幼關係。環繞著「義」與「信」的無數故事，正是帶動中國前進的原動力。

香港電影中有關「稱呼」的橋段

親屬或是結拜兄弟間的彼此稱呼方式，常常會成為電視劇的好題材。因為在緊密的人際關係中產生的各種糾葛或是愛恨情仇，都會被濃縮在所謂的稱謂之中。一九五〇至七〇年代的大約三十年間，是中華人民共和國企圖要顛覆傳統長幼有序觀念的一個年代。中國政府認為親戚之間的長幼有序乃是封建制度下的遺物，因此必須將之否定。而互相結拜等稱兄道弟的行為，則被視為像是中國黑手黨等祕密結社的行為，在政府掃蕩黑社會的過程中都被一併瓦解。最後演變成人與人之間的長幼高低順序，是以「比較誰『紅』（革命的）」的方式來決定的。因為這個時空背景，所以中國很少出現以稱謂為題材的戲劇。而與稱謂相關的戲劇中，最精采的則非香港電影莫屬了，特別是接近回歸中華人民共和國的九〇年代的電影。

英國政府在鴉片戰爭結束取得香港之後，特別採取了不干涉漢族傳統的統治方針。因此，自古以來社會既有的長幼有序觀念，便一直根深蒂固地存留於香港這塊土地上。一九八四年十二月，英國首相在簽署了同意將香港歸還給中國的同意文書之後，生活在香港的漢人，便開始面對不久之後即將到來的「九七香港回歸」。換句話說，香港人開始一面身處所謂「倒數計時」的氛圍下，一面檢視著自身的本質，內心可說充滿了矛盾與糾結。在這樣的背景下，成就出許多以回首過往傳統，立足現在社會為主題的電視劇，以及許多圍繞著稱謂問題的故事。舉兩個例子來說明；徐克所導演的《黃飛鴻》系列，與劉偉強擔任導演及攝影指導的《古惑仔》系列電影。

前者是以一代武術宗師黃飛鴻為故事主角的電影作品，在一九五〇年代，以黃飛鴻的相關傳說作為故事題材拍攝而成的電影數量非常多。而將如此老舊題材炒出新意的，便是徐克所執導的系列作品了。接下來我將參考川口秀樹的網頁內容，來說明一下這部電影的內容。1

一九五〇年代電影中的的黃飛鴻，便是一個以理想的父親形象所塑造出來角色。川口秀樹指出，在黃飛鴻所經營的藥鋪——寶芝林內部所發生的爭端，「一定要透過黃飛鴻的訓示來解決。對於外人的挑釁，也先得交由黃飛鴻來處理，而在處理的時候，必須先以禮待人，黃飛鴻的武學之道，在於除非對方的無禮讓人忍無可忍，否則不主動出手動武。……這是非常儒家式的倫理道德觀。也就是說，這裡所描繪出來的黃飛鴻，是『仁義禮智信嚴勇』的實踐者」。

相較於五〇年代的作品，徐克所描繪的是在傳統中國與近代西洋之間產生動搖的青年黃飛鴻。找來給人誠懇又帶憨直味道的李連杰扮演青年黃飛鴻，使得這個電影系列成為一部經典之作。電影中，近代西洋以侵略者之姿入侵中國的同時，傳統也被認為是阻礙中國社會進步的絆腳石。黃飛鴻雖然對近代西洋存有反感，但卻也不願回歸傳統中國。這個內心糾葛，徐克並非使用抽象的方式來表達，而是透過一個愛情故事進行論述。以觀賞一部電影的角度來看的話，或許應該說這是一部將愛情故事，置於近代與傳統相互衝突背景下的一部作品。

在這個系列電影之中，黃飛鴻與他「十三姨」之間的戀情，是逐漸慢慢升溫的。在親屬分類上，稱為「十三姨」者，乃為母親方面的親戚，是與母親同輩份、排在第十三位的女性。不過日文版的電影字幕，卻只能將之翻譯成「阿姨（オバ）」。在電影第一集中，剛從英國留學返國的十三姨，身著洋裝、抱著一台舊式照相機登場。她對於黃飛鴻而言，正是中國近代化目標的象徵。身為青梅竹馬的兩個人，雖然彼此都深為對方吸引，不過礙於傳統中國的禮教秩序，黃飛鴻與十三姨之間的戀情，是不能開花結果的。為什麼呢？

互有情意卻不被允許的婚姻

因為黃飛鴻與十三姨若是結婚的話，親屬稱謂的規則便會被打亂。假設黃飛鴻與十三姨真的結婚了，那會產生怎樣的情形呢？我們舉黃飛鴻的母親為例來說明；以父系親屬的脈絡來看，對於父親的配偶（黃的母親），黃飛鴻得叫「媽」。但是，若是以妻系親屬的脈絡來看的話，由於母親是自己妻子的姊姊，因此得叫她「姐姐」。如此一來，全部的親屬稱謂，都會因為這一組夫妻的存在，而陷入混亂狀態。至於在這種情況下，到底是要應該是叫「媽」還是「姐」，傳統中國並沒有指示與規定。因此這樣子的婚姻是不被社會允許的。這也讓嚴守傳統文化分寸的黃飛鴻，感到極為苦惱。不過，對於受近代教育長大的十三姨而言，是不認同這項傳統的。

在電影第二集中，發現彼此深愛的兩個人變得更加地親密，不過親屬關係與稱謂卻仍緊緊地箝制著兩人的關係發展。這一集的故事背景為白蓮教打著維護傳統的名號在中國各地興風作浪，而清廷想要利用平定白蓮教亂事來穩定政權，黃飛鴻等人在被清廷官兵包圍，陷入危機之時，十三姨對著黃飛鴻說道：「飛鴻，我知道你一直當我是你長輩，可是我就當你是我心裡的男人，如果這次失散了，你一定要找我。」然後，在兩人真的即將要離散之際，黃飛鴻終於下定決心，喊了一聲：「少筠！」這是十三姨的本名。十三姨聽到之後，驚訝地回過頭來，「你叫我名字……你第一次叫我的名字……」語畢，便果敢地轉身離去，邁向前方充滿未知的混亂漩渦之中。

在第三集作品中，故事發展到了黃飛鴻向父親報告與十三姨兩人有意結婚、想取得父親許可。聽到自己的兒子所挑選的結婚對象居然是十三姨，黃飛鴻的父親大受驚嚇，完全傻住。然後，一個人喃喃自語了以下台詞：「（我兒子）要娶十三姨？那飛鴻不就成我的襟弟（乾妹夫）嗎？那族譜就會弄糊塗了。」

所謂「族譜」（後述），就是記載父系親族的歷史之物。親族稱謂的混亂，就是意謂著親屬關係的混亂。親屬關係若是混亂了的話，在族譜記載上，是很難矇騙得過去的。黃飛鴻父親內心的糾葛煩惱，正是兒子與族譜所象徵的傳統中國間的衝突。在這系列電影的最後，從父親對十三姨的稱謂，我們可以得知黃飛鴻父親的最終決定，至於這個結局到底是什麼，我想就由各位讀者自行去觀賞電影確認吧。

結拜兄弟關係的動搖

在眾多親族環繞的環境中長大的漢人，遵守親屬稱謂早已是生活的一部分，因此，若是現實生活中的人際關係與稱呼方式有所落差的話，常常會造成漢人莫大的煩惱。脫離親族出外生活的漢人，往往會藉由與人結拜兄弟來找尋自己的立身之處。描寫香港黑社會底層年輕人生活的《古惑仔》系列電影作品，便是以香港政府為了解決貧困問題所修建的集合式住宅作為片頭的場景。一九五六年石霞尾發生大火，香港政府為了安頓大批貧民，大規模地建造了遷置區。由於戰後人口繁衍快速，數以萬計的家庭，便被塞擠在狹窄的空間中。因此家人間的爭吵屢見不鮮，在親屬關係淡薄的環境下成長的青年，為了尋求與人的連結，很多便會選擇加入黑社會。

電影的情節主要是在說，幾個互相結拜為兄弟的年輕人，一起加入了名為「洪興社」的黑幫組織後，在這個組織中爬升的故事。這群結拜兄弟中，陳浩南排行老大，然後是趙山河（綽號山雞）、個性衝動的梁二、冷靜的包達明（綽號巢皮）及其胞弟包達二（綽號包皮）。在電影的第一集，包達明中了敵人圈套而慘死，陳浩南與山雞鬧翻，山雞避走臺灣。而在第二集，山雞帶回了一個與死去的巢皮極為相似的新人蕉皮加入小幫派，代替包皮的角色地位。然後故事進行到了第三集，電影中有一幕是打算重新加入洪興社的山雞，與洪興社龍頭蔣天生對話的場景；在陳浩南的催促下，山雞向蔣天生說出了想要重返洪興社的意願，然後蔣天生接受了軍師的意見表示，為了維護洪興社的秩序，山雞得用新人的身分重新加入。接著，蔣天生把列於組織末位的蕉皮叫了出來。

新人的地位，比起在洪興社裡位階最小的蕉皮，還要更為低下。山雞在眾目睽睽之下，必須向蕉皮打聲招呼。這對於幫派團體來說是一件改變排序的大事情。山雞一開始先是喊尷尬地喊了一聲「大哥」，然後被陳浩南要求「認真一點」之後，又喊了「蕉哥」，最後，蔣天生要他喊「大聲點」，山雞因此喊了「蕉爺」。

在一旁看著這一切的包皮，被坐在旁邊的人問說「你在幹什麼啊」，包皮便將他的疑惑毫無保留地說了出來：「我正在算啊，那我的輩分是什麼？」這個時候，從包皮嘴中脫口而出的「輩分」一詞，是一種從之前提到過的「世輩」一詞中經過因數分解、萃取出來的概念，也是一個在探究中國人（漢族）歷史意識時的關鍵字。電影中，包皮所煩惱的是，原本是自己大哥的山雞，卻尊稱自己的小弟「哥」、「爺」因此，山雞的地位到底是尊於自己還是卑於自己，規範著包皮行動上的尊卑排列秩序，不得不隨之產生變動。

蘊含深意的時間

我在念大學的時候，選修中文當作第二外語，這已經是三十年前的事情了。文化大革命宣布結束後不久的時期，在日本展開的中國論，常常是不夠客觀、誇大其詞的。正當我在摸索該如何正確地解讀未經修飾的中國時，碰巧讀到了竹內實氏所著的《茶館——中国の風土と世界像》，[2]那時的恍然大悟、豁然開朗之感，讓我印象深刻至今。在這本書中，記載著如下的逸聞：

決定宗族尊卑的原理

B　應該是孔祥熙（中華民國時期的財政家）到山西省的時候吧，曾經有過一段小故事，就是孔祥熙與另外一位也是姓孔的人，在宴會中巧遇同席。互報姓名之後，孔祥熙馬上起身，讓出主賓的座位，換到那個人的下方去。

A　唔……。

B　孔家人為孔子的後代子孫，因此取名字的規矩特別繁瑣。怎麼個繁瑣法呢，就是取名字的時候需要使用可以區別「輩分（世代）」的文字，孔子的後裔從第六十六代一直到的八十五代，共有二十代，因此決定了二十個字。……（中略）……

由於孔祥熙相當於第七十五代，因此他的名字中使用了代表他那一輩（世代）的「祥」字。而孔祥熙之所以會讓座，應該就是因為他遇到的那個人乃山西省出身，且名字又比「祥」字輩來得高的緣故。

為什麼漢族社會中會出現這樣子的風俗習慣呢，這個疑惑一直在我腦海中揮之不去，後來也成為了我鑽研漢族親屬關係的研究動機之一。在日語漢字中，「世代」一詞，大多是指一群出生在差不多年代的人。不過，竹內實在這裡所介紹的「世代」並非此意，而是日語中一個較為陌生的概念，也就是中文中的「世輩」。

我們只要觀察一下漢人的親屬關係，很容易就會發現父系原則在漢族社會中的優位性。換句話說，兩個陌生人在相遇的時後，會各自回溯、確認雙方父親、祖父、曾祖父等父系族譜，若是發現了任何一位共通的父方祖先的話，就會視對方為同族之人，彼此間的稱呼及交往方式也會有所變化。像這樣子以父方的共通親屬為思考中心所形成的集團，在中國稱之為「宗族」。一般來說，在說明宗族的時後，往往都會以共通的祖先為起點，但為了要掌握住時而擴大，時而縮小的宗族動態，因此活在現代的人們，必須要以祖先為根據來締結關係。

當雙方已經確定擁有共通的祖先時，就會從這個共通的祖先開始往下推算兒子的世輩、孫子的世輩、曾孫的世輩，一個一個地確認到底是屬於哪一個輩分。最後，弄清楚了彼此的世輩關係後，世輩較接近共通祖先者為「尊」，而離共通祖先的關係較遠者為「卑」。彼此間的稱呼方式便是依循著這個尊卑關係而定，比方說，對於比自己長一個世輩的人，就是與自己父親屬於同一個世輩的人，必須視之如父親的兄弟（伯叔）以禮相待。而像是在親族聚會的宴席上，自然就必須要禮讓上位給輩分較尊者。若兩個人屬於同一個世代的話，則依照年紀順序決定序列，這種情況下，上位者稱為「長」，下位者稱為「幼」。

以世輩為基礎模型所形成的秩序規矩稱為「輩分」，漢族社會為了明示這個規矩，想出了各式各樣的方法。其中一項，就是將各個世輩的名字，也就是在命名的時後會使用的文字給確定下來，此即為所謂的「字輩」。因此，如果名字是兩個字的情況，第一個字便要使用代表各世輩的用字，若是單名的情況，則必須使用共同的部首。

例如孔姓家族，由於共通的祖先是儒家思想的創始者——孔子，而儒家思想又是維持整個中國國家體系的理念，因此國家權力便介入了其中，決定孔家的名字用字，比如說明朝的開國皇帝朱元璋便制定了十個字，崇禎皇帝也制定了十個字，清朝的乾隆皇帝也制定了十個字給孔家替子孫命名時使用。到了民國時期，孔子的第七十六代子孫則是自行制定了二十個字，然後取得了北京政府的

族譜　圖為早期印製的徐氏宗譜，收藏於浙江安東源村的木活字印刷展示館。

核准，而政府也將這二十個名字用字昭告各省縣，讓所有人知悉。第五十六代到第一百零五代的字輩分別為：

希言公彥承，宏聞貞尚衍；興毓傳繼廣，昭憲慶繁祥；令德維垂佑，欽紹念顯揚；建道敦安定，懋修肇彝常；裕文煥景瑞，永錫世緒昌。

為了要方便記憶，因此採用了像是詩的形式。孔祥熙的字輩「祥」，在第四句的最後一字。

「字輩」這個制度，在宋代的時候開始流行，被許多宗族採用。而在韓國，利用這種方式命名的情況也很常見。然而，一九五〇年代到七〇年代期間的中國，認為利用字輩進行命名的行為乃是封建制度下的產物，因此對此進行批判並且廢止，人民因此多改採用像是「紅」、「軍」等與革命相關的文字，或是像是「大慶」這樣、紀念發現大慶油田的文字來當作命名的素材。不過，到了八〇年代後半，過往的以字輩命名的傳統，似乎有慢慢復活的跡象。

族譜，乃是維持輩分制度的另外一項道具。在族譜中，會以共通的祖先為起點，然後依照世輩的順序，詳細記載子子孫孫的姓名、出生年月日、死亡年月日，若是有特別功績成就的子孫，還會另有傳記。此外，也會附上同族共有資產的列表，因此在研究中國史的時候，除了家族關係或是人口動態以外，族譜對於土地買賣的實況調查而言，也被視為極為重要的史料。雖然說也有「世譜」一詞，不過在中國，大多仍將之稱為「家譜」。至於樣式，則有手寫版、刻版等，非常多樣化。而我手中所擁有的族譜當中，還可以發現有的刻印著號碼，也就是說哪個號碼的族譜應該由誰保管，都是有詳細紀錄的。因此，圖書館中收藏的族譜是從哪個子孫家所流出的，只要一對照號碼，應該可以很容易地查出。

族譜對於宗族來說，是將族內秩序由無形轉化為有形的一個極為重要之物。目前，不只是在中國或是臺灣，在日本或是美國等地的圖書館，也都能夠閱覽到中國的族譜。另外，源自於美國的摩門教，將調查清楚全人類的系譜視為其宗教使命，因此摩門教利用微縮膠片的技術，廣蒐許多來自世界各地的族譜、家譜進行複製，並將這些複本保存於鹽湖城市的地下。

同宗不婚的禁忌

輩分是規範同族人之間，彼此序列關係的原則。若擁有共通的父方祖先，則互為「同宗」。如果同宗的男女結婚的話，輩分秩序便會被打亂。比如說，自己的女兒若是與相當於自己的叔叔的男性結婚的話，會演變出怎樣的情況呢？對於這位男性，如果從共通祖先的觀點來看，必須視其為自己的叔叔，但他卻又是自己女兒的夫婿，因此自己又必須以岳父的姿態待之，這便是輩分上的混亂。

依照漢族的傳統的話，是不允許這樣的混亂發生的，因此漢人不會認可同族內的婚姻行為，這便是所謂的「同宗不婚」之禁忌。在華南地區，這個同宗不婚的原則更有被擴大解釋的傾向；同樣姓氏的人，無法確定是否擁有共通的祖先，萬一彼此間存有共通祖先的話，那該如何是好呢？在這樣的疑慮之下，更進一步地產生了「同姓不婚」的禁忌。另外，在香港，甚至還曾經發生只因「黃」姓與「王」姓的發音接近，婚姻便不被家族允許的案例。反過來說，藉由立下互不通婚的規矩，兩個同族團體便有可能維持準親族般的合作關係。

輩分混亂會引起本能上的不悅

輩分原本是連結父系親屬彼此之間的序列關係原則，不過後來也擴及到了外部的人際關係上。我們可以從前一節所舉的電影情節的對話中，看出一些端倪。在《黃飛鴻》系列電影中出現的輩分問題，就是延伸到姻親關係的一個例子。黃飛鴻與十三姨彼此間，事實上並未擁有共通的父系祖先。不過，由於黃飛鴻的母親與十三姨乃屬同族，因此就輩分來看，便產生了上下關係，即使黃飛鴻與十三姨世代相同，但黃飛鴻仍必須將十三姨視為長輩對待。

因為姻親關係所產生之嚴密的輩分秩序擴展到近鄰宗族的事例，可以舉山東省為例，若屬於不同宗族的男女進行通婚的話，原則上會將他們的輩分併齊。例如在山東省歷城縣的一個叫做冷水溝的村莊，便將如此的輩分關係稱作「街坊屌輩」。「街坊」指的是近鄰，「屌」的話，直譯的話為陰莖之意，這裡指的則是「毫無意義」的意思。[3]

若由歷史的視角來思考，為何近鄰間的往來也會被輩分關係緊緊束縛，會發現此乃由於同鄉里中的複數家族，其實大多是在同一時期遷移過來的。同鄉好友間，在經過了數次通婚關係之後，家族間的世代關係原則上會被逐漸拉齊。上述山東省的案例，主要是在明朝初期，政府將大量的山西省居民，遷移到了元朝末年因為戰亂而荒廢的華北地區的原故。因為政策移民而在同一時期遷入的各個家族，在歷經無數次的通婚後，世輩關係便逐漸趨於一體。

徐克電影中的設定，事實上是建構在很微妙的平衡關係上，黃飛鴻與十三姨的戀情，在電影中被描繪成了一種傳統中國的桎梏。但其實「同宗不婚」的原則，才是最真正的根本傳統。不過，若是將黃飛鴻的心上人設定成了同宗女性的話，恐怕會引起香港觀眾生理上的不舒服，如此一來，這部電影應該就無法如此賣座了。在漢族社會中，其實對於將輩分關係帶入姻親或近鄰之間的事情，大多數人也是感到很「屌」（無意義）的。換句話說，徐克藉由將故事情節設定在漢人可以接受的範圍之內，讓觀眾可以與主角黃飛鴻產生共鳴。

宗族內之輩分概念擴展到宗族外之社會上的另外一個例子，就是《古惑仔》的系列電影了。黑社會中互相結拜為兄弟的朋友之間，便存在著輩分關係。山雞對於蕉皮的稱呼，從「斜上方」的「哥」，升級成了「正上方」的「爺」，如此一來，對於自幼即視山雞為長兄的包皮來說，之後是要將山雞當作比自己尊長的前輩，還是比自己卑幼的晚輩，換句話說，讓包皮感到煩惱的是，今後自己與山雞之間的關係，到底是屬於同世輩間的長幼之別，還是不同世輩間的尊卑之別的問題。

賦予親族關係間的秩序，調整義兄弟間的上下尊卑，就是所謂的輩分，這是日本所沒有的觀念。我接下來要說的是一件有點久遠的事情，過去我曾被一位中國留學生詢問過以下的問題，那位學生的研究主題是將盧梭的思想引進明治時期的日本思想家——中江兆民，但有一件事情一直讓她感到不解；一八七四年出生於土佐的一位「足輕」（武士階級）之家的中江兆民，在他十四歲那年，由於父親過世，繼承家業，而同時，他也成為了祖父的養子。為什麼會發生這樣子的事情呢？變成祖父的養子的話，那他的世代不也就跟著提升了一級，變成與他的父親同輩了嗎？這樣輩分關係不會變得亂七八糟嗎？這便是那位留學生感到疑惑不解的地方。

我告訴她，日本並沒有輩分的觀念，並作了一番說明。不過，那位留學生仍是一副難以接受的表情。在她的心中，中江兆民是一位將民主主義引入日本的值得尊敬的思想家。但若以漢人的角度觀之，卻會覺得中江兆民的來歷有些與禮俗相違之感，這讓她感到意外與衝擊。在中國，雖然在家族內收養子的情況並非少見之事，但在養子人選方面，通常原則上是會以與自己的孩子同輩為人選對象。

在日本的知識分子中，有不少人會以訓讀的方式直接讀中國的古典作品，並且吸收其中的文化與思想，並內化成自己之物。但是，不管這些日本人怎樣地精讀《論語》或是《孟子》，卻都沒有學習到其中最根本的觀念。在面對輩分規矩被打亂的時候，倘若無法本能地產生厭惡排斥之感的話，那麼日本人無論如何都無法學習到中國教養的精髓的。

避談過去歷史，訴說著神話的藏族

雖然說我們一般都會認為中國極為重視與強調輩分，但我第一次真正強烈地意識到漢族是藉由訴說祖先之事來創造歷史的這個現象，卻是在青海省進行藏族部落調查的時候。

在那次的藏族部落調查計畫中，我所負責的是歷史領域。不過，不管我如何詢問藏族村民有關過去所發生過的重大事件，去都無法得到明確具體的回答。若是在漢族的部落，針對我所提出的這些問題，村民們八成會七嘴八舌地提供我各式各樣經由口耳相傳而來的傳說。但是在藏族部落，得到的卻總是「我不知道」、「我不清楚」等回應。就算他們提到了一些關於過去發生過的事情，只要我再繼續追問是發生於何時的事情的話，仍舊一律得不到確切的答案。而這些與部落相關的事情，卻常常都與神牽上關係，最後以神話的形式存在村民們的記憶之中。

正當我為了無法獲得預期成果而感到焦躁不安的時候，突然發現，原來這之間存在著一個禁忌現象。我在進行調查作業的時候，是透過一位學習藏族醫學的藏人研究生幫我口譯的。忘記是在討論什麼內容的時候，突然談到了他的祖母，這位學生回想著表示，在他長大懂事之前他的祖母就已經過世了，而一直到了最近，他才知道自己祖母的名字，而且還是在碰巧的機會下得知的；有一次，家裡來了一位訪客，這位研究生的父親在聽到了這位訪客報上自己姓名的時候，說了一句：「啊！妳的名字與我母親的一樣」，這位負責幫我翻譯的學生是在這樣不經意的談話中，才間接得知祖母的姓名。

在藏語文化圈中，有一個叫作安多的地區，該地有一項禁忌，就是不能提到死去親人的姓名。

藉由參加儀式傳承過去的記憶　圖為藏族熱貢六月會的祭祀表演活動。

另外，像是我上次去拜訪某戶人家的時候，帶著前年前往調查時與該家族一同拍攝的大合照相片當作禮物過去，但照片中其中一位笑容滿面的老人在一年之前已經過世了，因此那戶人家便拒絕了我所贈與的照片禮物，這是為了避免將來在看照片的時候，不小心談論到故人的相關話題之故。

在不能談論到祖先姓名的西藏安多地區的社會中，並不會使用歷史的手段來交代過去，而是習慣藉由神話的形式來傳承。過往的事情不會被定位於漫長的時間軸當中。原本必須要透過與過去發生過的事情互相連結才有辦法成立的社會關係，改由與神明的關係來傳承。在安多地區，每年都會在固定的時間舉行各式各樣的儀式，使得這些關係得到確認或是重生。就文化人類學來看，這或許只是一種稀鬆平常的人類行為類型，不過對於已經習慣漢族那種極度重視過去的村落社會文化的我來說，卻是一個極具衝擊性的重大發現。

對於漢族來說，歷史並非與現在完全切割開來的故事，而是夾雜在日常生活的對話當中，為了建構彼此互助的人際關係，以及為了從過去找到與他人共通的祖先，每個人都曾擁有與自己父親或祖父一同回溯家族過往時光、編織屬於自己的歷史之經驗。透過這樣的儀式，「過往」便因此富含深意，「歷史」也成為了一種擁有生命的故事。

有傾斜感的空間

二十年前，我在春節即將到來的前夕，一個人到了山東省旅行。春節，也就是農曆（舊曆）的新年，乃中國在一年中最為盛大的節日。絕大多數的中國人都會在這個時候返回鄉里，與家人、親戚共同迎接新的一年的到來。我那個時候正在南京大學當留學生，而除夕夜的時候，我人剛好停留在位於山東半島一個叫作淄博的城鎮。或許是因為只有我一個外國人的關係吧，這個城鎮的地方政府官員，親自到了我下榻的旅館房間，邀請我，問我想不想要參加在旅館食堂舉辦的除夕宴會。同餐桌的都是地方政府的官員，而我則被當作客人，安排坐在上座。

事實上，我是帶著某個企圖才來出席這個宴會的；因為白天的時候，我剛剛造訪過清代傳奇小說《聊齋誌異》的作者蒲松齡所出生的村莊——蒲家莊，那是一個被土壁環繞著的村莊，極為特別，因此我深受吸引，很想要去好好進行調查研究一番。因此打算趁著與城鎮官員同席餐宴的時候，伺機而動，提出自己的希求，看能否獲得他們的參訪允許。當時的中國正處於剛要進入改革開放路線的初期階段，除非得到事前的許可，否則外國人要在村莊裡滯留是一件極為困難的事情。簡而言之，事前取得官員的許可，是一項絕對必要的手續。

宴會席次也會自然地井然有序

中國的宴會，始於禮，也終於禮。座位席次乃按照同桌用餐者的序列關係來決定，勸酒也同樣有著一定的順序規則。在日本，對於酒後失態的行為較為寬容，不過在漢族社會的話，即便於觥籌交錯之際，也不允許失禮的行為發生。遇到被人乾杯敬酒的時候，如同「乾杯」字面上所示，是必須要將杯中物一仰而盡的，喝完之後若還能繼續維持禮節的話，同座之人就會豎起大拇指，大讚海量，表達對這位飲酒者的敬意。當時我只是一個小小留學生，因此我所能夠做的，便是以一擋七（位官員），將不斷飲盡酒杯裡倒滿酒精濃度高達六十度的白酒，然後繼續保持著禮儀，藉此贏得大家的敬重。

岔開話題一下，我的朋友曾經告訴過我一件事情；有一次他在中國出席了一個宴會，席中有一位仁兄，喝得醉醺醺地，然後像日本酒宴上出現的「無禮講」[4]一樣，開始口無遮攔地大聲講話。我那位友人當時心想，原來中國人當中也有如此率直之輩，然後便開心地繼續喝酒。不過酒宴結束後，在回家的途中，一位剛好同路的人卻跟我的這位友人抱怨：「剛剛那個喝多的是蒙古人，實在是一個無禮之徒」，那位友人聽了之後，像是被澆了一盆冷水般，酒意瞬間全消。由此可見，就算同在中國這塊土地上，也會因為所屬民族不同，有著大不同的飲酒文化。

土牆圍繞的華北村莊　圖為山東省淄博市蒲家莊的平康門。

言歸正傳，正當宴會要結束的時候，我向官員們提出了我想要到村落裡進行調查的請求。不知道是不是因為他們欣賞我在酒席上的豪飲之姿，縣長很爽快地就答應了，而且，還在春節這樣重要的

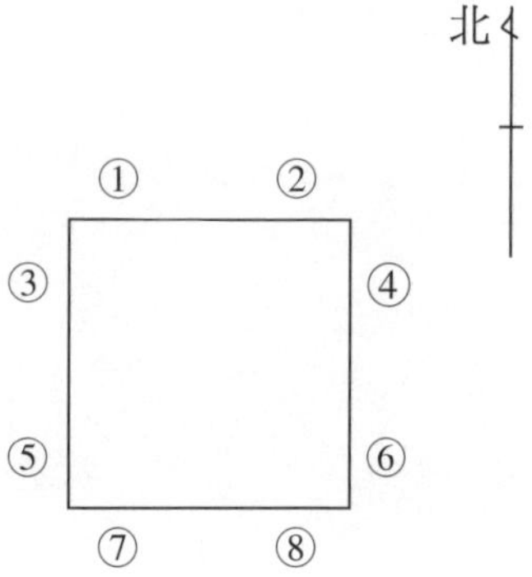

八仙桌的席次

假期中，替我安排了一位地方文化局的員工當我的口譯，隨我同行。最後，我從宴席中返回自己房間的時候，可說是一路跌跌撞撞，看到走廊的天花板時，更是感到一陣天搖地動，這些記憶至今仍舊歷歷在目。

在大學時期開始學習歷史的我，就是從這段留學期間起，一邊看著別人的動作，一邊開始有樣學樣地進行田野調查的作業。許多在地調查的方法及在田野調查的現場需要特別注意的地方，都是同一個時期人在山東大學留學的中生勝美教我的。因此，那天喝得爛醉如泥的我，馬上打了電話給在山東大學的中生勝美，告訴他這個獲得調查許可的大好消息。隔天，中生教授跑來與還在飽受宿醉之苦的我會合，並且揶揄取笑說我前一天晚上講電話時，一直不停地重複講著同樣的事情。

中國人常常會利用春節時期來舉辦婚禮，這是因為到異鄉工作或求學的親戚家人，都會在這個時節返鄉，因此辦喜事會較為輕鬆的緣故。中生勝美所拜訪的村莊正好就在舉辦結婚典禮，而我們也都受邀出席。

在農村舉辦的宴席中，多會使用一種被稱作「八仙桌」的桌子。所謂的八仙桌指的是正方形的木製桌子，一邊分別可坐兩個人，因為總共可坐滿八個人，所以中國人將這樣的桌子取了一個吉利的名稱。所謂的八仙，指的就是像是日本七福神[5]一樣的八位仙人。被招待出席婚宴的村人們，獻上禮金之後，便會前往擺放著料理的八仙桌就座。

我還記得那個時候中生勝美在我耳邊說著，你快看，他們看起來雖然好像是在互相謙虛讓位，不過席次座位其實早在一開始的時候就已經決定好了，他們一面互相讓座，一面在心裡評估著自己大概坐在哪個位子會比較合適。等到最後全部的人都就定位後，仔細一比對，確實就是按照輩分尊卑入座的。

原來如此！雖然開始的時候整個會場都亂哄哄地，到處都是互相推讓著席位的聲音，但若是同宗族的人合坐一桌的時候，還是會依照輩分高低，規規矩矩地決定好座序。我們穿梭會場四處觀察，發現以賓客身分出席的官員正在與人互相推讓著座位。這時候我腦子裡想著中生剛剛告訴我的事情，然後計算著官員最後應該會坐在哪個位子上才對，結果與我推測的答案不謀而合。每個人都會暗自與鄰座之人一對一地互相確認輩分、地位的高低，然後低階的人會讓高階的人坐到上座，如此行為重複進行過幾次之後，整個席次自然而然就會按照高低尊卑排列完成了。

宴席中的禮節　在蒲家莊的婚宴上舉杯一飲而盡的中生勝美（左）。

「君子面南」和具有方位意識的街景

將兩樣東西並列，比較出哪個為「高」，並藉此決定人際關係，我曾經將這樣的特色稱為是一種「形容詞的社會關係」。這是相對於日本的「名詞的社會關係」的一個概念。舉例來說，在傳統的日本社會中，老式建築中會出現的和式圍爐（「囲炉裏＝Irori」），從玄關（「土間＝Doma」）往屋內觀之，正面鋪著座墊的位子稱作「橫座」（Yokoza），右手邊的位子稱為「嬶座」（Kakaza），左側則稱為「客座」（Kyakuza），這三個座位，分別被設定為一家之主（橫座）、主婦（嬶座）、客人（客座）的座位。由於主婦的這個角色被稱作「嬶」（Kaka），因此便將這個名詞直接套用於座席名稱上。如同上述例子，日本習慣利用名詞來固定化人際關係的，換句話說，關於具有社會活動運作方式性質的詞彙，日本人會利用名詞來作表示，因此，我將日本社會的性質定義成「名詞性質」的。6

中國的席次，面對房屋出入口的位子乃為尊位。我與中生勝美共同獲邀出席的婚宴，就是在位於農家正中心的建築物中舉行的。正堂乃是配合著南北軸所搭蓋而成的建築物，入口則是設於南側。上座位於八仙桌的北側。由於我們是從外國來的客人，因此被安排坐在、僅次於中生氏的次席的我，突然想到「君子面南」這句話，想說我們兩個人該不會就是正面對著南方吧。

「君子面南」這句話出自於中國的古典書籍，在日本也常常會被引用（君子南面す）。不過，對於這句話，兩個國家卻似乎有著不同的認知解讀。《易經》中的其中一節「聖人南面而聽天下，嚮明而治」，正是日本年號「明治」的出處，而這句話應該也是「君子面南」的語源所在。居住在中國，特別是華北平原地區的漢人的房屋，只要仔細觀察的話，就會發現大多數的房子都是屬於背靠北方，正朝南方的建築，這便是中文所謂的「坐北朝南」的房屋配置。在太陽都是往南邊緩緩上昇的北回歸線以北地區，「坐北朝南」的房子可說是將日光引進屋內的最理想型態。因此單純就自然環境的觀點來看，應該就能夠合理解釋這個現象之所以存在的原因。

當年我在飛往中國留學的時候，從飛機往下所見到的景色，一直讓我印象極為深刻。散落於成田新東京國際機場周邊的每戶農家，是分別面向著不同方位的，相較之下，位於上海周邊的農家，所呈現出來的，則是整整齊齊地依照東西南北之方位並排著，在夕陽斜照之下，一棟棟的房屋似乎像是在演奏著某種節奏般。在日本，雖然也有房屋要正面向南的意識，不過卻不如中國般地嚴謹。蒲家莊的房屋整齊地依照東西南北方位並排的景色，使得街道看起來就像是棋盤的格子一樣。

生活在這樣的環境之下；也就是家人聚會時使用的方型餐桌配合方形房屋進行擺設，而擺設著方形桌子的房屋則參照東西南北的方位建造，而依照方位建造的房屋並排著形成街道與村莊，再與大自然的整體方位互相呼應、延伸，一直生長在這樣的環境之下，可以想見，對於大自然與方位的感覺會變得很敏銳。因此若是方位稍有不對的話，人們就會立刻感得不對勁。中國的都市，以唐朝的首都西安、元朝之後歷代王朝的首都北京為首，都擁有像是棋盤格子般的街道。雖然可以將這樣的現象視為一種都市計畫，不過若是具有方位意識的人們群居於一處，就算是沒有刻意地去制定具有整體感的都市計劃，我想如同上述般的整齊空間，還是非常有可能會自然而然地產生的。

在帶有高低意識的空間中行禮如儀

美籍華裔地理學家段義孚，在論述被賦予特殊意涵的「場所」的時候，舉了一個很有意思的例子；父母如果在孩子還年幼的時候，就常常給孩童像是「把桌子東側的椅子移往南邊」等指令，訓練孩童辨識東西南北方位的話，這個孩童長大之後，即使沒有特別的線索，仍舊會有辦法察知出正確的方位。[7] 雖然說這個例子並非發生於中國的案例，但一般認為出身天津的段義孚，腦中所浮現的應該就是中國方位與各場所間的特殊關係。

說得抽象一點的話，就如同段義孚所介紹的少年一樣，對於生活在經常需要辨別方位所在的漢人而言，「空間」本身就像是一種方解石，這是一種已結晶化之物；在漢族的世界觀裡，天空是圓形的，而大地則被認為是方形的。這與古希臘人的認知恰好相反，因為在古希臘人的腦海中，大地是圓盤狀的。至於為何會出現像是這樣的認知差異，我們或許可以從以下的現象找出解釋；希臘的地理位置緊緊鄰靠著地中海，因此希臘人的世界觀是在凝望著圓形水平線的同時逐漸形成，相對於此，古代中國人是較少有機會見到大海。不過，漢族根深蒂固的方形大地觀，若只憑藉上述經驗說是無法說明清楚的。若是我們可以理解，在漢人的感覺能力中，具有自動將空間轉化為方解石的機制能力的話，那麼對於為什麼漢人會堅信「大地一定要是方形的」的現象，就會變得較容易理解了。方解石的邊緣，通常都被切割成直角形狀，因此，對於漢族的結晶化空間觀而言，其邊緣也被認知為直角形狀。

解讀結晶化空間的紋理，然後將此條理套用於自身言行上，被視為一種儒家的修練。南宋時期所出現的《朱子家禮》便是一部被賦予了此種思想的禮儀書。在這本《朱子家禮》之中，我們可以看到如下的敘述：

冠禮。……賓至，主人迎入升堂。賓自擇其子弟親戚習禮者為贊。冠者俱盛服至門外，東向立。贊者在右，少退。儐者入告主人，主人出門左，西向再拜賓答拜；主人揖贊者，贊者報揖主人，遂揖而行。賓贊從之入門，分庭而行，揖讓而至階，又揖讓而升。主人由阼階，先升，少東，西向。賓由西階繼升，少西，東向。贊者盥、帨，由西階升，立於房中，西向。……

《朱子家禮》中，利用方位與階梯的高低來表現冠婚葬祭的各項禮儀活動。而舉行禮儀活動的祠堂，也是配合方位角度所建造之物。

根據禮儀的意涵，空間的高低與方位也都被賦予了不同的象徵含意。人們便在這些擁有各種不同象徵含意的空間中，學習著該如何行禮如儀，例如上位者要背靠北方，面南而坐等禮儀秩序。這些學習了禮儀秩序的人們，便會依據行禮時所需的空間方位來建蓋房屋。如此被賦予了含意的空間便會「結晶化」，整間屋子化身成了一部教科書，人們用自己的身體在其中進行閱讀與學習。

舉例來說明的話，結晶化空間是一種高低傾斜的概念。在現在的席次認知中，北之西為最尊，接著依序為北之東、西、東、南之西、南之東。如果從坐北面南的角度觀之的話，就會變成右手方

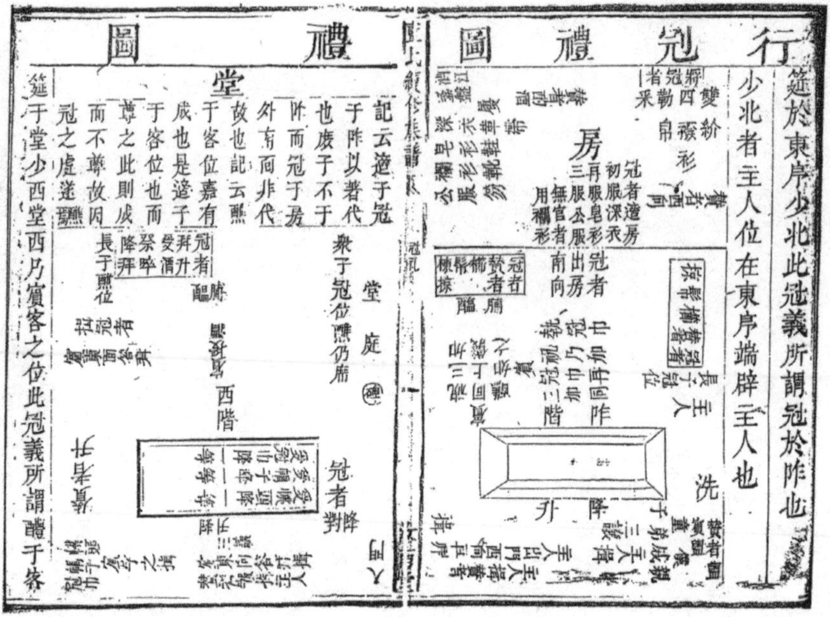

行冠禮圖　引自《藍氏續修族譜》。

為西邊，左手方為東邊。

古代習慣用來祭祀祖先的宗廟中的祖先牌位，擺放方式也有一定規矩。最早的共同祖先為「太祖」，置於最中央，然後第二世輩、第四世輩……偶數世輩的祖先稱為「昭」，置於面向牌桌的左方，而第三世輩、第五世輩……奇數世輩的祖先則稱為「穆」，置於面向牌桌的右方。若改從祖先牌位的角度向外看的話，左右就會相反，也就是說第二世輩的祖先會變成在太祖的右手方，假設這間宗廟是有配合方位來搭建的話，第二世輩是被置於西側的。

在傾斜的空間之中，各場所互相交疊，人們便穿梭在這些不同的場所中實踐著禮儀。漢人便在這樣的日常生活環境中，一面互相打著招呼，一面學習人與人之間的序列關係。透過禮儀的互動，熟知空間中的傾斜關係。

追溯歷史的巡禮

我在一九九八年四月時，曾到過浙江省義烏市，一個叫作崇山的村莊，進行田野調查。這次的調查，讓我實際體驗到在漢人的社會裡，為了要實踐以輩分作為基礎的禮節規矩，必須要記得祖先的事蹟，而祖先的事蹟並非只有記載於族譜的文字當中，同時也被留存於村莊的各個空間之中。

現在的義烏以日常生活用品的大宗生產地聞名全球。而我進行訪問的期間，恰好遇上了慶祝義烏與新疆烏魯木齊直達鐵路的通車紀念儀式。在義烏生產完成的雜貨或是衣物等，都會先被運送到烏魯木齊後才裝積到卡車，經由俄羅斯銷往東歐地區。飯店的員工告訴我，在剛開始舉辦中國進出口交易會的時期，有許多俄羅斯人都會造訪義烏。義烏的每個村莊，因生產著銷往世界各地的小商品，因此洋溢著一股特別的活力。而我所調查的崇山村，在一九四二年時，還發生過因為日軍開發鼠疫細菌武器，造成許多村民死亡的事件。再加上由於當時駐紮於義烏的日軍害怕疾病會在軍隊中蔓延開來，因此燒毀了許多房屋。只要在這個村莊中待上一陣子，就不難發現許多房屋的樣貌早已斑駁毀壞。

家族史中曾有位擔任宋代高官的祖先

居住在崇山村的村民，絕大多數都是屬於王姓宗族的人，因此可算是一個典型的單姓村。根據從村民那得到的族譜摘錄，這個王姓村莊的祖先，是一位出生於西元九一四年，名叫王彥超的人

傳統的村莊入口　浙江省義烏市的崇山村。照片由作者提供。

物。這位人物在五代十國的時候，被任命為節度使，並移居到了會稽，也就是現在的紹興。到了宋朝的時候，則被改任為中書令，算是個高官。族譜中記載著他的子孫後來為了躲避戰亂，因此遷徙到了義烏縣這個地方，然後分散居住於義烏縣的各處。這位名叫王彥超的祖先，便是他們世輩起源的正宗祖先，也是形成他們輩分秩序的來源根據。

從崇山村往東步行約十分鐘即可抵達的江灣鎮，也就是過去稱作曲江的村莊中，曾住了一位名叫「王成七十二」的王彥超後代子孫，他移居到了現在的崇山村，成為了村莊的始祖。根據記錄，王成七十二出生於永樂十年（西元一四一二年），卒於成化二十二年（西元一四八六年），因此可以推估出，該村莊乃大約成立於十五世紀中葉左右。

王成七十二共有兩個兒子，據村民的傳述，這對兄弟長期感情不睦，互相交惡。最後演變成村莊的西南側是哥哥的地盤，而村莊的東北側則是弟弟的地盤。這個各據一方的現象，不管是在鼠疫流行的當年，或是到了現在，村民都一直有著強烈的意識。同時他們還把弟弟所在的東北區域稱呼為「上半村」，哥哥所在的西南區域稱呼為「下半村」。兩個區域分別居住著兩兄弟各自的後代子孫。隨著子孫的不斷繁衍，家屋也就愈蓋愈密集，在兩個區域交界的有些地方，雖然僅僅只隔著肩寬幅度的小路，但兩邊的村民卻仍極少跨界進行交流。

這位最先搬到崇山村定居的村莊共同祖先，叫作「王成七十二」，這個姓名對於日本人來說，或許會感到非常奇妙。我們可將這個姓名拆解成三個部分觀之；首先是姓＝「王」，然後是表示字輩的「成」，也就是從始祖開始起算的世輩排行。最後「七十二」這個數字，則是表示在同一個世輩的眾多兄弟、堂兄弟間，該位人士乃是排名第七十二位出生的意思。

從共通的祖先，一代一代地往下推算，屬於同一個輩分的子孫，都會使用相同的固定文字來取名，因此，即便是遠房親戚初次見面，只要互相報上姓名之後，便可以清楚知道彼此分別是屬於哪一個輩分。

崇山村的王姓家族，在村莊成立之前的字輩，如下所示：「……昇進佑成應，尚悌相炎奎，鉅濟模煒載，銓鍾茂煥基，晉瑞理貫通……」

開創崇山村的王成七十二，並是位於這個字輩中的第四個字，「成」字輩的子孫。一九四二年面對鼠疫蔓延的族人，主要是屬於「鍾、茂、煥、基」四個字輩。而我在崇山村進行田野調查的時候，所接觸到的村民，則包含了從「茂」字輩到「通」字輩的村民。

什麼樣的祖先會永存族人記憶中

在我的整個調查過程中，主要的訪問對象，都是對於四〇年代的村莊狀況仍保有鮮明記憶的高齡者。現在的崇山村中，有一個叫作「老人之家」的場所，是高齡者習慣聚集的地方。老人家從第一線退下之後，大多會聚集於此

老人之家　人們在過去曾是祠堂的「老人之家」前練氣功，作者攝於崇山村。

處聊天打牌。因此進行調查作業的我們，便把握住這個天賜良機，常常跑到老人之家進行訪談。

我覺得到這個「老人之家」進行訪問調查的一個好處就是，可以輕易掌握村民所關心的事情為何。另外，只要一聊到字輩相關的話題，在一旁豎耳傾聽的老人們，就會圍上來七嘴八舌地插入話題討論，然後開始說自己是哪個字輩、討論哪個字輩曾出過如何偉大的祖先等。有的時候還會出現有人因為不認同對方的看法，頻頻想用大聲的音量喝住對方的情況。

藉由進行字輩相關調查的契機，王姓族人紛紛拿出了收藏於自己家中的族譜，包括了只將自己這一系的祖先擷取出來的族譜，或是複寫本等各式各樣的版本。對照著這許多族譜，大家都沉浸於「啊，原來是這樣，原來是那樣」的討論之中。在一九六〇年代文化大革命的時候，中國政府將族譜視為一種封建制度下的產物，因此下令民眾將之燒毀。不過，民眾還是會偷偷地將自己祖先的部分剪下來保存，如果將這些散落各處，私自收藏的族譜聚集起來的話，理論上應該就能拼湊出一本原本完整的族譜才是，而我們也可以從這裡看出村民們對於祖先的強烈緬懷之意。只不過要在七嘴八舌、像是一群蜜蜂傾巢而出的狀況下進行訪談，不扯開嗓子還真是沒辦法進行，這實在是一件很耗費精力的差事。

人在死後，就會變成祖先。在漢族的社會中，人們都會希望自己死後能被子孫供養、希望祭祀自己的香火能夠綿延不斷。只不過在現實中，絕大部分的人（祖先），死後經過一段時間，等到記得自己的後代子孫陸陸續續也躺進棺材之後，就會被逐漸淡忘。最後僅勉強地留下姓名於族譜記載的字句當中，然後也沒有人會去為他掃墓，沒有人會在他的牌位之前上香燒紙錢。最後隨著墓碑逐漸凋零，便徹底消失於現世。

另一方面，也有一些祖先是只要有後世子孫活著，就會被半永久的祭祀。例如像是村落的始祖王成七十二，以及上半村與下半村的開山始祖等人，都是即便歷經了五百年以上的歲月，依然半留存於後世子孫記憶中的祖先。像這樣長久留存於後世記憶中的祖先，崇山村的村民們，稱作為「太公」。

要成為太公的條件之一，就是留下了生活根據地給後世子孫。例如王成七十二創立了崇山村這個村莊，為後世子孫確保了生活的根基所在。換句話說，因為王成七十二，所以後世子孫們，才得以繼續在這裡生活，然後不斷進行分家，使得各自的子孫也能夠一直有著安居樂業的地方。因此，爾後世世代代的子孫，都會緬懷王成七十二，將他視為所謂的太公，尊敬並且祭祀奉拜他。

另外一個成為太公的方法，就是建造能夠讓子孫代代居住的大型家屋。建蓋大型家屋的人，會受到居住於其中的子孫們的感念，而子孫們為了表達感謝之意，會在家屋中設置牌位來祭拜這位祖先。除此之外，若能留下資產給後世子孫作為共同財產的人，也能夠成為太公。

村莊中，有許多被稱作「房頭」的小團體存在。而將各個房頭的人串連起來的就是太公。換句話說，這些祀奉著共同太公的村民們，都會以房頭為依據，在日常生活當中進行密切的交際。另外，只要在村莊中進行訪談，就會聽到許多關於太公的傳聞。而村民在訴說民間故事的時候，也常會將太公加入其中。事實上，這些傳說並不一定是過去實際發生過的史實，但村民會在自己與祖先之間的關係脈絡中，敘述著過往的種種事情。

投入龐大資產所建蓋的祠堂

穿過滿是購物人潮的江灣鎮，離開街區後即可踏上緩緩上昇的斜坡，接著越過一個小山口，就算是踏入了崇山村了。在這裡，可以俯視整個東陽江緩緩流動的樣貌。轉進小路，繼續往前行走數十公尺後，便會進入滿是白色牆壁的房屋群中。崇山村在遭受細菌戰的攻擊前，這些在磚瓦牆上粉刷上白色灰泥，鋪上黑色屋瓦的屋子，所呈現出來的，就像是在抗拒外來侵略者般的姿態。

像是崇山村這樣的單姓村莊，一個家族的歷史，會被原封不動地投射於村莊的樣貌上。在村莊的各個角落，都蓋有所謂的「祠堂」，分別用來奉祀如開村者王成七十二、創設上半村與下半村的兩兄弟等、被稱為太公的祖先們。花廳樓就是祭拜王成七十二的祠堂，而中和祠乃是祭拜下半村的始祖（「應」字輩的哥哥），聚奎祠乃祭拜上半村始的始祖（「應」字輩的弟弟）的祠堂。中和祠則是被用來作為村里老人的集會場所，在入口處懸掛著有「老人之家」的招牌。

隨著時代的推演，上半村後來又陸續分出了幾個小集團，其始祖分別被祭祀於松樹廳以及相祠。祭祀這名「尚」字輩祖先的松樹廳，於戰時被日軍燒毀殆盡，因此現在已不復見，不過據說該祠堂乃是使用松材建造，在當時非常壯麗。另一方面，在下半村還有幾間祭祀「尚」字輩祖先的祠堂，如仁翁祠、下姜廳、枸樹廳等。

造訪崇山村的時候，我曾在村莊中閒晃了一陣子。村莊裡的道路都是由家屋間的縫隙所構成的，整座村莊就活像是一座迷宮般。道路兩側都是兩層樓高的白色牆壁，而道路的寬度則是非常狹窄，有些地方甚至是兩個大人必須要肩碰肩才有辦法勉強擦身而過。

離開我進行訪談的場所「老人之家」後，沿著村莊的西緣北上，首先會抵達的地方便是祭祀開創崇山村始祖王成七十二的花廳樓，目前裡頭是有居住人的。花廳樓雖然疏於管理而略顯斑駁破爛，不過建築物所使用的木材極為粗壯，棟樑上也都還留有雕刻的施工，總算是保有了一些身為祠堂所該具有的風貌。

崇山村祠堂的木雕　祠堂木雕的裝飾仍保留了江南式建築的傳統風格。

繼續沿著房屋間的縫隙前行的話，就會看到被日軍燒毀的松樹廳的遺址。雖然遺址所在地的部分區域已經另外建有民家，不過大部分仍舊維持著空地廣場的狀態，據說這個地方過去曾是祭祖時上演戲劇的舞台。

到達上半村的中心後，映入眼簾的是已經呈現崩壞狀態的聚奎祠。雖然樑、軒等都極為講究，但在解放後，卻被當作倉庫或是養豬圈使用，幾乎無人管理維護。

接著到了下半村的仁翁祠，這裡也是一個荒廢的地方。而再接下來抵達的下姜廳，由於有人居住，因此保存的狀態較為良好，石上有一副對聯：「世德並崇山積厚　派源來曲水流長」，這是一副歌詠王姓人家居住地，也就是崇山與曲水的對聯。

最後抵達的是枸樹廳。這個地方也被拿來當作養豬的空間，建築物的屋頂崩落，樑木也因白蟻蛀蝕而中空。

在過去，這些祠堂都是這群王姓人家的驕傲，雖然現在已有朽壞，但卻都仍維持著傳統江南式建築的風格，中庭鋪設著講究的石磚，樑、軒上也都有木雕裝飾的加工。目前有幸保存下來爆發鼠疫流行前之建築風格的祠堂，就是被用來當作「老人之家」的中和祠。只要觀察一下樑柱所使用的木材之粗細，就不難想像當初在建蓋時，耗費了多少資金。

總計十一戶家庭，共三十四人的房屋

居住於同一間屋子內的家庭戶，基本上都是房子建蓋者的後代子孫。村民建蓋房子的目的並非只是為了要讓自己的家人居住，更是為了讓往後數代的子孫都能夠有個棲身之地。而也因為提供了後世子孫棲身住所，因此建蓋房屋者會被視為是值得敬重的「太公」。這些房屋會以中庭為中心，設置許多稱為「房」的居室，然後每個兒子都會分配到數間房，到了孫子輩的時候，又會各自從其父親所擁有的房進行繼承分配。如此一代一代往下傳，家庭戶數也不斷增加，到最後會變成一間居室住著一個家庭的情況。

兒孫們與其家人所居住的房間，自古以來便稱為房。「房」是由代表房屋入口的「戶」，以及代表旁邊位置的「方」，兩個字所組成，也就是把「房」這個字分解後，就自然能夠明白為何要作如此稱呼了。

雖然說大家同居一個屋簷之下，但並不代表子孫們就會一同營生。每個家庭都會各自擁有一個

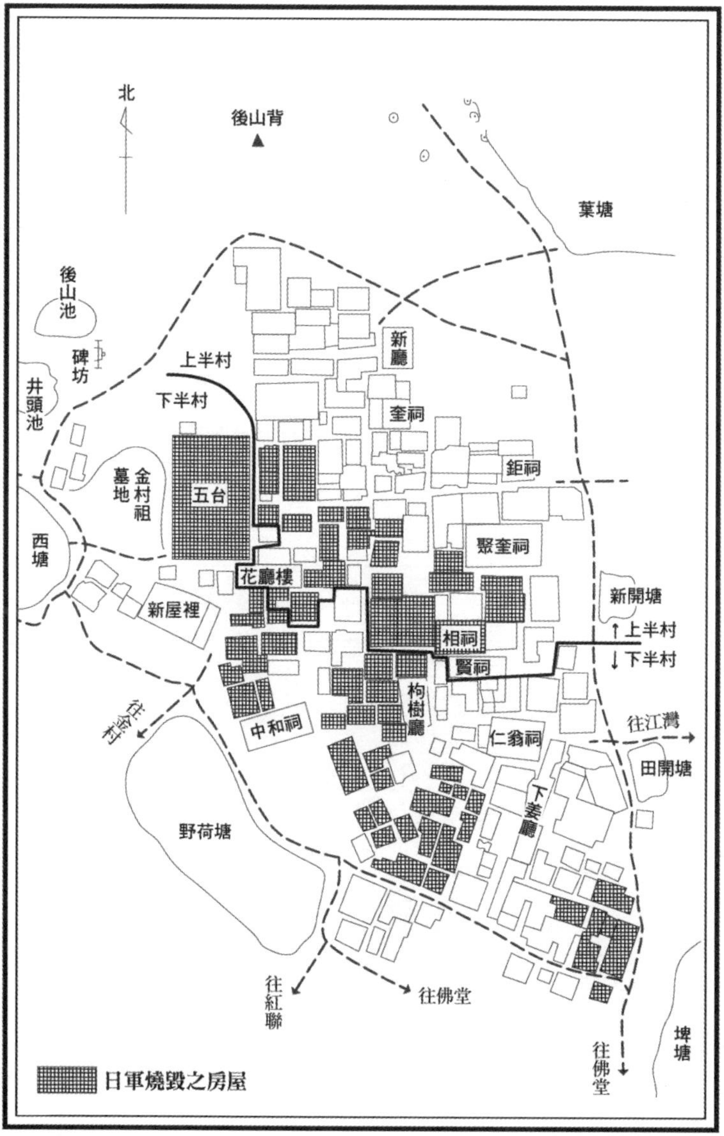

崇山村的地圖

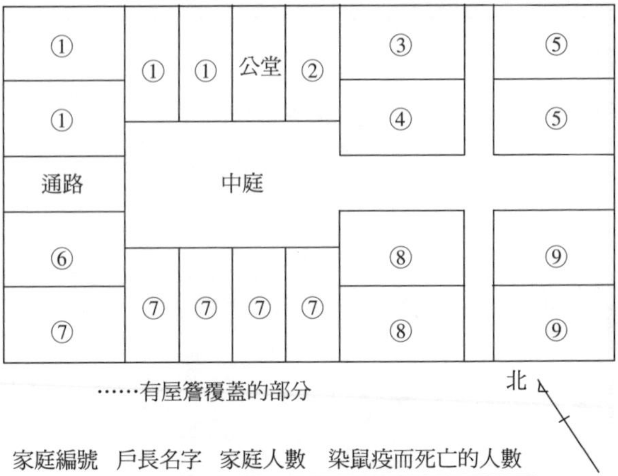

家庭編號	戶長名字	家庭人數	染鼠疫而死亡的人數
①	王滿芝	7	2
②	王善行	2	
③	王友芝	?	
④	王景松	5	1
⑤	王增祿	?	
⑥	王善延	3	
⑦	王文權	3	2
⑧	王彩芝	4	
⑨	王繼渭	?	

新屋裡的居住狀況

竈，接近用餐時間的時候，家家戶戶同時開伙，因此處處可見炒菜的油煙從煙囪中不斷冒出的景象。雖然小孩子間完全沒有世代間的隔閡感，堂和表兄弟姊妹常常都會在一起玩耍，但由於生活空間的狹窄，為數眾多的成員被迫擠在同一個區域，因此家庭間常會因為一些瑣事，發生齟齬不合。

接下來，我們來看一間蓋在靠近村莊西邊外圍的新屋裡的樣貌（見上頁）。

這間新房屋是「載」字輩的祖先所建造的房子。由於缺乏族譜等資料的佐證，因此無法明確地確定建蓋完成的時間點。不過根據推測，應該是建於一百五十年前左右，也就是清末時期。這位先祖原本是住在位於新屋裡北側、一個叫作「五台」的家屋中。但是由於感到五台的家屋已經過於擁擠，因此這名先祖，便決定要興建新的家屋，然後將這個新資產留於後世子孫。在這間新建成的新屋裡，總共設有二十間房，之後又分別傳給了三個兒子。

建蓋這個新屋的人物，居住於面向中庭的正中央房間，而位於旁邊北側中央的房間，則用來當作「公堂」，安放祖先的牌位進行奉祀。至於兒子們，則各自與其妻小居住於其他房間。

將這名建蓋新屋的人物當作共同祖先奉祀的人，都會在這間家屋中長大，並且形成了一個共同家族集團。換句話說，從這名先祖的兒子輩算起，後世的子子孫孫們，便分別附屬於這個共同家族集團，成為了子集團。而這些子集團，也是前面所談到的「房」。

興建新屋者的三個兒子，從長男開始算起，分別稱為一房、二房、三房。只不過，由於長男的子孫後來斷了後，因此在爆發鼠疫的時候，居住於新屋裡的只有二房以及三房的人。戶數共有十一戶，老小合計共三十四人，算是一個「超收・客滿」的狀態。

上表是鼠疫爆發前夕新屋裡的居住狀況，位於正中央位置的公堂裡，祭祀著興建新屋的「模」字輩祖先。

戰禍發生之前，整個少女時期都在新屋裡度過的王景雲女士表示，每年一到過年的時候，住在新屋裡的人都會在這個祠堂舉著與自己直接相關的祖先畫像。王景雲女士還說，在新年尚未正式到來，也就是太陽尚未升起前，父親會帶著他去和祖先們拜年。因為母親並非王姓人家的子孫，因此在這個時候會留在家裡。首先她們會去花廳樓，祭拜創立村莊的王成七十二。接著會去中和祠，然後是仁翁祠，總共要去五、六個祠堂，祭拜與王景雲家族有相關的祖先，最後回到新屋裡的公堂，給賜予目前居住空間的祖先上香。

在放置祖先畫像的桌子前，會擺著像是糕餅、水果、粽子、饅頭、麻糬等物。由於人們認為祖先在死後的世界是能夠開伙的，因此沒有擺放煮好的肉或其他料理，不過即便如此，整桌仍是非常豐盛。每次拜拜的時候，都會很期待可以吃到饅頭夾滷肉。過年的時候穿著新衣，與同住新屋裡的小孩子們玩著跳繩，或是踢著綁上雞毛的銅錢，比賽誰踢的比較久。王景雲女士瞇著眼睛，訴說著關於自己少女時期的回憶。

村子裡的孩子們，在過年或是冬至等時節，都會被帶去參拜給予了自己棲身之處的太公，孩子們在這些愉快的過程中，便不知不覺地將自己與太公之間的關係銘記在心。因此探訪公堂和祠堂進行參拜巡禮，同時也像是一種追溯自己出身來歷的歷史之旅。透過這樣的巡禮參拜，時間便有了深度，而場所與人們間的連繫，更因此變得強烈。

探訪公堂與祠堂，找尋自己的出身

這些像是跑行程般的參拜巡禮，絕大多數都是在自己所居住的村莊中就可以完成的固定行程。不過如此一來，便只能追溯到最先遷移到村莊的祖先＝史遷祖的過去。不過，只要時間及經濟上有餘裕的話，人們就會去追尋更久遠的過去，探訪遠祖的發祥之地。這便是所謂的「尋根問祖」之旅。雖然說遠祖並不一定與自己輩分的起源有所關聯，且與自己的關係也常常會有模稜兩可之處，不過這並不會影響人們去將歷史上與自己同姓的名人當作自己的祖先。

崇山村的王姓家族，將在五代時期擔任節度使的王彥超當作自己的遠祖。這名叫作王彥超的人物，出身於大名臨清（現在的河北省臨清），在五代及宋朝時期是一位廣為人知的名將，甚至還被記載於在正史《宋史》中，且有專屬的傳記。相傳建立宋朝的趙匡胤，在早期還是一個浪跡江湖的遊民的時候，曾經跑去投靠過當時擔任復州（現在的湖北省）防禦使的王彥超，不過王彥超卻只用一〇貫銅錢就打發趙匡胤，並未採用他。對於此事，趙匡胤一直耿耿於懷，懷恨在心。後來趙匡胤當上皇帝之後，在宴席上質問王彥超：「王卿家當日不收留我，為何？」，王彥超馬上避席跪倒，說：「當日臣不過一防禦使耳，一勺淺水豈能容納神龍耶！假使當日陛下留滯於小郡，安有今日哉！」，表示當時的情事乃上天之意。趙匡胤聽了王彥超的急智回答後，哈哈大笑，便不再計較前嫌。後來，王彥超在晚年的時候，移居到了浙江。

義烏的王氏人家，將這段逸事中的主角王彥超認作自己的祖先，於一九九〇年的時候，在塔山鄉石壁的將軍殿中建造了一個他的塑像，並且雕刻碑文留念。透過這些行為，王氏家族的人們便將自己的來歷與王朝的歷史拉有了連結。

追溯祖先的歷史巡禮，其實還不只是這樣而已。王姓在漢人社會中，乃第二大姓。在中國國內共有九千六百三十三萬人姓王，占總人口數的百分之七點四，在國外，也有許多姓王的人散居世界各地。而這些姓王的人認為自己的起源地，乃是在太原（山西省太原市）與瑯琊（山東省諸城縣周邊）。太原王氏的祖先，可以追溯到東周時期。東周靈王的太子晉，因為直言進諫而被貶為庶人，不過，由於其過去王室的出身，世人便仍稱之為王，之後便演變成了姓氏。至於瑯琊的話，則是以王羲之（東晉書法家）的家鄉聞名於世。像是太原與瑯琊這種地名，就是所謂的「郡望」。

探訪祖先根源的觀光導覽

我從就讀研究所時，開始把族譜拿來當作史料進行研讀，曾得到一本名叫《京兆歸氏世譜》的族譜。我翻了一下放在閱覽室裡的漢和辭典，查詢「京兆」一詞，發現那是位於現在西安、設置於魏晉南北朝時候的郡名。當時我就想說這一定是住在陝西省西安的歸姓人家所編纂的族譜。不過，當我看過實際的內容過後才發現，這家族原來是居於江蘇省的常熟！

為此，我便重新調查了一下，後來發現這些記載同宗同族的歷史、按照世輩順序將祖先一位一位記錄下來的族譜所使用的標題，有很多都會冠上與該家族居住的區域完全不相干的土地名稱，這便是「郡望」。總之，這本歸氏世譜所使用的「京兆」便是所謂的郡望。

為了解釋郡望一詞，必須要稍微複習一下歷史。首先希望讀者翻讀本系列第五卷《中華的崩潰與擴大》。在西元三世紀到六世紀的魏晉南北朝時期，中國的貴族社會可說是極為多彩繽紛。而支撐這個貴族社會的，則是曹魏於西元二二〇年開始實施的官吏任用制度——九品官人法。

這套制度將官員按照等級高低排列，從最高級的一品官一直排到九品官。另外，在每個地方行政區（郡），都會設置中正官。郡向政府薦舉作為官員的人才，都會經過中正官的評鑑分為一品到九品，然後該員的官位便會依此決定。對於人才的評鑑稱為「鄉品」。到了西晉時期，演變成了在郡上面的州另外設置大中正一職，進行人才評鑑。如此一來，掌握每個人的人品性格便變得困難，因此鄉品的評鑑基準，就逐漸從「重視人物」轉變成「重視家世」。這個制度也助長了政府官職多由地方大族獨占的風氣，導致派閥貴族之新社會階層的產生。隨著時代的變遷，郡的名稱與當地名門氏族的姓逐漸被結合在了一起，這便是郡望，意思就是家族起源的知名先祖居住地的名稱。

當然，同姓的宗族分散居住於各地是極為常見的情況。如此一來，就會變成一個姓氏同時擁有許多不同郡望的情形。不過，郡望彼此之間還是會存有一些尊卑高低之別。例如趙姓，共計有天水（現在的甘肅省天水市）、南陽（河南省南陽市）、金城（甘肅省蘭州市）、下邳（江蘇省徐州市之東）等四個郡望。但其中卻以天水的趙氏為最尊，被視為趙氏最優秀的郡望。或許這幾個郡望對於《三國演義》的書迷而言，都不是陌生的地名。這些廣為人知的郡望都是魏晉南北朝時期所留下來的地名，因此應該不難理解。

至於其他姓氏的最優秀郡望，還有李姓的隴西（甘肅省隴西市），陳姓的穎川（河南省許昌市）等。有不少的姓氏都以京兆這個在漢、隋、唐等長時間被當作帝國首都的地方來作為郡望。除了先前已經提到過的歸氏以外，還有韋、史、康、宋、宗、段、浦、皇甫等姓氏家族，都是以京兆作為自己的郡望。

太原對於王氏而言，乃該家族最優秀的郡望。近年來，中國開始興起了一股旅遊熱潮。旅客開始變得會安排一些主題觀光行程，許多主打「自助旅遊」的觀光導覽書，也如同雨後春筍般紛紛出版上市。其中有一本書名為《中國姓氏尋根遊》的書，就是一本介紹主要姓氏的祖先起源地的旅遊手冊。根據這本書的介紹，王姓的發源地為太原，抵達太原之後，首先要去東周太子晉的故居參訪，然後再到王氏的祖祠參觀。祖祠建築物的名稱為晉祠，原本是明朝重臣王瓊修建給子孫讀書用的書院。後來也被用為祭祀王氏祖先的場所，並且在大殿中央設置了太子晉的塑像。自一九九三年起，每隔一年的九月於此舉辦宗親懇親會，僑居世界各地的王姓華人都會群聚於此。至二〇〇五年為止，已經舉辦過了七次。

為了尋回祖先

我開始接觸中國，應該要追溯自一九八三年九月起的那兩年在南京大學留學的期間。在那個年代，大多數的研究所學生都會選擇北京大學或上海復旦大學作為留學的學校，我選擇到南京留學的理由，表面上是說方便於接受認識的老師的研究指導，但事實上是另有原因的。

學生對於南京大屠殺的反應

我在前一年的時候，碰巧有機會到北京、南京、上海等地進行參觀，當時因為時間的關係，當我抵達南京大學的時候已經是夜晚了。南京大學的留學生宿舍，是一棟建蓋於前身金陵大學時期的建築物。當我站在、被暗灰色磚瓦的留學生宿舍所包圍住的中庭裡，感受從窗戶洩出的橙色光線，心想若能在這棟歷史味十足的建築物裡，坐在光線微弱的桌案前的話……我不經沉醉於幻想之中，難以自己。

返回日本後，我馬上著手辦理留學手續，也同時告知認識的人自己即將要前往南京留學的消息。朋友們聽到我的計畫的時候，大多數的反應都是擔心我去南京的時候不會被丟石頭嗎？因為在我預計要去留學的前一年，也就是在一九八二年，韓國以及中國，甚至於到後來整個亞洲地區的華人社會都爆發了反日運動，而且還愈演愈烈。這一年，便是爆發所謂教科書問題的時間點。

教科書問題的起因，是日本文部省[8]在審查歷史教科書的時候，要求要將日本的戰爭責任模糊化。最具代表性的就是在業界習慣稱之為「白表紙本」，也就是審查前的教科書草稿中，原本使用的「侵略」一詞，由文部省指導編寫者將其改為「進出」一詞，當時在媒體上，這個話題可說是被吵得沸沸揚揚。此外，關於南京大屠殺的記述，文部省也針對被害者人數提供了嚴格的審查意見。因此我的友人擔心我若去南京留學，根本就是自己跳進這個問題漩渦。

我抵達南京的時候，中國政府確實在南京市博物館中舉辦南京大屠殺的相關照片海報展，之後政府為了要讓民眾記得這個被害經驗，更是決定要建蓋南京大屠殺紀念館，這座紀念館後來也在我的留學期間中順利興建完工。不過，在我留學南京的那兩年，我從來沒有遇過被中國人當面質問關於南京大屠殺。

雖然南京大學過去曾是中國的五所重點大學之一，不過一九九四年時卻掉出了這個頂尖大學排名。大學生們因此開始有了強烈的危機感，會對學校當局施加壓力，而學校當局對面對學生所施加的壓力，採取的是以強硬態度來處理，在這樣的情勢下，一九九四年五月的南京大學，只發生過一些鮮為人知的學生運動。

學生在平常只寫著行事曆的黑板上，寫上了學生運動的行動綱領，有一位日本人留學生看到這塊黑板，便拿起相機拍了照。但這個行為卻讓他被情緒高漲的中國學生圍住並責難，此時，突然有人喊說「我的祖父就是在南京大屠殺的時候被日本兵殺死的」。這句話像便是引信般，觸發了許多人繼續喊說自己的祖父母或是叔伯等，也是在戰爭中為日軍所殺，情勢可說是一觸即發。不過當時的中國學生頗為成熟，並沒有讓事態擴大演變成批鬥日本人的運動，只讓這緊張的場面在當下就直接結束。

從這段經驗中我所感受到的是，留學生在中國普遍會被視為客人以禮相待，因此在日常生活裡個人是不會被追究戰爭責任的。雖然和人講話的時候常常會談到戰爭的話題，不過大多只會以「亞洲全體人民都是一樣的，日本民眾也是軍國主義下的受害者」，也就是以中國政府的官方見解作結。但我強烈地感受到，他們內心真實的聲音絕非是要遺忘過往的被害經驗。

不因時間流逝而消失的歷史對立問題

在二〇〇三年的西安，因為一件只有日本人留學生才明白的行為，引發了大規模的反日學生運動。那個時候，我碰巧有一位學生正在西安留學，因此很擔心萬一有個什麼意外的話要怎麼辦。經過了這二十幾年的歲月後，我覺得中國大學生的本質已改變了。我留學時代的中國大學生，與現今的大學生的不同之處是；一九八〇年代的大學生都是所謂的菁英。雖然說目前中國的大學升學率跟日本相比，仍不能算高。不過由於入學資格已經不再限定於都市居民，因此中國的大學正朝向愈來愈大眾化的趨勢發展。我想這絕對是其中一項背景因素。而另外一個不同處，則是世代差異。

二十年前的學生們，都是聽聞身邊的人以第一人稱的立場，訴說「自己」在戰爭中的具體受害狀況。也就是說，他們聽到的都是祖父母世代的人親自訴說如何被日本人所傷、親人是如何被殺等，都是說話者親身經歷過的事情。相較於此，目前這個世代的學生所接觸到的，大多不是說話者以第一人稱說出來的直接經驗，而是透過學校教育或是電視連續劇、電影等媒介得來的、間接體驗了解戰爭的歷史。

關於戰爭的經驗，日本人很容易誤解一件事情，以為若是透過間接經驗得知的話，那麼人們的受害者意識自然會被淡化。但事實上並非如此，反而還會因為這些間接的途徑，造成想像的無限上綱，換句話說，如果是親身經歷過的話，是不會超過體驗範圍過度膨脹，但如果是透過故事形式來傳遞的話，就不一樣了。日本企圖將戰爭責任的問題往後拖延，期待時間久了，等到直接經歷過戰爭的人都死去之後，這些歷史上的對立也就會隨之獲得解決，這個天真的期待可說是非常危險的一件事情。因為隨著時間的流逝，事態只會愈變愈嚴重。

關於中國，日本人在認知上所犯的另外一個大錯誤就是誤以為中國政府與民眾在追究日本的戰爭責任方面是一體的。我們常常會看到社會主義國家的民眾是沒有主體性的言論主張。不過，中國政府與中國民眾（所謂的老百姓）之間，事實上是存有鴻溝的。

二〇〇四年四月，我在中國待了一年，這是我留學結束後首次在中國的長時間生活。而這一年也是中日關係風起雲湧，在政治上互相強烈不信任對方的一年。我透過了網際網路觀察日本方面的相關報導，發現在日本似乎只要一遇到了什麼事情，就會將其描述為中國的威脅。事實上，若是觀察中國媒體的報導態度，會很明顯地發現中國政府為了不讓老百姓的反日情緒表面化，會進行相關控管動作。

亞洲盃足球賽的決賽，日本隊有一球進球其實是先手球犯規後才破網而入的，但裁判卻沒注意到，而因為這一球的誤判，讓日本隊追平了比數，最後甚至還拿下了賽事冠軍。我在透過中國中央電視台（CCTV）收看球賽轉播的時候心想，這下不妙了。中國隊確定輸球，轉播鏡頭拉回攝影棚內，可以看到主播與球評雖然臉部抽搐，不過卻沒有說出任何一句責罵日本隊的發言。球評還向電視機前的觀眾喊話，說：「像這樣因為誤判而分出勝負的情況，在足球比賽中是常常可以看到的」，這件事情讓我印象非常深刻。身為公家單位的中央電視台，希望能藉此冷靜民眾的情緒。

中國政府所面臨的兩難局面

二〇〇五年三月十四日，溫家寶在第十屆全國人民代表大會第三次會議結束後所召開的記者會上明白表示，中日發展的主要障礙來自於政治面，而根本問題在於日本是否能夠正確處理歷史問題。中國政府再次強調了中日關係的改善之所以會產生問題，都是來自於日本處理歷史問題的立場態度。這段談話在日本也被報導了。不過，中國政府的這一段發言，雖然看起來是說給日本聽，但事實上也有部分動機是想要說給中國老百姓聽的。因為中國政府時常得面對民眾要求處理日本歷史問題的壓力，若是漠視了老百姓的這項訴求，可能動搖目前的政權。

在日本，一般民眾對於周恩來持正面評價。主要是因為他在中國文化大革命時期庇護了許多知識分子，避免許多文化資財遭受破壞，與毀譽參半的毛澤東不同。不過，在我二十年前留學中國的時候，卻有許多人跟我提過周恩來曾經犯了一個大錯誤。這個大錯誤就是在一九七二年，中日建交之際，周恩來表示中國願意放棄日本的戰爭賠償一事。而就是這件事情，讓統治中國的共產黨政權在面對國內老百姓的時候，陷入了極為兩難的局面。

從頭到尾全程貫徹執行抗日戰爭的，只有共產黨而已。蔣介石所領導的國民黨當時認為相較於中日戰爭，應該先根除國內的反對勢力。相對於國民黨的行為，共產黨則是長征華北，持續貫徹與日本作戰的立場，而這也正是目前共產黨政權正當性的歷史根據所在。因此，共產黨政權經常向人民提到過去對日抗戰的歷史，且為了要凸顯出共產黨軍隊的英勇，勢必也得描述日軍的殘暴。不過在另一方面，對於實際受到戰爭傷害的老百姓來說，自己向日本索求賠償的機會卻在中日建交的過程中，硬生生地被政府奪走了。因此若是過度強調日方的殘暴面，老百姓的批判矛頭，很有可能轉向當今政權。這個中國政府所面對的兩難局面，我想是日本人必須要思考的一點。

我居留中國的期間，中央電視台正好上映一部名為《記憶的證明》的連續劇，日本也曾有相關報導。報導指出在這部連續劇的拍攝製作過程中，中國的政府機關會一直不斷針對影片內容的細節進行檢閱，而這通常被解讀為是中國政府在煽動民眾反日情緒的動作。然而，這只不過是一個沒有比對與原始影片有何差別的情況下所作出的臆測罷了。因為事實上，我認為情況或許還是相反的；也就是說中國政府恐怕是刪修掉一些，過度強調日本人殘暴性的畫面才是。

在日本擁有高知名度的中國演員姜文，其所執導的電影《鬼子來了》，由於沒有取得中國政府的許可，就擅自參加國際影展播放，因此中國政府禁止該片於國內上映，甚至還因此強制暫停姜文的所有導演活動。不過在中國，還是可以很容易地取得該部電影日文版的盜版ＤＶＤ。為什麼中國政府會如此嚴格處理這部電影呢？實際去觀賞這部電影的話，會發現這部電影多是採用形式美學的電影手法描述日軍的集體殘暴行為，我認為關鍵就在出在這個地方。這群日本人演員在詮釋一些諷刺的橋段時，因為導演的嚴格要求，帶給我們觀眾的是一種會令人起雞皮疙瘩的臨場感與真實感，這與過去在中國電影中常見到的日本兵，是一種完全不同的形象。

一般傳統的日本兵形象，就是士官要留上一撮小鬍子、總是莫名其妙地在虛張聲勢、要笑不笑的開槍、張嘴閉嘴都是混蛋王八蛋（bakayaro）、吃飯的時候會喊「meshi、meshi（メシ、メシ）」（中國人的中文發音中沒有「me（メ）」的發音，所以中國人常會記成「mishi、mishi（ミシ、ミシ）」，也因此會誤以為日本人在吃飯的時候，一定會喊「mishi、mishi」）、軍隊面對群眾的時候總是面無表情地在移動。像上述般定型化的日軍形象，已經有點像是與觀眾之間的默契一樣，總是屢屢被搬上大銀幕。由姜文主演，囊括多項國際電影獎項、由張藝謀執導的《紅高粱》中所出現的日本兵，也不脫上述的既定形象。

像是這樣的電影，由中國政府的角度來看的話，其實是較安全的。因為不按照既定形象演出的作品，更有可能會喚起戰爭受害者鮮明的關注與興趣。就像是沒有人會相信美國真的有超人一樣，這些被定型戲劇化的日本兵，與現實生活中的日本人也是一種切離的狀態，換句話說，電影中的日本兵所扮演的就只是抗日戰爭中全國國民的敵人角色罷了。但若是作品中沒有使用被定型化的形象來表現日本兵的話，可能會讓觀眾開始思考，或許日本人之中，真的會有像是這樣的人存在也不一定。因此，中國政府才如此嚴格地審查相關電影的內容。

陸續出現來自民間的戰爭賠償要求

「雖然日本沒有支付戰爭賠償金，不過不是也提供了許多高額的經濟援助了嗎？」這是我們常會見到的論點；如果是從老百姓的觀點來看，這些經濟援助幾乎是沒有意義的。因為戰爭賠償這件事情的重點並非在於金額的問題上，而是若能獲得賠償的話，就代表日本對於每一位戰爭受害者，承認自己就是加害者的意思。

受害者心理復建的必要性，是近年在日本受到重視的一個議題。那些沒有任何原因，就在路上遭受無差別隨機攻擊的受害者，心裡會一直有著為什麼是我遇到這種事情的念頭？也就是所謂心靈創傷（trauma）。治療這種心靈創傷的最有效辦法，就是加害者向被害者承認自己所犯下的傷害行為。中國老百姓所面臨的問題，便與此案例相似。

《日蘇共同宣言》、《日韓請求權協定》等文書中關於請求權的條款，寫的都是「國家以及國民」放棄請求之權利。相較於此，《中日聯合聲明》中並沒有出現「放棄國民請求權」的字句。在這樣的背景之下，中國民間開始出現向日本政府索求戰爭受害賠償的舉動。

特別是在北京擔任大學國際法課程講師的童增先生，在一九九一年的時候寫了〈關於向日本國索取受害賠償的議案〉一文，提交給全國人民代表大會。內文中指出國家與民間的賠償問題應該被分開討論，就算國家放棄了請求賠償的權利，民間仍擁有請求賠償的權利。因為這篇文章的出現，開始加速了中國各地向日本提出請求民間賠償的動作。

在本章先前所提到過的崇山村中，由於七三一部隊開發鼠疫細菌武器的關係，一九四二年時，全村一千兩百位村民之中，共有四百多名因此死亡。關於七三一部隊的事情，雖然在小說家森村誠一的作品《悪魔の飽食》發表過後，大家都已知道日本過去曾在中國東北部的哈爾濱郊區設置過研究設施，反覆進行過人體實驗。不過這些被開發出來的細菌武器曾實際被使用過一事，卻不太為人所知。從一九九〇年開始，這些以崇山村受害居民為主的細菌戰爭受害者們，便開始展開行動，努力地尋求訴訟的管道。

從報復到「民族的尊嚴」

我在偶然的機會下，來到了這個位於浙江省盆地的崇山村進行區域社會史的田野調查。不僅只是蒐集個別被害者所說的話，我也接受了辯護律師團的請託，在當地進行區域社會全體的受害詳情調查作業。其中，我訪問了一位最先打算想要提出民事訴訟的人士：

當年許多村民因為得到鼠疫而死亡的情景，至今仍歷歷在目。因為我的父親在我們家鄉擔任小學校長，因此對於鼠疫多少有些基本認識。在村莊開始爆發鼠疫之際，我父親便在家門四周灑上了石灰，防止老鼠跑進家裡面，同時，也禁止小孩子外出，並且命令我們如果在家中看到老鼠的話，一定要馬上把牠打死。

多虧了父親的指示，家族之中並沒有人感染到鼠疫。不過，我們家還是被日本人燒毀了，我們失去了所有的家具和家財，被迫搬離村莊。因為家產全被燒毀，所以我們家一夕之間變成了貧戶，過著不得不跟地主借地耕種來維持生計的生活。這樣的窮困生活一直持續著，甚至連冬天下雪的寒冷日子，都沒有鞋子可以穿。

一九五〇年朝鮮戰爭爆發，中國派遣了義勇軍前往朝鮮半島進行所謂的「抗美援朝」，馬上參戰。當時的日本，是加入美國陣營的。由於許多人都是因為日軍導致家產被燒個精光而被迫離家背景，因此想要對日本進行報復的情緒是很強烈的，許多人都懷抱著「就算是整個軍隊只有我一個人，我也要去打日本的動機」加入了義勇軍。這些人之後從軍人的崗位退下，轉換跑道從事教育性質的工作，成為所謂的指導者。

「找日本人報仇」的想法，在一九七二年中日建交的契機下，開始產生了變化。大家開始想說如果日本願意承認在戰爭期間，曾經對自己的村莊使用過細菌武器的話，那些死者的靈魂或許就能夠得到安息。對於中國而言，或者是對於整個世界而言，日本與中國是真的需要發展友好關係的。不過，如果戰爭責任的問題沒能解決的話，那是不可能建構起真正的友好關係。

我在一九八九年退休的時候，下定決心要投身這個議題。在路上和路人一個一個說明情況，請求聯署簽名，當然所需經費都必須要自掏腰包。在這樣的義工活動的進行過程中，我發現中國人本身是不知道細菌戰這件史實的，我覺得很痛心；難道真的只有崇山村曾經遭受過日軍的細菌戰攻擊嗎？因此，就算是一個人也好，為了能夠讓更多的人能夠參與這個活動，我提出了「為了民族的尊嚴」的口號目標，希望能夠在全國成功募集到一萬人的聯署。

在這些訪談的內容中，我們可以看到的是，這位人士在退休後回首自己的人生，因為鼠疫的蔓延導致自己與父祖村莊的關係被迫斷絕，而為了要尋回這層關係，便促使他開始進行這項以訴訟為主要訴求的活動。然後他必須認知到的是，相較於日本的地理情況，他的親戚分布於中國各地的範圍是更廣的，他得奔走於這些擁有共通祖先的人們之間，讓他們對於自己的疼痛能夠感同身受。

一九四三年，日軍為了預防鼠疫病情蔓延到自己的軍隊裡面，因此燒毀了村莊內許多的房屋與祠堂。結果造成村民們沒有了巡禮過去、祭祀祖先的場所，失去了凝聚村莊的共同象徵。多數的年輕人就像火熄滅後般地失去了朝氣，開始討厭村莊的事情，因此只要找到了機會，就會離開村莊，到外地發展。與崇山村同樣是位於義烏的其他村莊，因為小商品的生產事業，每個地方都顯得生氣勃勃，但為什麼只有崇山村充滿著死氣沉沉的氣氛，我想上述歷史背景便是原因。接受我訪問的那位推動細菌戰爭索償訴訟運動的人士，便是這些年輕人中的其中一員。

為了讓祖先回到自己的身邊，是推動這項訴訟活動的核心動機。此外，為了要能夠回歸祖先的立身之地，訴訟活動是有其必要性的。在這樣的發展契機下，這個行為已經超越了對日本的怨恨的次元，換句話說，已經昇華成為一種尋回人性尊嚴的理念。

歷史與意識型態

當別人知道我是在研究中國的時候，常常會被問到的一個問題就是，為什麼漢人的人數有這麼多呢？目前中國的人口之中，有百分之九十四的人是漢族，其人口總數超過了十二億之多。不過，其彼此之間的語言並非完全互通，而是非常多元的。此外，根據最近的DNA調查，就遺傳學的角度來看，漢族的基因也非常多樣化。將如此的多元性統括成單一民族，所憑藉的最大根據，便是本章之前所談到的親屬原理，也就是說追溯父親的祖先、最後若有歸結到共通的男性祖先的話，則彼此便被視為同族之人的宗族理念。

成為漢族的程序

出生在古代中原地區的漢族祖先，積極地遷往周邊地區定居，然後與當地的女性通婚，繁衍後代。這些孩子當然也會被視為母方家族的其中一員，不過中國的王朝體制設計出了各式各樣的制度，新出生的小孩若是加入父親方的家族是較為有利的。

另外，國家也積極地獎勵人民學習中國的文化，那些有違輩分原理的行為，都會是被視為一種野蠻。透過這樣的動作，使其擁有身為漢族應有自覺，漸漸地，這些後代也就成為了貨真價實的漢族成員。伴隨著王朝支配地區的範圍逐漸擴大，各地方也都變成改由中央政府派遣而至的官員進行統治，如此一來，許多不屬於漢族的母親，也採用漢族的方式教育自己的孩子。這些便是漢族之所以會增加的最大原由。但為了不要讓這樣的體制運作過度，現在的中華人民共和國，將民族的分類改為依據母親為準，這是為了要讓多民族國家的形態得以確保下來。不過對於這個統治體系無法觸及到的海外地區的漢族，情況便多少有些不同。

華人的意識型態

我的田野調查範圍主要都是在中國，但有一次，我參加了由東南亞史研究者櫻井由躬雄所組織的調查隊伍，前往位於泰國佛統府的一個農村進行田野調查。這個村落的名稱為邦・帕利（Bang Phli）。有品嚐過泰式料理的人，應該都對於一種叫作Nam Pla（與日本秋田縣的「shotsuru」相似的魚醬）、以魚作為原料的醬油不會陌生才對。Phli（Pla），就是「魚」的意思。因此，這個叫作邦・帕利的村落，直譯其村名的話，便是「魚村」的意思，由此可見這個村莊是很接近水的。這個占據湄南河三角洲（Chao Phraya delta）其中一隅的區域，在我進行調查的時候，雖然該地的主要產物是銷往日本的蘆筍，不過據說在過去，也曾生產過出口用的稻米，因此水田耕作的風氣盛行。另外，這個地方也透過水運與世界產生了連結。

在我的訪談作業中，我曾經詢問過一位已經退休的老村長關於他祖先的相關故事，老村長告訴我說：

> 我的父親與祖父，當初是從中國遠渡而來的。在中國原本是姓Tan，到了泰國之後，便改成我現在使用的姓氏了。至於當初是從中國的哪個地方來的，我已經不記得了。當初之所以會來到這裡，是要向比他更早之前就已經定居此處的老同鄉批發大量白米的關係。當然，這些米都是要出口賣到中國去的。

在這樣來回往返了好幾次之後，他熟識了當地女性，因此在這個村莊裡曾經娶過兩個老婆。第一個老婆，有一次一個人在看家的時候，突然有強盜闖進家中，強盜用臼砸了她的頭，逼問她錢藏在哪裡，然後小孩子也被丟入了運河裡。因為這個事件，我父親的姊姊便回中國了……到了現在，我們已經完全沒有在和中國那邊的親戚往來了。

這位老村長過著與其他泰國人一模一樣的生活。

泰國的稻穀搬運作業　作者攝於佛統府的邦・帕利村。

提到居住在東南亞的華僑、華人的話，似乎大多會給人一種印象，就是重視自己與中國間的關係，也很自豪自己與中國文化的連結。的確，在泰國的街上，可以看到許多由華人懸掛的商店招牌，信仰中國傳統的神祇，也會動員同鄉的網絡來舉行中國節慶或是祭祀活動。因為這些現象，所以常常有論調認為，中國人有著強而穩固的身分認同意識，但這其實只不過是其中一面罷了。

漢族在十八世紀以後，積極地渡海外出。其中許多時候都是男性單身遠渡的情況。由於擔心遠渡重洋者會就此定居海外，因此在政策方面，基本上是禁止女性出外的。如此一來，也造成了這些遠渡重洋的漢族男性，許多都會在海外與當地的女性結婚。邦・帕利村莊的這位老村長也就是在這樣的情況下，將當年沿著稻米進出口貿易路線從中國前往泰國的男性，認作自己的祖先。若是按照這個系譜看來的話，這位老村長也可說是華人，不過他自己本身並沒有身為中國人的身分認同。

泰國的親族關係是雙向性質的。也就是說，孩子出生之後，要歸屬於父方或是母方的族譜，並沒有一定的習慣規定，而是按照每個家庭實際情況的不同自行安排。老村長的父親，雖然也曾經有機會像他姊姊一樣選擇當一個中國人，不過因為許多緣由，因此最後成為泰國人，並且也認同了自己的身分。像是這樣，前往海外然後被當地社會同化的漢族，其後代子孫的人數是不少的。

至於沒有選擇要與當地社會進行同化的人，就會維持其原本的華人身分一直生活下去。如此一來，針對華人社群進行調查，然後發現他們與中國有著強烈的羈絆，我總認為這是一種本末倒置的行為。應該是要這樣說；這些人在日常生活中，就一直有著自覺、意識著自己的身分起源，如此一來，他們才是，也才能夠是華人。

政治表演性質的祖先巡禮

已經去世的菲律賓總統柯拉蓉・艾奎諾，在一九八八年到中國進行訪問。她在出發前往北京之前，先造訪了福建省鴻建村，因為那個地方是他父親祖先的故鄉。因丈夫遭到暗殺而從政當選菲國總統的柯拉蓉・艾奎諾，出身於菲律賓少數的華人世家。依照她父親的族譜，她是鴻建村許氏第二十二世輩的人，曾祖父許玉寰在十九世紀後半時，離開了這個村莊遠渡重洋抵達菲律賓。

當然，柯拉蓉・艾奎諾毫無疑問地是菲律賓人。不過，她在前往北京會見中國政要之前，先前往祖先故鄉進行尋根之旅的這個行為，代表著她與中國人有著共同的文化，也成功地讓中國人留下了深刻的印象。因此這應該也可以理解成一項政治表演性質的行為。

在臺灣獨立問題受到世界各國矚目的同時，二〇〇五年時，主張反對臺獨的一些臺灣在野黨的重要人士，陸陸續續前往中國進行訪問。這個時候，他們一定會前往與自己祖先有關的土地進行一趟尋根之旅。甚至有人還會再到漢族共通的祖先的墓居，也就是西安黃帝陵進行參訪。像是這樣的尋根之旅所透露出來的訊息是，臺灣人只要回溯父親族譜的話，仍是會回歸中國大地。不管是對於臺灣人也好，或是對於中國人也好，終極的祖先都是炎帝（教導漢族農業的神農氏）與黃帝（將文化傳授給漢族的軒轅氏）。臺灣這些在野黨重要人士的尋根之旅，也可算是一種具有政治表演性質的行為。

「要如何決定自己的身分認同？」對於幾乎不曾碰觸過這個難題的日本人而言，便常會誤解這些華人群族所發送出來的訊息。這個族群的華人，只要依歸母親的系譜，便能夠將自己與目前身處的社會作連結，不過，若想要強調自己身為漢族身分的時候，只要明示出父方的系譜即可。

民族身分意識並非由出生長大的地方來決定，當然也不會以自己使用的語言來決定。努力化身成自己想要成為的民族的過程，便是民族認同的核心所在，只要這些努力能夠稍稍得到他人的認同，便能夠成為該民族的一分子。因此人們可以依照情勢的不同，隨時變更自己想要成為的民族。要成為漢族的順序，大致上就是努力學習相關文化，並將尊重輩分的感覺內化。進行尋根之旅，就是一種已將輩分感覺內化的證明。然後若可在正史中找出自己祖先的記載，便是一種成功。

在這一章，我從日常招呼開始談起，然後又舉了宴會座位的席次、奉祭祖先的行為來進行闡述。這是為了要從中國人如何被養育長大，以及如何養育子女的「動態過程」中來討論中國。而最後浮現出來的結論，就是追溯歷史過去，是在中國人的教養過程中不可或缺的一項要素。

家族內的人際關係或是房屋內的居住空間，都充滿了可供人們藉由追溯過往來構築人脈的道具。而不斷地回溯久遠之前的光陰，與自己連結在一起的人際鎖鏈也會隨之不斷延長外擴。若是追溯到了教導人民農業的炎帝，或是傳授禮樂、文字等文化給人民的黃帝，則不問國籍，所有的中國人、華人都會被包在同一個大圈圈之中。這個文化體系，幾乎是所有日本人都沒有注意過。

日本人怎麼看中國人

有一次在中國搭乘計程車的時候，被司機發現了我是日本人。然後司機為了要和我拉近關係，便對我說：「日本的祖先也是中國人喔」，「你應該聽過這個故事吧，秦始皇時代，徐福率領童男童女三千人，從山東海岸搭船出海，後來到達的地方就是日本，而這些童男童女的子孫，便是現在的日本人」。他說的便是所謂關於徐福的傳說，雖然說是傳說，但是在《史記》、《漢書》等正史中也能讀到相關記載，因此也有不少人將之當作史實相信。

日本與中國之間，常常會有發展得不順利的情形發生。其理由令人感到意外地，或許就是出在對於祖先的認知不同的問題上。日本人在與中國人來往的時候，最常強調的就是自己與中國在文化上的相近，「一衣帶水」、「同文同種」，都是很常聽到的詞彙。不過，日本人卻完全沒有中國人已經習以為常的輩分觀念，常弄錯拜訪或行事的順序，因而產生誤解，甚至引起中國人的反感。

日本人與中國人若是要互相理解的話，對於日本人來說，有兩個選項。其中一個方法就是放棄「漢字是從中國學來的」、「唐代的時候，日本派遣過遣唐使到過中國」等模稜兩可的親中派想法，而要將輩分的感覺深化、內化，養成在一瞬之間就能判斷出正確序列的能力。

如果沒辦法做到的話，還有一個方法，就是要有共識，徹底認清日本文化與中國文化是完全不同的。至於具體方面要怎麼做，我想或許是也要讓中國人了解，日本文化是由「女性」性質（社會性別＝gender的「女性」）所支撐起來的這件文化特性，也就是中國的日本研究者常常會使用的「女性空間」之認知。

中國是藉由父親的祖先來串連人際脈絡的，因此追溯母親系譜之路便被封閉了起來。這個現象其實也算是中國的一個負資產。在中國的文學或是電影中，常常會出現思念母親的橋段，就是起因於這個原罪的感覺。中國當然也有女性的文化人。不過，她們都是被框架在完全的父祖文化之中，並沒有創造出有別於「男性性質」的專屬異質空間。

相較於此，在日本則是有一部全世界最古老的長篇小說《源氏物語》。這是一部由女性所執筆書寫、含有女性感性成分的文學作品。此外，還有當初將漢字轉化成平假名的也是女性一樣，與中國相比，日本確實存在著極具深度的女性獨特文化領域（女性空間）。這一點應該是日本人本身可以重新審視自己，然後與中國互相補合的地方。

日本的總理大臣訪問中國的時候，在中日雙方的重要人士彼此知道是在進行政治表演的情況下，前往北京之前，會先到山東半島與徐福有關連的地方進行一趟尋根之旅，然後臉不紅氣不喘地演出一場日本人的先祖是來自中國這塊土地的戲碼。如果沒有辦法如此演出的話，我想日本人應該要將日本文化中的那份女性性質展現出來，與中國展開來往才是。

最後，我還想要說明一件事情；這篇文章旨在說明中國人是怎麼樣的人，因此並非一篇適合研究者身分的人來書寫的文章。對於身為日本人的我們來說，每當在閱讀外國人所寫的日本人論的作品的時候，諸如古典一點的《菊與刀》[9]或是近年所出版的《日本人的縮小意識》[10]等書，內心都常會有一種微妙的格格不入感；可能確實有一部分會如同作者所觀察到的情形一樣，不過也常會認為許多地方與作者的觀察是有所出入的。因此，閱讀本篇文章的中國人，或許也會對於我所寫的一些內容感到奇怪。由於這個顧慮，因此我特意不採用學術論文的寫作格式，而是使用「我」的觀點，用隨筆（essay）的體裁進行了以上的敘述。

註釋

1 網址參見：http://www.ne.jp/asahi/sinology/lib/private/p_index.html，二〇一六年十二月檢閱。

2 竹內實，《茶館—中国の風土と世界像》，大修館書店，一九七四年。

3 中生勝美，〈親族名称の拡張と地縁関係—華北の世代ランク〉，《民族學研究》56-3，一九九一年。

4 【譯按】指不拘小節的宴會。

5 【編按】在日本信仰中認為會帶來福氣、財運的七尊神明，一般而言以惠比壽、大黑天、毘沙門天、壽老人、福祿壽、辯才天、布袋為七福神。

6 上田信，《伝統中国—〈盆地〉〈宗族〉にみる明清時代》，講談社，一九九五年。

7 段義孚著，《空間の経験—身体から都市へ》，山本浩譯，筑摩書房，一九八八年。

8 【編按】文部省為日本中央政府主管教育、文化、學術的機關，類似臺灣的教育部。於二〇〇一年與科學技術廳合併為文部科學省。

9 【編按】中譯本參見：露絲・潘乃德，《菊與刀》，陸徵譯，遠足文化，二〇一六年。該書譯自：*The Chrysanthemum and the Sword: Patterns of Japanese Culture*。

10 李御寧，《「縮み」志向の日本人》，學生社，一九八二年。【編按】中譯本參見：《日本人的縮小意識》，漫遊者文化，二〇〇八年。作者李御寧於一九三四年出生於韓國，為首爾大學文學博士、韓國文藝評論家，曾任韓國首任文化部長。

第四章 世界史中的中國 中國與世界

葛劍雄

儘管中國擁有悠久的歷史，但中國的歷史在以往大多數年代內是獨立發展的。儘管長期以來中國在東亞漢文化圈中具有重大的甚至是決定性的影響，但中國對其他地區的影響卻很有限，一般只是零星的、斷續的。中國真正與世界聯繫在一起，是在十九世紀後期，而自覺地承認自己是世界的一員則還要更晚些。

中國的形成

要討論中國與世界的關係，前提是中國本身的形成。中國的形成涉及兩個概念，一是作為一個國家的名稱，一是國家以外的觀念，如文化、地域、民族等。這兩個概念都是在歷史進程中逐步形成和發展，經歷了相當長的年代。

西元前十一世紀出現的國名

根據於省吾在《釋中國》一文1中的論證，「中國」一詞最遲出現於西周初年。目前所見最早的證據，是一九六三年在陝西寶雞賈村出土的「（何）尊」上的銘文：「惟武王既克大邑商，則廷告於上天曰：『餘其宅茲中國，自之辟民。』」（大意為：周武王在攻克了商的王都一帶後，舉行一個隆重的儀式稟告上天：「我現在已經將中國作為自己的統治地，親自治理那裡的百姓。」）由於此前的銘文還提到「惟王初（遷），宅於成周，復稟武王禮」（王剛完成了遷移，以成周作為居住的地方，恢復武王時的制度和禮儀）；則可以斷定此文是周成王時的紀錄。

《尚書・梓材》亦載周成王追述往事時稱：「皇天既付中國民越厥疆於先王。」（老天爺已經將中國的百姓和疆土交給先王。）《尚書》不少內容雖出於後人追述，又經過很多人的整理甚至篡改，往往真偽莫辨。但有了「何尊」銘文的佐證，足以證明周武王及其子成王時的確已使用「中國」一詞。

對周武王滅商的確切年代學術界雖無一致看法，但一般都認為在西元前十一世紀，因此可以將「中國」一詞出現的時間定於西元前十一世紀。從甲骨文尚未發現「國」或「或」（與「國」相通）字來看，「中國」一詞雖有出現在周武王之前的可能，但也不會太早。

何尊　西周早期的青銅酒器，出土於陝西省寶雞市賈村。

「國」字的起源和演變比較複雜，但最初是指城或邑。當先民因農業的進步而定居後，以部落首領的居住地為中心，逐漸形成了初期的聚落和城市，城中稱為國，城外近處稱為郊，居住在城中的人稱為國人，城外的則稱為郊人，更遠的地方稱為野，那裡的人自然就是「野人」。起初國與國之間的差別並不大，但以後有的國發展較快，有的還擴展到原來幾個國的地域。於是大的單位被稱為「邦」，小的單位依然稱為國。由於一位首領、一個宗族已經擁有不止一

何尊銘文　何尊上的銘文是「中國」一詞最早的出處。

個城、邑，因而就將其主要的、或者首領居住的城邑稱為國，這也是以後一國的都城被稱為國的由來。

初期的國不過是一個部落或一個宗族的聚居地，一般範圍不大，因此國的總數很多。相傳大禹召集諸侯在塗山（今地說法不一，以在今安徽蚌埠市西淮河南岸一說較早）[2]聚會，到達的有「萬國」之多。萬國雖非實數，但數量肯定很多。周武王伐紂至盟津（一作孟津，今河南孟津縣西南黃河旁），響應的諸侯已達八百。據記載，西周初分封諸侯後存在的國有一千七百七十三個，在此之前國的數量應該更多。

「中」的本意是有旒的斿，就是一面綴有流蘇的大旗。商王有事，將大旗豎立起來招集士眾，應召的人聚集在斿周圍，「中」字由此引申出中間、中心、中央的意思。在西周初那麼多的國中，天子所在的國（京師）處於中心、中樞的地位，理所當然被稱為「中國」。周武王滅紂後，已經占據了商的京師，所以認為上天已將「中國」交付給他。《詩經・大雅・民勞》有「惠此中國，以綏四方」；「惠此京師，以綏四國」（將恩德賜給中國，周邊四方都能得到安寧。將恩德賜給京師，周圍四國都能得到安寧。）的詩句，很明確地顯示，「中國」是對「四方」而言的，「中國」的四周才能稱「四方」；「中國」即指京師及其附近區域，四周的國自然不屬於「中國」。

西周初的中國只指周王所在的豐（今陝西長安西南灃河以西）和鎬（今長安西北豐鎬村一帶）及其周圍地區。滅商後，依據周人的習慣，將原商的京師（殷，今河南安陽市）一帶也稱為「中國」。周成王時，周公旦主持擴建雒邑（今河南洛陽市東北白馬寺一帶），將周人遷來，作為周的陪都，用以控制東方。雒邑有陪都地位，又位於「天下之中」的交通樞紐，也被稱為「中國」。至此，「中國」的概念已由唯一的政治中心擴大幾個政治中心，也擴大到了以政治中心為主的地理中心。

持續擴大的「中國」

西元前七七一年（周幽王十一年），犬戎攻入鎬京。次年，平王東遷，豐鎬一帶為戎人所占，喪失了「中國」的地位。此後雖由秦國收復，一時也無法躋身「中國」之列。東遷的周天子名存實亡，而幾個周王近支宗室的諸侯和地理位置居於中心的諸侯國迅速崛起。它們通過吞併周圍小國，成為擁有十幾個至幾十個城邑的大國。這些大諸侯國實際已取得與周天子平起平坐的地位，它們的國也成了「中國」。到春秋時，「中國」已擴大到周天子的直屬區和晉、鄭、宋、魯、衛諸國，大致相當今河南大部、山西南部、山東西部的黃河中下游地區。

「中國」的範圍還在不斷擴大。如齊國雖為大國，地理位置卻並不居中。齊桓公時取得霸主地位，以「尊王攘夷」為號召，多次出兵維護周天子的利益和諸侯國間的秩序。因齊國已是舉足輕重的大國，自此進入「中國」之列。又如楚國，早期地處今湖北、湖南、河南南部，地理上已在中原之外，在文化上與中原諸國也有很大的差異，所以連楚王熊渠也自說：「我蠻夷也，不與中國之號諡」（我是蠻夷，不採用中國的稱號）。可見他自己也認為當時的楚國不屬於中國，而是蠻夷的一部分。東周時，楚武王（西元前七四〇年—前六九〇年在位）雖然仍自稱「蠻夷」，卻已經提出「欲以觀中國之政」，要求王室給予尊號。到楚莊王八年（西元前六〇六年），楚國將軍隊開拔到周天子都城郊外舉行檢閱，並向周天子的勞軍使者王孫滿打聽「九鼎」的輕重大小。儘管這次「問鼎中原」被王孫滿不卑不亢地拒絕，卻無法阻擋楚國成為「中國」的步伐。楚靈王三年（西元前五三八年），楚國憑藉實力邀諸侯會盟，雖然受到晉、宋、魯、衛等國的抵制，但大多數諸侯還是接受邀請。楚王成為新的霸主，楚國自然已屬「中國」。

「中國」的正統之爭

到戰國時，主要的諸侯國只剩下秦、楚、齊、燕、韓、趙、魏七國，它們不僅都以「中國」自居，相互間也已承認為「中國」。隨著這些諸侯國疆域的擴展，「中國」的範圍也越來越大。例如秦國滅了巴、蜀，疆域擴大到今四川盆地，還向那裡大量移民。巴蜀既成為秦國的一部分，又有來自秦國的移民，就取得了與秦國同樣的「中國」地位。到戰國後期，「中國」的範圍向南已到達長江中下游，往北已接近陰山、燕山山脈，西面延伸到隴山、四川盆地的西緣。

秦漢時代，原來的諸侯國都已包括在統一國家的疆域之內。從理論上說，秦漢的疆域中的大部分都可以算「中國」。隨著統一國家的形成、疆域的擴大和經濟文化的發展，「中國」的概念是在不斷變化和擴大的。一般說來，一個中原王朝建立後，它的主要統治區就可以被稱為「中國」。而它所統治的邊遠地區以及統治範圍之外就是夷、戎、蠻，就不是「中國」。

「中國」的概念是變化的，範圍是不固定的，所以始終是模糊的、不確定的。即使在中原王朝內部，人們也可以把其中比較偏遠的地區看成非「中國」。

「中國」也是一個文化概念，並且始終有強烈的民族含義，一般即指漢族（華夏）文化區，其他民族只有接受漢族文化才會被吸納進漢族，他們的聚居區才有可能被當作「中國」。所以「中國」不僅與地理概念不一致，而且有時與領土歸屬也有矛盾。一方面，即使是邊遠地區，只要聚居了大批漢人，或者漢族傳統文化相當發達，就可以被認為是「中國」的一部分。另一方面，非漢族接受了漢族文化，發展到了一定程度，不僅這些人口會得到漢人的認同，他們聚居的地方也可以被承認為「中國」的組成部分。

所以，廣義的「中國」就等於中原王朝，凡是中原王朝的疆域範圍內都是「中國」。狹義的「中國」則只能是經濟文化相對發達的漢族聚居區或漢文化區。這兩種標準同時並存，常常引發地區間的「中國」之爭，在分裂狀態下也引發政權之間的「中國」之爭。因為只有「中國」才是王朝法統的擁有者，才有存在並統一其他政權的合法性。西晉滅亡以後，東晉和南朝政權雖然被迫離開傳統的中心地區，但都以西晉的合法繼承者自居，自認為只有他們才是真正的「中國」，而北方政權只是外來的「索虜」（紮著頭髮的下賤人），豈有稱「中國」的資格？但北方政權卻認為自己滅了西晉，奪取了這塊傳統的「中國」地區，統治了這裡的民眾，成了「中國」的主人，當然就成了「中國」，而東晉或南朝政權只不過是偏於一隅的「島夷」（海島上的野蠻人），早已喪失了稱

「中國」的權利。

這場雙方都感到理直氣壯的「中國」之爭，到隋朝統一後才得到解決。隋朝繼承了北朝的法統，當然承認北朝是「中國」。但它又不能否定南朝的「中國」地位，因為南朝已歸入自己的版圖，而且南朝的一部分制度文物為隋朝所採用，如由西晉流傳下來的宮廷音樂回歸中原後，被隋文帝稱為「華夏正聲」，取代了由北朝發展下來的宮廷音樂。所以隋朝給了雙方平等的地位，南北方都被承認為「中國」。繼承北朝傳統的唐朝也肯定這一立場，唐初修前朝歷史時，《南史》和《北史》分別編纂，都被列為正史。

類似的爭論也出現在北宋、遼之間和南宋、金之間，兼有雙方疆域的元朝也採取了與隋朝相同的辦法，承認雙方都是「中國」，同時修了《遼史》、《宋史》和《金史》。

成為國家代名詞的「中國」

在明朝以前，世界上其他地方的人對中國的瞭解還相當有限，像《馬可波羅遊記》[3]那樣全面介紹中國的書還絕無僅有，[4]他們對中國中原王朝的稱謂也不統一。但是從明朝後期開始，來華的西方人一般都用「中國」、中華、中華帝國、中央帝國這樣的名稱，而不使用明朝、清朝，或者大明、大清。

儘管早在康熙二十八年（一六八九年）清朝與俄羅斯簽訂《尼布楚條約》時，清朝提供的滿文和拉丁文文本中已自稱「中國」，但這很可能出於西方傳教士的翻譯。而且《尼布楚條約》是沒有漢文文本的，大概在清朝統治者的眼中，條約確定的邊界只涉及滿族的發祥地，所以只要有滿文文本就夠了。鴉片戰爭以後，在國際交往中「中國」開始被當作國家或清朝的代名詞。但官方和民間的運用依然不規範，有時指整個清朝，有時卻只指傳統的「中國」範圍，即內地十八省，而不包括內外蒙古、西藏、青海、新疆、東北和臺灣在內。西方著作中往往也將清朝建省的地區稱為中國或中國本部、中國本土，而稱其他地區為韃靼、蒙古、西藏或新疆。

直到一九一二年中華民國成立，中國才正式成為它的簡稱，成為國家的代名詞。中國也有了明確的地域範圍——中華民國所屬的全部領土。

正因為如此，外界對中國人稱謂也是因時而異，因地而異。即使使用了「中國」或其同義詞，也並不意味著與今天中國的概念一致。

從天下到世界

天下九州的國家規劃

由於自夏、商和西周以來，以黃河中下游為中心的王都所在對周邊地區據有絕對優勢，而當時人對東亞大陸以外的情況基本還不瞭解，或者只瞭解其落後一面，所以形成了一種王都所在即天下之中，王即是天下主宰的觀念。《詩經・小雅・北山》中有這樣的詩句：「溥（普）天之下，莫非王土。率土之賓，莫非王臣。」正是這種觀念的寫照。

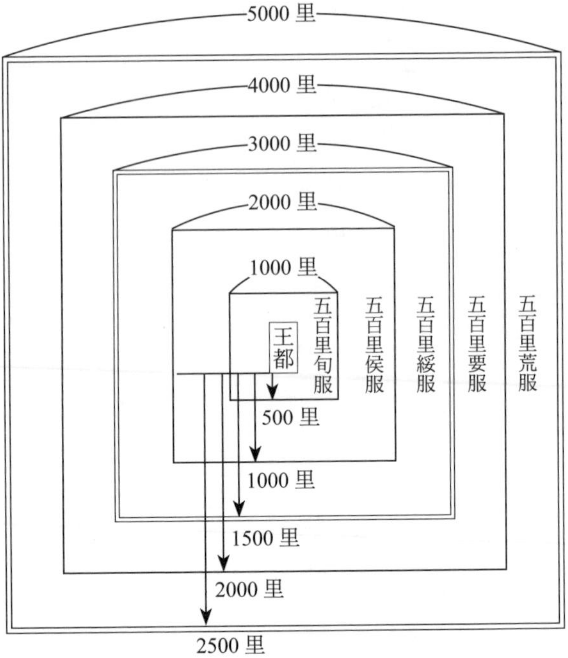

「五服」制度　以王畿為中心的「五服」制度圖示，引自顧頡剛《史林雜識》。

大致與此同時，學者構想了一種「五服」制度：「五百里甸服，五百里侯服，五百里綏服，五百里要服，五百里荒服。」[5]根據這一結構，在王所居的京城（王畿）以外的土地應該分為四方形的五等，每一等的四邊寬度都是五百里。由內向外，第一等是甸服（以農業為主的直接統治區），第二等是侯服（諸侯統治區），第三等是綏服（必須加以綏撫的地區），第四等是要服（邊遠地區），第五等是荒服（蠻荒之地）。這種設想完全脫離地理環境的實際，連後世的儒家學者都覺得無法自圓其說。宋代學者蔡沈就指出：「堯的都城在冀州，冀州的北境加上雲中、涿州、易州等地，恐怕也沒有二千五百里。即使算到二千五百里，那已到了沙漠旁的不毛之地。東南那些富饒地區是國家財富和賦稅主要來源，卻被當作要服、荒服而拋棄。從地勢上考察，實在沒有辦法弄明白。」[6]毫無可行性使這一方案胎死腹中，但方案本身既說明當時地理知識的缺乏，也反映了在這樣的條件下統治者的政治野心也不敢太大。

至遲到戰國後期成形的九州制，假託大禹在治水成功後將天下分為九個州。實際上這是當時學者對未來統一國家的一種規劃，反映了他們的政治理想。但秦始皇統一六國後，並沒有實行九州制。漢武帝元封五年（前一〇六年）將全國分為十三刺史部，但只是監察區，而不是行政區。其中十一個部以州命名，卻沒有完全採用《禹貢》九州的名稱。《禹貢》九州的範圍大致相當於北至今燕山山脈和渤海灣，南至南嶺一帶，西至隴東高原，東至於海。儘管當時人也知道這一範圍並未包括「天下」的全部，但此外已是華夏諸族不屑一顧的蠻荒之地。

在《周禮‧職方》、《爾雅‧釋地》和《呂氏春秋‧有始覽》中都有各自的「九州」規劃，各州的名稱與《禹貢》不盡相同，劃分的範圍也有所差異，但都是當時人天下觀念的反映。

唯一不同的是戰國時齊國學者鄒衍的大九州說：「儒者所謂中國者，於天下乃八十一分居其一耳。中國名曰赤縣神州。赤縣神州內自有九州，禹之序九州是也，不得為州數。中國外如赤縣神州者九，乃所謂九州也。於是有裨海環之，人民禽獸莫能相通者，如一區中者，乃為一州。如此者九，乃有大瀛海環其外，天地之際焉。」[7]

但這種學說並非出於對外部世界的瞭解，更多的是出於臆想和推理。比起那種中國就等於天下，除了中國（實際上只是中原）之外就沒有文明社會的觀點來，大九州學說高明地承認了還存在著不止一個同樣發達的人類社會。但恰恰在這一點上又作了實際上的自我否定：由於各州之間都由無邊無際的大海阻隔，人民禽獸無法來往，所以這種存在只具有理論和思辨上的意義，而不是對中國有影響的現實。

以中原為中心的天下觀

東漢時的學者張衡提出「渾天說」：「渾天如雞子，天體圓如彈丸，地如雞中黃，孤居於內。天大而地小，天表裡有水。天之包地，猶殼之裹黃。天地各乘氣而立，載水而浮。」（整個天像一個雞蛋，天體像一個圓形的彈丸，大地像雞蛋中的蛋典，孤零零地懸浮在蛋中央。相比之下，天大地小，天的裡外都是水。天將地包裹在中間，就像蛋殼包裹著蛋黃一樣。天和地都依靠氣支撐，浮在水面。）在當時的科學技術條件下，張渾的理論已相當先進，極富有想像力。但對大地表面或內部的狀況，顯然並不屬於張衡的研究範圍，或者他不感興趣，所以我們無法判斷他所說的「地」是否已包括「天下」或「九州」以外的地方，是否已突破此前形成的「天下」觀。不過從他將大地看成四面都由水所包圍的說法看，估計與以往天圓地方的概念沒有什麼區別，顯然不可能超出大九州的範圍。

經過戰爭、吞併和融合，華夏諸族已成為黃河流域乃至東亞大陸人數最多、經濟文化最發達、實力最強的民族，占據了當時自然地理條件最優越的地區。而非華夏民族則被迫遷出了黃河流域，或者逐漸融入華夏族，或者接受了華夏文化並以華夏的一支自居。在蒙古高原、青藏高原、長江流域及其以南和大陸附近的島嶼上，還不存在總體上與之匹敵的其他民族或政權。在此範圍之外的情況，雖然人們並非一無所知，例如穿越河西走廊至中亞的陸上交通線和通向東南亞的海上交通線可能已經存在，產於新疆和田的玉石已在中原廣泛流傳，說明至遲在四千年前，已經存在由今新疆西南至黃河下游地區的交通路線和人員來往，但其影響還是相當有限的。

隨著產於境外的玉石、珠寶、香料等奇珍異寶的傳入和親歷者的見聞，使人對以中原為中心的觀念不能不有所懷疑。於是昆侖山、瑤池、西王母和海上神山一類神話應運而生，並恰當地彌補了天下說的不足。境外的文明和珍寶來自可望而不可及的仙境，此外就只有愚昧落後的蠻夷，這當然無法動搖中原的天下之中地位。

經過秦朝的短暫統一和隨後的幾次戰亂，空前規模的西漢帝國終於鞏固下來。到西元初，漢朝的疆域西起今巴爾喀什湖和帕米爾高原，東至朝鮮半島北部和東海，北起陰山、遼河，南至今越南中部，並在其中約四百萬平方公里的領土上設置了一百零三個郡、國（郡級政區）和一千五百多個縣、邑、侯國，統治著六千多萬人口。從《漢書‧西域傳》可以看到，在漢朝西域都護府控制的範圍內，各國的戶口和「勝兵」數基本是完備的，而傳中記載的內容還超出了都護府的範圍，可見當時人的地理知識已遠屆中亞、西亞。

根據明確記載，漢人的足跡已經到達中亞、西亞，直到地中海之濱以及日本、東南亞，貿易交往的範圍就更大。「九州」以外的存在已是盡人皆知的事實，來自西域的葡萄、苜蓿、雜技、音樂已接近尋常百姓，異國的使者和商人在長安已不時可見。各地都有人參加過征伐匈奴、大宛的戰爭或邊境的屯戍，他們都親歷了「九州」以外的地方。出使異域歸來的使臣的詳細報告，管轄西域各國的都護府的文書檔案，使學者和史官能夠留下確切的記載。《史記》、《漢書》中有關西域的史料，即使用今天的眼光看也是比較翔實可靠的。但這一切並沒有削弱那種以中原為中心、華夏為主幹的天下觀，反而使之加強，因為通過這些活動，人們已經確信，在中國之外再也不存在比中國更強大、富饒、文明的國家了。其他國家的君主和臣民如果不對中國稱臣納貢，接受賞賜，就只能自

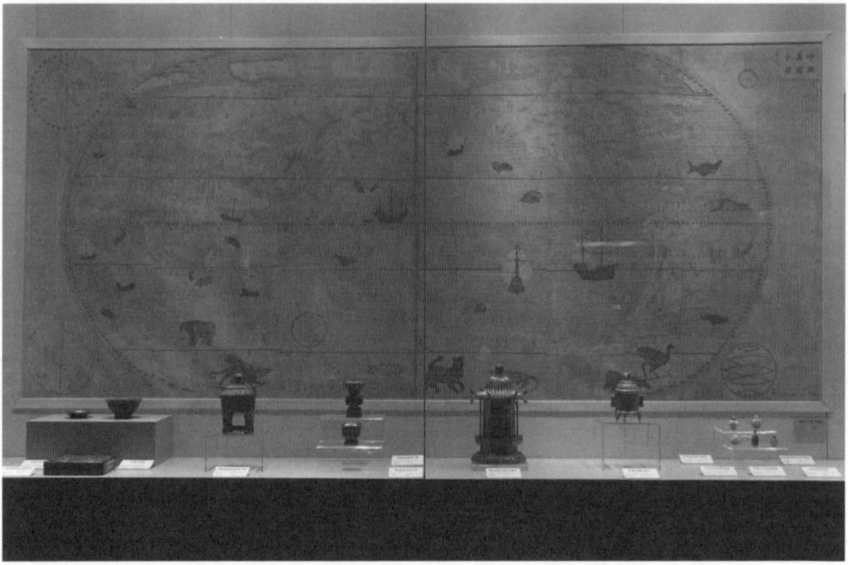

坤輿萬國全圖　由耶穌會傳教士利瑪竇於萬曆三十年所繪製的中文地圖。圖中描繪了屬於當時歐洲世界觀的五大洲與四大洋。此圖攝於二〇一四年十月，山東博物館「啟航—海上絲綢之路特展」。

外於華夏聲教，甘心為夷狄了。

東漢以後，西北以至中亞的民族大量內遷，東北民族也先後進入黃河流域，有的甚至成為中原的主人。但在占優勢的華夏文化面前，這些軍事上的征服者無不演變成文化上的被征服者，這些民族的首領也成了「受命於天」的「炎黃子孫」，甚至這些民族本身也漸漸融合在華夏（漢族）之中。發達的文字和造紙、印刷技術使與這種天下觀一致的記載長期流傳，而被記載的物件不是根本沒有文字就是史料早已散佚，所以傳統的天下觀始終延續，不斷加強。

明朝後期，西方傳教士陸續來到中國。他們在傳播宗教的同時，也帶來了西方的科學技術和新知識。萬曆十年（一五八二年），天主教耶穌會傳教士、義大利人利瑪竇到達廣東肇慶，此後他繪製了多種中文世界地圖，並附以詳細的說明。但傳統的天下觀已根深蒂固，利瑪竇展示的世界被多數士大夫視為海外奇談。這就毫不奇怪，為什麼直到十八世紀初，西方早已完成了地理大發現，歐洲列強已在海上稱霸並已將東方作為下一個目標時，修《明史》的史官對此事還是如此記載的：

意大里亞，居大西洋中，自古不通中國。萬曆時，其國人利瑪竇至京師，為《萬國全圖》，言天下有五大洲：第一曰亞細亞洲，中凡百餘國，而中國居其一。第二曰歐羅巴洲，中凡七十餘國，而意大里亞居其一。第三曰利未亞洲，亦百餘國。第四曰亞墨利加洲，地更大，以境土相連，分為南北二洲。最後得墨瓦臘泥加洲，為第五，而域中大地盡矣。其說荒渺莫考，然其國人充斥中土，則其地固有之，不可誣也。8

將外國視為「天下」的邊緣

清乾隆五十八年（一七九三年），英國國王喬治三世派遣的使節馬戛爾尼（George Macartney）來華，以為乾隆皇帝祝壽的名義試圖與清朝建立正式的貿易關係，並希望向北京派遣常駐代表。但最終獲得乾隆的「特頒詔諭」卻說明雙方的目的完全南轅北轍：

諮爾國王，遠在重洋，傾心向化，特遣使恭賚表章，……朕披閱表文，詞意肫懇，具見爾國王恭順之誠，深為嘉許。……至爾國王表內，懇請派一爾國之人，住居天朝，照管爾國買賣一節，此則與天朝體制不合，斷不可行。……若雲仰慕天朝，欲其觀習教化，則天朝自有天朝禮法，與爾國各不相同。爾國所留之人，即能習學，爾國自有風俗制度，亦斷不能效法中國。即學會，亦屬無用。天朝撫有四海，惟勵精圖治，辦理政務，奇珍異寶，並無貴重。爾國王此次賫進各物，念其誠心遠獻，特諭該管衙門收納。其實天朝德威遠被，萬國來王，種種貴重之物，梯航畢集，無所不有，爾之正使等所親見。然從不貴奇巧，並無更需爾國制辦物件。9

無論對這一事件作出什麼解釋，這些語句所顯示的觀念是非常明白的。在中國的統治者乾隆的眼中，英國也好，其他「萬國」也好，都不應該與「天朝」平起平坐。「天朝禮法」不同於各國，各國也不可能學習「天朝」，主要的原因並不是文化差異，而是有尊卑高下之別。

鴉片戰爭期間，林則徐等主管或處理涉外事務的官員開始認識到瞭解外國狀況的重要性。林則徐在廣州組織人員，據英國《世界地理大全》編譯為《四洲志》。一八四一年，魏源受林則徐委託，將《四洲志》譯稿與其他有關中外文獻資料編為《海國圖志》，一八四二年成書五十卷出版，以後又經多次增補，至一八五二年成書一百卷。書中的第二部分，介紹了亞洲、澳大利亞洲、非洲、歐洲、美洲各國，認為英國最為強盛，描述了英國生產技術的進步，倫敦的繁榮景氣。具體介紹了英國的政治制度，有女王、又有「巴厘滿」（paliment，議會）、「五爵會議」（上議院）和「鄉紳會議」（下議院），說明鄉紳階級的職權、地位和在政府中的作用。還介紹了美國實行的民主共和制，總統四年一選，議會中少數服從多數，「人心翕然，可不謂公乎？」又稱瑞士「國無苛政，風俗儉樸，數百年不見兵革」，「此誠西方之桃源也」。但是在當時的特殊條件下，林則徐與魏源更關心的是如何「以夷制夷」、「以夷款夷」，大量介紹西方的船炮、火輪船、地雷、水雷、望遠鏡等器械的製作和使用方法，也是為了「師夷長技以制夷」，並不說明「夷」已經與華夏處於同等地位了。而且，對地球各洲的名稱和分佈，編者不相信歐、亞、美、非、澳的分佈，仍然以佛教典籍中「東神勝州、南贍部洲、西牛貨洲、北俱盧洲」的說法為准，甚至認為美洲就是西牛貨州。可見無論是「四洲」還是「海國」，都還沒有超越中國傳統的「天下」概念，而將其他外國列為「天下」邊緣或以外的範圍。

對於西方世界的接觸

稍後問世的《瀛寰志略》具有同樣重要的意義。作者徐繼畬出生於山西的五台山，卻不像一般北方人那麼保守。由於他在福建任職多年，並曾以福建布政使的職位駐守廈門，負責辦理通商事務，以後又升任福建巡撫（省最高行政長官），兼辦通商，所以特別留意外界情況。據他在該書序言中自述：

道光癸卯（二十二年，一八四二年）冬，余以通商事久駐廈門。米利堅人雅裨理（David Abeel, 1804-1846年，美國傳教士）者，西土淹博之士，挾有海圖冊子，鏤板極工，註小字細如毛髮，惜不能辨其文也。暇日引與晤談，四海地形，得其大致。就其圖摹取二十餘幅，綴之以說，說多得之稗禆理。參以陳資齋《海國見聞錄》、七椿園《西域聞見錄》、王柳谷《海島逸志》、泰西人《高厚蒙求》諸書，題曰《瀛寰志略》。

此書至道光二十八年（一八四八年）出版，全書十卷，約十四萬字，附地圖四十二幅。作者比較系統、詳細地介紹了近八十個國家和地區的位置、歷史、經濟、文化、風土人情等方面的狀況，對以往中國人很少瞭解的南美洲、大洋洲和非洲也有涉及，而對亞洲、歐洲、北美洲的介紹更加詳細，如歐洲各國的面積、人口、財政收入和兵力都有具體數字，這顯然得益於雅禆理提供了相當詳盡的資料和記載。作者的高明之處更表現在他對西方政治制度的認識，如在介紹英國的議會制度時稱：「國有公會所，內分二所，一曰爵房，有爵位貴人及耶穌教師處之；鄉紳房者，由庶民推擇有才識學術者處之。國有大事，王諭相，相告爵房，聚眾公議，參以條例，決其可否。複轉告鄉紳房，鄉紳酌核，上之爵房，爵房酌議，可行則上之相而聞於王，否則報罷。」作者不僅肯定英國的制度已為歐洲許多國家所仿效，又指出英國因此而強盛的事實：「四海之內，其帆檣無所不到，凡有土有人之處，無不睥睨相度，思朘削其精華。」

對方興未艾的美國，作者不僅給予高度評價，還顯然出熱情的讚譽。特別是對美國的開國領袖華盛頓和他領導的獨立戰爭，都作了傳神的描述：

時，事起倉卒，軍械、火藥、糧草皆無。（華盛）頓以義氣激勵之，部署既定，薄其大城。時英將屯水師於城外，忽大風起，船悉吹散。頓乘勢攻之，取其城。後英師大集，轉戰而前，頓軍敗。眾恇怯欲散去，頓意氣自如，收合成軍，再戰而克。由是血戰八年，屢蹶屢奮。頓志氣不衰，而英師老矣。佛朗西（法蘭西）舉傾國之師渡海，與頓夾攻英軍，西班牙、荷蘭亦勒兵勸和。英不能支，乃與頓盟，劃界址為鄰國。

對華盛頓個人的功績和品格更是推崇不已：

華盛頓，異人也。起事勇於（陳）勝、（吳）廣，割據雄於曹（操）、劉（備），既已提三尺劍，開疆萬里，乃不僭號位，不傳子孫，而創為推舉之法，幾於天下為公，駸駸乎三代之遺意。其治國崇讓善俗，不尚武功，亦迥與諸國異。余嘗見其畫像，氣貌雄毅絕倫。嗚呼，可不謂人傑矣哉！米利堅，合眾國以為國，幅員萬里，不設王侯之號，不循世及之規，公器付之公論，創古今未有之局，一何奇也！泰西古今人物，能不以華盛頓為稱首哉！

鐫刻著這段話的石碑作為中國人民的禮物，遠涉重洋，運至美國首都華盛頓，至今鑲嵌在華盛頓紀念碑的內壁。

徐氏這種新鮮觀念在當時實屬罕見，此書出版後就受到各方面激烈批評，有人指責他「輕信夷書，動輒鋪張揚厲」。「於華盛頓贊其提三尺劍取國而不私有，直為環宇第一流人。於英吉利萬稱其雄富強大，謂其版圖直接前後藏，著書宣示，為域外觀，何不檢至是耶！」連曾國藩也認為他「頗張大英夷」，保守派、頑固派就更不用說了。甚至有人故意斷章取義，污蔑徐氏稱日爾曼聯邦有「王氣方興未艾」，而實際上在「王氣」前有「西方」二字。肯定和讚揚他的人則限於少數同僚故舊，影響有限。

從虛幻的天下觀轉向現實的世界觀

徐氏的遭遇並非偶然，也不是個別例子。當中國的官員和文人學者走出國門，親歷英、法、美等西方國家後，多數人不得不承認西方物質條件的發達和政治制度的先進。但當這類記載傳到國內後，絕多數人還是將信將疑，懷疑者甚至直接指責傳播者為「賣國賊」，是為「夷狄」張目。當西方世界的真相已經無法否認時，保守派又想出另一種抵制的辦法——「中國古已有之」，就是無論西方有什麼優點，在中國古代早已存在，說不定西方還是向中國人學的。如當有人盛讚華盛頓功成身退、美國總統由選舉產生時，保守派就會說：中國早就有堯、舜、禹禪讓，比美國先進得多。

鴉片戰爭的失敗和《中英南京條約》的簽訂並沒有使清朝統治者從「天朝」的迷夢中驚醒，清朝政府仍然按照「天朝體制」來處理「夷務」。與中國歷代政府一樣，清政府中只有管理藩屬和國內少數民族的衙門，與英國、法國等外國的交往只能由禮部和理藩院處理，實際上沒有承認這些國家與中國擁有平等的地位。但此時的「英夷」、「法夷」已經不再「恭順」，加上第二次鴉片戰爭後對外交涉事務增多，清朝政府於一八六一年三月（同治元年二月）正式設立總理各國通商事務衙門（後改總理各國事務衙門），主管外交事務、派出駐外國使節，並兼管通商、海防、關稅、礦產、郵電、軍工、同文館、派遣留學生等事務。這個機構的職權極大，幾乎囊括全部涉外部門，連只是使用外國機器或聘用「洋匠」的交通、郵電也包括在內。而此舉最重大的意義，還在於清朝終於在體制上承認了外國的平等地位，在中國歷史上首次設立了處理外交事務的機構。

一九〇〇年（光緒二十六年）八國聯軍攻占北京，次年清朝與列強簽訂《辛丑條約》，並按條約規定將總理各國事務衙門改為外務部，列為六部之首。就這樣，在外部力量的逼迫和推動下，清朝政府從虛幻的天下觀念轉變到現實的世界觀念。但是從最高統治者到平民百姓，依然程度不等地殘留著傳統的天下觀，因而使這個過程異常漫長而艱難。只有在這個過程基本完成之後，中國才真正能以平等的地位和心態成為世界大家庭的一員。西方列強和日本對中國的侵略，加劇了中國人對外界的逆反心態，使他們更難接受世界的現實。第二次世界大戰的結束和聯合國的成立，使中國在世界上獲得了應有的地位，標誌著這個過程的基本完成。

中國與世界

對中國人的起源，中國的歷史書往往會追溯到一百多萬年前的元謀人、五十萬年前的北京人。大多數中國人認為，現在的中國人是他們的後代。儘管世界上早已有了人類起源於非洲、世界上的人都有共同的來源的說法，卻沒有或者很少影響到中國人的觀念。近年來，遺傳基因研究在中國的發展，導致中國的遺傳學家對中國人來源的關注，並且用基因檢測的方法證明：中國人的確來自非洲，時間大約在十萬年前。

但中國的大多數考古學家、歷史學家並沒有接受這樣的結論。另一方面，由於遺傳學家的證據僅限於基因本身，對具體的遷移過程還無法作更多的解釋，所以並沒有動搖傳統的觀念。相反，為了證明中國人源於本土，一批考古學者正在進行辛勤的發掘，希望能找到更有說服力的證據。一些歷史學家也試圖充分挖掘文獻資料，並且結合天文、曆法、考古、年代學等方面的研究，能夠重新建立中國早期歷史的年代表。

不過迄今為止，還無法證明中國有文字記載以來的歷史與外來因素有什麼關係。無論中國人來自何方，中國幾千年來的文明和歷史的起點，的確是由本土產生的。

東西的交流與地理限制

在世界沒有連成一體前，不存在整體性的世界歷史，只有世界各地區各自的歷史。

在中國的夏、商、周時代，世界上先後同時存在著埃及、巴比倫、阿加德、烏爾、西臺、希臘、亞述、以色列、腓尼基、印度、羅馬、迦勒底、波斯、馬其頓、敘利亞等文明，但到目前為止，我們還沒有發現中國與它們之間有什麼明顯的關係。也就是說，中國的早期歷史與世界其他地區的歷史是平行發展的。儘管我們不能絕對肯定，它們之間沒有任何直接或間接的影響，但根據現有的史料來判斷，至西元前二二一年秦朝建立為止，中國的歷史也是獨立發展起來的。

這並不意味著中國與外界沒有接觸或沒有聯繫，也不意味著中國對世界其他地方的歷史進程沒有發生過什麼影響，但是中國能起重大的或決定性的作用的範圍一般限於東亞，即中國大陸和朝鮮半島、今越南大部、琉球、日本等地，對世界其他地方的影響一般較小，而且往往是間接的。

造成這種結果的主要原因是地理條件，中國的中原地區與這些文明之間相隔遙遠，交通極其困難，要穿越河西走廊、青藏高原、帕米爾高原、歐亞草原。距離最近的印度與中國中原地區之間也隔著青藏高原、橫斷山脈和中國西南的崇山峻嶺。如果通過海路，在繞道好望角的航線開通之前，只能由印度洋進入太平洋至中國沿海。即使是在陸上或海上絲綢之路存在的年代，中國與沿線國家或地區間的聯繫往往也是接力式的，而不是從頭至尾的，所以由此傳播的資訊也是間接的、片斷的，人員的直接交流也幾乎不可能。

例如，西元九十三年，東漢的使者就與羅馬帝國失之交臂：

和帝永元九年，都護班超遣甘英使大秦，抵條支。臨大海欲度，而安息西界船人謂英曰：「海水廣大，往來者逢善風三月乃得度，若遇遲風，亦有二歲者，故入海人皆齎三歲糧。海中善使人思土戀慕，數有死亡者。」英聞之乃止。10

但即使甘英抵達了羅馬帝國，羅馬帝國與東漢之間是否能就此溝通，或形成人員交往和物資交流，答案也是否定的，因為當時的羅馬帝國和東漢雙方都沒有這樣的需要，偶然的或間接的人員來往不會產生多少影響。

審慎看待中國與世界的關聯

正因為如此，中國與中亞以西的地區從來沒有發生過直接的衝突，東方與西方兩種文明從來沒有正面碰撞的機會。西方再強大的遠征軍，在到達帕米爾高原或印度次大陸時，一般都已成為強弩之末，不可能對中國構成威脅。同樣，中國中原王朝的遠征軍也沒有越過中亞，沒有擴展到喜馬拉雅山以南，如漢武帝時對大宛的征伐，唐朝高仙芝兵敗怛羅斯、清朝乾隆時平定天山南路等。海上也是如此，在十七世紀以前，西方任何海上優勢都構成不了對中國的威脅，蒙元的水師也從來沒有能登上日本列島。這不是說地理障礙完全不能逾越，而是因為一個國家、一個民族的政治、軍事行動不同於個人探險或經商，不僅要考慮可能性，而且要從政治、經濟、文化等各方面全面衡量是否必要。例如，十五世紀初鄭和的船隊擁有二萬多人和充足的物資供應，曾到達東南亞、南亞、西亞和非洲東岸。如果明朝希望獲得海外殖民地的話，肯定不會有什麼困難，但明朝從來沒有這樣的目的。

即使是文化方面的傳播和交流，往往也具有偶然性。例如，至遲在西元二世紀的東漢，中國已經擁有成熟的造紙技術，但直到唐天寶十載（西元七五一年）高仙芝與大食（阿拉伯帝國）軍隊在怛羅斯（今哈薩克江布林）之戰中失敗，隨軍的造紙工匠被俘，造紙技術才傳入阿拉伯地區，以後又傳至歐洲。

其次，由於中國與西方的歷史是獨立發展的，所以不具有相關性。近代以前，中國的興衰基本與外界無關，而西方的治亂也不受中國的影響。所以即使一方正處於頹勢弱勢，另一方也未必會趁人之危；即使一方如日中天，另一方也未必會納貢稱臣。

中國曾經向世界貢獻過「四大發明」，但中國也從世界各國的發明中獲益。中國的知識、學術和文化不斷地傳向外界，但中國也從外界學習先進文化。在科學技術和文化的交流中，很難說哪一方的作用更大，貢獻更多。

但中國的人口數量經常占世界人口總數的百分之二十至三十，最低也有百分之十，最高竟達到百分之三十五。[11]在農業社會，人口的數量具有決定性的作用，中國同時也是世界上生產糧食最多的國家，並有大量經濟作物和農產品可以供應市場。中國的富餘勞動力也是一個龐大的數字，當他們從事非農業生產時，就能生產出大量商品，低廉的勞動力成本使這些商品在國外非常具有競爭力。從唐宋至明清，中國都曾有大量商品出口，至明朝後期達到空前的水準。中國的生絲、紡織品、棉布、瓷器等商品幾乎遍及全球，外貿長期處於出超，導致白銀大量流入中國。據有的學者估計，中國的入超所獲白銀占全球產量的三分之一至二分之一。[12]有的學者甚至認為，「整個世界經濟秩序當時名副其實地是以中國為中心的」。[13]儘管由於在缺乏準確的原始資料的條件下，不同學者對當時經濟總量的估計相差懸殊，所以得出的結論也完全不同，但可以肯定，使中國在世界扮演最重要角色的機會不是來自政治、軍事和文化，而是經濟。

只是這樣的作用也是不自覺的，以至中國大多數人至今還不瞭解。由於明朝從初年開始就禁止民間的對外貿易，官方只容許以「稱臣納貢」為前提的朝貢貿易，而且對「朝貢」的次數、規模、範圍都有嚴格的限制。所以，當時中國對外經濟聯繫和交流的主體是民間的走私貿易，包括中國商人雇傭或招引「倭寇」進行的武裝走私。即使在明朝實際上取消禁令的階段，外貿主要也是由民間進行的。直到鴉片戰爭爆發，中國開放的合法外貿港口還只有廣州一地。正因為如此，對明清期間中國在世界所起的作用不能高估，更不能認為中國已經向世界開放，或者已經與外界結為一體。

註釋

1 《中華學術論集》，中華書局，一九八一年。

2 譚其驤，《塗山考》，《長水集續編》，人民出版社，一九九四年。

3 對該書的真偽學術界有不同意見。因本書流傳甚廣，影響很大，在無定論前仍予肯定。【編按】中譯本參見：《馬可波羅行紀》，臺灣商務印書館，二〇〇〇年。

4 如阿拉伯人伊本・巴杜達的遊記雖也有中國部分，但內容和深度遠不如《馬可波羅遊記》。【編按】中譯本參見：《伊本・巴杜達遊記》，臺灣商務印書館，二〇一五年。

5 《尚書・禹貢》。有關《禹貢》的成書年代有不同說法，一般認為至遲不晚于戰國後期，但其中包含的內容形成時間不一，從「五服」說與「九州」說的比較可以肯定，前者形成的時間更早。

6 蔡沈《書集傳》：「堯都冀州，冀之北境並雲中、涿、易，亦恐無二千五百里。藉使有之，亦緣沙漠不毛之地，而東南財賦所出則反棄於要、荒，以地勢考之，殊未可曉。」

7 《史記》卷七十四《孟子荀卿列傳》。

8 《明史》卷三二六《外國傳》七《義大利亞》。

9 故宮博物院編《掌故叢編》第三輯《英使馬嘎爾尼來聘案》，一九二八年。

10 《後漢書》卷八十八《西域傳》。

11 參見拙著《中國人口史》第一卷第四章，復旦大學出版社，二〇〇二年。

12 樊樹志，〈「全球化」視野下的晚明〉，《復旦學報》二〇〇三年第一期。

13 Andre Gunder Frank，《白銀資本—重視經濟全球化中的東方》，劉北成譯，中央編譯出版社，二〇〇〇年。【編按】該書譯自*ReORIENT: Global Economy in the Asian Age*。

第五章　中國史中的日本

王勇

前言

以散見於中國文獻中關於日本的記述，對日本展開研究，這樣的做法在很早之前就已經開始嘗試進行了。在此，我就先簡略地帶大家回顧一下關於這個領域的研究史。二十世紀前期，大約在一九三〇年代的時候，日本似乎開始對於個問題逐漸地產生了關心，包括岩井大慧的《支那史書に現はれたる日本》[1]、秋山謙藏的《支那人の觀たる日本》[2]等，先驅的研究成果開始陸續問世。雖然之後還是有一些片斷的後續研究，但直到石原道博才將這些精彩的研究集大成。

石原接受了日本文部省的科學研究費，將其研究成果「在中國展開的日本觀」，以連載的形式發表於《茨城大學文理學部紀要（人文科學）》以及後續的期數。石原將中國的日本觀的變遷，根據時代分成了：（一）隋代以前、（二）唐宋時代、（三）元明時代、（四）清代、（五）中華民國時代，共五個時期，即使在現今學界，仍有許多研究者繼承了他的劃分法。

針對石原氏等人的通史研究，鎖定特定時期，特別是聚焦於明治時期與近代的研究，後來非常興盛。例如以明治時期為例，佐藤三郎的《中国人の見た明治日本》[3]就是一例。這本書的副標題為「東遊日記の研究」，是一本以造訪日本的中國人的見聞錄為素材的作品，至於以近代為研究對象的，則有伊東昭雄等著的《中国人の日本人観100年史》[4]等作品，詳細分析明治時期以後中國人的「日本人觀」，將基本史料翻譯成日文後刊載。

那麼，如果說中國開始真正的研究日本，是在明代的話，我認為有很大的原因是出自於「功利」的動機。因此，觸及到倭寇的明代相關書籍自然不用多說，像是從清代一直到民國時期的日本研究也是如此。然後當今中國學界傾向於研究政治、經濟的現象，不得不說，也是承襲至此。因此，那些藏身於中國古代文獻中的日本史料，就這樣被擱置了很長的一段時間。慢日本一步去利用這些史料進行研究，也是無法否認的事實。

其中，武安隆等著的《中国人の日本研究史》[5]可說是一部具備開創意義，且大放異彩的作品。這本書是「東亞中的日本歷史」系列的其中一冊，於一九八九年，由六興出版發行。研究的重點置於明代以後，因此，若從延續、補齊石原道博研究的意涵來看的話，同樣也是一部值得受到矚目的著作。

數年後，石曉軍的《中日兩國相互認識的變遷》一書於一九九二年由臺灣商務印書館出版。[6]此外，石曉軍還在二〇〇四年，在東方書店出版了《『点石斎画報』にみる明治日本》（《點石齋畫報》中所見的明治日本）一書。[7]不管是哪一部作品，我認為都是很值得一讀的獨特研究。

筆者受恩師石田一良教授的啟發，因此一直留意使用中國史料所進行的日本研究。我的《聖德太子時空超越》[8]便是一本利用這樣的方法，嘗試研究古代史的日文處女作。之後，我便潛心於尋找中國文獻中的日本相關史料，並且進行解讀。這些研究成果彙整後，集結成《中国史のなかの日本像》這本書。9

快速綜觀上述研究史的話，至少可以觀察出兩項特徵。首先我們可以說，那些被埋藏在中國文獻中豐富且重要、與日本有關聯的史料在陸續被挖掘出來後，給了研究日本一個全新的視點。接著，我認為由於這些中國史料的解讀，完全是為了進行日本研究，因此往往也是在中國歷史脈絡中會被忽視的地方。

然而，這些在中國文獻中與日本相關的史料，對於日本來說，不過只是一種外部素材罷了，與日本內部的文獻史料相比的話，這些來自中國的史料若只能被定位為周邊的、間接的、片斷的資料的話，我想也是無可奈何之事。

仔細思考的話，這些從西元前開始就慢慢在各個領域累積起來的中日交流相關記載，如果只是單純把它視為中國方面的日本觀，或者是研究日本的材料的話，未免也太過可惜了，我認為包括中國的歷史研究，也應該善加利用這些材料。

這些被鑲嵌在中國文獻中的日本記錄，並非像是風化的化石，而是過去日本在中國歷史的形成、發展、變化過程中，曾扮演什麼樣角色的證據，同時也共生於中國歷史中，成為某些事件發生的部分要素。這些素材在被用作研究日本時，或許只能被視為「外部」的東西，但如果是用來研究中國的話，毫無疑問地，就變成是「內部」要素了。

我認為將中國文獻中的日本史料視為映照日本的一面「外部的鏡子」之前，應該先認知並瞭解到，這些史料也或多或少成為影響中國歷史發展的內部因素。至於這些內部因素如何動搖中國的歷史，則是本章試圖解明的問題。

從「虛像」到「實像」

在日本列島上生活的住民，是從什麼時候開始被當作倭人進入中國人的視線範圍內呢？若我們看《山海經》卷十二〈海內北經〉裡的某段記述，「蓋國在鉅燕南，倭北。倭屬燕」，就可以追溯到戰國時代（西元前四〇三年至西元前二二一年），若是採信《論衡》卷八〈儒增篇〉第二十六的記述，「周時，天下太平。越裳獻白雉，倭人貢鬯草」，便可將這個時間點往前推至西元前一〇二〇年（《論衡》卷五〈異虛篇〉、卷十三〈超奇篇〉、卷十九〈恢國篇〉，亦有類似的記述）。

關於《山海經》與《論衡》的記敘，有不少研究者抱持懷疑的態度，如果這些是從漢代開始的追溯記述的話，便可認定為虛像與實像參半之物。譬如，關於與燕的關係，班固《漢書・地理志》〈燕地〉中的「以歲時來獻見云」即提到了倭人。此外，關於與越之間的敘述，范曄在《後漢書・倭傳》中有提及越人與倭人擁有相似的風俗。

不管如何，在兩漢時期，「倭」這個在大海彼端的種族，雖然還模糊不清，但確實是已經進入了中國人的視線範圍內。我們再來看看，在中國歷史上初登場的倭人，留下過什麼樣的足跡。

關於「東」的語源，在漢代許慎所著《說文解字》中解釋如下：「從日在木中」。若是用「日」與「木」的合成文字來看的話，日在木的上方為「杲」（明亮貌的意思），日在木的中間為「東」，日在木的下方為「杳」（昏暗貌的意思）。換句話說，若從字根（文字的構成要素）來分析的話，「杲、東、杳」三字，原本的意思則分別為「中午的太陽、早上的太陽、傍晚的太陽」。

作為判斷太陽上下移動根據的神木，如同漢代劉安於《淮南子》卷三「日出於暘谷，浴於咸池，拂於扶桑」所提，亦被稱作扶桑（或是若木、蟠木、榑桑）。宋代羅願的《爾雅翼》也提到了「日所出，陰陽之中也」，神木就是晝夜之間或是連結天地的一個神祕存在。

我們常會聽到，人類想像力受到居住空間很大制約的說法，因此，古代中國人幾乎都把神仙世界想定於黃河與長江兩端，應該也是起因於此。也就是說，人們相信在江河起源之處有崑崙山，在海洋的盡頭有三神山，而男神東王父與女神西王母分別坐鎮於東方的三神山與西方的崑崙山，且分別握有長生不老仙藥。

用這個的觀點來看的話，「東」這個字就不單單只是表達方位的一個詞彙了；它與象徵朝日與扶桑的上古的太陽信仰產生連結，並且附帶著大海、神山、仙藥等相關形象。

「東夷」的語源

接著，我們來考察「夷」這個字。有關包圍著文明發祥地「中華」，或是說分散於中華四周的東夷、南蠻、西戎、北狄的起源，《尚書・舜典》記載了以下的傳說。

帝堯時代，驩兜因為推薦性格暴躁的共工給堯，結果被追究責任，最後遭流放南方的崇山一代成為南蠻，而破壞中華秩序的共工則被流放到了北方幽陵，成為北夷，在江淮地方（長江與淮河流域）不斷反亂的三苗被遷移到了西方三危山，成為西戎，而治理黃河水患失敗的鯀，則被貶至東方羽山，成為東夷。華夷名分因此決定，一度陷入混亂的天下，也因此重回和平狀態。

《說文解字》卷十〈大部・夷〉項目中，「夷，東方之人也，從大，從弓」，夷的字根乃源自大與弓，指的是居住於東方偏僻之地的異民族。然而，對於中華而言，東夷似乎是一個與其他民族有別的特別存在。《說文解字》卷四關於「羌」的敘述如下：「南方蠻閩從蟲，北方狄從犬，東方貉從豸，西方羌從羊，……唯東夷從大，大，人也。夷俗仁，仁者壽，有君子不死之國」。也就是說，蠻、閩、狄、貉、羌等民族，不管是哪一個，字根都是「蟲」、「犬」、「豸」、「羊」等物，只有夷的字根與是人有關連的「大」，因此可以推論夷在異族之中，是特別突出的。

如同前述，帝堯命令鯀治水失敗，因此將鯀幽禁於東方羽山，後來進入帝舜時期，鯀之子禹繼承家業，總算成功治理黃河水患。因此，禹受到周圍部落的尊敬，最後創立了部落聯盟國家＝夏王朝，成為中國世襲王朝的首位天子。因為這樣的關係，因此東夷理當較南蠻、西戎、北狄優越，而「華夷同源」的說法也因此自然而生。

從東夷到九夷

綜觀前述的東方觀與東夷觀，便能順利拼湊出古代中國的烏托邦。這已經不再是《尚書・舜典》中所描述、位於中國東方的夷，隨著秦始皇將中國東部區域納入了整個大一統王朝，逐漸地變成位於遙遠海外的區域。

接著前文所引述過的《說文解字》卷四，有關於「羌」的解釋，「有君子不死之國」，我們還可以看到像是《論語・公治長第五》：「子曰，道不行，乘桴浮於海」的記述。

相關內容，還可以在《論語・子罕第九》看到「子欲居九夷」這一句。我認為孔子應該也曾經認真思考過：比起春秋亂世的中華，藏於傳說之中的東夷，應該才是理想的淨土吧！

那麼，這裡所謂的九夷，到底是指什麼地方呢？關於這個問題，一般來說有以下兩種解釋：

其中一個是出現於《後漢書・東夷傳》序之中的解釋，九夷的名稱分別為：畎夷、于夷、方夷、黃夷、白夷、赤夷、玄夷、風夷、陽夷。因為抽象名詞過多，因此實際上存在與否令人起疑，不過，唐代李賢翻閱西元前七世紀中葉前後的史書《竹書紀年》，並曾針對這段文字進行註釋。這些過去曾居住於淮河流域的民族，在當時的名稱似乎真的就是如此。另外一個是梁朝的皇侃，他針對《論語》的「子欲居九夷」進行過以下的義疏「東有九夷：一曰玄菟，二曰樂浪，三曰高麗，四曰滿飾，五曰鳧臾，六曰索家，七曰東屠，八曰倭人，九曰天鄙」。（引文若是沒有另行註解，則為引自文淵閣四庫全書。以下亦同）

如同前述，顯然有兩種「九夷」，而孔子想要遷移前往的，是哪一個九夷呢？宋代的劉敞於《公是先生七經小傳》卷下主張，「子欲居九夷。蓋徐州莒魯之間，中國之夷，非海外之夷也」，然而，同樣為宋代的張載卻在《橫渠易說》卷一中提到，「子欲居九夷。……或夷狄有道於今海上之國盡有仁厚之治者」，暗示九夷乃位於海外（海外說）。

在九夷中的倭人

如同前述，雖然對於《論語》中「子欲居九夷」的解釋，分成了「國內說」與「海外說」兩派看法，先不論到底孰是孰非，筆者想關注的是「倭人」於皇侃的義疏中「登場了」一事。也就是說，在南北朝的梁朝時代（西元五〇二～五五七年），倭人已被編至九夷之中。不過，這個地理感覺的變化，卻不是開始於梁朝之時。

唐代孔穎達於《禮記・王制》的疏中，參照李巡的《爾雅注》提到，「夷有九種，一曰玄菟，二曰樂浪，三曰高麗，四曰滿飾，五曰鳧臾，六曰索家，七曰東屠，八曰倭人，九曰天鄙。」（清・孫詒讓《墨子閒詁》卷五〈非攻〉第十八）李巡在漢靈帝在位時擔任中常侍一職。

關於《爾雅・釋地》，「九夷、八蠻、六戎、五狄，謂之四海。」，宋代的邢昺於《爾雅注疏》卷六中揭示，「夷有九種，夷有九種，曰畎夷、于夷、方夷、黃夷、白夷、赤夷、玄夷、風夷、陽夷。又：一曰玄菟，二曰樂浪，三曰高儷，四曰滿飾，五曰鳧臾，六曰索家，七曰東屠，八曰倭人，九曰天鄙」，並列了兩派學說。宋代鄭樵的《爾雅注》則只提到了海外說，而且還明言「觚竹、北戶、西王母、日下，謂之四荒」中的「日下」，就是指現今的日本。

被使用於宋代《爾雅》注釋的九夷海外說，是以李巡的《爾雅注》為依據，但是鄭樵的《爾雅注》卻是依從《風俗通》。《風俗通》也稱作《風俗通義》，是漢代的應劭所著的作品。不過，流通本的《風俗通義》中卻完全看不到倭人之類的敘述，王利器的《風俗通義校注》[10]中，刊載了下列的軼文：

東方曰夷者，東方仁，好生，萬物抵觸地而出。其類有九，一曰玄菟，二曰樂浪，三曰高驪，四曰滿飾（一作蒲飾），五曰鳧臾，六曰索家，七曰東屠，八曰倭人，九曰天鄙。（後略）

若是依照李巡與應劭的作品來看，我們可以發現一套與《竹書紀年》壁壘分明的東夷觀，從漢代開始就已經在醞釀了。倭人，在中國人幻想的東方理想國度——九夷之中，以排名第八的姿態出場，這件事情實在令人感到極為衝擊。也就是說，並不是只有對於《論語》中的「子欲居九夷」的解釋產生影響，同時也對神話傳說的領域產生了波及。

例如說《後漢書・倭傳》「人性嗜酒。多壽考，至百餘歲者甚眾」，就是針對漢代的神仙國度「夷俗仁。仁者壽。有君子不死之國。」（《說文解字》）之描述進行的補充記載。另外，宋代張君房所撰《雲笈七籤》卷一百，參照《軒轅本紀》，提到一種名為「騰黃」的神獸。據傳被尊為漢族始祖的黃帝，便是騎乘著這隻神獸在宇宙之間往來，遨遊天下。這裡要注意的是，傳說這隻神獸背上長有兩角龍翼，另一說為龍翼馬身貌，又名乘黃、飛黃、古黃、翠黃，出自日本國，壽三千，一日可行萬里，騎乘過的人可增加壽命二千年等，有不少與長壽相關的敘述。

《漢書》中的倭人

關於九夷之中的倭人，就如同前面所談到的，總是觸碰到「東」與「夷」，帶著濃厚的神話、傳說色彩，因此也可說擁有強烈的「虛像」。所謂「虛像」，無需贅言，自然是指放大某「實像」之物，而非專指虛構之物。因此，作為虛像之情報源的的實像，理應是具體存在於某處的。也就是說，我們有必要藉由看透虛像，好好地確認實像。

那麼，倭人正式出現在中國正史，就如同眾所皆知，是在《漢書・地理志》「燕地」條目中記載的「夫樂浪海中有倭人，分為百餘國，以歲時來獻見云」。

讀完《漢書・地理志》的「燕地」條目後，首先關於朝鮮半島，概略可說明如下：殷朝的時候，由於道德日漸式微，因此聖人箕子離開中華，前往朝鮮，教導當地居民禮儀。然而，隨著後來商朝的人也前往朝鮮半島之後，當地風紀開始衰壞，夜晚也開始有盜賊出沒。儘管如此，東夷天性柔順，自然地與南蠻、北狄、西戎相異。也因為這樣，所以孔子在感嘆道德式微之際，考慮到遠渡重洋移居九夷。

《漢書》在參照《論語》文句後，馬上接著寫下「夫樂浪海中有倭人」等文，描述倭人之事。這很明顯地，可以理解為孔子所憧憬的理想國度，與箕子傳說所提到的內容相同，起先是朝鮮半島，後來隨著為了躲避秦漢時期苛政與戰亂而遷居朝鮮半島的人愈來愈多，因此轉為寄託位於更東邊的倭國。還有另外一點值得注意的是，記載於《漢書・地理志》中的東夷諸國裡，只有倭人的項目可以看到「歲時來獻見」的描述。這也可視為受到漢代東夷影響之故，認為倭人乃九夷之中最為柔順，且重仁義。

《後漢書》中的倭人

如果我們從王朝的年代順序來看的話，正史之中，為「倭傳」設別項的，當屬《後漢書》最早。「倭傳」被併入卷一一五的〈東夷列傳〉，其中「女人不淫妒。風俗不盜竊，少爭訟」的敘述，讓人聯想起接受箕子教化過的朝鮮，也就是「是以其民終不相盜，無門　之閉，婦人貞信不淫辟」等，彷彿是君子理想中的秩序。

更重要的是，建武中元二年（西元五七年）與永初元年（一〇七年）的朝貢記事：一是建武中元二年的「倭奴國奉貢朝賀，使人自稱大夫，倭國之極南界也，光武賜以印綬。」一是漢安帝永初元年的「倭國王帥升等獻生口百六十人，願請見」。

相較於完全不見韓族洛陽朝貢相關記載之事，藉由倭對於東漢進行過兩次朝貢的這件事情，可以想見中國人眼中的倭，是一個在東夷之中的特別存在。更進一步檢視〈東夷傳〉的序文，「東太守祭彤，威襲北方，聲行海表，於是濊、貊、倭、韓、萬里朝獻」，可以發現，就排序上來說，倭被置於韓之前，因此可以推估倭在建武中元二年所進行的洛陽朝貢，是先於韓的。

這篇序文在敘述東夷的風俗之後，以「所謂中國失禮，求之四夷者也」作結。若配合新的詮釋來思考孔子所感嘆的「欲居九夷」一事，倭人的登場不只是帶給中國人文明觀微妙的變化，也成為一個契機，讓自古以來想像中君子國——東方理想國度，從朝鮮半島移轉到了日本列島。

此外，在《後漢書》的倭傳中，其他值得注目的內容，便是有關東鯷人與夷洲與澶洲等記事，相關內容如下：

> 會稽海外有東鯷人，分為二十餘國。又有夷洲及澶洲。傳言秦始皇遣方士徐福將童男女數千人入海，求蓬萊神仙不得，徐福畏誅不敢還，遂止此洲，世世相承，有數萬家。人民時至會稽市。會稽東冶縣人有入海行遭風，流移至澶洲者。所在絕遠，不可往來。

文章開頭所提到的「會稽海外有東鯷人，分為二十餘國。」，很明顯地是來自《漢書・地理志》的「吳地」記事，「會稽海外有東鯷人，分為二十餘國，以歲時來獻見」。從與被歸入吳地的東鯷人記載之字句相似程度這點來看，應可視為相對於同書中所見燕地的倭人介紹，反映出以南方為起點的日本認識。

燕地與吳地，也就是中國分別從南北二地所認識到的日本，在後漢的時候，因為倭人開始進入洛陽進貢，因而逐漸合而為一。不僅如此，《後漢書》所載「會稽海外有東鯷人」云云內容被安排在倭傳的最後一事，正是因為想要埋下伏筆，將與徐福傳說有關的夷洲、澶洲，與倭人牽上關係。

如同上述，倭人被當作是東夷之一前來中國進行朝貢的事情，對於中國認識世界及形成地理感覺，也產生了一定的影響。

漢光武帝　劉秀，字文叔，西漢高祖九世孫，東漢的開國皇帝。

受到「倭」這個外來要素的介入而發生最大變化的，就是徐福傳說了。平定戰國亂世，開創空前大帝國的秦始皇，後來醉心於追求長生不老，因此命令方士徐福前往東海蓬萊仙島求取仙丹。

徐福傳說的展開

這段故事散見於《史記》各處（秦始皇本紀、淮南衡山列傳、封禪書），因此應該可將之視為史實。在後來的文獻中，徐福的事蹟逐漸擴展，不知不覺地開始與日本產生連結。而這個「連結」，開始於隋朝。

根據《隋書・倭國傳》，西元六〇八年，裴世清陪同遣隋使小野妹子等人回到了倭國，在前往都城的途中，發現該地的人物風情與「華夏」相同，因此懷疑自己是經過了那個與徐福傳說息息相關，建立在「夷洲」上的「秦王國」。後世的文獻之中，可見到如明代薛俊《日本考略》中「（徐福等人），止夷、澶二州，號秦王國，屬倭奴」的記載。

「徐福渡日說」最晚至少也是出現於唐代，西元八〇六年要返回日本的空海，得到不少唐人所贈的餞別詩，例如鴻漸的「鄉路祖州東」、「人至非徐福」，或是朱少端的「禪客祖州來」等詩句，都是將空海與神仙鄉的祖州和徐福聯想在一起的例證。

晚了空海三十年左右入唐的圓載，於西元八七七年返回日本之際，詩人皮日休歌詠了「雲濤萬里最東頭，射馬台深玉署秋。無限屬城為裸國，幾多分界是亶州」為其送別。關於詩裡所出現的「亶州」，皮日休註解為「州在會稽海外，傳是徐福之裔」，也有人認為是指出現於《後漢書》裡的「澶洲」。

關於徐福與日本的關聯，初次被明白記載，是出現於五代時期義楚所著《六帖》卷二十一「國城州世部」中的敘述，「秦時，徐福將五百童男、五百童女，止此國也。今人物一如長安，……又東北千餘里，有山名富士，亦名蓬萊，……徐福至此，謂蓬萊，至今子孫皆曰秦氏」。斷定徐福等人所停留蓬萊島是「日本」、評價日本人「一如長安」、認為這群遷徙而至的秦氏家族乃徐福一行人的後代等，都是值得注目的敘述。

到了宋代，關於徐福的傳說，應算是完全定調了下來。《資治通鑑》卷七十一提到夷洲與澶洲，翻開《後漢書》與《臨海水土志》可以讀到「今人相傳，倭人即徐福止王之地，其國中至今廟祀徐福。」的結論。特別是歐陽修（一說是錢君倚）所著之《日本刀歌》，更是讓徐福的相關傳說廣傳於世，「徐福行時書未焚，逸書百篇今尚存」等膾炙人口的詩句，更讓文人將尋找軼書的美夢寄託在日本身上。

空海　讚岐國多度郡（今日本香川縣）人。西元八〇四年，空海隨遣唐使的航船到中國求法，學成回到日本，成為日本佛教真言宗的開宗祖師。

有關「徐福渡日說」的真偽，在學界已被議論許久，是個難解的題目。由於已是二千多年前的事情，時至今日想要完全挖掘出真相，幾乎不太可能了。不過，因為徐福與日本的聯結，確實製造出中國人諸多的想像空間。現今，雖然應該已沒有任何一個中國人還會將日本當作「神仙鄉」，但在稱呼日本的時候，卻依然還是會使用「東瀛」、「扶桑」等名稱，這無疑是在下意識間被喚醒的往昔回憶。

從「倭國」變身為「日本」

漢朝時倭人的首度登場，正如同前述，對於中國的神話傳說或是世界認識及地理感覺或文明觀，造成了某些影響。而在中國歷史上投下震撼彈的，則是於七世紀後半到八世紀初期這段期間登場的「日本」了。

以大化革新（西元六四五年）作為契機，日本開始以中國的隋唐帝國為範本，在內政方面施行了許多重大改革，以天皇為中心的集權國家開始運轉。之後，隨著百濟滅亡（西元六六〇年）、白村江敗戰（西元六六三年）、高句麗滅亡（西元六六八年），東亞勢力地圖因此重新洗牌。倭國也在這樣的背景之下承受了內外情勢劇變的壓力，民族意識因而急速高漲。日本的國號、天皇號、年號等，推估都是在這段時期確立下來的。

至於國號是如何從「倭國」轉換成「日本」的呢？正如同武則天改稱、日本人自稱、三韓人的呼稱等諸項說法，一般都認為與外部有著密切的關聯。反過來說，因為外部刺激造成日本制定國號等影響，之後也必然會再「反饋」（feedback）回東亞各國。

至於唐帝國如何接收這些「餘波」呢？中國歷史與日本國內所發生的這些事件有著怎樣的連動

呢？我們可以二〇〇四年在中國西安所發現的遣唐使墓誌為切入點，進行觀察。

井真成的墓誌

二〇〇四年，距今一千二百多年前，葬於唐朝首都長安的一位日本人的墓誌出土，並在相關學界引起一陣軒然大波。這位日本人是在西元七三四年去世的井真成，享年三十六歲。墓誌文的內容描述井真成的勤勉好學，以及在唐朝任官活躍的事蹟，這是呈現遣唐使的樣態的一項極為珍貴的史料。

墓誌分文「蓋」與「底」二部分。「蓋」上用篆書刻有三行，共十二字「贈尚衣／奉御井／府君墓／誌之銘」，「底」的部分則是用楷書刻有十二行，共一百七十一字。其銘文和序如下：筆者所推定的字，將圈以□，文字的判讀乃依據拙文〈遣唐使〉[11]，「問道未終」的「問」字，乃依葛繼勇的建言。

> 贈尚衣奉御井公墓誌文並序
>
> 公姓井，字真成。國號日本，才稱天縱。故能[銜]命遠邦，馳騁上國。蹈禮樂，襲衣冠，束帶[立]朝，難與儔矣。豈圖強學不倦，問道未終，[壑]遇移舟，隟逢奔駟，以開元廿二年正月□日，乃終於官弟。春秋卅六。皇上[哀]傷，追崇有典。詔贈尚衣奉御，葬令官[給]。即以其年二月四日，窆於萬年縣滻水[東]原，禮也。嗚呼！素車曉引，丹旐行哀。嗟遠[人]兮頽暮日，指窮郊兮悲夜臺。其辭曰：「[壽]乃天常，哀茲遠方。形既埋於異土，魂庶歸於故鄉。」

根據墓誌文的內容，井真成有與生俱來的才能，因此被日本遣派來到唐朝，儀表堂堂、勤勉好學的他卻在西元七三四年正月遽逝於官邸。唐玄宗對於井真成的離世感到極為哀悼，贈其「尚衣奉御」的官位，並在同年二月四日以公費葬之。

從這個墓誌，我們可以解讀出許多資訊，本文想要將焦點置於「國號日本」這四個字上。二〇〇四年十月中旬，當中日兩國的新聞快報報導這塊新出土的墓誌，是世上現存標記「日本」二字最古老的實物時，引起了社會極大的關注。

世界上最古老的「日本」二字，發現於在唐朝的長安這件事情本身，彰顯出該項發現所具有的國際性。不過，這個西元七三四年二月四日的墓誌上所刻寫的「日本」，卻還不是最古老的例子。

一九九二年，臺灣大學中國文學系葉國良教授在一間名為「寒舍」的骨董店發現徐州刺史杜嗣先的墓誌後，將內容抄錄了下來，並在一九九五年四月以〈唐代墓誌考釋八則〉為題，發表於《臺大中文學報》第七期。[12]

該墓誌上記載的是「又屬皇明遠被，日本來庭，有敕令公與李懷遠、豆盧欽望、祝欽明等賓於蕃使共其語話」。時間上來說，較杜嗣先逝世的西元七一二年九月更早，但就與日本使節「語話」的四個人的經歷來看的話，可以推斷這個場景是在西元七〇二年，粟田真人擔任執節使的遣唐使團，在隔年獲武則天召見並在麟德殿設宴款待。杜嗣先被葬於西元七一三年二月，比井真成墓誌上所使用的日本國號，還要早二十二年。

從「倭」改國號為「日本」的這件事情，確實對大唐王朝造成衝擊，從《舊唐書》中同時有「倭國傳」與「日本國傳」，即可視為一個象徵。

《舊唐書》的困惑

《舊唐書》於五代後晉開運二年（西元九四五年）完成，署名劉昫所撰，其中列傳第一百四十九上的〈東夷傳〉中，首先承襲前史，設有倭國傳，接著敘述「日本國者，倭國之別種也。以其國在日邊，故以日本為名」，增設日本國傳。

中國雖將日本視為為倭國的別種，且理解其因地理位置而將國號名為「日邊」，但史官仍站在日本的角度，提出了「倭國自惡其名不雅，改為日本」，以及「日本舊小國，併倭國之地」等二個假說。

《唐會要》卷六十三「諸司應送史館事例」中，明確記載當藩國前來朝貢時，「每使至，鴻臚勘問土地風俗，衣服貢獻，道里遠近，並其主名字報」之規定。實際調查遣唐使案例，白雉五年（西元六五四年）由高向玄理擔任押使的第三次遣唐使，從新羅抵達唐朝萊州，在十二月謁見唐高宗的時候，東宮監門郭丈舉「悉問日本國之地里及國初之神名」，遣唐使「皆隨問而答」（《日本書紀》卷二十五）。

在第一次遣唐使到中國的時候，唐朝的相關部門單位（鴻臚寺），便向他們詢問，聽取該國的所有事情，並且留下記錄。第二次遣唐使以後，只會再追問新的資訊進行更新。相隔三十三年的第八次遣唐使，照理說，應該是帶來了不少新的資訊，但受到矚目的倭國使者粟田真人等人打著「日本」的名號，似乎引起不小的風波。關於這個國號問題，《舊唐書》提出「別種說」與「日邊說」

後，再把應是遣唐使部分說詞的兩套假設說併記，讓我們確切地感受到了主客問答時的緊繃氣氛。

《舊唐書》接著責其「其人入朝者，多自矜大，不以實對」，並表現出了「故中國疑焉」的不滿聲音。而讓中國感到疑惑的，還不僅如此，還包括「其國界東西南北各數千里」等地理情報。

推古三十一年（六二三年）返回日本的遣隋留學者們，向日本天皇提出「大唐國者，法式備定，珍國也，常須達」（《日本書紀》卷二十二）的建言，舒明天皇也採納了這個建言，於西元六三〇年派遣了第一次的遣唐使，積極採行大唐的「備定」法式。接下來的數十年，倭國透過內政外交的改革，迅速變身成律令國家，開啟了嶄新的國家面貌。

雖然說國號的變更可說是倭國急速「唐風化」的一種象徵，但由於變化的幅度和速度過於劇烈，因此唐朝除了感到了困惑，還使用了「矜大」一詞描述，同時，也對於情報資訊的真偽產生了懷疑。儘管如此，中國因為新舊訊息更新速度的落差所產生的困惑現象，也在很短的期間內就結束了，帶來訊息的粟田真人，也得到了武則天重賞禮遇。

首次的日本國使

如果把西元六三〇年開始的遣唐使視作「倭國使」的話，任命於西元七〇一年正月，並於隔年六月出海赴中，同年十月漂流到楚州的第八次遣唐使，便可以視為首次的日本國使。在《續日本紀》中，流傳著這樣一段遣唐使登陸時的逸事。

粟田真人等一行人，漂流到了楚州鹽城縣海邊時，被當地唐人問道，「何國使？」粟田真人答曰，「日本國使」，並接著反問，「此何州界？」唐人回答，「是大周楚州鹽城縣也」。日本國使又問，「嚮稱大唐，何緣改號？」而後唐人解釋，「永淳二年，天皇太帝崩。皇太后登祚，稱聖神皇帝，國號大周。」

中國的國號從大唐改為大周的這件事情，應該對遣唐使們造成很大的衝擊。不過另一方面，唐人似乎沒有對於那些遣唐使自稱「日本國使」之事感到訝異，因為唐人接著說，「聞海東有大倭國，謂之君子國。人民豐樂，教行禮義。今見使人儀容閑麗，豈不信乎」，依然是使用「倭國」的國號來作代稱。

記載於《續日本紀》的上述紀錄，是以遣唐使們的返國報告為基礎，從整體對話的脈絡來推測的話，可以發現粟田真人等人回答「倭國使」或「大倭國使」的可能性是極高的。若非如此，唐人絕對會詢問：「你們以前明明叫做倭國。現在稱為日本，國號為什麼更改了呢？」。

從《日本書紀》卷一「日本，此云耶麻騰。下皆效此」的標註，我們可以得知「日本」與「倭國」的讀音同樣被標註成「やまと（YAMATO）」。

武則天　唐高宗李治的皇后，西元六九〇年至七〇五年為武周皇帝，在位十五年，前後執政近五十年，是中國第一位也是唯一一位女皇帝。

也就是說，「日本」最初並不是被當作取代倭國所新創出來的一個詞語，而只是被用作「同音異形」的一個詞語。根據《續日本紀》卷六的和銅六年（西元七一三年）五月甲子記載，「畿內七道諸國郡、鄉名，著好字」，我們可以推測或許是因為有「好字」意識，所以開始使用「日本」（使用日本一詞，有可能是跟《日本書紀》作者高句麗僧有關），後來不知道從什麼時候開始，變成一個在對外時會使用的詞語。

不過，若是考慮到當時東亞的實際國際情勢的話，若要使用「日本」一詞作為正式國號，或許須得到唐王朝的公認。這也是為何「武則天命名說」會從很久以前就廣為流傳的背景。

至於日本方面的文獻，例如伊吉連博德的書或是出現於大化革新詔書的「日本」，讓人懷疑很可能是編纂《日本書紀》（西元七二〇年）時候的改寫。若參照海外文獻的話，朝鮮史書《三國史記》卷六的新羅本紀文武王十年（西元六七〇年）十二月的條目中，有著「倭國更號日本，自言近日所出以為名」的記事。不過這是因襲自《唐會要》與《新唐書》的記述，很難讓人認為其具備獨立史料的價值。

唐代張守節所著《史記正義》中，對於「夏本紀」中出現的「島夷卉服」一語，加上了「武后改倭國為日本國」的說明。由於張守節是與武則天差不多時代的人物，因此這段文字的可信度是很高的。武則天發動的「武周革命」是在西元六九〇年。因此如果「日本」一詞是源自武則天的改稱，則一定是武周革命之後的事情。

關於改稱的契機，中國的文獻之中有柳芳的《唐錄》等，日本的文獻則有《釋日本紀》等，提到了粟田真人之遣使作說明。即便如此，我仍舊贊成部分研究者的主張，不認為第八次的遣唐使層正式使用新國號向唐朝通達使命。如果粟田真人等人在出發之前就已經制定新國號的話，那麼西元七一二年編纂的《古事記》，應該就不會使用「倭」，而會使用「日本」才對。

另外就我個人感覺來說，粟田真人等人因為「好字」的緣故而開始使用「日本」之後，雖然不免在固守傳統的鴻臚寺的官員之間引起了一些騷動，但對於更改國號為「周」，自稱「聖神皇帝」，將洛陽命名為「神都」，還造了不少「則天文字」的武則天而言，在麟德殿宴見這些正使的時候，應該是很容易就能夠接受，並將其用作正式的國號。

不管真正原因是哪一個，都不會改變這個第八次遣唐使為最初的日本使的事實。一行人的感動，全都表現於和歌與漢詩之中。在遣唐使團中擔任錄事一職的山上憶良，便以「在大唐時憶本鄉作歌」為題，吟詠「去來子等／早日本邊／大伴乃／御津乃濱松／待戀奴良武」（《萬葉集》卷一），留學僧弁正，以「在唐憶本鄉」吟唱「日邊瞻日本／雲裏望雲端／遠遊勞遠國／長恨苦長安」（《懷風藻》），更表現出以日本作為國號的驕傲心情。

民部尚書

雖然關於第八次遣唐使的時間，在中國的諸多文獻中，有從長安元年（西元七〇一年）到長安三年（七〇三年）等的各種說法，但我認為《新唐書》等文獻是以入宋僧奝然帶來的《王年代記》的任命時間（七〇一年），《通典》是以飄流到楚州或是抵達長安時候的時間（七〇二年），而《唐會要》等則是以武則天設宴招待的時間（七〇三年）為根據所寫下的記敘。

國號「日本」，可以推定是源起於武則天於長安三年（西元七〇三年）在麟德殿召見粟田真人等人的時候。翻開《善鄰國寶記》卷上《唐錄》，如果「長安三年，遣其大臣朝臣真人來朝，貢方物。自言其國近日出所，故號日本國。」的記載屬實，則會讓人聯想到前面所提及的杜嗣先墓誌，杜嗣先、李懷遠、豆盧欽望、祝欽明等這些素有名望的飽學之士，應該也都收到了敕命，列席與這群日本使節「對話」。

因此，我認為「日本」一詞的誕生是喜好文字的武則天隨意命名的說法，這是一種武斷，缺乏公正性的蜚語。更應該要注意的，是與過去倭國使相異的遣唐使形象。中國的文獻記載中，關於粟田真人的相關紀錄相當多，這個現象本身就可以顯現出唐王朝對於此事的高度關心。

關於粟田真人的頭銜，《舊唐書》記載「朝臣真人者，猶中國戶部尚書」，《通典》記載「真人者猶中國地官尚書也」。戶部隸屬於唐帝國尚書省六部其一，最高長官官拜三品，稱為「尚書」。

然而，是不是可以直接把朝臣真人（真人）替換成戶部尚書（地官尚書）？結果顯示是不通的。雖然我們對於唐的史官對日本的氏姓制度掌握到何種程度感到懷疑，但若是根據日本文獻記載的話，便可得知這是引自《續日本紀》卷一的大寶元年（西元七〇一年）正月二十三日條目「以守民部尚書直大貳粟田朝臣真人為遣唐執節使」中的「民部尚書」。

在中國，從隋朝的開皇三年（西元五八三年）到唐朝的貞觀二十三年（六四九年）為止，一直都把戶部稱作民部。到了貞觀二十三年，恢復為戶部，而垂拱元年（六八五年）時，則將其改為「地官」。也就是說，粟田真人在入唐之際，地官尚書的稱號用法是正確無誤的。

在日本，民部省的長官被稱作「民部卿」，「民部尚書」的使用，只有在六國史中看過前面提到過的例子。雖然也有可能是因粟田真人要入唐的緣故，才配合唐的習慣而把民部卿改掉，但我們也不能忽略，在粟田真人被任命遣唐執節使的大寶元年，是日本史上首次正式實施律令（《大寶律令》）的這項事實。換句話說，我們可以推測，身為編纂律令相關人員的粟田真人，應該已將包含「民部尚書」在內、有關《大寶律令》的一些資訊帶到大唐才是。

進德冠

在《舊唐書・日本國傳》書中，關於粟田真人的裝束「冠進德冠，其頂為花，分而四散，身服紫袍，以帛為腰帶」，記載得極為詳細。把外國使節的服飾描述到這麼詳細是很少見的情況，由此可見唐人對於粟田真人衣冠瞠目結舌的程度。

關於進德冠，《新唐書・車服志》中有「太宗……又製進德冠，以賜貴臣」的記載，《唐新語》認為此時期為貞觀八年（西元六三四年）。一開始授與「貴臣」的進德冠，就如同《唐六典》卷二十二，「太子之冠三，一曰三梁冠，二曰遠遊冠，三曰進德冠」的記載，後來演變為了皇太子專用之物。

《通典》卷五十七記載「九琪，加金飾」，進德冠是皇太子在侍從皇帝祭祀、謁見皇帝、加元服[13]、納妃等時候的服飾規定。

粟田真人就這樣披戴著象徵特殊身分的進德冠在身上，從唐人的眼光看來，自然是覺得奇異至極。不管是民部尚書也好，進德冠也好，這些重現貞觀年間初唐風格的第八次遣唐使，確實比起過去的倭國使節，在外貌上有很大的改變。因此，我們在閱讀《舊唐書》時會有「這個倭國嗎？」、

「東夷和唐人的區別在哪？」」等的疑惑，也會對這些遣唐使產生「矜大」的批判。

另外，關於粟田真人的學問與容姿，《舊唐書》記載「真人好讀經史、解析文章、容止溫雅」。雖然描寫方式略有出入，但在《新唐書》、《通典》、《唐會要》等可信度很高的史書中，也都有類似的相關紀錄。這是在面對過往的「倭」所沒有出現過的現象，以此轉折，之後對日本的評價也因此轉為正面。

綜合前述，粟田真人不管是在職稱、衣冠、風貌、學識方面，都大幅扭轉了過去倭國使節的形象。《舊唐書》同時有倭國傳與日本國傳，其代表的意義是，唐王朝並非單純只是將日本視為倭國的延長，而是將其視作新生國家。然後，身為首位日本國使，粟田真人成為鎂光燈焦點，唐人面對這群深受初唐文化浸染的異國人士，剛開始的時候感到懷疑吃驚，最後則是以「朝廷異之」（《通典》）一語評之。

官位與氏姓

所謂「朝廷異之」，指的是粟田真人在唐朝受到刮目相看的意思。其中一項證據，就是武則天於麟德殿饗宴招待時，授予了「司膳卿」官職。

司膳卿起緣於漢朝的「光祿勳」，到了梁朝的時候，被改名為「光祿卿」。最初負責宮殿護衛，在北齊的時候，同時還負責皇帝的飲食，隋朝時期則主要負責飲食與祭祀工作。唐朝承襲前朝，綜合職務後將名稱改成「司宰卿」，後來又改為「司膳卿」。司膳寺長官司膳卿（司膳大夫、司膳郎中亦同），官拜五品上，在皇帝身邊占有重要地位（附帶一提，《通典》卷一百八十五載

「拜為司膳員外郎」，員外郎是次官等級，從六品）。

這裡請讀者留意的是，相對於過去授予倭國的武官職如「率善中郎將」、「率善校尉」（《魏志・倭人傳》）或「安東大將軍」、「平西、征虜、冠軍、輔國將軍」（《宋書・倭國傳》）等，此次日本使被授予的是文官職，而且還是位於皇帝左右的官職。這是「軍事國度」倭國與「文明國度」日本之間的形象差別，也是一種中國給予倭國及日本不同定位的一種展現。

從粟田真人以後，例如阿倍仲麻呂、吉備真備、井真成、藤原清河、高階真人等，日本人所獲授的官職，幾乎都是文官。

不僅如此，因為粟田真人前往中國，也讓日本人的氏姓在中國的歷史上留下痕跡。《元和姓纂》卷五建有「朝臣」項目：「日本國使臣朝臣真人，長安中拜司膳卿同正副使。朝臣太父，拜率更令同正。朝臣，姓也。」此外，《古今姓氏書辯證》卷六中，有「真人」的項目，記載著「建中元年，使者真人興能獻方物。真人，蓋因官而氏者也。按日本有朝臣真人，猶唐之尚書」。

外部的日本就像這樣，透過「人」的往來，逐漸轉變為內部的要素，融入中國的官僚制度與氏姓之中。

從「君子」變身為「倭寇」

翻開唐代詩人王維的詩集《王右丞集》，有一首贈予阿倍仲麻呂，以《送祕書晁監還日本國》14為題的五言律詩。這首詩的序中寫道：「海東國，日本為大。服聖人之訓，有君子之風。正朔本乎夏時，衣裳同乎漢制。」

對中國人而言，一般認為距今愈久遠的古代，遺留著愈多的理想善良美俗，以及保有以聖人教誨為根基的政治秩序。因此，使用夏代曆法與穿著漢代服飾，簡直可說是一種「服聖人之訓，有君子之風」的表徵。

時代變遷，到了宋代的太平興國八年（西元九八三年），東大寺的奝然入宋，將中國佚書《孝經新義》與《孝經鄭氏注》，還有日本本國的《職員令》與《王年代記》獻呈給了宋太宗。《宋史・日本國傳》引用了《王年代紀》，從神代起，到第六十四代的圓融天皇為止的天皇系譜，完整列舉。宋太宗也不隱藏五味雜陳的心境，「聞其國王一姓傳繼，臣下皆世官」，向宰相表明心中的感嘆如下：

> 此島夷耳，乃世祚遐久，其臣亦繼襲不絕，此蓋古之道也。中國自唐季之亂，寓縣分裂，梁、周五代享歷尤促，大臣世冑，鮮能嗣續。朕雖德慚往聖，常夙夜寅畏，講求治本，不敢暇逸。建無窮之業，垂可久之範，亦以為子孫之計，使大臣之後世襲祿位，此朕之心焉。

中國人在空間上，將大海彼端的群島想像成一種夢幻的神仙鄉，另一方面，在時間上，則是將其視為一種被遺留在遙遠古代的理想王國。藉由遣唐使或入宋僧所帶來的資訊，對中國而言，日本在某種層面上，可說是化身成了一種「中國人對於古代的懷舊（nostalgia）」。

然而，如此「禮儀國度」的印象，到了元明時代，卻迅速改變。取代「君子」形象登場的，是豐臣秀吉和倭寇，並在中國掀起了一場前所未有的驚濤駭浪。

趙良弼的報告

蒙古大汗忽必烈將首都從哈拉和林遷到了大都（現在的北京）之後過了兩年，也就是在至元三年（西元一二六六年）時，命黑的與殷弘等人為招諭使，前往日本。使者群所攜往的國書《蒙古國牒狀》中，有「通問結好，以相親睦」，通好之意的敘述，然而，日本對此並沒有回應。

至元六年（一二六九年），擔任祕書監職務的趙良弼，奉命出使日本。那時所攜國書中寫著「日本素號知禮之國」，呼籲建立「親仁善鄰」的邦交。

趙良弼一行人背負著「通好日本，期於必達」的使命（《元史》），首先到了高麗，至元八年（一二七一年）九月，總算抵達了太宰府。儘管趙良弼並沒有完成使命，於隔年返回中國，但後來又再度被派遣出使日本。根據《元史・日本傳》記載，第二次前往日本的元使「十年六月，趙良弼復使日本，至太宰府而還」。

趙良弼回到中國後，馬上將與日本相關的最新消息向元朝廷稟告。《元史・世祖本紀》（十年六月戊申）記載「使日本趙良弼，至太宰府而還，具以日本君臣爵號、州郡名數、風俗土宜來上」，《元史・趙良弼傳》則是敘述「臣居日本歲餘，睹其民俗，狠勇嗜殺，不知有父子之親、上下之禮」。

帶著與「知禮的日本」進行「通好」目的而前往日本的元使，帶回中國的卻是日本人「狠勇嗜殺，不知有父子之親、上下之禮」的印象。在當地進行過調查的趙良弼認為，窮山惡水刁民的日本，不值得使用「有用的民力」去征服。然而，忽必烈並未將這個忠告聽進去，依然決定在隔年發動大軍進攻日本。此即日本史上的「文永之役」（西元一二七四年）。文永之役後，元朝又第二次日本遠征，即「弘安之役」（一二八一年），在此戰役中元朝幾乎失去了當初從宋朝手上接收來的海軍，這也導致後來海防鬆弛，甚至成為元朝滅亡的原因之一。自十四世紀初開始，廣州、泉州、慶元的市舶司，不斷重複著廢止與設置的循環，這就是沿海區域防衛問題日漸嚴重的證據。

如前所述，日本幕府由武士掌握權力，以強硬的對外政策，重挫了忽必烈意圖征服東亞的雄心壯志，並對中國歷史後來的發展產生了影響。

市舶司的廢置

雖然元的遠征日本最終宣告失敗，但仍舊帶給鎌倉幕府相當大的打擊。開始出現以不易控管的浪人武士，或沿海的漁民、商人們為主體所組成的武裝貿易商團，這些商團頻繁地出沒於朝鮮和中國的海岸。這個動向，也同時反映在中國歷史上不斷反覆廢止與設置市舶司的動態上。

例如，至元二十九年（西元一二九二年），日本商船抵達了四明（現今的寧波）尋求貿易機會，不過元朝官員在進行入境檢查時，發現「舟中甲仗皆具」，警覺其可能有進行掠奪的「異心」，因此設置了元帥府鞏固海防。

此外，大德七年（西元一三〇三年），為了防備屢屢出沒江南沿岸的日本船隻，將千戶所設於定海以強化海防，同時也廢止了市舶司，並發布海禁令。

政府實施海禁，導致十四世紀初的大約二十年期間，沿岸商人的走私貿易活動開始急速增加，加上日本船隻的海盜行為日漸猖獗，市舶司不斷地被廢置。以下便是從《元史‧食貨志》節錄出來關於廢置市舶司的相關記事：

〔成宗〕大德元年（一二九七）廢止行泉府司。

大德二年（一二九八）合併澉浦與上海的市舶司與慶元市舶提舉司。

大德七年（一三〇三）禁止商人出海，廢止市舶司。

〔武宗〕至大元年（一三〇八）重新啟動泉府院，整治市舶司。

至大二年（一三〇八）廢止行泉府院。將市舶提舉司編入行省。

至大四年（一三〇八）再度廢止市舶司。

〔仁宗〕延祐元年（一三一四）重新啟動市舶提舉司。禁止商人搭船出國。

延祐七年（一三二〇）再度合併提舉司。

〔英宗〕至治二年（一三二二）重新啟動泉州、慶元、廣東三處的提舉司，

元朝政府由於害怕日本商船的武裝化及遠征失敗後日本的報復行動，因此不得不調整路線，從

一開始的獎勵中日貿易政策，轉為消極的閉關主義。值得注意的是，這些海防政策的調整與市舶司的廢置，主要都是因日本動向所作出的回應。

北虜南倭

西元一三六八年，庶民出身的朱元璋（明太祖）推翻了元朝，奪回漢人失去了九十年的中國統治權。然而，明太祖即位之後想要回復的華夷秩序，卻始終受阻於南北外患而難以實現。

北方有蒙古的殘兵和女真族等騎馬民族威脅邊境與京畿地方，南方則有海盜化的倭寇出沒於沿海州縣。尤其是出沒於大海上的倭寇，讓廣東到山東的沿海地區海防警報響個不停，受害範圍相當大。

《明史・日本傳》有一段少見的長文。雖然文章中出現了各式各樣的日本人，但最讓讀者印象深刻，應該就是「終明之世，通倭之禁甚嚴。閭巷小民，至指倭相詈罵，甚以噤其小兒女云」這段敘述了。

換句話說，在當時，光是一句「你是倭人！」就構成了一種對對方的嚴重侮辱與輕蔑。還有，只要對吵鬧不休的孩童斥喝一句：「倭人要來了喔！」孩童就會馬上安靜下來。從這些例子，我們應該不難看出民間對於倭寇的憎惡與恐懼。至於這些倭寇的兇神惡煞形象，在中國人的內心中留下了多大的陰影，我想就毋需再多加贅言了。

由於倭寇的囂張跋扈，也促使中國出現了前所未有的大量海防書籍。王庸的《中國地理圖籍叢考》15的「明代海防圖籍錄」中收錄有一百零一部書籍，作者主張，「明代海防，雖是為紅毛等國所設，究以御倭為重，……是海防與倭寇實相為樞紐者也」，而吳玉華所著的《明代倭寇史籍誌目》（收錄書籍七十餘部）則被作為附錄，收錄其中。

隨著大量的海防書籍陸續問世，文武百官對於日本的國情，還有航海與造船技術、武器的改良、士兵的訓練、沿岸地形調查的關注度日漸升高。以日本的國情為例，中國不僅注意日本的政治與經濟，也開始注意日本的風俗或文學，甚至是日本語，對於日本的關心程度可說是達到了一個前所未有的高峰。此外，中國則透過與倭寇實戰所得到的經驗與教訓，不斷針對海船、刀械，以及陣法、築城技術等新兵器或新戰術進行研發。

如同上述，明代為了要擊退倭寇，因此海防理論與實戰方法急速發展，一般民眾的尚武精神高漲，軍事知識相當普及。

各種備倭官

倭寇牽動中國歷史，最顯著的便屬明代的軍事體制了。為了防治倭寇，沿海各地均設置了警衛所，並且任命各種名稱的「備倭官」。以下是參閱潘洵的《明代抗倭官考》16，針對防禦倭寇所設置的長官進行整理（次官以下省略）：

（一）「備倭總兵官」：根據明朝的軍事制度，「總兵官」分成二種，一種是派遣到固定軍事要塞鎮守，另外一種則是在國家有事時才任命，只為軍事行動。「備倭總兵官」屬於後者，另外還有「補倭」、「巡倭」、「剿倭」、「防倭」等稱謂，並沒有一個固定的名稱。

明初洪武年間，倭寇屢屢進犯沿海州縣，光是《明實錄》就有十九回的紀錄。因此，明太祖頻繁地任命擔任備倭的總兵官馳赴現場。由於備倭總兵官是在國家有事時特別任命的官員，因此被賦予了極大的權限。例如洪武七年（一三七四年），因為「海上有警」而獲任命的吳禎，便率領江陰、廣洋、橫海、水軍等四衛的舟師前往巡捕海寇。京都各警衛所與杭州、溫州、台州、明州、福州、漳州、泉州、潮州等，隸屬各地警衛所的官兵，也都被完全納入其統治下（《皇明馭倭錄》）。

備倭總兵官之中，最廣為人知的，便要屬洪武十七年（一三八四年）接受敕命的湯和這號人物了。與被命令拿捕倭寇的吳禎不同，湯和主要專心於警衛所的整頓，共花費了四年時間，在浙江修建了五衛十所、福建五衛十二所、南直隸一衛兩所、其他地方總計五十九個防衛設施。

明太祖後的兩位皇帝，明惠帝與明成祖，也都承繼了這項備倭總兵官制度，光是永樂六年（一四〇八年），朝廷就從中央派出了四名備倭總兵官前往各地。

（二）「總督備倭」：永樂中期開始到嘉靖中期，倭寇入侵之勢稍緩，備倭的事物便交由總督備倭負責指揮。關於總督備倭的起源，根據《山東通志・兵防志》的記載，湯和從山東到浙江，共修建了五十九個防衛設施，「咸置行都司，以備倭為名」。我們可以依此推知，總督備倭從一開始作為備倭的專用設施，後來發展成常駐機關與官吏。

山東省檔案館保存有嘉靖年間山東總督備倭督司文書二十一卷。在這批文件中，可以發現總督備倭前面還多加了「欽差」二字，全稱變成「欽差總督備倭」。換句話說，我們可以因此得知，總督備倭並不是一個常設官，而是經由皇帝直接派遣的一個官職。

比起幾乎都是由公侯伯爵等位階較高的文官擔任的「備倭總兵官」，「總督備倭」多是以位階相對較低的職業武官（領導階層）為主。

（三）「備倭把總」：根據《雍正嘉興府志》的記載，「正統間設把總一員，以統衛所，銜曰備倭」。從洪武到永樂，備倭的權限集中於負責守備大範圍區域的備倭總兵官與總督備倭身上，並沒有設置負責防衛特定警衛所的備倭把總。

根據胡宗憲《蘇州水陸守禦論》，把總分為水兵把總、陸兵把總、遊兵把總，共三種，分別被賦予了海戰、陸戰、巡查的任務。附帶一提，根據同樣由胡宗憲所著的《籌海圖編》記述，朝廷分別在蘇松設置了九名、浙江七名、淮揚六名、福建五名、山東三名的備倭把總。

（四）「海道官」：嚴從簡《殊域周諮錄》卷三記載了，「設總督備倭，以公侯伯領之；巡視海道，以侍郎都御史領之」。海道官原本職司海上貿易與運送事務，然而，由於倭寇禍害日漸嚴重，因此最後演變成以軍事行動為優先的一個職務。

根據《兩浙海防類編續考》卷二，備倭的海道官從洪武三十年（一三九七年）以後，變成常駐於寧波，並專門負責浙江沿海的防務。海道官同時也負責備倭事務其中一環的取締沿海漁民渡海之業務。

（五）「海防巡撫」：明代後期，倭寇的侵擾行為日漸猖獗，因此朝廷廢除了備倭都司之後，派遣巡撫、總督、總兵官、參將、兵備副使等官員至東南沿海各州，負責海防工作。

嘉靖二年（一五二三年），進入寧波的細川船與大內船，雙方因為貿易權的問題發生衝突，造成許多傷亡，史稱「寧波之亂」。奉命處理這個事件的劉穆於返京之後，向朝廷建言任命重臣強化海防。嘉靖二七年（一五四八年），朱紈擔任首任海防巡撫，前往浙江。

巡撫原本是代表皇帝巡遊天下，宣府地方的官員，但因發生「寧波之亂」之故而增設，所以已經沒有了原本的意義，變成專門負責海防的特命官吏。

（六）「備倭總督」：嘉靖三十三年（一五五四年），倭寇氣焰愈來愈囂張，不僅僅只在沿海州縣進行掠奪，甚至還逼近到了南京。作為區域防禦基盤的備倭體制，已經無法抵擋住跨越區域的倭寇。因此，給事中的王國禎等人上奏，建議任命能夠統合各地兵力與物資的總督大臣。這就是在東南沿海設立總督職位，專門處理備倭事務之制度的開始。

綜觀明代，共出現過四名備倭總督，不管是哪一名，都是臨危受命去處理國家遭遇的危機。首位總督是在嘉靖三十三年所任命的張經，至於成功誘殺王直（又作汪直）的胡宗憲，則是第四任。

由以上略述所見，我們可以看到飽受倭寇侵擾之苦的大明王朝，在針對防治倭寇一事上，不僅僅是費盡心思增設專門機關、設施、官職，甚至還得調整原本與軍事無關的單位或官員的性質，進行因應。

《斬蛟記》

對於倭寇的猖獗行為，如果朝廷採取的應變措施是呈現於機關名稱與官職變化的話，那麼一般民眾的感受，就是透過小說與戲曲等形式來表現。明代的

《斬蛟記》、《蓮囊記》、《戚南塘剿平倭寇志傳》、《朝鮮征倭紀略》、《胡少保平倭記》等作品便是代表性的例子。而清代的話，則有《水滸後傳》、《金雲翹傳》、《綺樓重夢》、《綠野仙蹤》、《雪月梅傳》、《蜃樓外史》、《玉蟾記》等作品。

綜觀上述作品，文祿元年（一五九二年）派遣大軍前往朝鮮，揚言「一超直入大明國，易吾朝風俗於四百餘州」的豐臣秀吉，便屢屢以「關白」、「木秀」、「平秀吉」等名，於故事裡面頻頻登場。

明代的短篇傳奇《斬蛟記》，是一部涵蓋道士許真君斬蛟的民間傳說，並以豐臣秀吉侵略朝鮮的史實為基調所完成的故事，故事大綱如下：

很久以前，許真君斬殺了一條危害人間的大蛟，當時有一隻小蛟從大蛟的腹中流出逃跑了。這隻小蛟後來棲居日本的銀蛟山，經過一千兩百餘年，危害無數生物，最後化身人類，名叫平秀吉。平秀吉以一名小兵的身分出道，殺了關白奪得權力地位，並征服了六十六州，世人都沒有注意到他是妖怪的化身，全部都屈服於他的老奸巨猾與怪力，就連琉球與朝鮮也都畏懼於他，而不敢怠慢朝貢。

萬曆二十年（一五九二年）四月，平秀吉突然發動二十萬的大軍侵略朝鮮，並且立刻陸續攻陷王京、平壤、安邊，大軍壓境中國遼東，意欲直搗北京。接獲朝鮮快馬急報的朝廷，由宋應昌擔任經略，我（作者袁黃）和劉玄子擔任參謀，馳往救援。

我們在數名道士的陪同之下遠渡重洋，抵達銀蛟山，將鵝群趕入紅鹿江中，道士開始唸咒，然後怪物的頭浮了出來，道士馬上拔出寶劍，揮落，斬下怪物首級。時值萬曆二一年（一五九三年）正月七日之事。此後，倭國軍隊不再來犯，由此可見關白確實已死。

雖然在小說裡面，倭國軍隊的撤退被當作關白突然死亡的證據，但戶科給事中吳應明，在萬曆二十一年七月呈給宋神宗的奏狀，卻報告如下：「兵部差沈丙懿密訪夷情，內稱關白中毒，已斃平柴二賊相圖，經略總督了無報聞，臣觀倭奴攻陷朝鮮易於破竹，乘勝之師何所不逞，乃我師一集輒，棄開平而不顧，守王京而不堅，豈誠畏威遠遁哉，自古行師不戰而退者，非軍中有疫，則國中有變未可知也。」（《神宗實錄》）

如同前述，我們可以在《斬蛟記》極為荒唐無稽的故事裡看到，作者想要盡可能地將當時的國際情勢，迅速又正確地呈現出來的意圖。也就是說，雖然表面上看起來像是傳奇小說，但正因為骨子裡又可視為時事小說，因此可以推估作品裡所描寫的豐臣秀吉形象，如何在中國民眾心裡留下了陰影。

《水滸後傳》

只有好的作品，才會吸引後人進行模仿創作。就這層意義來看，在國內外皆擁有多數後續作品的《水滸傳》，無疑就是一部傑作中的傑作。例如以武松的故事衍生而成的《金瓶梅》，以李俊的故事發展出來的《水滸後傳》，都是模仿《水滸傳》的名作。

李俊外號混江龍，天罡星三十六人中排行第二十六。雖然《水滸傳》第九十三回內容中寫有「李俊名聞海外，聲播寰中。去作化外國王，不犯中原之境」，然而實際上卻沒有提到他的什麼海

李俊　外號「混江龍」。圖取自清代張琳繪《水滸人物圖傳》。

外事蹟。《水滸後傳》便是巧妙地利用這條小小的線索，延伸編織而成的一部饒富趣味的作品。全書八卷四十回，故事的時代背景設定於南宋，以倖存下來的梁山好漢們的後續故事進行開場。

被朝廷派往各地任官的梁山好漢們，雖然想要度過平靜的餘生，然而，卻因為對於地方官員的無理壓迫，以及惡徒的糾纏迫害感到忍無可忍，因此再度聚集於登雲山與飲馬川，張開了「替天行道」的大旗。之後，包含梁山好漢的後代在內，共四十四人逃出海外。

李俊以靠近暹羅的金鼇島為根據地，自號「征東大元帥」，直接沿用宋的年號。沒過多久，花逢春就成為了暹羅國王的乘龍快婿，主客和平共存。

然而，丞相共濤卻毒殺了暹羅國王，並且自己繼承了王位。李俊因此發動了金鼇島的宋兵平定作亂，後來被推舉成為新國王。共濤逃往日本乞求援軍，關白（豐臣秀吉）率領了倭兵一萬人，前往暹羅進行一場政權保衛戰。倭兵與梁山好漢們，雙方於是在海上展開了陣勢，開始進行戰鬥。關白祕密差使水兵黑鬼，去鑿穿梁山泊好漢們的海船，取得了有利的戰況，並且在很短的時間內，包圍了暹羅城，發動猛烈的攻擊。黑鬼可以晝夜待在水中，飢餓時就直接捕捉水中魚蝦為食。

雙方的戰鬥就這樣陷入一來一往的拉鋸

戰，後來，公孫勝發現倭兵怕冷的弱點，因此施展法術，讓天空下起大雪，海水立刻結凍，關白和倭兵都被結凍在冰裡，如水晶人一般，直挺挺地凍死了，梁山好漢們總算取得了最後的勝利。

如同上述，豐臣秀吉侵略朝鮮與倭寇在中國沿岸州縣的種種掠奪行為，不只在中國的歷史上留下了深刻的傷痕，更透過了明清時代的小說與戲曲進一步地具體形象化，且不斷地產出。比起演變出近現代的小詩及漢俳的俳句，這些以倭寇作為題材的作品，雖然是一種壓迫到日本的「負面遺產」，但卻是文學史上不容忽視的演變。

日本扇

就如同「北虜南倭」這個成語所示，日本是牽動中國歷史的一個很大的外部因素。回顧明代歷史，更是隨處可以見到這樣的痕跡。這些日本所遺留下來的足跡，與其只把它當作是日本歷史的一部分，還不如將它理解為中國歷史的進程更來得恰當。

日本的中世史，即便處理了倭寇議題，也不會觸碰到備倭官的產生與變化等現象。日本文學史更是理所當然地，並未正面處理出現於明清小說與戲曲中的倭寇題材作品。在中國起因於倭寇問題所產生的種種效應，以及因為這些效應而併發而生的各種新現象，都是必須視為中國歷史不可分割的一部分來加以考察的。

然而，在明代，隨著中斷於唐末（西元八九四年）的中日間邦交關係的回復，勘合貿易[17]盛行，人員往來與物質流通都達到了前所未有的規模，這是不可忘記的事情。而這些交流中，將一股新風潮帶入中國歷史的代表事例之一，就是勘合貿易的主力商品，日本風格的扇子（折疊扇）。

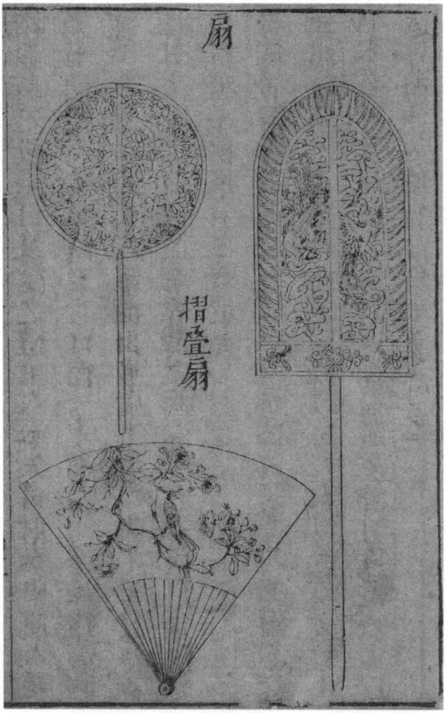

日本扇　摺扇。圖取自明代類書《三才圖會》中的插畫。

關於日本扇流入中國，明朝陳霆在《兩山墨談》中提到，在宋代以前，中國並沒有折疊的扇子，而在永樂年間（一四〇三～一四二四年），倭國將折疊扇作為貢品帶到了中國，朝廷將這些扇子賜予群臣，然後讓內府進行仿造，結果很快地，在民間造成了流行，原本的古扇（團扇），除了江南的婦人以外，漸漸不再被使用。

馮可時在作品《蓬窗續話》中寫到，在他上京的時候，傳教士利瑪竇送給他四柄「倭扇」，而這四柄扇子「合之不能一指，甚輕而有風，又堅致」，從讓他感到讚賞不已的這些描述當中，我們可以得知日本扇在當時士大夫之間，乃是一種讓人樂於收到的高級贈品。

雖然日本扇自永樂以後就已經開始在內府進行仿造，但學習描金畫技術，則是在正德年間（一五〇六～一五二一年）派遣了做扇子的職人前往日本。到了嘉靖年間（一五二二～一五六六年），中國已有不少地區能夠大量生產扇子，四川省的布政司呈獻給朝廷的扇子，更是達到每年數以萬計的數量。

中國的仿造扇並非只是全盤接收複製日本的扇子。也就是說，中國應用了原本團扇的技法，把扇子從單面轉換成了雙面，並且大幅增加扇骨數量。根據《杖扇新錄》的記載，杭州產的油扇（杭扇），扇骨從三十六枝變成了五十枝，扇面塗上柿汁使其出現黑油艷色後，在上面以書法、繪畫裝飾。兩面貼紙，扇骨細密化後的仿造扇，比日本扇來得更加牢固又美觀，因此不只在中國掀起了流行，甚至還「逆向出口」回到日本，稱作唐扇，並且很快就在禪林與民間廣傳。日本受到了刺激後，採用了插骨（在兩張扇面紙之間插入骨架）技法，然後雕刻扇骨，開發出了所謂的「總雕骨扇」。

便於攜帶的摺疊式日本扇，不僅在日常生活中取代了傳統的團扇，取得主流地位。如今，不管是在扇面畫、雜技（Circus），或是在進行漫才[18]、京劇等表演藝術的時候，日本扇也成為一個不可或缺的道具。

日本嗜好

翻開明清時期的詩文集或是雜記，可以發現有一種應該可以稱作「日本嗜好」之物，靜靜地在官吏與文人間流傳著。據《桃花扇》或《儒林外史》記載，日本傳入中國的折疊扇，就像現在的手機一樣，對於文人來說，是個人手不離之物。接下來將以高濂（一五七三年－一六二〇年）所寫的《遵生八牋》為例，介紹與雕刻有關的史料。

（一）鏤金：作者高濂在「論宣銅倭銅爐瓶器皿」章節，舉了一個本名失傳，人稱「潘銅」的人物為例。潘銅原本是浙江省人，年少時被倭人擄走，在日本待了十年，期間習得了鏤金的技術，熟稔「金銀倭花」雕刻技藝。返回中國後，運用這些特殊技法製作銅器，時稱「假倭爐」。

高濂曾把潘銅找來自己家中，支助他製造文房與家用物品。潘銅所製作「倭尺」，雖然乍看之下並沒無特異之處，但其實有著中空的設計，裡頭可以藏放十幾見文房用具。另外，剪刀是摺疊式的，這在當時也是極為罕見之物。其他，「銅合子、途利筒、彝爐、花瓶」等物，將象眼花紋鑿嵌金銀，精雕細琢，與倭制本物無異，極為精妙雅致。

（二）漆雕：日本的漆工雖是仿自宋元漆雕技術，但後來自行增添許多創意進去，因此逐漸日本化，並且融合傳統的螺鈿工藝，形成獨自的風格。《遵生八牋》有「論剔紅倭漆雕刻鑲嵌器皿」章節，詳細介紹日本的漆雕工藝。緊接在前言「漆器惟倭稱最，而胎胚式製亦佳」之後的，是描金的多層盒、塗著紅漆的金邊盒子、塗金的彩色屏風、極為精巧的文具、塗漆的佛壇、有象眼紋路昭君圖的香几以山水鳥獸做為造型的桌子等，列舉出了數十種漆雕。

高濂不惜讚嘆「倭人之制漆器，工巧至精極矣。又如雕刻寶嵌紫檀等器，其費心思工本，亦為一代之絕。」接著提到中國的仿造品，感嘆道「近之仿效倭器若吳中蔣回回者，制度造法，極善模擬，用鉛鈐口。金銀花片，峋嵌樹石，泥金描彩，種種克肖，人亦稱佳。但造胎用布稍厚，入手不輕，去倭似遠。」

（三）祕閣：所謂祕閣，原本指的是天子的書庫，另外也有尚書省別稱的意涵。在這裡指的是寫毛筆字的時候枕在手肘處，以防弄髒紙面的一種長方形道具。這個黑漆祕閣長約七寸，寬二寸，表面繪著金泥的花圖案，是一個像紙一樣輕的漆器。

我們可以從《遵生八牋》的記載得知，明代的時候雖然有逞凶鬥惡的倭寇所形成的「負面影響」，但同時也有藉由中日邦交的恢復，公私商船進行的物資交流所帶來得「正面能量」。

從日本傳進中國的工藝品，製造技法雖然原本都是日本習自中國的，但經過長期的模仿，逐漸融合了日本民族的美感與獨特手法進行改良後，所發展出來的不同工藝品，「逆向出口」回到中國，並促成了中國藝術的繁榮。

從「學生」變身為「老師」

一八四〇年，英國軍艦猛烈砲擊，敲開了大清王朝長期緊閉的門戶，同時也開啟了中國一連串屈辱的條約，並讓中國變成了半個殖民地。就如同這個事件所象徵的意義，中國的近代史，主要便是在西洋列強的重壓下，一點一點地被拉開了垂幕。

十三年後，處於太平盛世的日本，也在美國的船堅砲利下，被迫開國，放棄持續了二百多年的鎖國政策。然而，在這個歷史性的分水嶺上，中日兩國的命運，卻被導向了兩個不同的方向。也就是說，日本為了不要重蹈中國的覆轍，因此積極地學習西洋文明，擺脫封建社會的窠臼進行改革，並且在一八六八年的明治維新獲得了成果。

背負著傳統文化重擔的中國，便是以極為複雜的心情，看著日本在維新成功後不斷地急遽成長，最終成為東亞首屈一指的強國。總算，一部分的先知者們終於克服了迷惘與不安，開始要把日本的近代化當作模範來學習。

隋唐以後，一直被當作好學生的日本，如今被中國視作「西學之師」，不論這樣究竟是好是壞，都很深入地影響了中國近代的歷史。不過，在過程中，發生了日本侵略中國的事情，因此氛圍絕非總是維持在平穩友好的狀態之下，這點是我認為應有的基本認知。

東遊日記

明治三年（一八七〇年）才剛開始運作的日本新政府，馬上派遣了柳原前光前往中國，進行建立邦交的遊說工作。結果，在一八七一年雙方締結了《中日（日清）修好條規》與《中日（日清）通商章程》。終於在六年後，中國首任駐日公使何如璋踏上了這個「維新之國」，雖然起步慢了，但以近代化作為目標的中國，終究與日本締結了新的國際關係，並正式開始運作。

在邦交建立的契機之下，中日兩國間的人員往來，呈現出以往所沒有過的活躍狀態，官吏、商人、學者等到日本進行訪問的機會突然增加起來，這些人在親眼確認維新後的日本後，將所見所聞以日記等方式留下了許多紀錄。我們把這些記載著日本見聞的日記、詩文、報告書、筆記、紀行、記錄、調查書、翻譯書等作品，統稱為「東遊日記」。

「東遊日記」是筆者所任教的杭州大學日本文化研究所（現在的浙江工商大學日本文化研究所）的重點研究題目，其研究成果收錄於王寶平教授監修的《晚清中國人日本考察記集成》。這個系列開始於一九九九年由杭州大學出版社出版呂順長所負責的《教育考察記》（上、下）[19]，收錄書目共計二十六部，如下：

《東瀛學校舉概》（姚錫光）、《日本各校紀略》（張大鏞）、《日本武學兵隊紀略》（張大鏞）、《東遊紀程》（朱綬）、《東遊日記》（沈靖清）、《日本學校圖論》（關庚麟）、《扶桑兩月記》〔附日本教育大旨，學校私議〕（羅振玉）、《東遊叢錄》（吳汝綸）、《遊日本學校筆記》（項文瑞）、《瀛洲觀學記》（方燕年）〔以上《教育考察記上》〕、《日遊彙編》（繆荃孫）、《癸卯東遊日記》（張謇）、《癸卯東遊日記》（林炳章）、《東遊紀行》（胡景桂）、《日遊筆記》（王景禧）、《日本普通學務錄》（楊澧）、《日本留學參觀記》（蕭瑞麟）、《東遊日記》（鄭元濬）、《東遊日記》（郭鍾秀）、《嶽雲盦扶桑遊記》（吳蔭培）、《東航紀遊》（李文幹）、《東遊日記》（黃黼）、《薔盦東遊日記》（樓黎然）、《東瀛參觀學校記》（呂珮芬）、《瀛洲客談》（鄭崧生）、《東遊日記》（定樸）〔以上《教育考察記下》〕。

之後，因為杭州大學被併入了浙江大學，這種類型的學術書籍出版難度變高，因此便改由上海古籍出版社負責出版，《日本國志》與《遊歷日本圖經》以外，「法制」、「軍事」、「詩文」等系列，也都繼續發行。

劉雨珍所負責的《日本政法考察記》[20]中，收入《日本新政考》（顧厚焜）、《海外叢稿》（但燾）、《扶桑考察筆記》（金保福）、《三島雪鴻》（段獻增）、《東遊考政錄》（劉瑞莀）、《東瀛見知錄》（涂福田）、《調查日本裁判監獄報告書》（王儀通）、《調查東瀛監獄記》（熙楨）、《東瀛警察筆記》（舒鴻儀）、《日本警察調查提綱》（雷廷壽）、《東遊紀略》（趙詠清）、《日本各政治機關參觀詳記》（劉廷春等人）、《蛉洲遊記》（劉樽）、《遊東日記》（王三讓）、《鈍齋東遊日記》（賀綸夔）等十五篇。

王寶平負責的《中日詩文交流集》[21]，共有《翰墨因緣》（水越成章）、《芝山一笑》（石川鴻齋）、《海外同人集》（河田小桃）、《歸省贈言》（向山榮）、《墨江修禊詩》（森大來）、《海東唱酬集》（李長榮）、《扶桑驪唱集》（葉煒）、《舟江雜詩》（王治本）、《日本同人詩選》（陳鴻誥）、《癸未重九讌集編》（孫點）、《戊子重九讌集編附枕流館讌集編》（孫點）、《己丑讌集續編》（孫點）、《庚寅讌集三編》（孫點）、《櫻雲臺讌集詩文》（孫點）、《嚶鳴館春風疊唱集》（孫點）、《嚶鳴館疊唱餘聲集》（孫點）、《嚶鳴館百疊集》（孫點）、《墨花吟館輯志圖記附海外墨緣》（嚴辰）、《紅葉館話別圖附紅葉館留別詩》（陳明遠）等，中日雙方合計共十九篇。

上述系列還有附上原文影印與文獻解題、索引等，自從一九九九年問世之後，便以清代外交資料以及中日交流史料，一直獲得高度評價。因應二〇〇四年國家清史編纂委員會要求，改題《晚清東遊日記匯編》繼續發行。改題之後，除了繼續發行過去的出版品，並增加《日本軍事考察記》[22]，收錄書目包括《日本地理兵要》（姚文棟譯）、《四川派赴東瀛遊歷閱操日記》（丁鴻臣）、《遊歷日本視察兵制學制日記》（丁鴻臣）、《東遊日記》（沈丹曾）、《重遊東瀛閱操記》（錢德培）、《東遊志略》（國柱）等六部作品。

不可錯過的東遊日記研究，還包括了佐藤三郎的《中国人の見た明治日本——東遊日記の研究》[23]，收錄書目《東行日記》（李圭）、《使東述略》（何如璋）、《日本紀遊》（李筱圃）、

《談瀛錄》（王之春）、《道西齋日記》（王詠霓）、《東遊六十四日隨筆》（李春生）、《日本遊學指南》（章宗祥）、《甲辰東遊日記》（胡玉縉）、《日本留學日記》（黃尊三）、《東遊日記》（黃慶澄）、《四川派赴東瀛遊歷閱操日記》（丁鴻臣）、《考察教育日記》（河北省派遣教育視察團）等十二篇。最後，在卷末以「明治時期的《東遊日記》目錄」為題，刊錄了一百四十六部作品列表。

這些東遊日記，在中國都被分類於「晚清」時期，在日本則歸類於「明治時期」，從這裡也可以知道清末與明治時期間有著斬也斬不斷的緊密關係。數量多達數百本的「東遊日記」，其內容跨越了政治、經濟、貿易、教育、軍事、社會、法制、風俗、物產、文學、歷史、地理等各個領域，而這些包羅萬象知識與見聞就這樣在中國近代史中傳播，對中國的近代化產生貢獻。

黃遵憲的維新觀

大清國駐日公使館成立之後，以前往日本的隨員為主體的日本研究團隊逐漸成形。這些隨員的立場，比起大使、副使，是較自由的，因此對於日本的觀察也較為客觀，且更多采多姿。

隨同首任公使何如璋一同赴日的黃遵憲，是這個時期日本研究的代表者。其著作《日本國志》以及詩集《日本雜事詩》，成為許多中國人認識明治初期日本的最重要資訊來源。

在日本期間開始動筆，並於一八八七年總算完成的《日本國志》四十卷，是黃遵獻懷抱著雄心壯志的大作，內容仿效中國史書體裁，由「中東年表」（中日歷史年表）與十二部「志」（國統志、鄰交志、天文志、地理志、職官志、食貨志、兵志、刑法志、學術志、禮俗志、物產志、工藝志）所組成，以明治維新為中心，企圖呈現日本歷史全貌。

一般認為關於《日本國志》的執筆動機，是包含了想要讓中國參考日本經驗的意圖在內。作者在「凡例」中，如此敘述執筆的意圖：「今所撰錄皆詳今略古，詳近略遠，凡牽涉西法，尤加詳備，期適用也。」

光緒八年（一八八二年）春，黃遵憲從在日公使館的參事官，被拔擢為駐美國舊金山總領事之際，回顧其海外生活，說出了這樣的抱負：「草完明治維新史，吟到中華以外天。」這裡所提到的「明治維新史」，毫無疑問地，指的是《日本國志》，而「吟到中華以外天」指的就是《日本雜事詩》。

自從一八七九年同文館出版了、收錄一百五十四首詩作的《日本雜事詩》後，在幾次的再版過程中曾有增補刪修，最後在一八九八年的定版中收錄了二百首作品。這些作品並非只是歌詠風花雪月的餘興之物，而是包含了許多帶有文明論的觀點，具有犀利洞察力的傑作。

關於明治維新的作品共有四十首，整體而言是在讚賞西洋化的動向。例如，他在自序中摒除了對於明治維新的批判，斷言「進步之速，為古今萬國所未有」。此外，在題名為〈明治維新〉的詩的註腳，則歌頌了「明治元年，德川氏廢，王政始復古，偉矣哉，中興之功也。」

透過上述的兩部作品來看黃遵憲對於明治維新的看法，可以歸納出以下幾點：積極導入外國先進文明、上自天皇下至庶民一以貫之執行改革、由少數的領導階層（志士）進行主導、改革普及近代教育發揮了很大的作用等。

對於突然出現在亞洲的「西洋國」日本，並非全都是正面的評價。即便是黃遵憲，在剛抵達日本就任的時候，正好碰上明治維新初期的混亂時期，當時與一些對明治維新感到不滿的文人往來，「微言刺譏，咨嗟太息，充溢於吾耳」，黃遵憲受此影響，因此《日本雜事詩》中有一些作品是對日本明治維新抱持著懷疑的態度所寫的諷刺作品。後來隨著對於明治維新的理解慢慢加深，這些作品才幾乎從修訂版中去除，或是被改寫。

懷疑論者

然而，即便有像黃遵憲這樣的「維新肯定派」，當然也有不少人是對明治維新抱持著輕蔑、責難的態度。例如，作者不詳的《日本雜記》，便針對穿著洋服一事，寫下「東頭西腳，西頭東腳」，諷刺其模樣滑稽，極為醜陋。另外一位署名「四明浮槎客」的文人，將他在神戶的見聞寫成詩歌《東洋神戶日本竹枝詞》，抨擊維新為「昨天美法剛剛換，今又匆匆奉大英」，簡直就是「暮令朝更，如同兒嬉」，並感嘆「移風易俗太荒唐，正朔衣冠祖制亡」。

另一位名為易順鼎的文人，對於因維新導致的東洋傳統遭破壞感到失望憤恨，因此留下了「效冠服於他人，驢非驢，馬非馬。紀年僭稱明治，實愈縱其淫昏」的辛辣批判。

當時於清朝任刑部主事的顧厚焜訪日後所寫的《日本新政考》，是一部受到注目的作品。這本書記下了一位中國現役官員在當時所見到的日本。光緒十三年（一八八七年），顧厚焜接下朝廷使命前往日本，考察維新後的新政狀況。他於隔年返回中國後，將所見所聞整理成這本《日本新政考》。該書分為洋務部、財用部、陸軍部、海軍部、考工部、治法部、紀年部、爵祿部、輿地部等共九部，鉅細靡遺地記錄了日本推行新政後的實況。

由於該書的性質屬於調查報告書，因此雖然記錄內容客觀詳盡，但只要一進入議論部分，就會表現出作者本身的主觀想法，毫不留情地針對維新內容進行批判。例如對於維新所造成的「國債積而國庫匱，漢文輕而洋文重，舊都廢而新都興」現象，顧厚焜毫不掩飾其驚訝，並且還寫下「西法之轉移國俗何如此之速也」、「輕棄成憲何如此之易也」頻頻表示自己的疑惑。最後針對日本一面倒向西洋事，寫下「萬不足富國，萬不足強兵」的結論。

如同上述，明治維新後的日本，同時有著西洋與東洋的雙重面向，望著如此複雜的樣貌，在中國人之中，有人對於關注流行西洋文化，而感到讚賞；也有人同情東洋傳統就此衰弱，而提出責難。若將如此差異，全部歸因於視察者的主觀意識，我認為是有失公允的，因為明治維新後的日本，反映出了包含新舊、善惡、東西等混沌樣貌。

值得特別注意的是，同時顧及新舊雙方立場的陳家麟的見解，這或許是比單純的肯定論或否定論還要客觀的見解。

陳家麟於一八八四年，以公使館隨員的身分前往日本，三年後出版了《東槎聞見錄》四卷。陳家麟將明治維新的諸項政策二分為「利政」和「弊政」。「利政」的例子有「設立學校、開發礦山、建設鐵道、開設銀行與機械、電線、橋樑、水道、農政、商務」等，而「弊政」則有「穿著洋服、廢止漢學、改正刑律、發行紙幣與增稅、雇用、洋館、洋食、舞蹈」等。

對於明治維新的看法，就如同上述內容般，透過第三者的旁觀立場，同時存在著正反兩面的看法。但隨著中國維新變法的逐漸熱絡，稱讚明治維新的人突然增加，因此明治維新後日本的面貌，也更具體地廣為人知。

以明治維新為契機，快速進行近代化的日本，在積極導入西洋文物制度的同時，也吸收了西洋列強的「負面遺產」。自一八七四年出兵臺灣開始，24逐漸成為歐美諸國侵略亞洲的同謀者，開始將貪慾的魔爪伸向鄰近國家。

戊戌變法的範本

一八九四年，日本侵略大陸，總算是將這個念茲在茲的想法付諸實現。以朝鮮的權益為由，誘使清王朝投入戰爭，也就是所謂的甲午戰爭（日稱「日清戰爭」）的爆發。結果，「天朝大國」大敗給了「蕞爾島夷」，清王朝苦心經營的北洋艦隊瞬間就被日本殲滅，並且承諾支付日本白銀二億兩的鉅額賠款，一八九五年簽下了中國人視為奇恥大辱的《馬關條約》（日稱《下關條約》）。

在這場結果出乎眾人意料之外的戰爭中，過去被輕視為「蕞爾島夷」的日本，突然搖身一變，成了一個擋在中國人面前，宛若巨人般的存在。這種從未有過的國恥感，驚醒了中國的知識分子階層，領導階層也不得不正視這個亡國危機。因此，朝野有志之士開始將目光放到突然成為巨人的日本身上，並開始摸索改革維新的道路。

明治維新再度受到注目、被中國開始認真研究，應該就是始於這個時期。一八九八年，由光緒皇帝所主導，只持續了一百零三日的戊戌變法（又稱百日維新），主要便是以日本明治維新作為範本。如此一來，在長達二千年的中日關係史上，兩國的師徒關係開始翻轉。

一八九五年四月十七日，李鴻章代表清王朝，到日本下關春帆樓簽訂了被視為賣國的《馬關條約》。簽訂條約的消息一傳入中國，馬上在中國各地引起軒然大波，以康有為為首的愛國志士，匯集了主張拒簽條約、施行變法的連署，直接向光緒皇帝表達訴求。這便是史上有名的「公車上書」事件。

強烈感受到亡國危機的中國知識分子們，呼籲清王朝推動維新變法，並以敵國日本作為參考範本。康有為在呈交光緒皇帝的上書中分析到，日本的土地與國民只有中國的十分之一，但日本因明治維新在短短三十年，就變身為強國，奪取琉球與臺灣，並侵略大清帝國，為了生存於弱肉強食的世界，主張「不妨以強敵為師資」（康有為《日本變政考》序）。

過去只有少部分知識分子注意的明治維新，如今卻成為日本奇蹟變身的「祕訣」，被不得不認真思考民族存亡問題的人們熱切關注。

百日維新

在康有為等知識分子的四處奔走之下，維新變法的聲勢日漸高漲，光緒皇帝同樣深切地感受到進行政治改革的必要性，因此在一八九八年一月二十四日召康有為進入宮內，聽取他的變法構想，如此一來，總算是正式付諸行動了。

康有為便在此時力主「以日本明治之政為治譜」，便具體向光緒皇帝提出了三個應該要仿效的項目。這三個項目便是「一曰大誓群臣以革舊維新，而採天下之輿論，取萬國之良法；二曰開制度

康有為 晚清思想家、學者。與弟子梁啟超於清光緒二十四年間，共同主持維新變法。

局於宮中，徵天下通才二十人為參與，將一切政事、制度重新商定。三曰設待詔所，許天下人上書，日主以時見之，稱旨則隸入制度局」。

以上三個項目，不管哪一項都是明治政府曾施行的重大政治改革措施，康有為將其作為變法的綱領推行，並強烈期待著維新派的人士能夠進入政權。後來，康有為將詳細介紹明治維新的《日本變政考》奏呈光緒帝，光緒帝閱讀後終於下定決心推行變法，六月十一日發布了《明定國是詔》。從該日開始到慈禧太后發動政變的九月二十一日為止，推行了為期一百零三日的中國版的「明治維新」。

提供了康有為百日維新方針的《日本變政考》一書，是一部將明治元年（一八六八年）起，到明治二十四年（一八九〇年）止的歷史，分為十二卷詳述的編年體史書。最後加上一卷《日本變政表》作為附錄。作者在書末跋文宣稱「日本變政，備於此矣。其變法之次第，條理之詳明，皆在此書。其由弱而強者，即在此矣」，據聞，光緒帝將此書置於座右研讀。

事實上，光緒帝在一百零三日之間所頒發過的二千份以上的變法詔書中，有不少都是採用《日本變政考》中所提到的明治維新的政策措施。[25]

然而，一連串的變法措施，卻引起保守派的恐慌，擔心將會喪失自己的既得利益。因此，以慈禧太后為中心的反對派，便開始無所不用其極地進行阻饒。九月，維新派的敗象變得更是明顯。但

伊藤博文在中國　一九〇九年，伊藤博文抵達奉天，在車站與地方政要合影。

就在此時，明治維新其中一位核心人物伊藤博文正好到訪中國。維新派就像在溺水時抓到一根浮木，向光緒帝建言聘用伊藤博文出任清政府的顧問。九月二十日，光緒帝接見伊藤博文，期待能夠藉由伊藤博文的經驗突破當前的困局。然而，就時間點來說已為時已晚。次日，由慈禧太后發動的政變正式上演，光緒帝淪為階下囚，百日維新就這樣很快地劃下了休止符。

事件過後，伊藤博文在寫給妻子的信中，分析中國維新失敗的原因，「皇帝想要所有大小事都模仿日本，就連服裝也打算改成洋服。如此過度激烈的改革方式，因此導致了失敗」。或許，只模仿明治維新的形式，並沒有深入考慮中日在國情上的差異，如此只求速成的改革方式，導致了維新破局也是必然的吧。

辛亥革命

推翻滿清，建立國民政府的孫文，被尊稱為「中國近代革命之父」。由孫文所領導的辛亥革命（一九一一年），[26]如眾所皆知，與日本有著深厚的淵源。除了許多革命幹部都留學日本之外，孫文本身也多次到訪日本，前後共達十五次，合計待在日本的時間長達九年之久。

不僅如此，辛亥革命之所以成功，也是因為有不少日本人的貢獻，這是不可或忘之事。

一八九四年，孫文曾經上書李鴻章，提出「救國救民」的建言，總括明治維新的經驗為「人盡其才，地盡其利，物盡其用，貨暢其流」，認為中國應該進行參考。當然，這些建言並沒有被李鴻章採用。因此，孫文認為除了推動革命運動拯救中國以外，已別無他法。一九一一年武昌起義，成功建立了中華民國政府，史稱「辛亥革命」。

關於明治維新與辛亥革命的關聯，孫文曾在「致犬養毅書」中明言指出，日本的明治維新為中國革命的起因，而中國革命乃是明治維新的結果。辛亥革命成功之後，孫文為了建設新生中國，曾經以維新後的日本作為學習範本。關於孫文所重視的日本經驗，熊達雲曾經歸納出以下三項：（一）順應時勢。孫文認為日本在攘夷失敗，馬上轉向師夷，維新運動完全就是師夷的結果。中國若想要縮小與歐美的差距的話，應該要以日本當作範本，謙虛接受西洋文明。（二）重視科學技術。明治以後，日本的文明發展僅花費數十年，便超越了過去數千年的成果，其速度甚至凌駕於歐洲之上。其主要原因，便是因為日本在歐風美雨之中，利用科學的方法發展國家，是「科學的力量」形成的奇蹟。（三）進取的精神。孫文評價日本為充滿冒險進取精神的民族，建國以來從未屈服於外敵的原因，便是因為驍勇善戰的精神，這個精神讓日本順利從落後國家晉升成為新進國家、從貧弱轉為富強，最後成為「東洋的英吉利斯」。27

綜觀上述內容，不管是百日維新也好，或是辛亥革命也好，以近代化作為目標的中國，時時都以日本的明治維新為念，並學習其經驗，從中獲得啟發。只不過，中國近代化的最終目標，不是「日本化」，而是「西洋化」，我想這就無需贅言了。

譯語與譯書

近代以來，從學生變身為老師的日本，對中國的影響不只是在百日維新或辛亥革命等政治層面上，若說整個中國社會都見得到日本的影子，我認為也並不為過。代表的例子，就是中國所採用的眾多「和製漢語」了。

明治維新後，日本為了想要順利蛻變，晉身近代國家，因此大量翻譯歐美書籍，並快速接收歐美先進的文物制度。在這段期間，日本人對於要如何表達出許多未曾經驗過的事物或概念，可說是吃足了苦頭。因此，創造出了許多「漢字譯詞」，以漢字文化作為受體，消化西洋的文化。

這些「漢字譯詞」藉由到日本進行視察的官員、文人所寫的《東遊日記》，以及留學生的翻譯書籍等作品，逐漸被引介到了中國，成為中國在接收西洋文物、近代思想、科學技術時的媒介。

高名凱等著《現代漢語外來詞研究》[28]中，收錄著一千二百七十個外來語，其中從日本傳來的翻譯詞彙共有四百五十八個，約占全體的百分之三十五。一九八四年上海辭書出版社所出版的，由劉正埮主編的《漢語外來詞詞典》中，收錄詞彙增至一萬多個，其中和製漢語有九百多個，約占了全體的百分之十。這些還不是全部，時至今日，持續有例如美容院、過勞死、營業中、新人類等詞彙進入中文。將這些和製漢語被創造出來的源由進行分類，主要可分為下列四種：

（一）利用漢字音譯歐美語彙的和製漢語。例如：瓦斯、基督、基督教、俱樂部、咖啡、獨逸[29]、露西亞[30]等。

（二）利用中國的古典語，將歐美詞彙進行意譯的和製漢語。例如：胃潰瘍（周禮）、醫學（舊唐書）、意義、階級、綱領、勞動（三國志）、意識、專賣（北齊書）、遺傳、右翼、教授、共和、經費、交通、左翼、注意、侵略、生產、天王、博士、輸入（史記）、印象（大集經）、衛生（莊子）、演習、投機（新唐書）、演說（尚書）、鉛筆（東觀漢記）、會計、具體、交際（孟子）、革命（易經）、科目、經濟（宋史）、學士（禮儀）、學府（晉書）、課程（詩經）、環境（元史）、機關（易林）、記錄、抗議、自由、柔道、神經、節約、分析、分配、理性（後漢書）、氣質、身分（宋書）、氣分（孔子家語）、規則（李群玉）、規範（孔安國）、偶然（列子）、計劃、同情、理事（漢書）、現象（寶行經）、憲法（國語）、交換（魏志）、時事、信用、封建、保障（左傳）、思想（曹植）、事變（詩序）、資本（釋名）、社會（東京夢華錄）、主食（通鑑）、消極（周書）、條件（北史）、世紀（皇甫謐）、精神（莊子）、想像（楚辭）、相對（禮儀）、組織（遼史）、素質、白金（爾雅）、知識（孔融）、登記（齊家寶要）、道具（釋氏要覽）、能力（柳宗元）、發明（宋玉）、反對（文心雕龍）、美化（南史）、悲觀（法華經）、標本（劉伯溫）、服用（禮記）、物理（晉書）、文化（束皙）、文學（論語）、文明（易）、分子（穀梁傳）、法則（周禮）、法律（管子）、保險（隋書）、民主（尚書・多方）、民法（尚書・湯誥）、預算（耶律楚材）、理論（鄭谷）、寫真（舊唐書）等。

（三）利用漢字意譯歐美語彙的和製漢語。例如：亞鉛、暗示、意譯、演出、溫度、概算、概念、概略、會談、回收、改訂、解放、科學、化學、化膿、擴散、歌劇、假定、活躍、關係、幹線、幹部、觀點、間接、寒帶、議員、議會、醫院、企業、擬人法、歸納、義務、客觀、教育學、教科書、教養、協會、協定、共產主義、共鳴、強制、義務、金婚式、金牌、金融、銀行、銀婚式、銀幕、緊張、空間、軍國主義、警察、景氣、契機、經驗、經濟學、經濟恐慌、輕工業、形而上學、藝術、系統、劇場、化妝品、下水道、決算、權威、原子、原則、原理、現役、現金、現實、元素、建築、公民、演講、講座、講師、效果、廣告、工業、高潮、光線、光年、酵素、肯定、國際、國稅、國教、固體、固定、最惠國、債權、債務、彩光、雜誌、紫外線、時間、時候、刺激、施工、施行、市場、市長、自治領、指數、指導、事務員、實感、實業、失戀、質量、資本家、資料、社會學、社會主義、宗教、集團、重工業、終點、主觀、手工業、出發點、出版、出版物、將軍、消費、乘客、商業、證券、情報、嘗試、上水道、承認、所得稅、所有權、進化、進化論、進度、人權、神經衰弱、消耗、信託、新聞記者、心理學、圖案、水素、成分、制限、清算、政策政黨、性能、積極、絕對、接吻、纖維、選舉、宣傳、總合、總理、總領事、速度、體育、體操、退役、退化、大氣、代議士、代表、對象、單位、單元、探險、蛋白質、窒素、抽象、直徑、直接、通貨收縮、通貨膨脹、定義、哲學、電子、電車、電池、電波、電報、電流、電話、傳染病、展覽會、動員、動產、投資、獨裁、圖書館、特權、內閣、內容、任命、熱帶、年度、能率、背景、霸權、派遣、反響、反射、反應、悲劇、美術、否定、否認、必要、批評、評價、標語、不動產、舞台、物資、物理學、平面、方案、方式、方程式、放射、法人、母校、本質、漫畫、蜜月、密度、無產階級、目的、目標、唯心論、唯物論、輸出、要素、理想、理念、立憲、流行病、了解、領海、領空、領土、倫理學、類型、冷戰、勞動組合、勞動者、論壇、論理學等。

（四）單獨組合漢字而成的「和製漢語」（包含訓讀語）。例如：味之素、入口、出口、見學、歌舞伎、平假名、片假名、物語、俳句、和歌、公立、私立、小型、大型、克服、故障、財閥、茶道、花道、香道、參觀、支配、支部、實權、實績、失效、重點、就任、留學、遣唐使、受容、成員、組合、立場、手續、取消、內服、日程、場合、場所、場面、備品、廣場、服務、不景氣、針路、方針、流感、便所、美容、武士道、人力車、三輪車、見習、和服、但書、取締、打消、派出所、處女作等。

如同前述所明，(二)與(三)占了很大的比例，也就是說來自中國的漢字與中國古典的漢語，在日本吸取西洋文明的時候，扮演了關鍵性的角色。就這樣，日本將習自中國的「文化恩惠」，透過「和製漢語」，以一種「逆輸出」的形式進行回報。然而，若將視線放回中國本身的話，還會發現有志推動變法維新的人士，選擇了以引介日本書籍來學習西洋的這條捷徑。

舉例來說，康有為在〈請廣譯日本書派遊學折〉中主張：「其變法至今三十年，凡歐美政治、文學、武備、新識之佳書，咸譯矣。……譯日本之書，為我文字者十之八，其成事至少，其費日無多也。」張之洞在《勸學篇》中，有以下的論述：「至遊學之國，西洋不如東洋，一路近省費，可多遣。一去華近，易考察。一東文近於中文，易通曉。一西學甚繁，凡西學不切要者，東人已刪節而酌改之。中、東情勢風俗相近，易仿行，事半功倍，無過於此。」，故推薦選擇日本為留學地。

由於有這樣的背景，從清朝末年到民國初期，大量的日語書籍在中國被翻譯。根據譚汝謙主編的《中國譯日本書綜合目錄》，[31] 一八六八年到一八九五年為止，只有八部譯書。相較之下，一八九六年到一九一一年為止，急遽增加到了九百五十八部。而透過這些大量的翻譯書籍，日本人發明的「和製漢語」很自然地開始被中國人廣泛使用。

華刻本

在日本被翻刻的中國典籍，稱作「和刻本」。清朝以後，在中國也開始有日本的漢籍被翻刻，我們在此將這些書籍稱為「華刻本」。

這數十年來，我們在調查藏於中國圖書館裡的「和刻本」時，也同時會針對「華刻本」進行調查作業。調查《中國叢書綜錄》後的結果，包含日本漢文典籍六十七種，其中經部共有《祕府略》、《七經孟子考文補遺》等六種。史部的話則有《日本國見在書目錄》、《善鄰國寶記》等三十八種。子部有《先哲醫話》、《海外新書》等二十一種，集部則有《全唐詩逸》等二種。翻刻日本漢文典籍的叢書有函海、知不足齋叢書、榕園叢書、文選樓叢書等三十種以上。華刻本的總數估計達到數百種。

以岡本監輔的《萬國史記》為例來說明的話，共有申報館本、六先書局本、著易堂本、上海書局本、申報館聚珍本等，據說翻刻總冊數超過了三十萬冊。因此，在考察中日書籍交流史時，我認為有必要同時留意和刻本和華刻本兩者。

與和刻本一樣，華刻本並非單純只是日本漢文典籍的複製本。本質上來說，書籍的刊刻與抄寫，是一種「書籍的增殖」，也是一種對於異文化的適應作業。關於華刻本對於中國文化的影響研究，仍是塊處女之地，因此在這裡僅敘述一些尚未成形的淺見。

首先，先來討論「增殖」的部分。梁啟超為了推廣近代知識，寫了《西學書目表》，其中首推的便是《萬國史記》。如同前面所提到的，該書在中國的發行冊數達到數十萬冊，對於中國的文明開化可說有著重大貢獻。然而，若追蹤《萬國史記》根源的話，會發現該書並非岡本監輔的原創，其實只是意譯西洋書籍的作品。

接著來看關於「變化」，首先華刻本在去除原書訓點的部分是一樣的。雖然我們偶爾會在字裡行間找到「返點」，[32]但那並非故意保留、而是不小心留下的東西。改變書名、增加序言與跋語、插入底頁等，是最常見的「變化」，也有不少是配合中國讀者改變字句的例子，例如《萬國史記》的華刻本中，就把「皇國」改成了「日本」，「厄日多」改成「埃及」。

最後，是「在地化」的部分。同樣還是以《萬國史記》為例，《小方壺齋輿地叢鈔》裡收錄了岡本監輔所著的《西伯利記》、《印度風俗記》、《阿塞亞尼亞群島記》、《亞非理駕諸國記》、《美國記》、《墨西哥記》、《埃及國記》、《亞美理駕諸國記》等八部作品。但若是翻閱《國書總目錄》的話，卻找不到任何一本。其實這是因為叢書編輯王錫祺只從《萬國史記》中抽出必要章節來編入叢書的緣故。此外，清末的「西學富強叢書」中，共收錄了《萬國總說》三卷，上卷掛名「岡本監輔（日本人）」，收有《歐羅巴洲總說》、《亞美理駕洲總說》、《亞非理駕洲總說》、《阿塞亞尼亞洲總說》、《印度記》等五部作品，每部作品都是從《萬國史記》節選出來的。而中卷與下卷則是以收錄中國人的著作為主。這本《萬國總說》，就如同書名文字，是一本「和漢折衷」之物。

綜觀上述內容，雖然不能把華刻本說是日本漢籍的複製品，但卻是從日本接收刺激所形成的新現象，也是在中國書籍史上首次出現一種嶄新樣貌。

日本在經過了明治維新之後，就彷彿變成了一個上半身進化成西洋，但下半身依舊立足東洋大地的巨大怪人，因此吸引中國庶民眾生好奇的眼光。

二〇〇四年二月，石曉軍的新著《『点石斎画報』にみる明治日本》（《點石齋畫報》中所見的明治日本）由東方書店出版，是一本將清末中國庶民眼中的明治日本，用獨特的圖像表現出來的作品。

通俗小說

《點石齋畫報》是光緒十年（一八八四年）四月開始，至光緒二十四年（一八九八年）為止的十五年間，上海申報館所發行含有插圖的報紙，也就是所謂的大眾畫報（旬刊）。根據石曉軍的統計，在這十五年中，《點石齋畫報》所刊載與日本相關的記事高達一百六十件。其中包含了誤解、偏見的報導，也有幻想、獵奇性質的報導，但毫無疑問地，日本可說已成為當時中國庶民茶餘飯後的話題。

關於這些圖像中的日本樣貌之詳細內容，可參閱石曉軍的著作。本章節將關注通俗小說所提到的日本。

以日本為題材的明代小說與戲曲，幾乎都集中在豐臣秀吉或倭寇，相對於此，清朝的通俗小說，是以一種更為寬廣的視野來觀看日本，因此這些小說塑造出了各式各樣的人物形象，同時也編織出了多采多姿的故事內容。

根據李琳的統計，[33]這些作品總計有五十多種，主要列舉如下：《鴛鴦針》（華陽散人）、《筆梨園》（瀟湘迷津渡者）、《玉樓春》（龍丘白雲道人）、《水滸後傳》（陳忱）、《綠野仙蹤》（李百川）、《野叟曝言》（夏敬渠）、《孝義雪月梅傳》（鏡湖逸叟）、《綺樓重夢》（蘭皋居士）、《玉蟾記》（黃石）、《載陽堂意外緣》（周竹安）、《金台全傳》（佚名）、《蜃樓外史》（雪溪八咏樓主）、《中東大戰演義》（洪興全）、《中東和戰本末紀略》（平情客）、《日中露》（棲溟嘯園）、《遼天鶴唳記》（氣凌霄漢者）、《海上塵天影》（鄒弢）、《月球殖民地》（荒江釣叟）、《痴人說夢記》（旅生）、《女媧石》（海天獨嘯子）、《五使瀛環略》（二十世紀小新民愛東氏）、《苦學生》（杞憂子）、《新封神傳》（大陸）、《傷心人語》（湘西夢芸生）、《新茶花》（鍾心青等人）、《冷眼觀》（王浚卿）、《宦海潮》（黃世仲）、《女學生旅行》（曼陀）、《大馬扁》（黃小配）、《東京夢》（履冰）、《新上海》（陸士諤）、《英雄淚》（冷血生）、《孽海花》（金松岑等人）。

若按內容分類的話，《鴛鴦針》、《孝義雪月梅傳》、《綠野仙蹤》、《蜃樓外史》、《綺樓重夢》、《玉蟾記》、《筆梨園》、《野叟曝言》、《水滸後傳》等作品，承襲了明代小說的遺風，以倭寇為題材。《五使瀛環略》、《女學生旅行》、《傷心人語》、《新茶花》、《東京夢》等，則是描寫在日俄戰爭與甲午戰爭獲得勝利的日本人的高傲不遜樣貌，小說中還出現了小氣的男性與淫亂的女性角色。有別於這些負面的日本形象，《月球殖民地》、《苦學生》、《痴人說夢記》、《女媧石》、《日中露》等作品，則是讚賞文明且富有同情心的紳士淑女。

這些小說中，我認為有許多實際存在的人物是值得注意的。伊藤博文在《孽海花》、《中東和戰本末紀略》、《宦海潮》、《英雄淚》等作品中，被描述成一個野心勃勃，想要滅掉中國與朝鮮的人物。然而，像是在《大馬扁》或《孽海花》等作品中出場的宮崎寅藏，則是一位支持中國革命的俠士。此外，企圖暗殺李鴻章的小山六之介，也在《中東大戰演義》、《中東和戰本末紀略》、《孽海花》、《英雄淚》等作品中被描寫成了一個刺客。

像是這樣，清代通俗小說內，形形色色的日本人如同走馬燈般，來來去去，穿梭自如。其中既有愛漂亮、禮儀優良、女性溫順、男性武勇等描述，有對於日本人美德的讚賞與欽羨，也有描述軍人的殘忍、政治家的虛偽、男性的小氣、女性的淫亂等，以及對日本人惡德的憤怒與諷刺。不管如何，從文學的角度來說，清代通俗小說非常注意明治日本一舉一動，甚至可說若是缺少了日本這個主題，清代通俗小說根本無法成立。

結語

不論古今中外，所謂一國的歷史，都是由內部的自然風土、文化傳統支撐起來，並且同時常態性地接收來自外部的人、物刺激所形成的。在這樣的過程中，內部的東西會向外發送信號，當然同時也會有來自外部的事物湧入並且內化。

中國的歷史，自然也不會被屏除在這樣的慣例之外。透過與周邊國家頻繁的交流，成就了文明的進化。這些散落在中國歷史上的諸多外來要素中，有些像服飾般在流行過後消失的物品，也有些像是變成皮膚、化作骨頭、溶入血液之中的東西。此外，對於中國歷史這個生命體，既有有害之物，也有可成養分之物。

位於東亞邊陲位置的日本，不管是在歷史上或是地緣上，對中國來說，都不會是一個「他人」。秦漢時期開始，中國就一直對日本持續強力地「傳送訊息」。如果把文明的「傳送訊息」，用電波或音波來比喻的話，電波或音波碰撞到物體一定會反彈回一些什麼訊號才是。而當物體的體積愈大，反饋回「發信源」的信號也會愈強才是。

或許是因為日本獨特的地理條件，日本確實就像位於中國東方的最後一道防波堤般，面對滔滔不絕的中國文化，一直努力地吸取著。因為承受體的強大，因此也讓中國感到巨大的迴響與反應。日本回傳中國的「第一波反饋信號」，就是發生在編纂《三國志》與《後漢書》等書的六朝時代。因為這次的反饋，將中國人想像中的理想國度的方向位置進行了重新設定，也讓中國傳統的地理感覺開始有所動搖，也因此開始去重新解釋九夷、徐福、澶洲等歷史。

接著，「第二波反饋信號」，與上一波主要以華南中國作為舞台的情況不同，第二波是由南到北，直擊隋唐政治經濟中樞部位的長安。特別是以西元八世紀初粟田真人所率領的第八次遣唐使，讓「倭國」成功地變身成了「日本」，過去一直處於接收信號身分的日本，總算開始能夠向中國發送信號了。之後，中國歷史慢慢地加入了日本的年號、朝臣或真人的氏姓、聖德太子的著作、天皇的系譜、金峰山的傳說、和紙或扇子工藝品等物，阿倍仲麻呂、井真成、空海、真澄等人物，不但活躍於中國舞台上，名字更是被刻載於中國史書、詩集、墓誌銘等作品中。

發生在元明時期的「第三波反饋訊號」，已經不是一種針對中國訊號的「反射」，而是由日本主動「放箭」，而且還射穿了中國的軀體。最後，在中國歷史留下最為嚴重傷痕的，莫過於猖狂的倭寇了。為了要止住傷口的出血與感染，上自皇帝下至庶民全體總動員，不得不頻繁調動、調整官僚機構，中央的文官以「備倭」的名義被派遣到東南沿岸並親上戰場，軍人更是終日忙於築城、造船，以及開發武器、研究陣法。令人感到諷刺的是，中國是為了鑽研敵情，才從這個時候起真正地開始研究日本。

明治維新成功後，日本從學生的身分搖身一變，成為了老師，開始以第四波反饋訊號的姿態，湧向飽受列強壓迫所苦的中國。與巡遊歐美各國的岩倉使節團不同，中國派遣各領域的官吏、有識之士、留學生前往日本，透過日本吸收西洋文明。日本在中國近代化的過程中所留下的足跡，可說隨處可見。

綜觀全文，筆者在本章並非把日本單純視為一個外部對象或將其從中國歷史中相對化，而是完全以「中國歷史內部的日本」作為題目進行考察。筆者想要強調的是，常常可以看到日本史研究者過度強調日本自中國接收訊號，卻低估了日本發送訊號給中國。相反地，對於中國史研究者而言，則過於將目光放在中國強大的發送訊號的力量上，忽略了中國接收訊號的盲點。然而，不管是要將內部要素轉換成外部要素的發送訊號能力，與要將外部要素轉化成內部要素吸收的接受訊號能力，都是一個國家文化創造力的展現，對國際文化都是有所貢獻的，因此不該存有優劣之別。

註釋

1 岩井大慧，《支那史書に現はれたる日本》，岩波講座日本歷史11，一九三三年。
2 秋山謙藏，《支那人の觀たる日本》，岩波講座東洋思潮15，一九三四年。
3 佐藤三郎，《中国人の見た明治日本》，東方書店，二〇〇三年。
4 伊東昭雄等，《中国人の日本人観100年史》，自由國民社，一九七四年。
5 武安隆、熊達雲，《中国人の日本研究史》，東アジアのなかの日本歴史12，六興出版，一九八九年。
6 石曉軍，《中日兩國相互認識的變遷》，臺灣商務印書館，一九九二年。
7 石曉軍，《『点石斎画報』にみる明治日本》，東方書店，二〇〇四年。
8 王勇，《聖徳太子時空超越》，大修館書店，一九九四年。
9 王勇，《中国史のなかの日本像》，農山漁村文化協會，二〇〇〇年。
10 《風俗通義校注》，中華書局，一九八一年。
11 王勇，〈遣唐使〉，《國文學》，學燈社，二〇〇五年一月號。
12 修改後收入《石學續探》，大安出版社，一九九九年五月。
13 【編按】「元服」即「冠」，見《幼學瓊林・卷二・衣服類》：「冠稱元服，衣曰章身。」
14 【編按】阿倍仲麻呂到中國後改名為晁監。
15 王庸，《中國地理圖籍叢考》，商務印書館，一九五六年。
16 潘洵，《明代抗倭官考》，浙江大學日本文化研究所碩士論文，二〇〇四年。
17 【編按】明朝與日本兩國間的商業交易活動，因為需要使用到被稱為「勘合符」的許可證，因此明朝與日本間的貿易又被稱為「勘合貿易」。

18 【編按】漫才是日本的一種喜劇表演形式，其前身為傳統藝能的「萬歲」。

19 呂順長編，《教育考察記》（上、下），杭州大學出版社，一九九九年。

20 劉雨珍、孫雪梅編，《日本政法考察記》，上海古籍出版社，二〇〇二年。

21 王寶平編，《中日詩文交流集》，《晚清東遊日記匯編》第一冊，上海古籍出版社，二〇〇四年。

22 王寶平編，《日本軍事考察記》，《晚清東遊日記匯編》第二冊，上海古籍出版社，二〇〇四年。

23 佐藤三郎，《中国人の見た明治日本―東遊日記の研究》，東方書店，二〇〇三年。

24 【編按】引發臺灣歷史上的「牡丹社事件」，日本稱為「臺灣出兵」。

25 王曉秋，《近代中日啟示錄》，北京出版社，一九八七年。

26 【編按】一九一一年的武昌起義，由共進會和文學社這兩個晚清革命團體發動，成功後引發了當時中國各省響應，紛紛宣告獨立；當時孫文正在美國進行演說募款。

27 武安隆、熊達雲，《中国人の日本研究史》，六興出版，一九八九年。

28 高名凱、劉正埮，《現代漢語外來詞研究》，文字改革出版社，一九五八年。

29 【編按】獨逸為德國的舊稱，用以音譯「Deutsch」，為和製漢語。

30 【編按】露西亞為俄國的舊稱，用以音譯「Russia」，為和製漢語。

31 譚汝謙主編，《中國譯日本書綜合目錄》，香港中文大學出版社，一九八三年。

32 【譯按】訓點、返點是訓讀漢文時，加於漢文左邊之符號，用以標示訓讀之順序。

33 李琳，〈論清代通俗小說中的日本人形像及其發展演變〉，浙江大學日本文化研究所碩士論文，二〇〇四年。

第六章　日本人眼中的中國

礪波護

前言

「對於日本而言，中國是什麼」，關於這個問題，我想依照日本自古代國家形成之初起，一直到現在為止的時間順序，從日本人的祖先是如何建構對中國的認識之觀點，嘗試作一個解答。

日本人的中國觀

在以十五世紀前的中國歷史概說為主題的《中國（上）》[1]付梓之際，我將過去連載的稿子[2]整理成一段文章，標題為「日本人的中國史觀」，置於該書卷頭章節〈歷史之國的歷史〉之後半部分。在那篇文章中，我曾經提出幾個論點。

首先，份量至少有十卷的中國史概說叢書，在日本就有好幾套，而且還是分別由不同的出版社出版，許多讀者手上都擁有這些叢書，這樣的現象是會讓人感到不可思議。此外，我也認為，例如《中國詩人選集》[3]、《中國古典選》[4]、《全釋漢文大系》[5]等古典系列書籍，幾乎都是採用刊載原文加上日文對譯的體裁出版，與其他國家的日文翻譯叢書相較，可說是極為奇特的事情。

接著，我以那個時候剛出版發行不久的《NHK大黃河》[6]中的第四卷《佛陀之道》以及《中國書道全集》[7]、《中國文學歲時記》[8]為例，提出了以下的個人觀察：即便日本從派遣遣隋使開始，就一直有僧侶到中國巡禮、求法，但是鑽研儒學的儒學者卻沒有前往中國，以及日本每個月出版的書法相關書籍與雜誌，其總數可說已經達到了一個極為可觀的數量，而其中絕大部分的內容都是中國書法家的名帖，這也意外地促使許多日本人因為書法而對中國有了親近感。此外，日本人很自然地將繪有中國年中節慶或是中國山水的名畫複本、拓本名帖等擺置於和室當作裝飾，這些的現象對於接受異國文化形態而言，也是一個非常稀奇的案例。

最後，我以下列的文句，將這篇文章收尾：「國家與國家之間的關係，區域與區域間的互動型態，可以使用憧憬、信賴、親愛、嫌惡、輕蔑、恐怖，或是不放在心上等詞彙來形容。而作為本書書寫對象的中國與日本，在十五世紀以前，扣除掉元朝軍隊入侵日本的一小段例外時期，日本人對於中國的情感其實多屬憧憬之情。但很遺憾地，甲午戰爭過後的這一個多世紀以來，日本對於中國的心情，卻是一種輕蔑與憧憬之情相互參雜的情緒，這是難以否認的事實。不過，這個課題，實以超越了本書設定的十五世紀前的討論範圍」。

憧憬與嫌惡

本系列叢書共有十二卷，而本篇文章乃是這套叢書的最終卷——《日本人眼中的中國》的最後一章，因此我想使用與書名相同的標題作為本章的章名，並綜合上述過去我所提過的幾個課題與論點，嘗試使用我的風格來進行詮釋解答。

我將這一章分成了五個小節，第一節「朝貢與敬畏之國度」，乃是以邪馬臺國的女王卑彌呼以及倭五王的倭國時代，也就是從西元三世紀前半開始到五世紀為止的這一段時期為討論的對象。第二節「憧憬與模範之國度」中，主要是以派遣遣隋使、遣唐使到中國的飛鳥時代、奈良時代，一直到遷政京都的平安時代為止，也就是從西元七世紀初到十二世紀末為止的這一段時期為討論對象，這段時期政治與文化中心是在畿內區域。

第三節「先進與敦睦之國度」所討論的時代，則是以政權移往關東地區的鎌倉時代起，然後包含與明朝進行勘和貿易為止的室町時代與安土桃山時代，一直到江戶時代為止的十九世紀後半。雖然這段時期的政權中心主要是在關東地區，但是文化傳統的發展，卻不會因此僅限於關東，京洛或大坂地區仍舊持續繁華。

在第四節「對等與侮蔑之國度」一節當中，我們要探討的則是從明治維新開始到甲午戰爭為止，然後一直到中日戰爭的爆發，最後日本戰敗的昭和前期為止，也就是十九世紀末期到一九四五年的這一段時期。最後在第五節「喜愛與厭惡交雜的國度」一節，則是以從日本戰敗後的昭和中期一直到現在為止的六十年期間為討論對象。

如同上述，本章以「日本人眼中的中國」為主題，分為五個小節分別進行論述，我的主要參考書籍是大修館書店的兩本書，分別是共計十卷的「中國文化叢書」系列叢書的最終卷，尾藤正英所主編的《日本文化與中國》[9]以及「日中文化交流史叢書」第一卷，由大庭修、王曉秋主編的《歷史》[10]這兩本書籍。《日本文化與中國》是由幾位日本人學者共同執筆的；總論為尾藤正英的〈為日本與中國的比較研究所寫的序說〉一文，接著是日本的社會與中國，日語、日本文學與中國，日本的思想、宗教與中國，日本的藝術與中國，以及近代化過程中的日本與中國等各論，由許多學者分別就不同的領域進行論述，最後以竹內實的〈日本人的中國觀〉與實藤惠秀的〈中國人的日本觀〉兩篇文章作結。

日中文化交流史叢書

數十年前出版的《日本文化與中國》點出了許多值得吾輩深思的問題點，而其後所研究出來的眾多成果，後來都收入了由日本大修館書店與中國浙江人民出版社所共同企劃出版，由中西進、周一良主編，總共十卷的「日中文化交流史叢書」中。這套叢書的每一卷都分別由一名日本學者和一名中國學者擔任編者，而各個章節則是由日本和中國的專家學者共同執筆，從一九九五年開始到一九九八年定期出版。附帶一提，該叢書的中文版名稱為「中日文化交流史大系」，於一九九六年全數出版。

「日中文化交流史叢書」的第一卷《歷史》，乃為該叢書的概說。該書由中國的王曉秋與日本的大庭脩的〈序說日中文化交流史的時代區分與概觀〉開始，接下來的章節安排則為夏應元〈第一章從秦漢到隋唐時代的中日文化交流〉，佐久間重男〈第二章中世：宋元明時代的日中文化交流〉，大庭脩〈第三章近世：清時代的日中文化交流〉，王曉秋〈第四章近代的中日文化交流〉，林代昭〈第五章現代的中日文化交流與其發展〉。也就是按照中國王朝的朝代順序，闡述中日兩國間的文化交流情形。而這套「日中文化交流史叢書」叢書，除了上述的第一卷《歷史》以外，其他各卷分別是《法律制度》、《思想》、《宗教》、《民俗》、《文學》、《藝術》、《科學技術》、《典籍》，最後以《人物》卷作為完結。

本章參照了上述《中日文化交流史大系》的第一卷《歷史》，以及第二卷的《法律制度》，第四卷的《宗教》，第七卷的《藝術》，第九卷的《典籍》，第十卷的《人物》的內容展開論述。此外，為了確保論述內容的正確性，我另外參考了其他書目：王鐵鈞的《日本學研究史識——二十五史巡禮》，[11]關於中日兩國知識分子間應酬作對的漢詩著作參考了村上哲見的《漢詩與日本人》，[12]以及由黃鐵城等人所編著的《中日詩誼》。[13]

以東京與京都為代表，日本各地的美術館與博物館中所舉辦的展覽之中，雖然最常見的主題是日本從古至今的美術作品、佛像、佛畫等所謂的佛教美術，不過我們也能常常看到以西洋美術與中國，特別是關於絲路的美術、文物為主題的展覽。在我們要考察「對於日本而言中國是什麼」這個大題目的時候，為了要能夠顯現出各個朝代間的不同特色，我想要利用這些以中國為主題的各類展覽會所出版的圖鑑。

朝貢與敬畏之國度：邪馬臺國與倭國

魏志倭人傳

「對於日本而言中國是什麼」的這個問題，若要從時代順序來考察的話，首先需要了解的就是派遣隋使與遣唐使到中國的時期，也就是飛鳥時代、奈良時代之日本主政者的中國觀了。因此，我們就先來檢視一下，被中國稱之為「倭」，或是「倭人」、「倭國」的這個時期，包括邪馬臺國的卑彌呼以及「倭五王」，在朝貢與接受中國三國時代的魏國與南朝宋等割據政權冊封時所留下的紀錄。

關於「倭」這一個詞，最早是出現在中國正史的二十四史當中，也就是排在司馬遷《史記》之後的第二本正史——班固（西元三二～九二年）所編纂的《漢書・地理志》燕地條目所載之：「樂浪海中有倭人，分為百餘國，以歲時來獻見云」。然後二十四史的列傳中，將其列於東夷傳中並使用「倭人」、「倭國」等詞稱之的計有《後漢書》、《三國志》、《晉書》、《宋書》、《南齊書》、《梁書》、《隋書》、《南史》、《北史》等九部史書，而使用「日本」、「日本國」並將之列於東夷傳或外國傳中的則有《新唐書》、《宋史》、《元史》、《明史》等四史，只有《舊唐書》的東夷傳，併用「倭國」與「日本國」兩種稱呼記載。

若是以所記載的歷史事蹟之時間來看，東漢的正史《後漢書》（西元二五～二二〇年）所記載的事情，比三國時代（西元二二〇～二八〇年）的正史《三國志》所記載的還要久遠。不過，若是從著作完成的時間點來看的話，陳壽（西元二三三年～二九七年）所編纂的《三國志》卻要比范曄（西元三九八年～四四五年）所編纂的《後漢書》要來得早，而且，《後漢書》列傳第七十五〈東夷傳〉的倭條目中的記載，大部分都是沿襲《三國志》卷三十〈魏書・東夷傳〉的倭條目，也就是《魏志倭人傳》的記載事項。[14]

《後漢書・東夷傳》倭條所記載的內容為：「倭在韓東南大海中，依山島為居，凡百餘國。自武帝滅朝鮮，使驛通於漢者三十許國，國皆稱王，世世傳統。其大倭王居邪馬臺國。」此外，還有漢光武帝建武中元二年（西元五十七年）時，倭奴國前來中國奉貢朝賀，漢光武帝賜予印綬，以及在漢安帝永初元年（西元一〇七年）的時候，倭國王帥升等獻上了生口一百六十人請求晉見等文獻記錄。

《魏書・東夷傳》中記載，景初二年（西元二三八年）六月，倭的邪馬臺國女王卑彌呼派遣了以難升米為團長的使節團到了帶方郡，並且轉達了想要求見魏王的意思，因此帶方郡的太守劉夏便命人引領他們到了魏的首都洛陽。同年十二月，魏明帝發出了詔書給了倭國女王，其關於卑彌呼的內容大致如下：「奉汝所獻，男生口四人，女生口六人，班布二匹二丈，以到。汝所在踰遠，乃遣使貢獻，是汝之忠孝，我甚哀汝。今以汝為親魏倭王，假金印紫綬，裝封付帶方太守假授汝，其綏撫種人，勉為孝順。汝來使難升米、牛利涉遠，道路勤勞，今以難升米為率善中郎將，牛利為率善校尉，假銀印青綬，引見勞賜遣還。今以絳地交龍錦五匹、絳地縐粟罽十張、蒨絳五十匹、紺青五十匹，答汝所獻貢直。又特賜汝紺地句文錦三匹、細班華罽五張、白絹五十匹、金八兩、五尺刀二口、銅鏡百枚、真珠鉛丹各五十斤，皆裝封付難升米、牛利還到錄受，悉可以示汝國中人，使知國家哀汝，故鄭重賜汝好物也。」這裡所列舉的錦、白絹、金、刀以及銅鏡等贈物，當時都只是文字目錄的形式而已。

親魏倭王卑彌呼

景初二年（西元二三八年），其實是景初三年（西元二三九年）的筆誤；因為魏明帝是在景初三年的正月去世的，之後由八歲的魏少帝曹芳繼位，因此不管是六月卑彌呼的使者難升米抵達帶方郡，或是十二月頒發詔書給倭女王，事實上魏國的皇帝都已經是少帝曹芳了。

在西元一九〇年，也就是在東漢末年的動亂時期，太守公孫度在遼東郡擴張勢力，占領了漢朝郡縣。西元二〇四年公孫度死去，由其子公孫康掌握政權，公孫康便將先前所占據的樂浪郡南側劃割出來，成立了帶方郡。因此帶方郡是位於朝鮮半島西海岸中央部位的一個郡。後來魏國的司馬懿，擊敗了公孫政權，在景初二年（西元二三八年）的八月，攻占了遼東、帶方、樂浪、玄菟等四郡。而魏國將這四個郡納入版圖後沒多久的景初三年六月，卑彌呼派遣了難升米到達帶方郡，並且獲得引導，抵達魏都洛陽，最後獲授「親魏倭王」的爵位封號。之前詔書上所寫的錦、白絹、金、刀與百枚銅鏡等實物，事實上是在隔年正始元年（西元二四〇年），由帶方郡太守弓遵派遣使者梯儁，連同詔書與印綬一同帶去倭國賜予的。倭王也將表達謝恩的上表文委託給了梯儁帶回中國。因此有學者主張在近畿出土，刻有「景初三年」的三角緣神獸鏡，便是這百枚銅鏡中的其中一枚，但也有學者認為這個三角緣神獸鏡其實不是中國製，而是日本所製造的。特別是一九八六年在京都府北西部的福知山市廣峯古墳，發現了理應不該存在、刻有「景初四年」的盤龍鏡，更是引發許多討論。只不過，我們應該要注意的是，《古代大和朝廷》15一書中所收錄的宮崎市定的〈景初四年鏡乃為帶方郡所製？〉這篇文章，該文指出魏國所贈予一百枚銅鏡等物，是帶方郡太守弓遵派遣使者梯儁親手交給卑彌呼的，百枚銅鏡等物乃於帶方郡現地所製之物一事並無錯誤，而這個新看法是不應該被忽視的。

卑彌呼透過帶方郡太守的引薦，向三國時代位於華北的政權——魏國朝貢，不過卻看不出卑彌呼有想要與位處內地四川的蜀國以及位於江南地方的吳國交涉的跡象。

所謂「冊封」，原本是指上古時代周天子在賜予其親戚或是功臣土地的時候，同時賦予了這些親戚功臣統治該土地上人民的權力之意。後來，冊封領土的對象不僅限於內臣，對於前來朝貢的周邊國家的君主，也會賜予「王」或是「侯」的爵位，這個冊封，就像是一種「國中之國」的制度。而倭女王卑彌呼，也被正式授予了「親魏倭王」（與魏國親近的倭王）的王位。

關於卑彌呼被冊封為親魏倭王一事，西嶋定生在《邪馬臺國與倭國——古代日本與東亞》16一書中指出，魏國的皇帝授予既非「侯位」也非「公位」，而是「親魏某王」的事例，除了親魏倭王以外，只有西元二二九年大月氏王波調被封為「親魏大月氏王」的案例。西嶋另外也表示，若從當時的國際情勢來思考授予他國王位之意義的話，會發現魏國所思考應該是藉由與倭國，也就是位於強敵吳國身後的這個國度締結君臣關係，製造對吳國的壓力。

關於邪馬臺國的地理位置，就如同大家所熟知的，有「畿內說」與「九州說」兩個說法，長年以來，兩派支持者的爭論從未斷過。而我個人是比較傾向支持「畿內說」的看法，不過在這邊，我想先將這些爭論擱置一旁，另外提出幾個問題；當時的倭國人民對於以魏國為代表的中國抱持著怎樣的心情呢，倭王被冊封為親魏倭王一事應該確實有帶給倭人安心感的，不過由於邪馬臺國的卑彌呼派遣的使者從中國帶回倭國的國書內容，沒有被記載於《魏書・東夷傳》中，因此我們無法得知倭人對於象徵中國的魏國有著什麼樣的心境。在《魏書・東夷傳》中，記載了卑彌呼死後，繼任倭國王的壹與（Yiyo）派遣掖邪狗（Ekiyaku）等人至魏，並在到達魏都洛陽後，獻呈了生口三十人，進貢勾玉等事。

關於邪馬臺國展覽會的圖鑑，有以岡崎敬為代表的「倭人傳之道研究會」，以及朝日新聞西部本社企劃部所編輯的《「幻之女王・卑彌呼」邁向邪馬臺國之路——古代日本之謎與浪漫》17等，這些作品從洛陽開始介紹，同時也介紹了位於平壤近郊的地方政府所在地、樂浪郡以及首爾近郊的地方政府所在地、帶方郡等地的風景照片、歷史遺物。另外也有源弘道的〈邪馬臺國候補地圖〉或直木孝次郎的〈邪馬臺國論爭史〉等論述內容。

在唐初所編纂的《晉書》卷九十七〈東夷傳〉倭人條目，卑彌呼派遣使者到帶方郡朝見之後，雙方的朝貢關係就沒有中斷過，晉文帝時期倭國曾數度到訪，晉武帝泰始年間初期，有「遣使重譯入貢」的記錄。而根據《晉書》卷三〈武帝本紀〉的內容判斷，泰始之初指的是泰始二年（西元二六六年），而我們也可以在該卷中讀到同一件事情的記載，「十一月己卯，倭人來獻方物」。而在《日本書紀》卷九「神功皇后攝政六十六年」條目所引用的《晉起居注》中，也能看到「武帝泰初二年十月，倭女王遣重譯貢獻」的記載。

倭五王之官爵（自封）

西元二六六年之後的大約一百五十年期間，並未留下任何倭國與中國歷代王朝間的往來交涉紀錄。在《晉書》卷十〈安帝本紀〉於義熙九年（西元四一三年）的記載可以看到「是歲，高句麗、倭國及西南夷銅頭大師並獻方物」，然後唐初所編纂的《南史》卷七十九〈夷貊傳〉東夷的倭國條目記載著，「晉安帝時，有倭王贊遣使朝貢」，因此我們可以知道，一般被推定為仁德天皇的倭王贊，在東晉末年時，曾向晉安帝朝貢過。

西元四二〇年六月，晉恭帝將帝位禪讓給劉裕（西元三六三～四二二年），劉裕改國號為「宋」，稱高祖武帝。此後中國便進入了歷史上的南北分立時期，南方的四個王朝分別為宋（西元四二〇～四七九年）、齊（西元四七九～五〇二年）、梁（西元五〇二～五五七年）、陳（西元五五七～五五七年）；領有華北地區的則是所謂的「北朝」，分別為北魏、北齊、北周、隋等四個王朝。經過一個半世紀的空白時期後，西元五世紀開始，快要滅亡的東晉以及南朝的各王朝，又有與倭國進行往來交流的記錄留存下來。

排序於南朝正史第一部的《宋書》〈本紀〉與〈夷蠻傳〉，以及排序第二部的《南齊書》〈東南夷傳〉，排序第三部的《梁書》〈本紀〉與〈東夷傳〉，都有倭國的條目與記載。而根據這些記載，我們可以得知倭國王的讚、珍、濟、興、武，也就是一般所說的倭五王，都曾派遣使者到南朝各國進獻，並且獲賜安東將軍或是安東大將軍等將軍稱號，而這些倭國王請求冊封及被正式任命的情事，也都被依序記載於史書之中。

卑彌呼與壹與兩位倭國女王向中國進行朝貢之後，兩國間的往來空白了一段時間，直到過了一個半世紀後，才有被稱為倭五王的男性國王相繼朝貢並接受中國冊封的記錄。不過倭五王朝貢的對象並非系出三國時期魏國之華北政權的北朝各國，而是與三國時期吳國所在區域差不多的江南地區之南朝諸國，像這樣不經由朝鮮半島而直接進入中國進行交涉往來的情況，受到了研究者們的關注。不過倭國與南朝諸國間的交涉往來資料，與前述卑彌呼的情形一樣，無法在日本的國史中找到相關記載。

倭國最初到南朝宋國朝貢的時間，是在高祖武帝劉裕（在位時間：西元四二〇～四二二年）建國後的隔年。關於這點，我們可以在永初二年（西元四二一年）《宋書》的倭國條目及《南史》卷九十七〈夷貊傳〉的倭國條目中，讀到倭國王讚與宋朝的互動記載。高祖永初二年，詔曰：「倭贊萬里修貢，遠誠宜甄，可賜除授」。不過也僅止於此，我們目前並無法得知具體來往的內容為何，或是「安東將軍、倭國王」等將軍稱號與爵位的授予詳情。但不管如何，我們可以肯定的是，倭國確實曾接受南朝宋的冊封。

太祖文帝元嘉二年（西元四二五年），倭王讚遣司馬曹達奉表獻方物至宋。讚死後，由其弟，也就是被推定為反正天皇的珍即位，並於元嘉十五年（西元四三八年）四月，派遣使者至宋進行朝貢，「自封」使持節、都督倭・百濟・新羅・任那・秦韓・慕韓六國諸軍事、安東大將軍、倭國王，並要求「除正」，也就是正式任命以上封號。對於此要求，文帝只同意了安東將軍與倭國王之稱號。即便倭國王珍

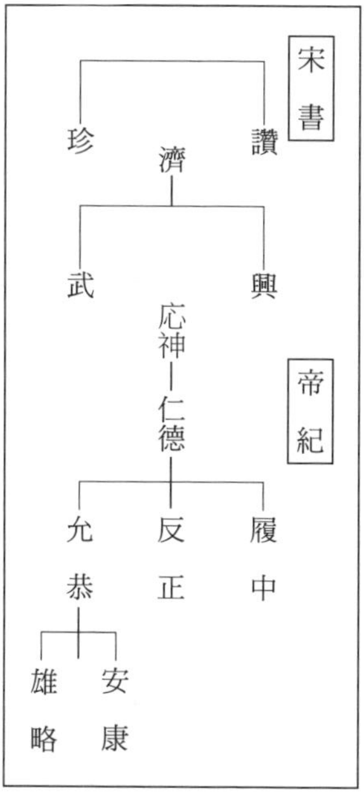

倭五王　讚被考證認為是仁德天皇或是履中天皇，而珍、濟、濟則分別被推定為反正天皇、允恭天皇、雄略天皇。

希望能夠得到使持節及包含倭國與朝鮮半島在內的六國軍政都督的地位，以及安東大將軍與倭國王的任命，不過宋卻只承認冊封倭國王一事，無視其希望被冊封為使持節與六國軍政都督的請求，甚至還將安東大將軍的稱號降格為安東將軍。而對於珍的部下倭隋等十三人，請求「除正」為平西、征虜、冠軍、府國將軍等稱號一事，文帝是有下詔許可的。

都督六國諸軍事，安東大將軍

南宋文帝元嘉二十年（西元四四三年），對於遣使來訪的倭國王濟之朝貢與冊封的請求，雖然僅只於授予安東將軍及倭國王兩個稱號，不過到了八年後的元嘉二八年（西元四五一年），倭國在東亞的國際地位急速攀升，根據《宋書》倭國傳所言：「二十八年，加使持節，都督倭、新羅、任那、加羅、秦韓、慕韓六國諸軍事，安東將軍如故。」

十三年前倭國王珍同樣曾經向文帝要求冊封具有包含日本列島以及朝鮮半島南部在內的六國軍政都督地位之安東大將軍、倭國王稱號，不過文帝完全無視其請求。但這次卻突然許可了其六國諸軍事都督的冊封，雖然這六國並不包含當初的百濟，而是改加入了幾乎沒有實體存在的加羅。

百濟之所以會被排除在六國之外，主要是因為百濟早已納入了宋國的冊封體制，因此不可能再將百濟分配給倭國。另外，宋之所以會授予倭國王除了將軍號與爵號以外的都督諸軍事的頭銜，主要是因為宋在建國之際，曾經授予高句麗王征東大將軍，以及授予了百濟王鎮東大將軍的軍職，也就是說這是為了要使這些從屬國彼此之間維持平衡關係的緣故。令人感到有趣的是，倭國王明明就只是「自封」這些封號而已，但他卻不敢將朝鮮半島北部強國高句麗的軍事都督之職，列入他的自稱封號中。像這樣從倭國與南朝宋之間的往來，觀察與朝鮮半島各國間的外交折衝情況，是具有一定意義的。

值得注意的是，我們可以在《宋書》卷五〈文帝本紀〉元嘉二十八年七月甲辰的條目中讀到「安東將軍、倭王倭濟，進號安東大將軍」之記載。雖然說無法得知確切的時間日期，不過若是對照同年倭國傳中的「安東將軍如故」之條句來看的話，應該可以推測宋原本不打算變動倭國王一直以來的安東將軍稱號，但為了與高句麗王的征東大將軍以及百濟王的鎮東大將軍稱號取得平衡，因此才賜予倭國王安東大將軍的稱號。這是南朝宋文帝授予倭國王非將軍稱號，而是「大將軍稱號」（安東大將軍）的首例，而這對於倭國而言，更是值得大書特書的一項外交成果。

根據《宋書》〈倭國傳〉的記載，南宋順帝（南朝宋的末代皇帝）昇明二年（四七八年）時，被推定是雄略天皇的倭國王武，曾派遣使者獻呈「自封」使持節、都督倭・百濟・新羅・任那・加羅・秦韓・慕韓七國諸軍事、安東大將軍、倭國王的上表文給南朝宋。都督諸國軍事當中，除了被正式任命過的加羅外，也趁機將百濟加了進去，變成七國諸軍事都督的自封稱號。上表文的開頭寫著：「封國偏遠，作藩于外，自昔祖禰，躬擐甲冑，跋涉山川，不遑寧處。東征毛人五十五國，西服眾夷六十六國，渡平海北九十五國」，所謂的「封國」，指的是接受冊封的倭國的自封。

接著，上表文還有寫到：「王道融泰，廓土遐畿，累葉朝宗，不愆于歲。臣雖下愚，忝胤先緒，驅率所統，歸崇天極，道逕百濟，裝治船舫，而句驪無道，圖欲見吞，掠抄邊隸，虔劉不已，每致稽滯，以失良風。雖曰進路，或通或不，臣亡考濟，實忿寇讎，壅塞天路，控弦百萬，義聲感激，方欲大舉，奄喪父兄，使垂成之功，不獲一簣，居在諒闇，不動兵甲，是以偃息未捷。至今欲練甲治兵，申父兄之志，義士虎賁，文武效功，白刃交前，亦所不顧，若以帝德覆載，摧此強敵，克靖方難，無替前功，竊自假開府儀同三司，其餘咸假授，以勸忠節。」上表文末所寫到的「無替前功」的「無替」，是《書經》中的用詞，為不丟捨，不廢棄之意。

形式上的冊封，源起南朝的齊與梁

接到倭王武上表文的順帝，後來便下達了詔書，任命倭王武為使持節、都督倭・新羅・任那・加羅・秦韓・慕韓六國諸軍事、安東大將軍、倭王。只不過，南朝宋對於倭國所自封的「開府儀同三司」，也就是南朝宋在之前已經給予高句麗王的強力軍事權之「自封」，並未加予理會。而在倭王武所自封的「使持節、都督倭・百濟・新羅・任那・加羅・秦韓・慕韓七國諸軍事、安東大將軍、倭國王」諸多軍職與官爵當中，仍舊無法獲准擁有都督百濟國軍政的權力，因此最後仍是都督六國諸軍事。我們可在《宋書》卷十〈順帝本紀〉昇明二年讀到「五月戊午，倭國王武遣使獻方物，以武為安東大將軍」的記載，而這也是倭國派遣使節至南朝的最後文獻記錄。

隔年的西元四七九年，順帝將帝位禪讓給了蕭道成，蕭建立了齊朝（西元四七九～五〇二年），是為高帝（太祖。西元四二七～四八二年。在位期間為西元四七九～四八二年），同時，也將倭國王武的安東大將軍稱號晉升為鎮東大將軍（《南齊書・倭國傳》）。而後，我們還可以從

《梁書》卷二的〈武帝本紀〉與卷五十四的〈倭國傳〉中看到，接受南朝齊和帝的禪讓，建立梁朝（西元五〇二～五五七年）的梁武帝蕭衍（西元四六四～五四九年。在位期間為五〇二～五四九年），在建國兩天後的西元五〇二年四月戊辰十日，將倭國王武的鎮東大將軍稱號晉升為征東將軍。由於將「鎮東大將軍」之稱號晉升為「征東將軍」的這件事情令人感到費解，因此中華書局的標點本《梁書》之校勘記，便以《南史》卷七十九〈倭國傳〉中的「梁武帝即位，進武號征東大將軍」為依據，將〈武帝本紀〉以及〈倭國傳〉的本文修改成為「征東大將軍」。但無論如何，西元四七九年與五〇二年的這些記事所說的都是新王朝成立、君主登基之際的形式上的冊封，並非倭國遣派使節向齊朝與梁朝請求冊封的形式。

西元五五七年，陳霸先（武帝。西元五〇三～五五九年。在位期間為西元五五七～五五九年）接受了南朝梁敬帝的帝位禪讓，建立了陳朝。西元五八九年，將華北再度統一的隋文帝楊堅（西元五四一～六〇四年。在位期間為西元五八一～六〇四年）揮兵南下，陳朝滅亡。到陳朝滅亡為止的這段期間，我們並沒有看到任何倭國派遣使節至陳朝的跡象。而且記載陳朝的正史《陳書》中，也沒有東夷傳的章節，因此我們完全無法得知陳霸先在建國之初，是否也曾對倭國進行過像是鎮東大將軍還是征東大將軍等形式上的稱號冊封。

西元二三九年，邪馬臺國的女王卑彌呼透過帶方郡太守的引薦，獲得曹魏少帝授予親魏倭王的王爵之位，正式被納入了曹魏的冊封體系之中。自從西元二六六年倭的女王向晉武帝朝貢之後，經過了將近一百五十年的空窗時期，才終於又出現了有使節從日本列島渡海來到、以江南建康（現在

倭國使　引自南朝梁蕭繹的《梁職貢圖》。右二為倭國使。

的南京）為國都的南方王朝的紀錄。首先是西元四一三年，倭王讚向東晉末年的晉安帝朝貢。接著在西元四二〇年，劉裕接受東晉禪讓創建了南朝宋之後，倭王讚、珍、濟、興、武，也就是所謂的倭五王，紛紛遣使來到南朝宋的國都建康進行朝貢。倭國因此被納入了南朝宋的冊封體制，也因此獲封安東將軍，以及安東大將軍（西元四五一年）等稱號。

西元四七八年，倭國王武最後一次派遣朝貢使者到南朝宋，並且同時奉呈上表文，吐露出了在接授冊封後的心情。此次往來後，兩國間的交流又空白了一二二年，直到西元六〇〇年，倭國王才又遣使長安都，拜訪再度將中國統一的隋文帝。這些倭國的詳細事蹟，都被記載於《隋書》卷八十一〈東夷傳〉，《北史》卷九十四倭國條之中。不過，日本方面的話，則是從首部正史《日本書紀》開始，都一直看不到任何相關的記載。

對於西元三世紀邪馬臺國的卑彌呼或是五世紀的倭五王而言，中國是什麼呢？他們藉由向割據一方的政權，也就是三國時期的魏國，以及南朝時期的宋進行朝貢，締結君臣關係，獲得中國所認定的倭王身分，然後被納入了整個朝貢冊封體系之中。對於被授予了朝鮮半島南部諸國的軍事都督權限與大將軍稱號，以及被視為從屬國模範生的倭國而言，中國一直是一個令人感到可敬又可畏的宗主國。

憧憬與模範之國度：飛鳥～平安時期

隋文帝結束南北分裂，統一中國

倭五王於五世紀，向國都設於建康的南朝宋進行朝貢與接受冊封的同時，於西元三九八年建都於平城（現在山西省大同市），並在四三九年時統一華北的鮮卑族拓拔部，也建立起了北朝的第一個政權——北魏（～西元五三四年）。記載北魏的正史為《魏書》。而《魏書》的最後部分，設有一卷在其他正史沒有的「釋老志」，所謂的「釋」，也就是佛教，而「老」指的則是道教。不同於同時代以儒家思想維持國家體制的其他王朝，認為這些王朝深受佛教及道教影響的佛教史學家魏收，因此著手編纂「釋老志」。鑒於建造於萬里長城附近，也就是平城以西十五公里處之地的雲崗石窟，以及普遍被視為中原文化的據點，建造於洛陽以南十四公里處伊水兩岸處的龍門石窟，這兩個佛教的大石窟，都是從這個時期開始開鑿興建的，因此魏收特別在《魏書》中編設了「釋老志」一卷，可說是極為合適的安排與判斷。

由於北魏設置於長城北方懷朔鎮及武川鎮等六個鎮的前線駐屯軍發動叛亂，因此西元五三四年，北魏又分裂為了東魏及西魏，後來東魏的政權被懷朔鎮出身的權臣高氏奪取，成立了北齊王朝

（西元五五〇～五七七年），並建都於鄴。西魏的政權則是被武川鎮出身的權臣宇文氏奪走，最後建都長安成立了北周王朝（西元五五七～五八一年）。「周」這個國號乃是由於北周武帝（西元五四三～五七八年）崇尚儒家思想的經典《周禮》之故，北周武帝想要以儒家思想治理國家，於是在西元五七四年的時候，下詔禁信佛教與道教，破壞佛像與道教的天尊像，並且命令沙門和道士還俗。這便是史稱「三武一宗法難」中「周武法難」。北周武帝於三年後的西元五七七年，滅了在東邊的北齊王朝將華北再度統一之後，也頒布了詔書，打壓原本北齊境內的佛教與道教信仰。

北周武帝死後，二十歲的宣帝即位，立出身武川鎮的楊堅（西元五四一～六〇四年）之女為皇后。北周宣帝一反其父武帝的政治方針，不理武帝實行的毀佛政策，重建佛像與天尊像。後來，隨著政局紛亂，朝廷的權利自然而然地流落到了外戚楊堅手上。宣帝死後，年僅九歲的靜帝將帝位禪讓給了楊堅，開始了北朝的最後一個政權——隋朝（西元五八一～六一八年），楊堅即為隋文帝。

西元五八一年二月，隋文帝楊堅在即位之後，隨即推行種種新政。首先是廢止了北周參考《周禮》所制定出來的官制，恢復漢魏以來的舊有制度，接著發布詔書，取消北周武帝所強行推動的一連串打壓佛教與道教的政策。這個恢復佛教與道教的政策，等於解除了被迫潛伏於無宗教政治體系下的人民的許多不滿。因此新成立的隋朝可說極為成功地獲得了廣大人民的支持與擁戴。

隋文帝於建國後的隔年，捨棄了從西漢開始到北周為止一直使用的都城長安城，選擇在其東南方海拔四百至四百六十公尺的龍首原新址，規劃宏偉的都市建設，另外建造新都。新都的整體規模，東西長達九百七十二公尺，南北長達六百五十二公尺，以朱雀門街作為骨幹街道，將城區分為對稱的東西兩側。街東共五十四坊[18]加東市，街西共五十四坊加西市，總共設有一百一十個坊市。至於宗教設施，則採行了左右對稱的配置方式；在朱雀門街的中段處以東，以一個坊的面積建蓋了作為佛寺代表的大興善寺，而隔著朱雀門街的西側，則建蓋了名為玄都觀的道教寺院（道觀）。由於隋文帝年輕時所受封的爵位為「大興郡公」，因此京城被命名為大興城。

同一個時間位於江南的南朝，其最後一個王朝——陳朝的後主陳叔寶（在位時間為西元五八二～五八九年），則是無視於財政的緊迫，大興土木工程並沉溺於遊玩。隋文帝在西元五八九年的正月，從長江中游的江陵，以水陸兩軍發動突襲，最後俘虜了陳後主，陳朝滅亡。長時間南北分裂的中國，也被隋文帝再度統一。若從中國的傳統史觀視之，由於隋乃被視為北朝的最後一個王朝，因此在研究隋朝的時候，除了讀正史《隋書》以外，還需要同時研讀另一部正史《北史》才行。

重興佛教，接受菩薩戒的隋文帝

隋文帝鑑戒前朝，也就是北周打壓佛教與道教的前車之鑑，所以在一開始便採行了一視同仁的宗教政策態度，重興佛教與道教。不過，傳說在般若尼寺備養育長大、幼名為那羅延（佛教的保護者之意）的隋文帝，逐漸熱衷於佛教。正如同隋末唐初被稱為「護法沙門」的法琳所撰寫的《辯正論》卷三〈十代奉佛篇〉中關於隋文帝的記載，隋文帝於開皇三年（西元五八三年）下達詔書，全面修復北周時期被毀壞的寺廟。

兩年後，也就是在開皇五年（西元五八五年）時，隋文帝延請高僧大德到宮中，且在大興善殿接受「菩薩戒」、大赦罪囚。在本系列的第六卷《絢爛的世界帝國》中，作者氣賀澤保規稱之為

隋文帝楊堅　引自唐代閻立本《歷代帝王圖卷》。

「開皇二十年的政變」中的論述；在西元六〇〇年十二月時，不管是佛像或天尊像，若是強行毀損、偷盜五嶽或是四瀆（江、河、淮、濟）神像的話，則視同「不道」之罪論處，若沙門毀損佛像，道士毀損天尊像的話，則視同「惡逆」之罪論處。所謂的「不道」之罪，乃指殺一家非死罪者三人，或是肢解人體等殘酷的殺人罪行。而「惡逆」則是指預謀殺害父母、對父母施暴、以及殺害近親尊長等罪行。無論何者，皆屬被歸類於「十惡」的極惡罪狀。

順帶一提，對於犯下破壞佛像或天尊像罪行的人之處罰，如同《唐律疏議》的賊盜律：「諸盜毀天尊像、佛像者，徒三年。即道士、女官盜毀天尊像，僧、尼盜毀佛像者，加役流。真人、菩薩，各減一等。盜而供養者，杖一百。」的規定一樣，雖然量刑額度有所增減不同，但接下來的唐朝，確實是承繼沿用了這條法律。而至於隋文帝時期的條文「佛像或是天尊像」的這個順序，在唐律中則是記為「天尊像或是佛像」，之所以會有這個改變，乃是因為與重視佛教甚於道教的隋朝不同，以老子後裔自居的李氏唐朝，自太宗以後，除了武則天時期，秉持的都是「道先佛後」的所謂道教優先於佛教的精神。只不過，薛允升所撰的《唐明律合編》指出了一個問題點；在十四世紀末編纂的《明律》的賊盜律中，並沒有此條規定。

西元六〇一年，隋朝將開皇二十一年改元為仁壽元年，同年的六月十三日，也就是文帝還曆壽辰之日，朝廷將佛舍利分發給各州，發表了「隋國立舍利塔詔」（《廣弘明集》卷十七），於全國各地三十多處地方設立了舍利塔。這篇詔書的開頭寫著「朕皈依三寶，重興聖教」，而隋朝史官王劭於其所著之〈舍利感應記〉寫道，般若尼寺的智仙尼，養育隋文帝長大，並且預知北周武帝將要廢佛，應此對年幼的文帝說：「兒當為普天慈父，重興佛法」。《集古今佛道論衡》（道宣撰）所引用王劭述的《隋祖起居注》中提到，「至是帝果自山東來入為天子，大興佛法，皆如尼言」，而在《續高僧傳》卷二十六的釋道密條中，也可以看到同樣的文章。

毫無疑問地，「重興佛法」可說是最能代表隋文帝宗教政策的一句話。根據《辯正論》卷三隋文帝條記載，隋文帝在位的二十四年期間，曾度僧尼二十三萬人，建寺院三千七百九十二間，繕寫新經四十六藏十三萬二千零八十六卷，修治故經三千八百五十三部，新造佛像十萬六千五百八十座。

倭王武朝貢上表南朝宋順帝，並且獲得使持節、都督倭・新羅・任那・加羅・秦韓・慕韓六國諸軍事、安東大將軍、倭王稱號一事，乃發生於西元四七八年之事。在隔年的西元四七九年，建立齊朝的齊高帝蕭道成，以及西元五〇二年建立梁朝的梁武帝蕭衍，即便倭國並未遣使前來朝貢，仍然對倭國王進行了形式上的冊封。西元五五七年建國的南朝最後一個王朝——陳朝，則是由於沒有留下任何相關記錄，因此無法得知是否曾經對於倭王進行過形式上或其他方式的冊封。而在陳朝被隋文帝攻併下來之後，又經過了十年，到了開皇二十年（西元六〇〇年），也就是日本的推古朝八年，倭國才又遣使到了長安宮廷。

而這段倭國遣使的歷史紀錄可在《隋書》與《北史》的〈倭國傳〉中看到。特別是在《北史》中，寫著：

> 江左歷晉、宋、齊、梁，朝聘不絕。及陳平，至開皇二十年，倭王姓阿每，字多利思比孤，號阿輩雞彌，遣使詣闕。

意思是說，姓阿每，字多利思比孤的倭國王，向江左也就是南朝各朝進行朝貢。這裡所在記載的，恐怕就是推古朝的聖德太子（倭國王），在隋朝平定陳朝之後，遣使長安朝廷的史實經過。隋文帝命令官吏詢問倭國的風情，倭國使便回答，「倭王以天為兄，以日為弟，天未明時出聽政，跏趺坐，日出便停理務，云委我弟」，但只依這些紀錄，我們無法知道這批倭國使節的確切人數。不管如何，我們還是可以得知這批倭國使節在看到了長安大興城這個宗教城市的宏偉景觀後，大感折服，也對於全面撤回北周武帝毀佛政策、進行大興佛法、接受菩薩戒的隋文帝深感銘謝。

這裡有一點想要特別提出來的是，從倭五王向南朝遣使朝貢開始，一直到向開皇二十年的隋朝遣使朝貢為止的這一段期間，存在著一個非常大的差異：倭五王執意向南朝各君主要求授予使持節、都督諸軍事、將軍號等封號，然後南朝政權部分認可或是全面否認，最後給予冊封倭國王的種種情事，在開皇二十年遣使到隋朝的時候，卻對於過往的冊封隻字未提，因此隋朝亦未將倭國納入冊封體制。

聖德太子所崇拜的海西之菩薩天子——隋文帝

我們無法得知於開皇二十年（西元六〇〇年），第一次抵達隋文帝治下的長安的遣隋使是在何時返回日本的。但不管如何，當他們返國後過了幾年，推行冠位十二階制度等國內改革的聖德太子，便派遣了小野妹子等人前赴隋朝。身任第二次遣隋使的小野妹子等人，於大業四年（西元六〇八年）三月，謁見了正巧停留在洛陽的隋煬帝（在位時間為西元六〇四—六一八年）。在《隋書》的〈倭國傳〉中，首先描述了倭的使者，

> 聞海西菩薩天子重興佛法，故遣朝拜，兼沙門數十人來學佛學。

接著提到倭國致送隋朝的國書中有「日出處天子致書日沒處天子無恙」的字句，隋煬帝對此感到極為不快。

所謂的海西菩薩天子重興佛法一事，指的是我們已經在前段所談過的隋文帝的事蹟。隋文帝極為重視佛教的治國政策，已經透過朝鮮半島，以及第一次遣隋使的返國報告，傳到了推古朝聖德太子耳中，聖德太子對此懷抱著憧憬與感念之心，因此派遣第二次遣隋使，想要學習隋文帝的治國政策。也因為這樣，所以還派遣了數十人的佛教僧同行，想要好好視察當地的佛教諸事。不過隋文帝

隋煬帝　引自唐代閻立本《歷代帝王圖卷》。

早已於數年前過世，由次子煬帝繼承帝位之事，顯然聖德太子並未知悉。而上述倭國國書之所以引起隋煬帝的不快，或許也跟自己被誤認為父親文帝有些許關係。

小野妹子後來與隋使裴世清及其隨員十二人一同返回了筑紫。倭方一聽聞泱泱大國隋朝居然派遣使節裴世清同行返日的好消息後，便急急忙忙於位於難波津的其中一個迎賓館——高麗館的附近建造新館。當隋使船隻停泊於難波津時，倭國派出了三十艘裝飾亮麗的船隻迎接，並引導其至新館。此時，小野妹子辯明表示，隋朝皇帝所授予的國書，在經過百濟國時，遭百濟人搶奪。在停留了一個半月後，隋使船從難波沿著淀川與舊大河川溯行，沿途接受以七十五頭馬隻裝飾的遊行隊伍的迎接，最後抵達了飛鳥的海石榴市。海石榴市位於大和川的上游，山邊道路的南端，也就是現在奈良縣櫻井市。櫻井市是以日本最古老的市集與進行求婚儀式（歌垣）的場所聞名的一個地方。

在飛鳥的朝廷謁見裴世清的倭王極為喜悅，當時所說的話也記載於《隋書》的〈倭國傳〉中：

> 我聞海西有大隋，禮義之國，故遣朝貢。我夷人僻在海隅不聞禮義，是以稽留境內，不即相見。今故清道飾館以待大使，冀聞大國惟新之化。

由於已經知道隋朝的皇帝並非重興佛法的菩薩天子文帝，而是對於佛教態度較為冷淡的煬帝，因此一改先前話語，而說「我聞海西有大隋禮義之國，故遣朝貢」等語，算是一個很自然的考量。

可是，西元二〇〇一年十一月NHK的電視節目另外提出了一種說法，也就是在NHK所放映的歷史紀錄片——《被隱藏的聖德太子的世界——復元・幻之天壽國》，以及隔年出版了大橋一章、谷口雅一合著的《不為人知的聖德太子世界——復元・幻之天壽國》[19]的作品中主張，聖德太子所憧憬的海西菩薩天子其實是隋煬帝；「隋文帝確實非常篤信佛教，但隋煬帝的對佛教的虔誠其實更甚其父」。不過，「重興佛教」的皇帝是隋文帝一事，我們已在先前的章節談論過了。隋煬帝是佛教與道教的信者，他在各地巡遊的時候，總有僧、尼、道士、女道士同時隨行，對於保護佛教一事並沒有那麼熱心，至於煬帝推行寺院融合，指令僧侶沙汰等事，請參考拙作〈天壽國與重興佛法的菩薩天子〉。[20]

唐太宗、武則天與佛教、道教

裴世清等人要返回中國的時候，小野妹子也以大使的身分率領使節團總共八人，同行前往中國，使節團中具有學生身分的有福因與高向玄理等人，學問僧則有日文與南淵請安等人。日文後來返回日本後改稱僧旻。而使節團中，只有小野妹子在隔年秋天返回日本，其他學生與學問僧都在長安停留了極長的一段時間，深入體驗了中國的學問與佛教文化。十年後，也就是西元六一八年三月，時年五十歲的隋煬帝於江都揚州被自己的親衛隊殺掉，五月，同屬武川鎮軍閥的李淵（西元五六五～六三五年）逼迫由自己擁立的隋恭帝將政權禪讓給他，中國歷史進入唐朝時代（西元六一八～九〇七年），李淵即唐高祖（在位時間西元六一八～六二六年），改年號為武德。

由於隋朝滅亡後進入了唐代，遣隋留學生也自動變成了遣唐留學生。四年後的西元六二二年，聖德太子也逝世了。這批留學生停留在中國的時間都很長，例如於西元六三二年（舒明四年）跟著第一次遣唐使船回國的僧旻，總共在中國待了二十四年，西元六四〇年（舒明十二年）經過新羅返回日本的高向玄理與南淵請安則是在中國待了三十二年。他們留學的這段時間，正好歷經了於唐朝武德九年（西元六二六年）六月四日所發生的政變——「玄武門之變」。這場政變是高祖的次子秦王李世民（西元五九八～六四九年）所發動的，他襲擊殺害了自己的兄長——皇太子李建成，使自己成為皇太子，而後於同年八月接受了唐高祖的讓位，繼任皇帝，是為唐太宗（在位期間為西元六二六～六四九年），而高祖則被奉為太上皇。

這場由秦王李世民襲殺皇太子李建成，充滿血腥味的「玄武門之變」之所以會發生的導火線，其實可以追溯到以道士傅奕與沙門法琳為首，道教團體與佛教團體互相爭奪主導權一事。皇太子李建成曾表示不論比起儒家或是道教，佛教才是最優秀的思想，這對於身為廢佛論者的太史傅奕來說，無啻形成了一股威脅。因此傅奕才會下了大賭注，慫恿秦王殺害皇太子奪得政權，最後獲得了成功。

在「玄武門之變」發生的五十天前，也就是四月二十三日，唐高祖曾頒布一道詔書，規定除了精勤戒行的僧、尼與道士、女道士以外，其餘一律還俗返鄉。此外，唐高祖也於玄武門之變的當日，頒布了大赦天下的詔書，詔書的最後言明了，僧、尼與道士、女道士，一切皆依舊規，國政大事全交由秦王管理，甫掌全國政權的秦王，著眼於收攬人心之效，因此撤回了日前排斥佛教道教的政策。雖然太史傅奕僅期待收回對於道教的排斥處置政策就好，不過對於發動政變殺害了皇太子等人的秦王及其左右人士而言，就收攬人心、舒緩緊繃情勢的角度來看，若能連同排斥佛教的政策一同取消的話，應該才算上上之策。

唐太宗在位的貞觀年間，啟用魏徵等名臣，周邊萬邦皆來臣服，因此向來被視為明君，於歷史上得到非常高的評價。唐太宗主政時期的治世便是歷史上赫赫有名的「貞觀之治」。以唐太宗與群臣來往的政治問答作為素材所編纂的《貞觀政要》，更成為了爾後歷代天子所必須研讀的政治模範，此書即便在日本也是廣為流傳，深受好評的著作。雖然說唐太宗表面上顯現出了崇佛的態度，不過卻在西元六三七年正月十四日頒布貞觀律令後的隔天，也就是上元節（元宵節）時，下達了一道詔書宣告，由於唐朝宗室李氏的本系出自於道家老子李聃，因此今後道士、女道士要排在僧、尼的前面。此旨一出，在當時的佛教界造成了很大的衝擊。而這道「道先佛後」的詔書下達之後，立刻引起了長安城僧眾的群起抗議，但最後終究徒勞無功。

唐太宗李世民　唐高祖李淵次子，年號貞觀，在位期間共二十三年，開創了「貞觀之治」的盛世典範。

唐高祖與唐太宗時期，與隋朝大相徑庭，相較於道教，對於佛教的態度較為冷淡。就連位於洛陽南郊的龍門石窟的經營，也沒有值得一看的內容。不過，隨著後來武則天的登場，情況開始出現了一些變化。唐太宗之子高宗（在位時間為西元六四九～六八三年），於繼承帝位後的西元六五五年十月，廢了皇后王氏，並頒布了冊立武照（約西元六二四～七〇五年）為后的詔書。

西元六八三年末，高宗崩，武后利用類似祕密警察的手段對政界展開大肅清，之後還將東都洛陽改名為神都，作為實際上的首都，而官廳與官職的名稱方面，也作了不少的調整改變。掌控朝政長達三十年的武后，後來更制定了名為「則天新字」的新文字，並且在以重現古代周朝的儒家思想社會為口號的同時，也善加地利用了被中國社會廣泛接受的佛教風潮進行國家統治。身兼武后愛人的怪僧薛懷義，夥同法明等佛僧，以佛典《大雲經》為本，寫出了牽強附會的文章，強調武后的即位乃是遵照佛祖意志之舉。

西元六九〇年，武后正式成為皇帝，將唐的國號改為「周」，同時改元天授。中國歷史上得到普遍承認的女性皇帝，就只有武則天一人而已。武周革命也使得唐朝一度滅亡。武后，也就是則天皇帝，掌權後首先便是將首都移往神都洛陽，並且從長安及洛陽開始，於各地廣設大雲寺，並使寺內藏有《大雲經》。日本的國分寺，就是一間仿造大雲寺所建蓋的佛寺。另外，由於在隔年的西元六九一年四月二日，《大雲經》正式成為了武周革命的依據，因此武則天頒布了「制」，規定僧、尼優先於道士、女道士，佛教的地位凌駕於道教之上，「佛先道後」的體制成形。附帶一提，這裡所謂的「制」便是以往的「詔」，因為「詔」音同武則天姓名武照的「照」，因此被避用。

由武則天發動武周革命後所建立的武周王朝，僅在十五年後便告終結，李唐王朝復活，首都遷回長安。而在西元七〇五年正月中興唐朝的唐中宗，由於生性軟弱，因此常受皇后韋氏的意見左右，韋后可說就像是過去的武后般的存在。而將政局撥亂反正，發動政變想要重現過去貞觀之治繁榮的，則是下一個皇帝，唐玄宗（西元六八五～七六二年。在為期間為西元七一二～七五六年）。

唐玄宗在位的前半段，後世史家借其年號，稱之為「開元之治」，而此前武后及韋后掌權的時期，則被視為女性亂政（女禍），並稱之為「武韋之禍」。不過，也正因為有這個「武韋之禍」的時期，因此新興的地主、商人階級得以運用自己的經濟實力堂堂進入官場，促使社會洋溢著活力。

開元的年號使用了二十九年後結束，西元七四二年改元天寶，年近六十的玄宗日漸習於奢華，加之沉溺於楊貴妃的溫柔鄉中，因此終究變成了一位平庸的君主。最後，也讓安祿山及其部下史思明得以藉機叛變，發動「安史之亂」（西元七五五～七六三年），盛唐的繁華在此劃下句點。

唐朝的後半期，節度使等軍閥，除了坐擁地方兵權之外，同時也控制了民政與財政，是一段藩鎮割據的時期。另外，由於宦官掌握了中央禁衛軍的指揮權，因此擁戴新天子的權力也落入宦官手中，有人說「天子不過是宦官的門生罷了」，便是這個原因。總而言之，除了藩鎮割據以外，唐末也是一段宦官掌權的時期。

來自倭國與日本國的遣唐使

中國在七世紀初頭改朝換代，由隋朝變成了唐朝，而那些從倭國前往中國，原本是遣隋留學生的倭國人，如南淵請安等人，身分也轉換成了遣唐留學生。南淵請安等人主要生活於長安城中央部位，靠近朱雀門的鴻臚客館一帶的區域。

這些留學生親身經歷了改朝換代，以及唐太宗發動的玄武門之變等政局變化所帶來的心理不安，同時也目睹了律令體制的整個成形過程。南淵請安等人在返回日本之後，根據自己在中國當地的所見所聞，將大唐的政治體制以及關於政變（玄武門之變）的相關知識，傳授給了中大兄皇子與中臣鎌足等人。中大兄與鎌足在西元六四五年發動政變，暗殺蘇我入鹿時，留學生便發揮了很重要的作用，僧旻與高向玄理也被任命為國博士，擔任政治顧問之職務。

日本派遣到唐朝的遣唐使，從西元六〇三年第一次派遣（唐太宗時期）起算，一直到西元八三八年的最後一次派遣為止，總計約達二十次之多。不過，依照森克己《遣唐使》[21]與古瀨奈津子《遣唐使眼中的中國》[22]的研究內容所示，遣唐使分為前後期兩種類型：到西元六六九年為止所採取二船方式、走北路的前期遣唐使（前七次），與經過了三十一年的空白時期後，從西元七〇二年（七〇一年任命）一直到西元八三八年入唐的第二十次為止所採取四船方式、走南路的後期遣唐使，兩者的目的、組織、航路都大不相同。

前期遣唐使主要是政治折衝的性質。因此計畫編纂大寶律令，建立律令國家體制的日本派遣了使節前往中國。而第八回遣唐使的時期，則是武則天當政的周王朝時期。在這個時期，日本將想要把國名從倭國改成日本國的主張傳達給了中國，並且獲得了認可。雖然與中國的朝貢關係仍舊維持著一代天皇獻呈一次朝貢品的頻率，不過相較於之前，這個時期派遣遣唐使的行為，政治折衝的目的較為緩和，主要是側重於法典、文化與文物等輸入的考量。

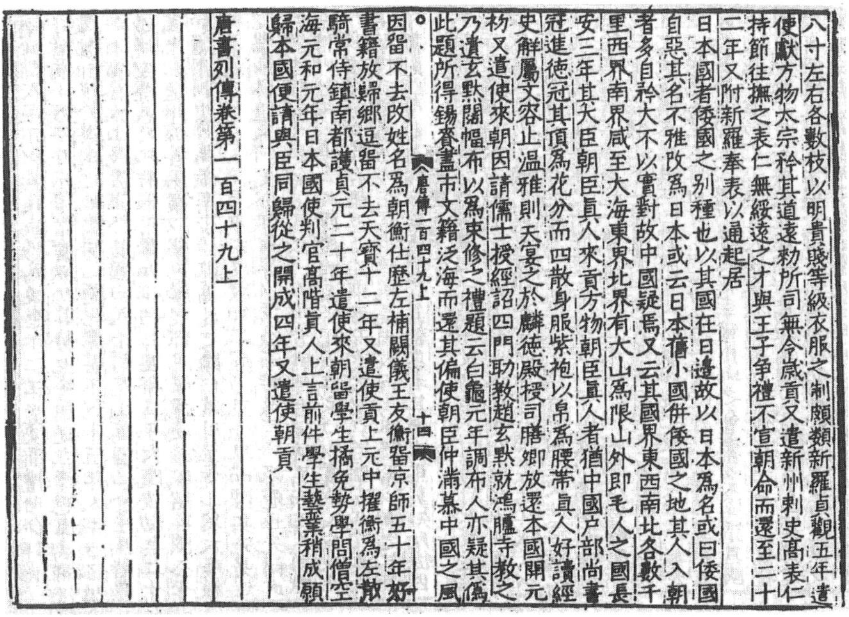

八寸左右各數枝以明貴賤等級衣服之制頗類新羅貞觀五年遣
使獻方物太宗矜其道遠勑所司無令歲貢又遣新州刺史高表仁
持節往撫之表仁無綏遠之才與王子爭禮不宣朝命而還至二十
二年又附新羅奉表以通起居
日本國者倭國之別種也以其國在日邊故以日本爲名或曰倭國
自惡其名不雅改爲日本或云日本舊小國倂倭國之地其人入朝
者多自矜大不以實對故中國疑焉又云其國界東西南北各數千
里西界南界咸至大海東界北界有大山爲限山外即毛人之國長
安三年其大臣朝臣眞人來貢方物朝臣眞人者猶中國戶部尚書
冠進德冠其頂爲花分而四散身服紫袍以帛爲腰帶眞人好讀經
史解屬文容止溫雅則天宴之於麟德殿授司膳卿放還本國開元
初又遣使來朝因請儒士授經詔四門助教趙玄默就鴻臚寺教之
乃遺玄默闊幅布以爲束修之禮題云白龜元年調布人亦疑其僞
此題所得錫賚盡市文籍泛海而還其偏使朝臣仲滿慕中國之風
○《唐傳一百四十九上　十四》
因留不去改姓名爲朝衡仕歷左補闕儀王友衡留京師五十年好
書籍放歸鄉逗留不去天寶十二年又遣使貢上元中擢衡爲左散
騎常侍鎮南都護貞元二十年遣使來朝留學生橘免勢學問僧空
海元和元年日本國使判官高階眞人上言前件學生藝業稍成願
歸本國便請與臣同歸從之開成四年又遣使朝貢
唐書列傳卷第一百四十九上

《舊唐書・東夷傳》　「倭國」與「日本國」兩項條目同時在此並存。

關於日本想要將國號從「倭國」更改為「日本國」的來龍去脈，已經有許多先進提出論述，特別在近年更有吉田孝《日本的誕生》23、網野善彥《所謂「日本」是什麼？》24、神野志隆光《所謂「日本」是什麼？》25等研究者，經過非常嚴密的考證作業，提出了完成度極高的研究問世。「日本」這個國號確立的時間是在西元六七四年到七〇一年這段時期；日本是在西元六八九年施行飛鳥淨御原令時，連同天皇的稱號一起被公定下來的。至於對外方面，則是西元七〇二年抵達中國的遣唐使向武則天提出「日本」國號後，直接取得了武后的同意承認。《舊唐書》的〈東夷傳〉中，同時有「倭國」與「日本國」兩項條目，不過到了《新唐書》之後的〈東夷傳〉，則都只剩下「日本國」的條目，「倭國」條目從此消失。

至於以倭國為主題的相關展覽會，則有一

九九三年舉辦於京都國立博物館，以「倭國」為主題的展覽，該展覽主辦單位還出版了《倭國——邪馬臺國與大和政權》[26]一書。該書的序文——〈關於倭國的歷史〉則是由上山春平執筆，上山春平在文中提到了從「倭國」到「日本」的這個名稱轉換，是日本列島歷史的分水嶺，同時也具有重大的社會變革意義，簡而言之，上山春平認為這是一個從自然社會變換到文明社會的象徵。

遣唐使與唐代的美術展

關於倭國派遣出去的前期遣唐使的事蹟，我們只能從日後所編纂的文獻中查看相關紀錄，不過日本國派遣出去的後期遣唐使的事蹟，則不單只見於文獻，我們還能夠從同時代的史料文物當中一窺究竟。例如陸陸續續在出土當中的後期遣唐人物的墓誌。

一八七二年，美努岡麻呂，也就是美努岡萬（西元六六二～七二八年）的銅版墓誌，於現在的奈良縣駒市青山台出土，這個墓誌被日本政府指定為重要文化資產，收藏於東京國立博物館中。美努岡萬是西元七〇一年第八次遣唐使的其中一員，該使節團的遣唐執節使是粟田真人，而遣唐少錄則是由山上憶良擔任。美努岡萬在返回日本後負責管理宮內省主殿寮，然後在他要前赴中國之際，宗族長老獻上的送別歌，與山上憶良於唐土所詠唱的望鄉歌，都被記載於《萬葉集》的卷一之中。

接著在最近的西元二〇〇四年（平成十六年），於過去唐朝的首都長安發現了一個新的石製墓誌——井真成（西元六九九～七三四年）的墓誌。井真成是西元七一七年第九次遣唐使的成員之一，在他一九歲的時候與阿倍仲麻呂、吉備真備一同前往唐朝，後來以三十六歲的英年之姿客死異鄉。由於井真成的墓誌乃是目前所發現使用「日本」這個國號的最古老文字史料，因此在墓誌發現之初，除了學界以外，也在媒體界掀起了一陣討論旋風。我也曾以〈遣唐使的兩個墓誌〉為題，寫過專文給專修大學、西北大學共同研究計畫所編的《遣唐使眼中的中國與日本》。27

二〇〇五年七月與九月，東京國立博物館以及奈良國立博物館舉行了井真成墓誌之回鄉展覽，展覽會所出版的圖錄《遣唐使與唐之美術》28，便將井真成的墓誌與美努岡萬的墓誌編排於頁首。然後在文化大革命時期被停刊的雜誌《文物》一九七二年復刊第一號中，以西安何家村窖藏遺跡出土的金銀器的逸品與金銀錢為題，進行過報導，《遣唐使與唐之美術》的圖錄也有刊載相關內容。

和同開珎的銀錢　始鑄於日本元明天皇和同元年（西元七〇八年），西安何家村窖藏遺跡出土。二〇一二年攝於陝西西安大唐西市博物館基本陳列展廳。

一九七〇年，從西安南郊何家村窖藏遺跡中出土了超過一千項的文物，其中有二百七十項是美術史學者極為珍視的金銀器，還有對財政史學者來說極為重要的十兩庸調銀餅，除此之外，還挖掘出了大量的國內外貨幣，這些將當時國際交流中心——唐都長安樣貌重現於世的文物陸續出土，在當時可說著實地喧騰了一時。而這些出土的貨幣，包括了唐朝開元通寶的金錢共三十枚及銀錢四百二十一枚。除此之外，還有日本和同開珎的銀錢共五枚，薩珊王朝波斯的銀幣一枚，東羅馬帝國的金幣一枚。和同開珎的銀錢與開元通寶的金銀錢一樣，都不是流通用的貨幣，而是贈呈用的特殊製品。

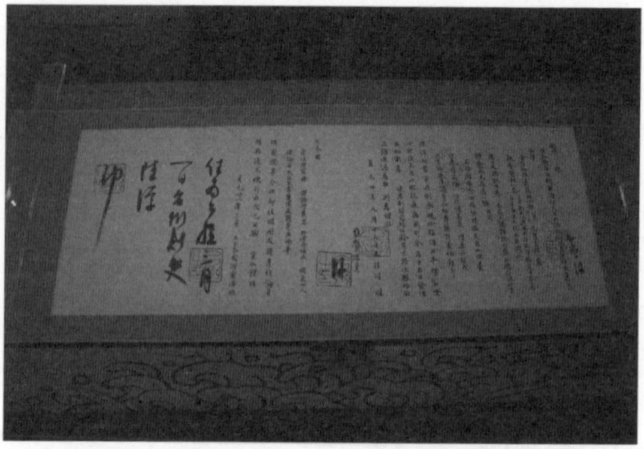

最澄的明州牒文　唐貞元二十年九月十二日，明州發給遣唐使學問僧最澄的牒文，牒文內寫有「日本國求法僧最澄」文字。二〇一四年攝於廣州博物館「跨越海洋—中國『海上絲綢之路』九城市文化遺產精品聯展」。

這些何家村遺跡的出土文物，據推測是唐玄宗在西元七五六年躲避「安史之亂」逃亡四川的時候，汾王李守禮的子孫所埋藏之物。至於那五枚和同開珎的銀錢，則應該是遣唐使從日本帶來贈呈或朝貢之物的一部分，唐玄宗後來又將這些銀錢拿來賞賜給了宗室或是身旁的高官。在這個展覽會中，除了展出了從何家村遺跡出土的一六項金銀器以外，還展出了開元通寶的金錢與銀錢各一枚，以及一枚和同開珎的銀錢。因此，不僅僅只是井真成的墓誌，隨同遣唐使一起前往中國被呈獻給了唐朝的和同開珎銀錢，也可算是重歸故鄉。

順道一提，二〇〇五年的這個以遣唐使為主題的展覽，其實並非首次舉辦。藤原京創都一千三百年的各項紀念活動中，就有一項由奈良縣立橿原考古學研究所附屬博物館所舉辦，以「中國社會科學院考古研究所最新精華」為口號的特別展覽——「遣唐使眼中的中國文化」，這個展覽會也出版了與展覽會名稱相同的圖錄——《遣唐使眼中的中國文化》（奈良縣立橿原考古　研究所附屬博物館編刊，一九九五年）。[29]而該展覽會的展出品，則包括了從建蓋藤原京的時候所參考的模型——「北魏洛陽城」「隋唐長安城」的遺跡、以及遣唐使關係匪淺的長安「西明寺」、「青龍寺」、「洛陽白居易邸宅跡」等遺跡中出土的許多文物。特別是從空海與圓載．圓珍等學問僧留宿過的西明寺遺跡出土的磚佛．金銅製小佛像、石製茶碾，以及從他們走訪過的青龍寺遺跡出土的泥塔、鍍金的押出佛等物，都很可能是當時入唐僧親眼看過的文物，因此格外讓人感到有趣。

若不算天平十八年（西元七四六年）閏九月穗積三立《寫疏手實》中「日本帝記一卷」（正倉院文書）的話，以「還學僧」，即短期請益僧的身分加入第十八次遣唐使團的最澄（西元七六七～八二二年），於貞元二十年（西元八〇四年）九月十二日，從明州（浙江省寧波）所發送出的官方文書，上面明記著「日本國求法僧最澄」，是確實記載「日本國」國號的最古老文物。最澄在抵達明州之後，與即將啟程前往長安的空海等人，也就是計畫長期停留中國的大使和留學僧道別之後，便前往台州的天台山國清寺。而途中一直攜帶著的這份官方文書，也在隔年返回日本的時候一起被帶回了日本，現在被保存於滋賀縣的延曆寺中。前面所談到，在二〇〇四年所展出使用「日本國號」的井真成墓誌，比最澄的官方文書還要早七十年。

遣唐使沒有帶回日本的文化

遣唐使帶回日本的文化、文物，首推大量的佛像、佛典，此外還有山上憶良帶回日本的性愛小說《遊仙窟》、吉備真備帶回去的《唐禮》、《東觀漢記》、樂器、墨跡等，數量之多，無法盡數。關於吉備真備帶回日本的物品，詳細內容可見宮田俊彥《吉備真備》。30

先不論被帶回日本的東西，若改談沒有被帶回日本的東西的話，第一個應該要聯想到的，就是

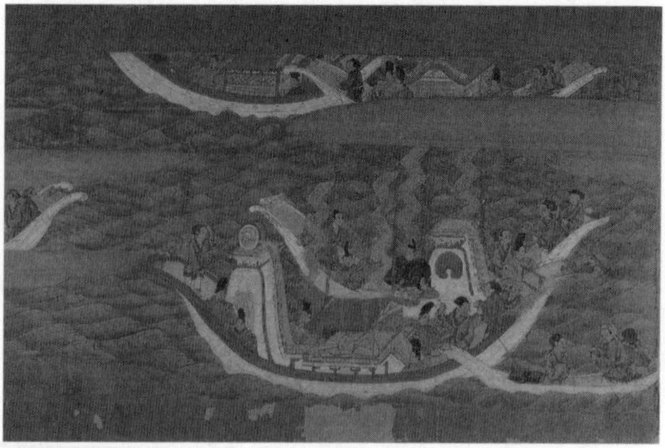

日本遣唐使船　抵達中國唐朝港口的日本遣唐使之船，引自《東征傳畫冊》第四卷。《東征傳畫冊》描繪了東渡日本傳道的唐朝高僧鑒真的故事。

在隋唐時期興盛一時的道教，被日本刻意排拒在外的這一段史實了。在日本，完全找不到一本古老的道教經典的繕寫本。奈良國立博物館於一九九八年，為了紀念東新館開館而舉辦了奈良文化代表逸品特別展，而在大會所出版的圖錄《特別展──天平》[31]中也完全沒有道教的文物。

就如同《唐大和上東征傳》，以及井上靖根據這本書所完成的歷史小說《天平之甍》中所敘述的內容，當日本使節團向中國請求派遣傳戒師的時候，唐玄宗除了指派鑒真以外，原本也命令了幾位道士一同前往，但卻被日本使節委婉拒絕，最後只留下了春桃源等四人在中國學習道教諸法。後來也沒有春桃源等人返回日本的相關紀錄，因此這四人最後直到老死，恐怕都是留在唐朝。入唐僧圓仁的旅行記《入唐求法巡禮行記》開成三年（西元八三八年）十一月十八日的條目中，記載著圓仁在揚州針對節度使李德裕的提問所作的回答：僧寺共有三千七百多所，尼寺也很多。然後李德裕又追問「是否有道士？」，圓仁明確地回答「沒有道士」，我們可以從這裡得知九世紀前半的日本是沒有道士的。

另外，我們在前面介紹過的《唐律疏義》中有「諸盜毀天尊像、佛像者，徒三年。即道士、女官盜毀天尊像，僧、尼盜毀佛像者，加役流。真人、菩薩，各減一等。盜而供養者，杖一百。」等規定。日本學習唐律，因此我們可以在日本的賊盜律中看到以下的字句；「凡盜毀佛像者，徒三年。僧、尼盜毀佛像者，中流。菩薩，減一等。盜而供養者，杖八十。」，但道士、女官、天尊像、真人若遭毀壞等的事態，並沒有被當時的日本列入條文之中，也就是說，日本完全拒絕了道教文化傳入。

還有一些物品，與其說是遣唐使沒有帶回日本，不如說這些物品是無緣被帶回日本的。例如，在最後一次遣唐使的派遣任務中，與圓仁一起入唐的圓載，在中國的期間剛好遇到了會昌毀佛而被迫還俗，後來總共在中國生活了四十年，在西元八七七年，圓載攜帶了數千卷的典籍，搭乘唐朝商人李延孝的船隻打算返回日本，但在航行途中，卻遭遇暴風雨的襲擊，經卷全數沉入大海。關於圓載的事蹟，在宮崎市定所著《日出之國與日暮之處》[32]中所收錄的「留唐外史」，以及佐伯有清的《不幸的遣唐僧——圓載的悲慘生涯》[33]的書中，都有詳細的記載。

奝然與成尋的入宋

關於遣隋使攜帶到中國的國書，曾經一度引起廣泛地討論，不過到了遣唐使的時代，便不再有攜帶國書前行的習慣了。至於後期遣唐使之所以大多採行從博多出發，經五島列島後一口氣橫越東海，抵達長江沿岸的這個所謂南路的路線，主要是朝鮮半島上與日本關係親密的百濟，因為「白村江之戰」導至滅亡，而之後統一了朝鮮半島的新羅，與日本關係極度交惡的這個背景因素所造成的。

關於在西元八三四年（承和元年）決定要派遣的遣唐使，也就是史上的最後一批遣唐使，佐伯

山西五台山　日本僧人成尋曾至五台山巡禮取經，並寫下《參天台五台山記》。圖為現今五台山清涼寺，攝於二〇一二年。

有清《最後的遣唐使》[34]的書封上所寫的「真是歷經波瀾萬丈的使節團。先是副使逃船拒絕派遣，然後又因兩次渡航失敗，造成了二百數十名將近半數團員的犧牲……。到底是為了什麼如此堅持前往呢」，可說是一段極為巧妙貼切的標語。西元八三六年，藤原常嗣任遣唐大使，小野篁任副使，四艘使船出發前往唐朝，不過沒多久就遭風而折返，小野妹子的後裔小野篁，稱病拒絕乘船。

小野篁不遵守國命的這個行為，後來雖然逃掉死罪，但還是遭到貶謫，在他被流放到隱岐國的時候所詠嘆的歌，就是有名的「遠方海面島成群，一葉輕帆離海濱。寄語漁舟垂釣者，其傳消息與伊人」[35]，後來被收入《古今和歌集》及《百人一首》中。除了小野篁以外，即便一直陸續發生成員拒絕乘船而逃亡的事件，但最終還是藉由佛教教團領者人物的不斷勸說安撫，在西元八三八年六月成功送出了這批遣唐使節。

在這批承和年間的遣唐使節團的隨行僧侶當中，包括有最澄的弟子天台請益僧圓仁、天台留學僧圓載，還有空海的弟子真言請益僧圓行等人。圓仁與圓載所搭乘的是第一艘船，與大使藤原常嗣同船，他們在船上讀經，祈求航海平安。圓仁（西元七九四～八六四年）將他在唐朝的所見所聞編成了全部共有四卷的《入唐求法巡禮行記》，這部著作不僅提供了大量的遣唐使相關情報，也是研究第三次「三武一宗法難」以及「會昌毀佛」時期唐代社會的基礎史料，可說極具參考價值。

唐朝佛教寺院中，除了都城長安與洛陽以外，就屬南方的天台山與北方的五台山最為有名。特別是位於山西省東北部的五台山，由於信徒將之視為等同於《華嚴經》中文殊菩薩居住的清涼寺，因此除了中國以外，許多來自東南亞各地的信者也會前往巡禮，總是充滿了絡繹不絕的參拜人潮。

原本只是規劃短期留學的圓仁，儘管屬於非法停留，但最後還是完成了長達九年的艱辛留學生活，而在這段長時間滯留中國的期間，雖然曾與五台山大華嚴寺諸院的學僧歡談過，但最終仍舊無緣親赴天台山進行參拜。圓仁返回日本後不久，他的師弟圓珍便決定要入唐求法。圓珍在西元八五三年，搭乘唐朝商人王超與李延孝的便船，從福州登陸，然後在五台山與長安求學，但最後並未能夠成功前往五台山進行巡禮。五年過後，圓珍搭乘李延孝的商船離開唐朝返回日本。圓珍帶回日本的在旅行證明書——「過所」及「公驗」的實物與相關文書，非常珍貴。但圓珍所著作的總共有五卷的旅行記《行歷記》的全文，並沒有全部留傳下來，目前只能看到複寫本的《行歷抄》。

菅原道真鑒於唐朝發生內亂造成社會凋敝，加上過去派遣出去的使節團經常於途中遇難而難以抵達中國，因此建議重新衡量遣唐使制度存在的必要性。西元八九四年，遣唐使的派遣計畫宣布終止。不過作為國家事業的遣唐使制度即使被廢除了，但日本與唐朝間的交流往來卻沒有因此隨之中斷。關於這點，就如同森克己《森克己著作選集》全六卷36收錄的論文所論證的內容一樣，由於唐朝商人前往海外的風氣極為興盛，因此很難留下記錄。而唐朝商船前往日本進行貿易的相關記錄，最早可見的是西元八四二年（承和九年）春，入唐僧惠蕚返回日本之際所搭乘的唐人李鄰德的船。

浙江天台山　最澄自國清寺返日後，日僧相繼來此地求法，天台山國清寺在中日交流史上扮演相當重要的角色。圖為天台山國清寺門，攝於二〇〇九年。

惠萼的有名事蹟為將白居易（西元七七二～八四六年）的《白氏文集》複寫本帶回了日本。

《宋史》日本國傳的大部分內容，主要都是依據奝然（西元九三八～一〇一六年）攜往中國的《王年代記》完成的。奝然曾表示，日本所擁有的五經、佛經與白居易集七十卷，都得自於中國。奝然在謁見宋太宗的時候，獻上了唐朝越王李貞所撰寫的《孝經新義》一卷，由於這本著作在中國已經失傳許久，因此可說是一種書物的逆輸入。而宋太宗也為此感到龍心大悅，因此奝然在中國移動巡禮的期間，得到了中國給予的莫大通融與便利。除此之外，奝然還獲贈一套共五千零四十八卷，甫剛完成的敕版《大藏經》。關於奝然入宋的詳細過程，佐藤春夫於《釋迦堂物語》[37]一書中，有極為生動的描述。

《宋史》的〈日本國傳〉記載，熙寧五年（西元一〇七二年），佛僧成尋（＝誠尋。西元一〇一一～一〇八一年）於入宋之際，曾被宋神宗叫到宮中面談過。而成尋之後前往宋朝進貢方物者，也都是佛僧。成尋歷遊天台山與五台山，並留下了旅遊記《參天台五台山記》，雖然他始終想要返回日本，不過卻一直未能如願成行，最後於開封開寶寺圓寂。宋神宗下達敕令，將其葬於天台山國清寺。關於研究成尋的書籍，王麗萍的《宋代的中日交流史研究》[38]是最新的研究成果。

另外，石井正敏在〈入宋巡禮僧〉[39]一文中指出，遣唐使時期的留學僧之所以會前往中國，主要都是想要尋求名師，學習佛法，鎮護國家。相對於此，奝然以後的入宋僧，則主要是以前往五台山等聖地巡禮為目的，簡而言之，就是從「求法僧」轉變為「巡禮僧」。如同先前提過的內容，日本派遣遣隋使前往中國的原因，是基於感懷隋文帝的佛教治國理念，以及隋朝是禮義之國的緣故。

西元六二三年七月，從唐朝經過了新羅後返回日本的藥師惠日等人在上奏建言時表示，大唐國是法制度極為完善的珍奇之國，應該需要常常前往。[40]因為惠日等人的這些建言，西元六三〇年（舒明天皇二年）的時候，日本派遣了犬上御田鍬以及藥師惠日作為第一次遣唐使前往中國。簡言之，日本派遣唐使的目的，乃是由於當時日本認為唐朝擁有非常寶貴的完善法制與國家制度，是一個可以作為日本學習對象的模範之國，因此理應與之來往交流。

雖然說五代與宋朝之後就沒有國家規模的遣使活動了，不過對於奝然以及成尋等入宋巡禮僧而言，中國仍舊依然是一個令人感到無限憧憬的模範國度。

先進與敦睦之國度：鎌倉～江戶時期

入宋僧與宋日貿易

相傳釋迦佛祖死後，在經過了正法、像法之世後，就會進入佛法衰退、國家動盪的末法之世。西元五五二年，中國就認為末法之世已經到來，而在日本，則是晚了五百年，認為從西元一〇五二年才算開始正式進入了末法之世。西元一〇七二年入宋的成尋，最後沒有返回日本，逝世於開封。至於成尋的前輩——寂照，受其師之委託，在西元一〇〇三年攜帶了《天台宗疑問二十七條》入宋，後來謁見宋真宗，獲圓通大師之稱號以及獲賜紫袍等事，我們可以在《宋史》的〈日本國傳〉讀到相關記述。寂照與當時的宰相丁謂等人私交良好，在宋朝滯留了三十年之久，最後於杭州圓寂。

位於金澤市的兼六園一隅的石川縣立歷史博物館，在其開館十周年特別紀念展中所出版的圖錄《越過波濤——古代・中世的東亞交流》41，收錄了〈渡海前行的高僧——入唐求法僧與入宋巡禮僧〉的彩色圖版中，其中有一段解說文：

遣唐使的時代，學習佛法的目的為鎮護國家，許多僧侶都是以國家留學僧的公身分，遠渡唐朝。……寬平六年（西元八九四年），日本方面廢除了遣唐使制度。進入了宋代之後，佛僧前往中國的行為，也逐漸轉變為了以造訪聖地、消除自己的業障為主的私人目的（巡禮僧）。面對末法之世即將到來的日本貴族們，雖然會抱持著作功德的心態協助這些入宋僧出航，不過卻沒有想到要利用這些入宋巡禮僧與外國締結新的外交關係。這與宋朝想要利用巡禮僧推動對日外交的情況相較，是一個很大的對比。

關於宋朝利用入宋巡禮僧這一點，除了記錄於《宋史》的〈日本國傳〉，曾經謁見過宋朝皇帝的奝然、寂照、成尋以外，元豐六年（西元一〇八三年）三月己卯四日，快宗一行共一三人謁見宋神宗（《續資治通鑑長編》），隔了五日，與快宗等人行程不同的戒覺也謁見了宋神宗（延曆寺僧戒覺述《渡宋記》）。也就是說宋神宗連續二日接見申請謁見的日本僧侶。這位名為快宗的僧侶，在十年前與師父成尋一同前往謁見宋神宗，後來快宗與繼續留在宋朝的師父成尋道別之後，返回了日本。不過之後快宗又從博多祕密渡宋，並且在獲得永住五台山的許可之後，寫了《渡宋記》給播磨的引接寺。

在遣唐使制度被廢止之後，日本人基本上是被禁止前往海外的。不過，從唐末開始就有中國海商，往來於兩國間進行貿易活動，在進入了宋朝（西元九六〇～一二七九年）之後，這些貿易活動變得更加活絡。海商攜往日本的高級織物、陶瓷器、典籍、香木、藥種等中國文物，以及南海的產品，日本貴族稱為「唐物（KARAMONO）」，是被視為極為貴重的物品。只要宋商船抵達，朝廷就會在大宰府接應，然後讓貴族先行購買必要的物資後，剩下的東西才會轉交民間商人。

一一二七年，也就是在宋朝被金奪走華北領地之後的南宋時期，前往日本的商船貿易又變得更加地熱絡。而讓宋日兩國間貿易如此快速大幅發展的，則是平忠盛與平清盛父子。平家主要是以西國作為根據地，因此與瀨戶內海有著很著的淵源。平忠盛很關心與宋商之間的貿易，而平清盛則是以大宰大貳的身分，於博多獲取了大宰府貿易的利潤，然後利用這些利潤修築大輪田泊，替

宋神宗趙頊　宋英宗長子，生母為高皇后，北宋第六位皇帝。

福原帶來了繁榮，也就是說，平清盛利用宋日貿易的利益取得了新的經濟利基。大宰府是瀨戶內海西端的出入口，而福原則是位於東端的終點。不過，西元一一八〇年，源平合戰爆發，貴族與寺院勢力強烈反對平清盛強行遷都到福原的決定，因此平清盛最後不得已，只得還都京都。一九九七年，與福原關係匪淺的神戶，舉辦了「神戶開港一百三十年、日中邦交正常化二十五周年」博覽會，[42]同時也出版了包含遣唐使船的模型等內容，宮內廳書陵部所藏的《渡宋記》。

重源（西元一一二一～一二〇六年）為了重建因平氏發動南都燒討而受損的東大寺，到西元一一七六年為止，曾經三度遠渡南宋。在重建東大寺的時候，招聘了宋朝的技術人員鑄造大佛。也就是說重源之所以能夠如此迅速導入宋代樣式的建築、雕刻，可歸功於三次的宋朝經驗。

鎌倉新佛教的開山始祖們

十二世紀末，打敗了平氏的源賴朝，在與源氏具有相當程度淵源的相模鎌倉，開創了鎌倉幕府（西元一一八五～一三三三年）。而在佛教界，也陸陸續續出現了許多因應末世之世的佛教。其中特別受到矚目的是，在由最澄所開創天台宗比叡山延曆寺修行的五個人，也就是法然與親鸞所推廣的淨土教、後來入宋的榮西與道元從宋朝引入的禪宗，以及日蓮開創的法華宗，鎌倉新佛教可說呈現出了一片欣欣向榮之貌。

法然（西元一一三三～一二一二年），依據「淨土三部經」開設了淨土宗，相信凡人也能藉由「稱名念佛」往生極樂淨土。親鸞（西元一一七三—一二六二年），進入法然門下，後來在被流放到越後的時候，因為娶了妻子，因此自稱非僧非俗，後來著作了《教行信證》，創設淨土真宗。我們可以從親鸞青年時期的筆記《觀無量壽經注》中，看到他在欄外引用了於西元一二〇〇年才剛被編纂出來的宗曉的《樂邦文類》，由此可見親鸞非常用功於涉獵最新的典籍。

榮西（西元一一四一～一二一五年），在西元一一六八年以及一一八七年，兩度前往宋朝，並將臨濟宗傳入了日本。榮西之後前往鎌倉，接受將軍源賴家與母政子的皈依，並且在鎌倉創建壽福寺，於京都創建建仁寺並成為開山之祖。此外，榮西還從中國帶入了流行於宋朝禪林的喫茶方式與茶種，寫下了《喫茶養生記》，成為領導喫茶流行的先驅者。道元（西元一二〇〇～五三年），進建仁寺榮西門下，於一二二三年入宋，成為天童山如淨的弟子，而後繼承其法返回日本。主張坐禪才是佛法的王道，於越前創建了永平寺，為曹洞宗的開山始祖。

日蓮（西元一二二二～八二年），於天台寺院出家，後來在鎌倉、京畿遊學，主要學於延曆寺，批判將信奉《法華經》視為至上的淨土教，開設了法華宗。執筆《立正安國論》，並且向北條時賴進言，表示若繼續放任邪法淨土宗的話，就會發生「他國親逼難（侵略）」與內亂，但他的意見並未獲得北條的採納，最後還被流放到了伊豆伊東。西元一二六八年（文永五年）一月，支配著中國華北地區的蒙古忽必烈（西元一二一五～九四年。在位期間為一二六〇～九四年），透過高麗將國書送達了日本，表明想要與進行互通友好的意願。日蓮所謂的「他國進逼難」似乎成真，因此一時之間信徒大增。

平安時代開設天台宗的真澄與開設真言宗的空海，兩個人都曾是入唐僧。而鎌倉新佛教各宗派

元寇　忽必烈於一二七四年、一二八一年派兵進攻日本，分別是文永之役與弘安之役，圖為繪於一二九三年的《蒙古襲來畫卷》中的弘安之役。

的開山祖師，不管是淨土宗的法然、淨土真宗的親鸞、法華宗也就是日蓮宗的日蓮，都完全沒有入宋的經驗，相對於此，臨濟宗的榮西與曹洞宗的道元，兩位禪僧則是入宋僧。

元寇與渡來禪僧的世紀

將國號改為中國風格的大元，遷都大都（現在的北京）的忽必烈，於西元一二七一年與七三年，任命趙良弼（西元一二一七～八六年）為日本招諭的國信使，並派遣他到了大宰府，不過卻被掌權的北條時賴拒絕。西元一二七四年（文永一一年），元與高麗總共約三萬人的聯合大軍，進逼北九州，不過最後因為遭遇暴風雨，只得退軍，此為文永之役。

鎌倉幕府為了防備元軍的再度入侵，因此於博多灣沿岸蓋築石壘。早在久遠以前的西元六六三年，當時還是倭國時代的日本在白村江之戰敗北後，為了阻絕唐朝與新羅的追擊進攻，因此在對馬、壹岐、築紫等地設置了「防人」與「烽」，此外，還在筑紫另建水城，將國都自飛鳥遷至近江，並建蓋了高安城與屋島城。不過在那之後，日本就再也沒有面臨過中國入侵的壓力。因此，這次的元軍來襲，可說是重新喚醒了日本朝野懼怕中國的恐怖心情。西元一二八一年（弘安四年），元朝再度派遣了十四萬大軍進攻日本，不過卻又再次於海上遇到颱風而無功而返，此為弘安之役。而這兩次來襲的元軍，則被日本稱為「元寇」。

在元軍大舉來襲之際，日本許多社寺所舉行的「異國調伏」之祈禱，都會強調神國思想，而將毀壞元朝船隊的颱風稱之為「神風」。就這兩次元軍（元寇）對日本產生的影響來看，相較於軍事層面，思想層面的影響應該更為重大。

從平安時代後期到鎌倉時代為止的這一段時期，中國正處於元滅南宋、統一全國的時期，日本與中國之間是沒有邦交的。而關於這個時期的中日文化交流，有村井章介《東亞往還——漢詩與外交》[43]中的第二章〈渡來僧的世紀〉，上垣外憲一《日本文化交流小史——在東亞傳統文化之中》（中公新書，二〇〇〇年）[44]的第三章〈禪僧們的時代〉。借用這兩個章節的部分名稱，我想將這段時期命名為「渡來禪僧的世紀」。

南宋末年，西元一二三四年，蒙古族滅掉了女真族的金朝，並將領土擴大到華北區域後，一直到一二七九年併吞南宋前的這一段時間，道元等日本僧侶抵達屬於南宋管轄的中國。由於榮西與他的徒子徒孫們的大力推廣，因此以鎌倉與京都為中心，臨濟宗被朝野廣泛地接受，而也為這個原因，從宋朝前往日本的禪僧一直陸續不絕。

在前面所提到的村井章介的書中，有一份「十三、十四世紀的渡來僧」的表格，表格之中總共

建長寺　鎌倉五山之首。圖為建長寺山門，攝於二〇一二年。

列舉了二十九名的渡來僧。第一位渡來禪僧，是仰慕道元的寂圓（西元一二〇七～九九年），寂圓後來在越前開創了寶慶寺，成為了曹洞宗寂圓派之祖。

第二位則是蘭溪道隆（西元一二一三～七八年），他在西元一二四六年（寬永四年），前往日本依靠京都泉湧寺的月翁智鏡。不久後，便赴鎌倉，建蓋建長寺，成為開山始祖。北條時賴及其門下的許多鎌倉武士都皈依於他，實踐嚴格的宋風禪。蘭溪道隆門下被稱為臨濟宗大覺派。

蘭溪道隆死後，無學祖元（西元一二二六～八六年）於西元一二七九年（弘安二年），因北條時宗之邀，前往日本繼承蘭溪道隆之業。無學祖元居於建長寺，後來一二八二年，北條時宗創建了圓覺寺之後，無學祖元成為了開山之祖。而他到日本的那一年，也恰好就是南宋被元所滅之年。

遠征日本失敗之後，元世祖忽必烈顧及到日本社會一般崇尚佛法，因此派遣了佛僧跟隨著正使前往日本進行招諭，不過最後並沒有成功。元世祖死後，元成宗鐵穆耳於西元一二九九年（正安元年）派遣一山一寧（西元一二四七～一三一七年）為正使，前往日本。鎌倉幕府一開始覺得很可疑，因此將一山一寧一行人幽禁於伊豆的修禪寺。不過沒過多久就信任了他們，一山一寧歷任建長寺、圓覺寺的住持，並以三世之名進京都的南禪寺，最後圓寂於該寺。《元史》日本傳末尾的大德三年（西元一二九九年）之條目，就是以「遣僧寧一山者，加妙慈弘濟大師，附商舶往使日本，而日本人竟不至。」等字句作為文章的結尾。

勘合貿易與倭寇

源氏與北條氏創立的武家政權——鎌倉幕府，不敵各地發動之討幕運動而滅亡。足利尊氏掌控政治實權，開啟了室町幕府（西元一三三三—一五七三年）時代。而政治的舞台也從鎌倉再度轉移回了京都。因為南北朝對立所造成的種種動亂，也在西元一三九二年，三代將軍足利義滿（在位時間為一三六八—九四年）完成南北朝統一後告一段落。

西元一三六八年足利義滿繼承將軍職務，在此同時的中國，握有紅巾軍領導權的朱元璋（西元一三二八—九八年）滅了元朝，定都南京，建立明朝（西元一三六八—一六四四年）。朱元璋即為明太祖。明太祖死後，於爭位內鬥中獲勝登上大位的，就是後來的明成祖（西元一四〇二—二四年），明成祖將國都遷至北平，並改名北京。雖然朱元璋死後依廟號被稱作明太祖，但因為使用洪武年號，且開始了一個皇帝的治世期間只使用一個年號的所謂「一世一元制」，因此，此後在稱呼中國君主的時候，就變成像是明太祖稱為洪武帝，明成祖稱為永樂帝般，用年號來代稱皇帝的情形逐漸普遍化。而日本開始採用「一世一元制」，則是剛好五百年之後的「明治」了。

洪武帝重視內政，對外則採行鎖國主義，禁止本國與外國商船的出入國，只有外國使節進行的貿易行為是被允許的。當時日本的懷良親王等九州的南朝勢力，曾試圖與明朝來往。西元一四〇四

倭寇　引自《倭寇圖卷》，圖中描繪了正在登陸的倭寇商船。

年（慶永十一年），足利義滿後來得到了永樂帝賜予的勘合符，因此得以進行朝貢形式的「勘合貿易」，兩國邦交也正式展開，足利將軍被明朝任命為「日本國王」。

日本與明朝的貿易，除了有攜帶勘合符的遣明船之正式形式外，還有以民間人士為中心的私商貿易。這些從事私商貿易的人之中，有部分逐漸變身為海盜，也就是所謂的「倭寇」，倭寇出沒地點除了明朝的沿岸區域以外，還包括了朝鮮地區，對於治安形成很大的威脅。「倭寇」，望文生義，就是日本人的侵略之意。不過，以中國東南沿海、島嶼為據點的倭寇，其實很多都是中國人，日本人所占比例其實不高。這個史實考證，最早是一九四三年，在宮崎市定的〈倭寇的本質與日本的南進〉[45]中被提出，目前在日本幾乎已經成為定說。勘合貿易與私商貿易（倭寇），兩者合稱為「明日貿易」。關於明日貿易的內容；日本主要的出口物品的為刀劍、銅等物，進口物品則是永樂錢等銅錢以及生絲。到了十六世紀中葉，葡萄牙以及西班牙的船隻抵達了日本，同時也將鐵砲與基督教也一併帶入。滅了室町墓府的織田信長，以及後來接替其政權的豐臣秀吉政權，也就是所謂「織豐時代」，出現了許多宏偉壯麗的建築與庶民風俗畫，另一方面，在武將與富商之間，還流行著茶道文化。另外，歐洲人所帶進日本的所謂南蠻文化，也獲得上流社會的廣泛接受。

日本於鎌倉末期，將中國在南宋時期所制定的臨濟宗的寺格（等級制度），也就是所謂的「五山」制度引入，並將建長寺列為五山第一。足利氏代代保護臨濟宗，到了足利義滿的時候，除了原本就有的鎌倉五山，又另外制定了一套名為京都五山的等級評比系統，並將南禪寺置於其中。五山取自於宋元文化，禪僧間常以漢詩文應酬，此謂五山文學。西元一三〇七年進入元朝，在元朝統治的中國一待就是二十二年的雪村友梅（西元一二九〇～一三四六年），便是五山文學的先驅者之一。西元一三二五年進入元朝中國，最後停留了七年的中巖圓月（西元一三〇〇～七五年），則是奠定了五山文學發展的基礎。此外，京都五山相國寺的畫僧雪舟（西元一四二〇～一五〇六年左右），於一四六七年乘遣明船入明，在中國臨摹宋元時期的古典作品，二年後返回日本，確立了水墨畫形式的日本風格山水畫。

日本各地常常會有以鎌倉、室町時代到安土、桃山時代，也就是從十二世紀到十六世紀這段時期，與宋、元、明三個中國王朝之間展開的中日貿易樣態為主題的展覽會。

這些展覽通常會網羅各式各樣的典籍、地圖、雕刻、繪畫或是陶瓷器進行展出。凝視著這些文物，讓我們彷彿可以看到當時的貴族、僧侶及商人汲汲營營，不斷地將種種文化、文物，從中國這個先進國家引進日本的努力姿態。另外，這些展覽會所出版的圖錄，有《前往鎌倉的海道》[46]、國立歷史民俗博物館所編的《陶瓷器的文化史》[47]等，特別是國立歷史民俗博物館編的《東亞中世海道——海商・港・沉沒船》[48]中，還刊載了〈沉沒船所訴說的貿易實態〉、〈東亞的錢與金、銀〉、〈對舶來物的憧憬〉等主題的內容。

在關原之戰獲勝後成立了江戶幕府（西元一六〇三—一八七六年）的德川家康，開始實行朱印船制度，啟動了與東南亞諸國的來往，也開始了所謂的朱印船貿易。雖然日本與明朝之間沒有邦交，但是藉由私人貿易船的貿易型態卻仍舊持續進行著。接著沒過多久，幕府便發布了禁止基督教的禁教令，將傳教士趕出國外，開始實行鎖國政策。在三代將軍家光（在位期間為西元一六二三—五一）的在位期間，自一六三三年到一六三六年的這三年間，禁止奉書船以外的船隻出航，並且還發布了禁止日本人出國與歸國的禁制。幕府在打壓基督教信徒的過程中引發了島原之亂，動亂過後的一六三九年，開始禁止葡萄牙船隻入港，一六四一年，命令荷蘭商館遷移到長崎，並命令相關人員居住於出島，接受幕府的嚴格監視。

在江戶幕府強勢主導鎖國政策的時候，中國則是處於努爾哈赤統一滿族，勢力逐漸壯大起來之際。滿族在西元一六一六年建國，稱為後金，傳到第二代皇太極的時候，改國號為清。西元一六四四年，滅了明朝，定首都於北京，不久之後統一個整個中國，以滿族這個少數民族之姿，統治著占中國人口絕對多數的漢民族。而江戶幕府所執行的鎖國政策，中國的清朝也同樣持續進行著。

雖然說江戶時期是日本的鎖國時代，但事實上荷蘭與中國兩國被特別允許能夠在長崎進行有條件的貿易。更詳細地說，日本船禁止出航中國，只能以長崎的出島、對馬、琉球、松前等地為窗口，進行有交易量上限的貿易。

江戶時代的文教

教科書中寫著，日本鎖國時期的海外情報，都是從荷蘭商館長提交給幕府的「和蘭風說書」中得知的，而且這些情報只有幕府的相關人員才會知道。此外，中國船隻帶來的「唐船風說書」中也有許多國際消息。《華夷變態》一書，就是以這些內容為根據，將明清改朝換代之際的中國情報彙整而成的一本書。幕府每年都會向進入長崎港的所有唐船，蒐集關於中國、越南、緬甸等地的情報。另外，中國商船帶進日本的書籍，則被稱作「唐船持渡書」。《跨海的艷事——日中交流祕史》[49]以長崎丸山遊廓與上海文人之間的交流為主題，內容包括「清客與丸山遊女」、「幕府的唐人歡待策」、「唐人屋敷的遊樂風景」等小節，是一本精彩的著作。

由於儒學的內容對於確保國家體制有所助益，因此江戶幕府對於儒學採取了鼓勵與保護的態度。朱子學者藤原惺窩與林羅山便是在這個背景下為幕府所用。他們與木下順庵、新井白石一同被稱為京學派。中江藤樹一開始學習的是朱子學，後來改學以知行合一為中心思想的陽明學，被尊稱為近江聖人，他的門生熊澤蕃山，則是致力於將儒學進行日本化的相關工作。山鹿素行、伊藤仁齋、荻生徂徠等人，認為必須要直接學習孔子與孟子的思想，因此被稱為古學派。

朱舜水　明末遺臣、儒學家。南明滅亡後，因不願降清，東渡日本長崎，並與德川光圀成為至交契友。歿後葬於茨城縣常陸太田市。

隨著儒學逐漸的興盛，日本也愈來愈關心歷史，集合了水戶藩主德川光圀等許多學者所完成的《大日本史》，就是在這個時候開始編修的。西元一六五九年，於明清的改朝換代之際，不斷致力於復興明朝，但最後未果的朱舜水，以六十歲的高齡逃亡到了日本長崎。不久，他受德川光圀之邀，定居於江戶駒込（現在的東京大學農學部校區所在地）水戶德川家別莊，前後總共居住了十七年。朱舜水除了重視實學，也精通禮法與建築，著有《學宮圖說》，也製作過「孔廟模型」。另外在京都，則有博學多聞的公卿近衛家熙所完成的《大唐六典》校訂本，以及伊藤東涯將中國歷代制度的沿革與日本相對應的制度，依照項目別寫成的《制度通》一書，這兩部作品即便到了今日，依舊很有意義。

江戶幕府在推動禁信基督教的同時，也加強對寺院的統治，強制施行「寺請制度」，佛教的發展也因此陷入了死水狀態。西元一六五四年，明朝禪僧隱元隆琦前赴日本，將黃檗宗——念佛與坐禪並重的念佛禪，帶進了日本，並且在宇治建蓋了萬福寺。具明朝風格的伽藍配置方式、飄逸著異國風味的普茶料理等，不管是中國的愛好、文人的愛好，都帶給當時儒學興盛的社會不小的刺激，因而廣受歡迎。

足利學校　相傳由小野篁所創立的學校。圖為足利學校校門。

幕府的最高學府稱作「昌平黌」，在各個藩則設立有藩校，作為教育藩士以及藩士子弟的場所。然後還有民間自行設立的寺子屋作為庶民的教育機關，其教育內容主要為算盤與習字。附帶一提，有一間名為「足利學校」的學校，相傳是由曾經拒絕搭乘遣唐使船的小野篁所創立的。曾有以足利學校為主題舉辦的展覽會，該展覽會還曾出版圖錄：《足利學校——日本最古老的學校 學習之心與其流》50。

對於從鎌倉時期到江戶時期的日本而言，不管是佛教、儒學還是書畫，中國完全就是一個先進國家。除了元寇來襲的短暫時期是唯一的例外之外，就如同「唐物」的流行風潮一樣，對日本而言，中國仍舊是一個應該要親近敦睦的國家。

對等與侮蔑的國度：明治～昭和前期

千歲丸的上海行與中日修好條規

鎖國時期的江戶幕府，以及清朝所統治的中國，都認為清朝才是世界的中心。因此中國自然而然地認為那些遠渡重洋來到東方，想要與擁有豐饒物產的中國進行貿易的歐洲人，也是要來向天朝進行朝貢的。一七五七年以後，清朝限制歐洲的船舶只能停靠廣州，而英屬東印度公司開始獨占了在廣州的貿易權，則是發生在一七九〇年代，也就是法國大革命之後的事情。

在鴉片戰爭中戰敗的中國，被迫於一八四二年，與英國簽署了《南京條約》。根據該條約，清朝必須將香港割讓給英國，此外還必須開放廣州、上海等五個港口，以及支付戰爭賠償金。雖然在條約的本文中，明確記載了兩國官吏必須對等進行交涉，不過根據隔年追加簽訂的條約內容，對清朝而言終究是完全不利的不平等條約。美國與法國後來也與清朝締結了通商條約，獲得了與英國相同的利權。南京條約造成中國大量地開放港口。也因為這個背景，歐美諸國的對清貿易據點也從廣州移往了上海。此後，相對於逐漸發展成為中國繁華經濟重心的上海，廣州便逐漸蕭條了。

高杉晉作　一八三九—一八六七，曾搭乘江戶幕府派遣的官船「千歲丸」訪問上海的明治維新功臣。

西元一八五三年，美國培里率領艦隊使入了江戶灣浦賀，迫使了日本結束鎖國政策，被迫開國。江戶幕府在一八五四年，與美國簽訂了《日美親善條約》[51]（神奈川條約），一八五八年時，更進一步地簽署了《日美修好通商條約》。英國、法國、俄羅斯、荷蘭也相繼與日本締結了相同的條約，日本兩百多年來的鎖國政策於此總算徹底崩解。在這些條約中，規定了日本必須承認外國的領事裁判權（治外法權），也被迫放棄了關稅自主權，總而言之，是對日本極為不利的不平等條約。

從歐美勢力明確地深入亞洲與中國的一九世紀中葉開始，中日文化交流也起了很大的波動。西元一八六二年（文久二年），江戶幕府派遣了一艘名為千歲丸的船隻前往了上海。千歲丸的前身是英國的帆船Armistice號，其緣由簡單地說，就是幕府在長崎向英國買下了這艘船，並改成日本的船名。被派往航行上海的，包含水手在內總計有五十一名，船長等英國人繼續被聘留在Armistice號上，而為了使貿易能夠順利進行，也臨時雇用了一些荷蘭商人同船隨行。長州的高杉晉作以侍從的身分，而薩摩的五代友厚則是因為在準備期間提供了許多協助，得以水手待遇乘船同行。

在這次上海行的見聞錄中，除了有高杉晉作所著的《遊清五錄》等，還有像是身為幕臣侍者的納富介次郎與日比野輝寬所著的日記類作品。輝寬的孫子——日比野丈夫後來將其進行整理，由外山軍治解說，以《文久二年上海日記》[52]為名出版成書。這些前往中國的日本人們，驚訝於太平天國之亂期間的上海美國租界的美麗，也為第一次見到的繁華上海港，感到魂牽夢縈。此外，也對歐美外國士兵的跋扈感到不勝唏噓。

一八七一年（明治四年），掌握明治新政府大權的大藏卿伊達宗城與清朝的重臣直隸總督李鴻章，在上海簽訂了《中日修好條規》，兩年後被批准。根據這個條約，同樣飽受與歐美諸國簽訂不平等條約所苦的清朝與日本兩國，建立起了對等的邦交，這對於當時的兩國來說，可說是一紙極為罕見地以對等的立場所簽訂的平等條約。「中日修好條規」的全文，與《日美和親條約》（神奈川條約）及《日美修好通商條約》都收入於外務省所編的《日本外交年表竝主要文書（上）》[53]中。

關於明治前期日本的中國觀，芝原拓自等人所著的《對外觀》[54]，其中第三篇「新聞論調（二）——關於中國」將當時刊載於主要報紙上有關論述清朝內政或外交、國際情勢的社論、投書，以及討論日本與清朝應如何往來的記事進行整理收錄，非常具有參考價值。我們可以從這些資料中觀察到，因為於琉球的歸屬或是朝鮮半島的問題，兩個國家的對立關係逐漸深化，日本朝野對於這個衰敗大國清朝的印象與評價，不停地在動搖。

明治維新後的日本新政府，想要一改過去的鎖國政策，因此向朝鮮要求重新恢復邦交，但是遭到了朝鮮的拒絕。因此，在一八七五年，日本以在江華島附近的軍艦遭受朝鮮砲台守軍的發砲攻擊為理由，開始對朝鮮施加軍事壓力，過了一年，終於迫使朝鮮與其簽署了《江華條規》（日朝修好條規），朝鮮因此開國。該條約除了使得朝鮮開放了包含釜山在內的三個港口外，也承認了日本的治外法權，算是一個不平等條約。日本將過去被美國強行要求的不平等條約，轉向要求朝鮮與其簽之。

甲午戰爭與中日戰爭

《江華條規》簽訂之後，日本與向來主張擁有朝鮮宗主權的中國之間，對立也開始越演越烈。一八九四年（明治二十七年），在朝鮮發生了由東學黨領導的大規模農民反亂事件（東學黨之亂。朝鮮稱之為甲午農民戰爭），因應朝鮮政府的要求，清廷因此出兵朝鮮協助鎮壓，而日本也以保護在朝鮮之日本居民為由進行出兵。因為這個原因，日軍與清軍發生了衝突，因而爆發甲午戰爭。隔年，擁有較優秀的近代化裝備的日軍獲得勝利，雙方簽署了《馬關條約》，清廷承認朝鮮的獨立，並同意將遼東半島、臺灣等地割讓給了日本。

在甲午戰爭開始的一八九四年，東京高等師範學校教授，那珂通世曾經提議於日本歷史教育中增設東洋史科目。在過去，日本的歷史教育只分為本國史與外國史（世界史）兩科，依照那珂的提議，外國史將再細分成西洋史與東洋史。當時中學歷史教科書的教學要領寫道，「世界史分為東洋史和西洋史，東洋史中特別詳述支那史」。日本與清朝的劍拔弩張關係，使得日本意識到中國歷史相關知識的必要性，因此創設了東洋史科目，並且從中等教育時期開始實施。一八九八年出版，桑

甲午戰爭期間的日清海戰　取自《日清戰爭版畫集》，繪於一八九四至一八九六年間。

原隲蔵所著的《中等東洋史》上下兩冊，是眾多教科書中的佼佼者。至於高等教育階段的東洋史，則是一直等到日俄戰爭結束後所設立的京都帝國大學文科大學所開設的東洋史講座開始，才被正式推動，此後，其他大學也陸續仿效導入。

在甲午戰爭中獲勝的日本，雖然企圖藉此將勢力伸入中國領土，但因為受到俄、德、法等國的干涉，因此被迫退出遼東半島。西元一九〇〇年（明治三十三年），打著反教滅洋口號的義和團，襲擊了歐洲各國設置於北京的公使館。為此，歐洲各國、俄國、美國、日本等八個國家，組成了聯合軍隊（八國聯軍）前赴中國，結果北京被聯軍攻陷，義和團潰散，清廷加速步向衰亡。

西元一九一一年，辛亥革命爆發，清朝滅亡，從秦始皇開始持續了兩千一百多年的皇帝制度也在此畫下了休止符。隔年的一九一二年（大正元年），中國民國政府宣布成立，並改採用陽曆。被推舉為新政府的臨時大總統的孫文（一八六六～一九二五年），過去曾逃亡至日本，並且在東京結合志同道合之士，組成中國同盟會。甲午戰爭後，前往被認為推展近代化有

盧溝橋事變　一九三七年盧溝橋事變後，向北平進軍的日軍。

成的日本展開留學生活的清朝留學生，人數急速增加。這些人當中，有很多便以東京為根據地，進行推翻滿清的準備工作。此外，在這段期間，也有許多日本人支援孫文等人的革命運動。

第一次世界大戰開始後，日本便針對德國在中國的租借地及勢力範圍進行攻擊與占領。戰爭結束後的西元一九一九年（大正八年），於巴黎召開的巴黎和會中，各國同意日本接收德國位於山東的權益一事傳回中國，在五月四日，以北京的學生、勞工、商人為首，展開了一連串的反日運動，最後這個反日風潮逐漸擴散到了全國，中國代表也因此拒絕簽署會後的《凡爾賽條約》。此即所謂的五四運動。

西元一九三一年，駐紮中國的日本關東軍，以柳條湖的鐵路遭到炸毀為由，發動了九一八事變[55]。一九三二年，發動了一二八事變[56]，然後成立了滿洲國。一九三三年，國際聯盟評估滿洲的情勢，認為日本軍所行乃屬不當行為，日本因此宣布退出國際聯盟，並決定要往中國內部進行侵略。

一九三七年（昭和十二年）七月七日，在北京郊外，日本軍隊與中國軍隊發生了衝突，是為盧溝橋事件，此事件也拉開了日軍全面展開對中國軍事侵略的序幕。此後一直到第二次世界大戰結束為止的八年期間，中日兩國便一直處於戰爭狀態。戰爭過程中，日軍一度控制了華北的都市，也攻占了南京。不過由於包含美國、英國、蘇聯等國馳援中國等因素在內，戰爭時間持續拉長，日軍可說宛若陷入泥沼中。一九四一年十二月，日本與美英兩國間的太平洋戰爭開始，日本開始進入全面性的戰爭狀態，因此中日戰爭對於日軍而言，可說是愈來愈沉重的一個負擔。

一九四五年（昭和二十年）八月六日與八月九日，日本的廣島與長崎分別被投下了原子彈。八日，蘇聯對日宣戰，此時對日本而言，可說已是萬事休矣。日本在八月十四日接受《波茨坦宣言》，宣布投降，完成《終戰詔書》，並在十五日正午，由天皇進行「玉音放送」，以「茲布告天下：朕已諭令廷臣通告美、英、支、蘇四國，願受諾其共同宣言」為談話起首，向全體日本國民進行廣播。

在中日戰爭開始之後，日本方面出版了數以萬計關於中國的研究論述。其中雖然有很多是迎合潮流口味的出版物，但也有不少是即使到了今日仍舊值得吾輩細讀深思的作品。例如《支那問題辭典》[57]一書，是B5三段格式共一千多頁的書籍，雖然名為辭典，但內容卻是集合了總共五十七名研究者之厚實論文的一部作品。其中一篇由蠟山政道所執筆的〈日本與支那〉一文就指出，從上古時代開始到幕府時代為止，對於日本而言，中國大體上都算是一個具備文明制度的先進國家，不過在甲午戰爭過後，這文化上的存在感便消失了；對於企業家來說，中國變成只是一個單純的經濟市場，而對於政治家以及軍人來說，中國變成只是一個外交、戰略上的地理區域而已。

對於從明治維新開始到昭和二十年（一八六八—一九四五年）八月這一段期間的日本來說，就如同當初雙方是以對等的立場簽訂下《中日修好條規》所象徵的意義一樣，中日彼此是一種對等的存在。不過，日本從甲午戰爭過後，一直到中日戰爭的這一段期間，換句話說，也就是從一八九四年開始到一九四五年為止的這半個世紀，卻是把中國視為敵對之國，同時也存有輕蔑之心，我想這應是不可否認的事實。

喜愛與厭惡交雜的國度：昭和中期以後

對於日本而言，於一九三七年七月開始的「中日戰爭」，到了一九四一年十二月之後，就成為了「太平洋戰爭」中的一部分。就其結果而言，也可算是一九三九年九月始於西歐的「第二次世界大戰」的一部分。《波茨坦宣言》是在德國投降後的一九四五年七月，先由美、英、蘇三國領袖會談取得共識後，再取得中華民國國民政府主席蔣介石的同意，最後以美英中三國領袖的名義所發表的對日共同宣言。蘇聯因為之前與日本簽訂的《日蘇中立條約》的有限期限仍未終止，因此一開始並未於這份宣言上署名，一直等到八月八日正式對日宣戰之後才簽署。日本於八月十四日接受了《波茨坦宣言》，若是由「中日戰爭」的框架來看的話，戰勝國為中華民國，戰敗國則是日本。

中日兩國關係

投降後的日本，由聯合國進行占領，規定其領土範圍為本州、北海道、九州、四國以及聯合國規定的各個小島。聯合國在東京設立盟軍最高司令部（GHQ），由總司令麥克阿瑟統轄並實行占領政策。雖然數以萬計的日本軍民順利從中國搭乘遣返船隻返回了日本，但是在舊滿洲，卻因為自

吉田茂簽署《舊金山和約》 日本首相吉田茂於一九五一年在美國舊金山與二次大戰大部分的同盟國成員簽署和平條約。

行毀棄《日蘇中立條約》加入戰爭的蘇聯，發生了難以名狀的慘劇。蘇聯軍人不但對數以萬計的婦女施加暴行，還將在庫頁島、千島以及北朝鮮解除武裝的部隊也包含在內的五十多萬日本軍民，強行送至西伯利亞的勞改營拘留並強迫勞動。因此，與日本於戰後的很長一段時間對於蘇聯感到極度厭惡，與此相較，日本對於中國則確實是較有親近友好感的。

隨著第二次世界大戰的爆發，國際聯盟可說早已名存實亡，取而代之的則是在二戰結束後的一九四五年十月二十四日正式成立的聯合國及《聯合國憲章》。聯合國由最初參加的五十個國家，以及負責維持國際和平與安全的主要機關——安全保障理事會（五個常任理事國與十個非常任理事國）所構成。擁有否決權的五個常任理事國；美國、英國、蘇聯、法國、中國，都是戰勝國。身為敗戰國的日本與德國雙雙被《聯合國憲章》載明為敵對國家，因此連參加的資格都沒有。

從戰爭末期開始，美英兩國為首的自由主義陣營，與蘇聯所領導的社會主義陣營間的對立情形，便愈來愈嚴重。到了戰後，彼此間的敵對更是愈趨白熱化。德國由於被兩個陣營分別占領而導致分裂，在一九四九年分別形成了西德與東德兩個國家。

加入聯合國且戰勝了日本的中國，隨著國際地位的逐漸提升，逐漸擺脫了其被殖民國的身分。不過，二次大戰一結束，原本互相合作進行抗日戰爭的國民黨與共產黨（國共合作），兩黨間的對立卻再度浮上檯面，最終導致中國陷入了內戰狀態。雖然以蔣介石為首的國民黨獲取了美國的軍事援助，但是由於共產黨採取以農村為中心推動改革的政策，獲得了多數人民支持。內戰的情勢也轉變為對共產黨有利的局面，最後在一九四九年十月一日，中華人民共和國宣布成立，毛澤東任中央政府主席，總理為周恩來。美國因為冷戰的背景因素，否認了中華人民共和國的政權，持續援助於國共內戰敗北後，逃往臺灣的蔣介石，並承認蔣政權為正式代表中國的政權。

根據一九五一年（昭和二十六年）的吉田茂—杜勒斯書簡，日本選擇了在臺灣的中華民國政府作為恢復邦交的對象。雖然舊金山和會總共有五十二個國家參加，但是蘇聯拒絕簽署會後條約，而中國與朝鮮則未獲邀出席會議。一九五二年（昭和二十七）四月，日本與中華民國簽署了《中日和平條約》。一九七一年十月，聯合國大會決議，中華人民共和國正式取代中華民國，取得了中國的代表權。隔年一九七二年九月，日本首相田中角榮訪問中國，與周恩來總理進行會談，促使「中日建交」[58]的實現。

扭曲的文化交流與反中感情的擴散

一九四九年，由毛澤東所率領的中華人民共和國政府正式成立，並將首都設於北京，廢除中華民國的紀元，改採西曆。因此從漢武帝於西元前一一〇年制定年號的元封元年開始，這項持續實行了二千年以上的年號制度便宣告終止了。不過，遷移到了臺灣的中華民國，目前仍然使用民國紀元的年號制度。

二次大戰後，日本被聯合國占領，並召開了東京審判進行戰爭罪犯的審判。此外，由於大量的軍人及國民從過去的海外戰領地被遣送回到了日本，因此造成了日本本土生活物資的極度不足，住宅短缺的問題也極為嚴重。不過，一九五〇年（昭和二十五年）六月所爆發的韓戰，卻為日本帶來了一波「特需景氣」，礦工業的生產也逐漸回到了戰前的水準。吉田茂內閣在簽訂和平條約的同時，也與美國締結了《美日安保條約》，並於一九五四年六月成立了陸海空自衛隊。

聯合國中最重要的機構——安全保障理事會的五個常任理事國中，東亞區域的代表只有中華民國一國。而後，即使中華民國政府於國共內戰中戰敗，並帶著一百萬人的軍隊一起渡往臺灣，但仍與美國保持軍事同盟關係。之後中華民國政府便以此同盟關係為根基，持續推展經濟建設，一九五四年後的國民生活水準，在亞洲的排名僅次於日本，排名第二。

由於日本根據一九五二年四月所簽訂的《中日和平條約》，作出了承認中華民國為代表中國的正統政權的政治立場選擇，因此一直到一九七二年中日建交為止的這二十年期間，中日兩國迫不得已，只能藉由一些扭曲的形式進行交流。換句話說，在一九七二年以前，日本與臺灣採用的是政府官方間的交流，但與中國大陸之間的交流則只能採用民間交流的形式進行，如此不幸的狀態持續了一段時間。

一九五四年（昭和二十九年）十二月，日本鳩山一郎內閣成立。鳩山首相主張自主外交，因此在一九五六年十月，與蘇聯簽署了《日蘇共同宣言》，恢復了與蘇聯的邦交。在兩個月後，也就是十二月十八日，聯合國大會全會一致同意日本加入聯合國的提案。

日本雖然與蘇聯恢復了邦交，但與中華人民共和國仍舊持續維持著無邦交的狀態。不過在民間交流方面，則是透過民間團體簽訂了漁業協定，另外也組織了日中文化交流協會，透過各式各樣的文化代表團體開始發展雙方的往來關係。不過，訴求日美新時代，並以復興經濟能力以及強化自衛能力等作為制定國策的前提的岸信介內閣，採取了親近臺灣的政策，因此拒絕給予中國通商代表部懸掛國旗的權利，也因此造成中日關係的惡化。一九五八年（昭和三十三）五月，在長崎所舉辦的一個郵票展覽會中，發生了一位青年將中國國旗取下並毀損的「長崎國旗事件」。因為這個事件的關係，中日所有的貿易契約都宣告中斷，加上中國政府強調政經不可分離的原則，因此文化、體育的交流全部都陷入停擺狀態。

明治時期之後，以日本人的中國觀為題的書籍，可以舉竹內實的《對日本人而言的中國印象》[59]為例。竹內實將竹添井井《棧雲峽雨日記》、岡千仞《觀光紀遊》、內藤湖南《燕山楚水》、夏目漱石《滿韓各處》、橫光利一《上海》、阿部知二《北京》等中國紀行的作品，進行了非常細膩的比較觀察。而由王曉秋所著，木田知生翻譯的《中日文化交流史話》[60]便花費一個章節的篇幅在敘述關於岡千仞的《觀光紀遊》。

一九七二年中日建交後的隔年，在東京與京都的兩個國立博物館，舉辦了紀念的展覽會，並且出版了《中華人民共和國出土文物展》[61]一書。附帶一提，主打中日建交〇〇周年紀念的展覽會，即便到今日，仍然有報社或電視台定期贊助舉辦中，並且還會出版圖鑑。例如，二十周年紀念的

《大黃河・鄂爾多斯祕寶展——中國寧夏古代美術之粹》62、二十五周年紀念《日中歷史海道二〇〇〇年》63、三十周年紀念的《絲路——絹與黃金之道》64等。另一方面，由於像這樣子的紀念展覽每五年就會推出一次，加上在大學，選擇中文作為第二外語學習科目的學生，不分文科理科，人數一直不斷急速增加，在這些因素的互相影響下，對日本來說，中國可說是一個「敦睦」的對象。如果中華料理從日本的日常飲食中消失的話，對日本人而言是難以想像的。

從一九六六年到一九七六年，由毛澤東主導的「無產階級文化大革命」，也就是將整個中國捲入混亂漩渦的這十年，日本大學生與知識分子之間對於毛澤東與四人幫的作為，也分為高度讚美以及極度反感兩大類型。至於我等之輩，則是對於遭受四人幫批判的周恩來抱持著親近之感。

不過，一九八九年六月四日，中國發布了戒嚴令，聚集於天安門廣場上學生、市民等示威隊伍遭受戰車無差別式砲擊的現場畫面，也在第一時間傳到了日本，並在電視台播放，許多日本人都對此感到懼怕。九〇年代之後，日本一般民眾對於中國的普遍好感開始急速降溫、冷卻。

一九九五年夏天，中國適逢對日抗戰勝利五十周年，根據江澤民總書記的指導政策，開始導入全面性的愛國教育。同年九月三日，江澤民在舉辦於北京人民大會堂的對日抗戰勝利五十周年紀念典禮上發表了演說，將這段期間中國各地所舉行的紀念典禮進行總回顧，並於演說中提到了日本的戰爭責任與臺灣問題。一九九八年十一月，江澤民以中國國家主席的身分到了日本進行訪問，訪問期間不斷執意地強調歷史問題，也就是日本的戰爭責任，而也因為這些發言，造成日本人對中國感到反感的人數急速增加。詳細情況可參考《中國為何「反日」？》。65

上海的反日活動　二〇〇五年四月十六日，在上海街頭舉起中國五星旗和反日宣言布條的抗議人士。

二〇〇五年夏天，在對日抗戰勝利六十周年紀念日的前夕，由政府所默認、發生在中國各地的反日運動風潮逐漸高漲，加上近年來許多發生在日本的嚴重犯罪案件，很明顯地與在日中國人有關係，因此日本人對於中國的厭惡感與反中情緒逐漸升溫並擴散全國。

中國留學生非法滯留日本進行勞動的人口逐漸增加，另一方面，隨著中國經濟的顯著發展，如今日本的對外貿易國排行榜的首位，已經從美國變成了中國。而住在中國的日本人人數之所以會在這陣子達到十萬人，乃是因為日商相繼進入中國市場設點的關係。另外，李文的《日本文化在中國的傳播與影響（一九七二—二〇〇二）》[66]則是將中日建交後的這三十年間，傳往中國的日本文化及其影響進行檢證的研究。

日本戰敗後的這六十年，對於日本而言，中國可說是一個親近感與厭惡感交雜的國家。

結語

對於日本來說，中國是什麼？關於這一個命題，我想我已經依照時間軸順序，用我個人的方式作出了回答。最後，我想稍微討論一下古代的日本人稱呼中國的方式，來作為本章結尾。

唐、唐土與震旦、支那

有關於對「中國」的稱呼，一般在書面上最常會看到的，就是「唐」、「大唐」、「唐土」等詞，而口頭稱呼的話，則多為「KARA」或是「MOROKOSHI」等音。在古代，將唐朝稱作「唐」是理所當然的事情，不過其實也常常會有將隋朝或是宋朝稱作為「唐」的例子。例如關於第二次遣隋使——小野妹子前往中國的出發記載；《日本書紀》卷二十二裡的推古天皇十五年七月即寫著「大禮小野臣妹子遣於大唐」，隔年四月，小野妹子返回日本時的紀錄則為「小野臣妹子至自大唐，唐國號妹子臣曰蘇因高」，以上都是將隋朝稱為「大唐」或是「唐國」的字句。平安時期，朝廷會派遣稱作「唐物使」的使者前往大宰府，收購產於唐、新羅等地的物品，也就是「唐物」。另外，在江戶時期的時候，還有「唐物目利」（鑑定荷蘭或是清朝船隻所進口日本的唐物）、「唐門」（建築樣式）、「唐樣」（書法）詞語，因此，將「唐」視為中國的代名詞並不為過。而室町時代的流行用語「三國一」，則是指在日本、唐土、天竺三國之排名第一的意思，常常被用來當作婚禮的賀詞。

歐美之所以會稱呼中國為CHINA，則是源起秦始皇所建立的「秦」——CHIN、CHINA、SHIN等讀音的音變。梵語稱呼中國為「支那地（Cina-Sthana）」，漢語佛典將該詞彙音譯為「震旦」或是「支那」。另外我們也可以在唐玄奘或是義淨的旅行記中讀到「支那」的文字。而在日本的話，《今昔物語集》就是就是由天竺、震旦、本朝，三個部分所構成的。到了江戶時期，「支那」一詞逐漸普及化。不過，進入二十世紀以後，隨著日本所推行的大陸政策，「支那」逐漸被視為輕蔑用語，中國人也開始對「支那」一詞表示反感。

註釋

1 礪波護，《中国（上）》，「地域からの世界史」第二冊，朝日新聞社，一九九二年。
2 該文曾於「週刊朝日百科」，《世界の歴史》連載。
3 《中国詩人選集》，全三十三卷，岩波書店。
4 《中国古典選》，全二十一卷，朝日新聞社。
5 《全釈漢文大系》，全三十三卷，集英社。
6 《NHK 大黄河》，全五卷，日本放送出版協會。
7 《中国書道全集》，全九卷，平凡社。
8 《中国文学歳時記》，全七卷，同朋舍出版。
9 尾藤正英主編，《日本文化と中国》，「中國文化叢書」第十卷，大修館書店，一九六八年。
10 大庭修、王曉秋主編，《歴史》，「日中文化交流史叢書」第一卷，大修館書店，一九九五年。
11 王鐵鈞，《日本學研究史識—二十五史巡禮》，江西高校出版社，二〇〇四年。
12 村上哲見，《漢詩と日本人》，講談社，一九九四年。
13 黃鐵城等編著，《中日詩誼》，陝西人民出版社，一九九五年。
14 【譯按】日本通稱《三國志・魏書・東夷傳》的倭人條為《魏志倭人傳》。
15 宮崎市定，《古代大和朝廷》，筑摩書房，一九九五年。
16 西嶋定生，《邪馬台国と倭国—古代日本と東アジア》，吉川弘文館，一九九四年。
17 源弘道，《「幻の女王・卑彌呼」邪馬台国への道—古代日本ナゾとロマン》，朝日新聞社，一九八〇年。

18 【譯按】坊：人民居住區域。

19 大橋一章、谷口雅一，《隠された聖徳太子の世界—復元・幻の天寿国》，日本放送出版協會，二〇〇二年。

20 礪波護，〈天寿国と重興仏法の菩薩天子と〉，《大谷學報》第八十三巻第二號，二〇〇五年。

21 森克己，《遣唐使》，至文堂，一九五五年。

22 古瀨奈津子，《遣唐使の見た中国》，吉川弘文館，二〇〇三年。【編按】該書中譯本可參見：《遣唐使眼中的中國》，高泉益譯，臺灣商務印書館，二〇〇五年。

23 吉田孝，《日本の誕生》，岩波書店，一九九七年。

24 網野善彥，《「日本」とは何か》，「日本の歴史」系列，講談社，二〇〇〇年。

25 神野志隆光，《「日本」とは何か》，講談社，二〇〇五年。

26 《倭国—邪馬台国と大和王権》，毎日新聞社，一九九三年。

27 《遣唐使の見た中国と日本》，朝日新聞社，二〇〇五年。

28 《遣唐使と唐の美術》，朝日新聞社，二〇〇五年。

29 《遣唐使が見た中国文化》，奈良縣立橿原考古學研究所附屬博物館編刊，一九九五年。

30 宮田俊彥，《吉備真備》，吉川弘文館，一九六一年。

31 《特別展—天平》，奈良國立博物館編刊，一九九八年。

32 宮崎市定，《日出づる国と日暮るる処》，星野書局，一九四三年；中央公論社，一九九七年。

33 佐伯有清，《悲運の遣唐僧—円載の数奇な生涯》，吉川弘文館，一九九九年。

34 佐伯有清，《最後の遣唐使》，講談社，一九七八年。

35 原文：「わたの原八十島（やそしま）かけて漕（こ）ぎ出でぬと人には告げよ海人（あま）の釣り舟」。

36 《森克己著作選集》全六卷，國書刊行館，一九七五—七六年。
37 佐藤春夫，《釈迦堂物語》，平凡社，一九五七年。
38 王麗萍，《宋代の中日交流史研究》，勉誠出版，二〇〇二年。
39 石井正敏，〈入宋巡礼僧〉，收入《アジアのなかの日本史V—自意識と相互理解》，東京大學出版會，一九九三年。
40 參看《日本書紀》卷二十二，推古天皇三十一年條目。
41 《波涛をこえて—古代・中世の東アジア交流》，石川縣立歷史博物館編刊，一九九六年。
42 《日中歷史海道二〇〇〇年》，神戸市立博物館編刊，一九九七年。
43 村井章介，《東アジア往還—漢詩と外交》，朝日新聞社，一九九五年。
44 上垣外憲一，《日本文化交流小史—東アジア伝統文化のなかで》，中央公論社，二〇〇〇年。
45 收入宮崎市定，《日出づる国と日暮るる処》。
46 《鎌倉への海の道》，「神奈川藝術祭・特別展圖錄」，神奈川縣立金澤文庫編刊，一九九二年。
47 國立歷史民俗博物館編，《陶磁器の文化史》，歷史民俗博物館振興會刊，一九九八年。
48 國立歷史民俗博物館編，《東アジア中世海道—海商・港・沈沒船》，每日新聞社刊，二〇〇五年。
49 唐權，《海を越えた艶ごと—日中文化交流秘史》，新曜社，二〇〇五年。
50 《足利學校—日本最古老的學校 學習之心與其流》，足利市教育委員會，二〇〇四年。
51 【譯按】日文為《日米和親条約》。
52 《文久二年上海日記》，全國書房，一九四六年。
53 《日本外交年表竝主要文書（上）》，原書房，一九六五年。

54 芝原拓自等著，《対外観》，岩波書店，一九八八年。
55 【譯按】日方稱「滿洲事變」。
56 【譯按】日方稱「上海事變」。
57 《支那問題辞典》，中央公論社，一九四二年一月。
58 【編按】日文原書的用語是「中日国交正常化」。
59 竹內實，《日本人にとっての中国像》，春秋社，一九六六年。
60 王曉秋，《中日文化交流史話》，木田知生譯，日本Editor School出版部，二〇〇〇年。【編按】該書中文版可參見：《中日文化交流史話》，臺灣商務印書館，一九九四年。
61 《中華人民共和国出土文物展》，朝日新聞東京本社企劃部，一九七三年。
62 《大黄河・オルドス秘寶展—中国・寧夏古代美術の粋》，NHK・chugoku soft plan，一九九二年。
63 《日中歴史海道二〇〇〇年》，神戸市立博物館，一九九七年。
64 《シルクロード—絹と黄金の道》，NHK，二〇〇二年。
65 清水美和，《中国はなぜ「反日」になったか》，文春新書，二〇〇三年。
66 李文，《日本文化在中國的傳播與影響（一九七二—二〇〇二）》，中國社會科學出版社，二〇〇四年。

後記　「日本人眼中的中國」對談側記

時間：二〇一七年一月二十日下午二時三十分至五點
地點：王雲五紀念館（臺北市新生南路三段十九巷八號）
對談：吳密察（國史館館長、臺灣大學歷史學系兼任教授）
林桶法（輔仁大學歷史系教授兼系主任）
蔣竹山（東華大學歷史系副教授）
藍弘岳（交通大學社會與文化研究所副教授）

【編按】日本講談社於二〇〇四年至二〇〇五年間，所出版的「中国の歴史」叢書，將由臺灣商務印書館完整翻譯出版為「中國‧歷史的長河」系列。此一系列已於二〇一四年由廣西師範大學出版社出版簡體中文譯本，獲得很大的迴響，臺灣商務的「中國‧歷史的長河」系列，先出版了在中國大陸並未出版的第十一冊《巨龍的胎動：毛澤東、鄧小平與中華人民共和國》以及第十二冊《日本人眼中的中國：過去與現在》。其中《巨龍的胎動》已於二〇一六年十一月問世，《日本人眼中的中國》也在二〇一七年三月出版，其他十冊即將接續上市。值此之際，臺灣商務邀請了四位臺灣歷史學界的學者，來談「對日本人來說，中國是什麼」這個問題，以及臺灣應該如何理解並看待日本人的中國觀。

林桶法：日本講談社於二〇〇四年至二〇〇五年間出版的「中国の歴史」叢書，此系列的十二部作品，可說是反映了日本學界當時中國史研究成果的集體著作。能否出現這樣反映學術研究成果的讀物，這與是否有足夠影響力的權威學者出來主導有關，例如，美國在費正清（John King Fairbank）主持之下，便有了「劍橋中國史」（The Cambridge History of China）的誕生。臺灣歷史學界的各個領域，一直以來都未能產生這樣權威的角色，因此要共同編寫一套中國史著作也就大為困難。以講談社的這套「中国の歴史」來說，由於預設的讀者為一般社會大眾，在日本已經蔚為大家的各冊作者們，便可跳脫學院的框架格式，較為隨興地揮灑他們對於中國歷史的認識與理解。對於臺灣商務印書館能夠翻譯出版這個系列叢書，我給予很大的肯定，希望這套叢書的引進能夠刺激我們臺灣的歷史學界，以指標性的學者為中心，編寫出這樣跨越出學院藩籬的中國史讀物。

蔣竹山：我認為必須將這套「中国の歴史」，放回到日本學術出版的脈絡中來討論。不論是歐美或日本學界，定期都會對一段時間的研究成果進行回顧，或者以學術著作，或者以通俗作品的形式來呈現，這也是學術累積的一種方式。講談社這套出版於二〇〇四年至二〇〇五年間的叢書，到如今的二〇一七年也已經過了超過十個年頭，這樣時間的落差，或許也提醒我們必須注意引進這套書的意義何在。其實，類似這樣性質的叢書，講談社過去也曾出版數次，例如在一九七七年出版的「新書東洋史」系列，就是一個例子。後來臺灣翻譯了其中與中國史有關的四冊，合而為一冊《中國通史》[1]，由稻鄉出版社於一九九〇年出版，並成為國內各大學歷史學系教授「中國通史」課程時的基本用書，這本書直到現在仍在教學的現場中被使用，這其實也反映了臺灣學界所使用的教材，與最新的研究成果之間有著不小的差距。

日本的中國史研究的兩個世代

吳密察：當年我們從講談社一九七七年出版的「新書東洋史」（全十一冊）挑出其中有關中國史的四冊來翻譯。所謂「新書」是日本出版界的一種出版形式，其版式與西洋的企鵝叢書一般大小，設定的讀者對象是一般社會人，因此雖然也都由專家執筆，但強調易讀性。日本史學界自明治時期以來就有所謂「東洋史」，當初涵蓋的空間範圍主要是中國，但目前已經發展擴大到西起西奈半島，東至朝鮮半島。因此這套「新書東洋史」除了五冊是中國史之外，也還有朝鮮、東南亞、南亞（印度）、中亞、西亞的歷史，共十一冊。由於我與撰寫第二冊（後漢至隋唐）的谷川道雄先生認識，因此透過他徵得其他幾位作者的同意，將其中四冊翻譯成中文，由稻鄉出版社出版。如果我們以一九七八年中國的開放為時間區分來談中國史研究的趨勢改變，那麼這套在一九七〇年代出版的中國史或許會稍嫌老舊，但內容相當扎實，而且也有獨到的見解，因此似乎還是國內的長銷書。例如，谷川道雄撰寫的第二冊，直到今日在臺灣的歷史系專門課程，都還列為基本的閱讀文獻。

「新書東洋史」這個系列之前，講談社在一九七四～一九七五年也曾經出版了「中国の歴史」（全十冊）。這套書的版式就與這次我們將要翻譯出版的「中国の歴史」是一樣大小的了。也就是說，講談社在三十年間先後出版了兩套中國史叢書。這種版式的書，在日本之出版生態來說就定位為入門學術書了，它所設定的讀者對象應該就是大學生程度以上的專業者了（據說，日本的高中歷史教師多讀這種書）。講談社先後二次的中國史叢書，很值得加以比較。第一次各冊的作者都是我的老師輩的大專家們，如《秦漢帝国》的西嶋定生，《近代中国》的佐伯有一、《人民中国の誕生》的野村浩一等人。這套叢書可以說是標誌著「戰後歷史學」之中國史研究的最高峰。臺灣商務印書館此次翻譯出版的第二次「中国の歴史」之作者，則不少是我的同輩學人，甚至還有幾個是我留學日本的同學、朋友（當然，也有我的「年輕老師」，即彼此年紀雖然相差不多，但當年已經是老師了）。

我們這個世代的中國史研究者，與上一世代最大的不同，就是中國這個研究對象「改革開放」了。一九八〇年代之初，以前只能在日本透過文字來理解中國的日本學者，如今中國改採改革開放政策，因此都積極前往中國開會、旅行，想要親眼看見、親身經驗自己的研究對象中國。年輕一代的學者（或是博士班學生），也多積極找機會實際去中國做或長或短期間的留學。這個系列第十冊《末代王朝與近代中國》的作者菊池秀明教授，就是我的同班同學，他在博士班階段休學赴中國留學，而且他避開一般留學生常去的北京、上海等沿海大城市，前往與他研究主題太平天國有地緣關係的廣西南寧，跟隨廣西師範大學的鍾文典教授學習，兩年後他回到東京時已可以講上一口南寧土話了。第九冊《海與帝國》的作者上田信教授，在碩士班畢業後留校擔任助教期間，也去了上海復旦大學留學，並藉此機會遊歷了大半個中國（當年他的研究室裡，有一幅畫上了各種紅線的中國地圖，他說那就是他的旅行的記錄）。中國史的研究生或是學者，一旦親自到了中國，自然感受到極大的衝擊，深感中國之複雜與浩瀚，絕非我們的老師輩們在書齋這種封閉空間內只是透過文字所描繪出來的模樣。因此，我的同學們也出版了一份小刊物《老百姓的世界》，來記錄他們在中國的所見所聞。此次翻譯出版的這套「中国の歴史」，就是這個可以實感其研究對象（中國）之新世代日本學者的中國史著作。

林桶法：我非常同意吳館長的意見。相較於上一代，現在的日本學者語言能力確實大幅提升，不僅開始熟悉英文文獻，對中文的掌握也超越前代學者。我熟知的山田辰雄、川島真都有非常不錯的中文程度。在近代中國史領域以外，即使是從事考古學的學者也同樣如此，前一陣子我去了一趟內蒙古考察，實地走一遭去親身觀察，真的可以讓學者產生不同於單純接觸文字的體會，能夠對當地的人地關係，有更直觀和深刻的感受。這種實際的經驗，對於歷史學者去想像歷史場景，去更為生動地寫作歷史，都具有莫大的幫助。

八〇年代後日本的中國史研究

吳密察：沒錯，這也就是我這一輩的日本學者和老師輩們最大的不同。這一輩的日本學者大多能熟練使用口語中文，而且頻繁往來中國，能和中國的市井小民、老百姓直接對話。而且，我們這一輩與我們老師輩所面臨的學術與政治社會環境，也極為不同。一九四五～一九八〇的大約四十年間，日本的人文社會學科受到馬克思主義的影響相當大，歷史學還特別有一個被稱之為「戰後歷史學」的主要潮流，具有政治上鮮明的色彩。當時中國還很堅持左派教條，而且尚未向外國學者開放，「戰後歷史學」這一代的日本學者抱持著對中國的贖罪意識，而且又無法親歷中國其境，只能藉由馬克思主義的眺望鏡，在文獻中營建一個想像中的中國。他們可以說是在某種道德氛圍的封閉空間中開展研究工作的，服膺於馬克思主義的理論框架，並依此在各自的領域內卓然成家。但是自從主客觀環境都改變了的一九八〇年代以來，如何批判地繼承「戰後歷史學」一代的學術遺產，便成為日本歷史學界的大課題了。而且，這時歐美的中國研究也逐漸進入日本，例如上述的上田信，還有一些研究中國社會的人類學者，也開始注意到歐美學術界另類的關切課題和使用的分析概念。

藍弘岳：我到東京大學留學時，當時在課堂上，或多或少都要讀一些西方的研究，例如美國學界運用在中國社會史上的「宗族」概念，甚至也滲透到了對中國哲學的研究。當年在這個系列第七冊的作者小島毅教授的課堂上，就必須要研讀「宗族」和「家禮」相關的文獻，這和我當時曾在臺灣上過的中國哲學課程非常不一樣，以社會史的角度切入思想史的課題，對當時的我來說是相當新穎的觀點。大約在一九九〇年代至二〇〇〇年代頭幾年，日本學界盛行從東亞的眼光來看歷史，近年來，則開始主張將在地的歷史放入全球史的脈絡中來理解。

蔣竹山：一九九〇年代我在讀碩士班的時候，夫馬進、岸本美緒、森正夫等人的著作是明清史領域的必讀書目，許多學者們圍繞著地域社會的性質來進行爭論，當時學習明清史的研究生，必須要消化這些論述，才能繼續去研究自己的課題。但是像這樣大的論題在今日已漸漸衰微，這幾年我到日本，去東京神保町的書街尋書時，發現在明清史、乃至中國史的出書量大為減少，遑論有重量級的著作問世。在東華大學、南開大學、大阪大學每年合辦的研討會裡，會發現從事中國近代史研究的日本學者，很多是來自社會科學的，而研究傳統中國領域的學者比例已經大幅降低，這是日本的中國史學界的一個現象。

此外，有趣的是臺灣習於將歷史區分為臺灣史、中國史、世界史三大領域，就像日本經常將歷史分為日本史、東洋史和世界史，這表現了臺灣與日本對於中國、東洋的關心，但是臺灣在討論世界史時，往往忽略了日本史，相對的，在談論世界史時，有很多關於英國史的討論，但對於東南亞史的研究卻很少。這反映出了一個國家對周邊文明的眼光，往往會有某種既定的視野。

吳密察：沒錯，我們總是將眼光放在歐美等具有較大影響力的文明或國家。即使近年來鼓吹以「同心圓」來認識世界，但是焦點還是始終集中在我們的左上角，而右上角、左下角就被忽略了。臺灣的世界史要如何建構起來，是我們必須認真面對的重要課題。

日本東洋史學的發展與變化

日本的東洋史在明治時代出現的時候，也多僅指中國史而已。但是，以後一方面隨著日本帝國的擴張而逐漸擴大。現在日本以「Oriental」來翻譯「東洋」，因此它已經遠遠地超越了中國，而擴大為包括朝鮮、北亞、東南亞、印度、西亞等廣大的區域了。

藍弘岳：日本東洋史學的成立，固然有其帝國擴張及戰爭需求的外因，但也有來自內部知識傳統的發展。東洋史的命名者那珂通世，出生於幕末時代，當時他撰寫的中國史即題名為《支那通史》，而他的養父那珂通高在江戶時代是盛岡藩儒者，到了明治初期編過一本書叫《支那史略》。我想那珂通世的《支那通史》或許與該書有些關係。但後來那珂通世倡議將外國歷史區分成東洋史、西洋史，理所當然的支那史就位於東洋史的核心區位。東洋史學是江戶漢學基礎上發展開來的。在江戶中期，除如《史記》等傳統的中國史書外，荻生北溪等人已開始研究滿族的歷史與制度。又如：內藤湖南有一本著作就叫做《先哲の學問》，主要介紹江戶時代儒者的學問。其次，其實在幕末及明治前期，所謂「東洋」是包括中國與日本的，例如：幕末思想家佐久間象山所說的

「東洋道德」就包括日本，但東洋史這個概念出現後，日本被劃分出去。

日本的東洋史是從中學教育開始發展的學科，後來才逐漸延伸到高等教育的設置中。命名者那珂通世正是白鳥庫吉中學時期的老師，白鳥庫吉後來成為東京帝國大學史學科的教授，是東洋史學的主要推動者之一。東京帝大之外，另一重要的東洋史學根據地是京都帝國大學，主張代表人物是內藤湖南、宮崎市定等。從這些人的著作，我們可以觀察到東洋史學發展的內在理路，甚至其起源可以追溯到江戶漢學。在其發展與奠定的過程中，與西方的漢學也保持一種既學習又對抗的關係。當然，由於日本帝國的發展，除了東洋史學以外，日本也有對其他周邊地域的研究。例如在臺灣是日本殖民地時的臺北帝國大學文政學部就設置有「南洋史學」講座。這些後來成為二戰後才成立的地域研究學科的學術基礎，這些確實是與現實政經利益與戰略的考量息息相關的學科。臺灣（中華民國）是個對比明顯的例子，缺乏對周邊地域研究的傳統，例如對東南亞諸國歷史的研究並不多，而且，往往也是限於華人在當地的移民史、墾殖史、商業史，而較少拓展到其他在地的脈絡中。

林桶法：日本的東洋史學應該從東洋史學科的發展來觀察其理路，由白鳥庫吉、內藤湖南到宮崎市定等人奠定，東洋史一路從東京大學、京都大學，逐次向外開枝散葉到日本各地的學校之中。另外，我們引進日本的東洋史研究到臺灣的學術社群中，也能開闊我們的視野，即使不認同，也能理解到別的地方有這樣迥異的看法。例如在民國史上，在中國大陸和臺灣共同認定的南京大屠殺三十萬人的數字，日本學界對此並不能接受，但是我們卻對此幾乎無所知悉。

吳密察：日本戰後的東洋史是以反省戰爭和侵略為主流開始的，而且多可以被歸類為左派。但是在我們臺灣的一般認識，卻似乎不是這樣。例如，這些年來我們社會的印象是日本歷史教科書相當保守、右派，事實上右派教科書的市占率並不高，日本歷史學界和教育現場之主流氛圍和我們想像的並不一樣。當然，這種左派的學術、教育界，和實際的日本社會氣氛也不見得一致。

藍弘岳：最後我想談一下，這本書的書名和這次座談會的主題，叫做「日本人眼中的中國」，其實日本的中國觀，從江戶時代以來，就有一個複雜而多元的發展過程，與本書裡的作者所呈現的是有很大的落差，這些東洋史學者，往往將重點放在中國歷史、社會與自然環境關係的討論，及陳述日中交流史的狀況，我覺得，如果要從學術史的角度來檢討「日本人眼中的中國」，除東洋學學者外，也要審視從江戶時代的儒學者、國學者、蘭學者，一直到近代的日本思想家對於中國的思考與反省。這可能是更為切題的作法。

吳密察：是的，總的來說，日本東洋史學界的論點不能就代表日本的史學界，日本的史學界也不能就代表整個日本學術界，日本學術界也不代表日本社會。這其中還有很多需要討論，也值得再做分辨的。

文字記錄整理：蔡竣宇（臺大歷史學系碩士生）

註釋

1 翻譯的四冊在一九九〇年出版時彙整成一冊，書名為《中國通史》（稻鄉出版社）。一九九八年再版時，出版社又將之析分成《中國社會的成立：原始—秦、前漢》、《世界帝國的形成：後漢—隋、唐》、《征服王朝的時代：宋、元》、《傳統中國的完成：明、清》等四冊出版，也就是回到日文原書的分冊形式。

2 【編按】「新書東洋史」系列中關於中國史者為前五冊，分別是：伊藤道治「中国の歴史1—中国社会の成立（原始—秦、前漢）」》、谷川道雄《中国の歴史2—世界帝国の形成（後漢—隋、唐）》、竺沙雅章《中国の歴史3—征服王朝の時代（宋、元）》、岩見宏與谷口規矩雄《中国の歴史4—伝統中国の完成（明、清）》、小野信爾《中国の歴史5—人民中国への道》。

3 一九七〇年代講談社出版的「中国の歴史」系列包括：貝塚茂樹與伊藤道治《原始から春秋戦国》、西嶋定生《秦漢帝国》、川勝義雄《魏晋南北朝》、布目潮渢與栗原益男《隋唐帝国》、周藤吉之與中嶋敏《五代・宋》、愛宕松男與寺田隆信《元・明》、増井經夫《清帝国》、佐伯有一《近代中国》、野村浩一《人民中国の誕生》、日比野丈夫《目で見る中国の歴史》。

日中交流史的主要人物略傳

難升米（nanshoumai／nashime）（生卒年不詳）

被派遣到魏國的邪馬臺國使者。

西元二三九年，因為邪馬臺國的女王卑彌呼的指派，成為出訪魏國的使者。途中經過魏國的領土——帶方郡（朝鮮半島北部）後抵達洛陽，並且在洛陽受取了魏明帝寫給卑彌呼的親筆書函以及「親魏倭王」的金印。而難升米自己也被受封官位——率善中郎將。

小野妹子（ONO Imoko）（生卒年不詳）

聖德太子所派遣的首批遣隋使的大使。

在中國的漢名為蘇因高。西元六〇七年接受推古天皇的命令，擔任前往隋朝的使者，謁見隋煬帝，呈遞聖德太子的國書。隔年與返答使（唐朝所派之回訪使節）裴世清一同返回日本。同年，裴世清返回隋朝時，小野妹子再度被任命為遣隋使，隨著裴世清返回中國。六〇九年返回日本，之後經歷不詳。

南淵請安（MINABUCHI no Shouan）（生卒年不詳）

遣隋留學僧。

姓氏為「漢人（AYAHITO）」，渡來人的後代。小野妹子於西元六〇八年二度被任命為遣隋使時，南淵請安作為陪同，一起赴隋。六四〇年返回日本。據說為中大兄皇子與中臣鎌足的老師，不過之後的事蹟不詳。

犬上御田鍬（INUGAMI no Mitasuki）（生卒年不詳）

飛鳥時代的外交官。

出生於近江國犬上郡（現在的滋賀縣）。西元六一四年，以遣隋使的身分前往隋朝，隔年歸國。六三〇年，在隋朝滅亡唐朝建立之際，擔任過最初的遣唐使。六三二年，與返答使高表仁，留學僧旻一同返回日本，歸國之後的經歷不詳。

高向玄理（TAKAMUKOUNO Kuromaro）（？—六五四）

飛鳥時代的留學生、學者。

西元六〇八年隨遣隋使小野妹子，與南淵請安等人一同前往中國留學。於六四〇年學成歸日。六四五年，任日本大化革新時的智囊幕僚，任國博士。隔年出使新羅，並將金春秋請回日本等，活躍於外交領域。六五四年，被任命為遣唐使派往唐朝，後來客死異地長安。

吉備真備（KIBI no Makibi）（六九三？·六九五？—七七五）

奈良時代的政治家、遣唐留學生。

西元七一七年，隨同遣唐使前往中國留學，學習唐朝律令，於七三四年返回日本。由於學習了唐禮，因此受到聖武天皇重用，活躍於政界，任智囊幕僚。七四〇年，因為藤原廣嗣之亂，因此遭受到短暫冷淡待遇，不過在孝謙天皇即位之後，重新掌權。之後便一直在貶謫與掌權間反覆擺盪。七五一年，任遣唐副使，前往唐朝。返回日本後，任大宰大貳。負責統籌八世紀日本對東亞的外交。在稱德天皇死後的混亂政局中，原本意圖擁立文室淨三為皇嗣，不過最後失敗，辭官返鄉。

玄昉（GENBOU）（？—七四六）

奈良時代的政治家、遣唐留學僧。

俗姓阿刀氏。師事於義淵。西元七一七年，隨同遣唐使前往中國留學。在唐朝學習法相宗，於七五三年返日，任僧正。與吉備真備、橘諸兄等人，同時活躍於聖武天皇時期，獲得重用擔任智囊幕僚。不過由於其過於強勢的作風，後來引起藤原廣嗣的叛亂。七四五年，被貶到筑紫，隔年死去。

鑑真（GANJIN）（六八八—七六三）

奈良時代的渡來僧，日本律宗之祖。

出生於揚州江陽（江蘇省江都縣）。十四歲出家，於長安學習戒律。受到日本留學僧榮叡、普照的邀請，立志前往日本。不過赴日五次皆未成功，雙眼也因此失明。西元七五三年，搭乘要返回日本的遣唐使的便船，才終於完成赴日之旅。七五四年，聖武上皇以下共四百四十名皇族公卿，於奈良東大寺，接受鑑真的菩薩戒，這也讓受戒儀式開始進入日本。聖武上皇為鑑真建蓋了唐招提寺，鑑真也成為了日本律宗之祖。

阿倍仲麻呂（ABE no Nakamaro）（六九八—七七〇）

日本奈良時代的遣唐留學生，中國唐代的政治家。

日本大和國的人。西元七一六年的時成為了遣唐留學生，並在隔年正式渡唐。留學期間受完太學的教育後，參加科舉考試合格，且受到唐玄宗的信任，在唐朝擔任官員要職。曾改用朝衡、晁衡等中國姓名，在唐肅宗的時候擔任鎮南督護，唐代宗時期擔任安南節度使。西元七三三年，一度想要申請歸國日本，不過未獲許可，七五三年的時候，搭上遣唐大使藤原清河要返回日本的船，總算是踏上歸途，不過卻在航行途中遭遇風暴船難，漂流到了越南北部，最終仍是無法順利返回日本家鄉。阿倍仲麻呂最後便終老於長安。

圓仁（ENNIN）（七九四—八六四）

日本的入唐僧，慈覺大師。

九歲的時候進入大慈寺的廣智門下，十五歲時跟隨延曆寺的最澄學習。二十三歲的時候在東大寺受戒。之後閉關於比叡山，西元八三八年時，以請益僧的身分前往唐朝，然後接受了新羅人的幫助，到了五台山進行巡禮。進入長安之後，便住進了資聖寺。後來遇上了會安的滅佛運動，因此被迫還俗返回了日本。歸國之後，將在唐朝期間的所見所聞編整成了《入唐求法巡禮行記》一書。六十一歲時成為天台座主，致力於天台宗教團的成立。謚號慈覺大師。

圓珍（ENCHI）（八一四—八九一）

日本的入唐僧，智證大師。

讚岐國那珂郡人。十五歲時入比叡山延曆寺出家，師事天台座主義真。西元八五三年渡唐，在巡禮福州、台州、越州等地的諸寺廟後，於八五五年進入長安，接受青龍寺法全的灌頂，並得到大興善寺智慧輪的傳授，得到兩部秘旨。八五八年歸國返回日本。歸國後，將在唐代的所見所聞編整成了《行歷抄》一書。八六八年，獲任延曆寺座主，受賜圓城寺，開啟了天台宗寺門派，後為小僧督，謚號智證大師。

裴世清（生卒年不詳）

隋朝的外交官。

河東郡聞喜縣人。遣隋使小野妹子要返回日本時，受命隨行回訪日本。從筑紫上陸到難波，在朝廷設宴款待時，宣讀隋煬帝的國書。返回中國時，再度與小野妹子同行。

奝然（CHOUNEN）（九三八—一〇一六）

平安時代的入宋僧。

京都人，年輕時便出家，西元九八三年前往宋朝。宋太宗對於 然極為禮遇，贈號紫衣與法濟大師。歸日時，帶回了當時剛開始製作的印刷大藏經及現在被日本視為國寶的釋迦如來立像等。西元九八九年，任東大寺別當之職，負責修復荒廢堂塔。其弟子盛算在位於京都嵯峨野的清涼寺中，供奉由奝然請來的釋迦如來像。

寂照（JAKUSHOU）（？—一〇三四）

渡宋的日本僧。

京都人，俗名大江定基。歷任三河國司等職，西元九八八年，出家。隨源信學天台，隨仁海學密教。巡禮諸國，由於過去曾任三河國司，因此又被稱為「三河聖」。西元一〇〇三年，前往宋朝。隔年謁見真宗，獲賜紫衣。一〇三四年於杭州逝世，獲贈號圓通大師。

成尋（JOUJIN）（一〇一一—八一）

平安時代的天台僧。

藤原貞敘之子。母親為源俊賢之女。師事於岩倉大雲寺的文慶。曾任大雲寺別當、延曆寺阿闍梨、藤原賴通的護持僧。一〇七二年，前往宋朝。足跡遍布天台山與五台山，後來學習天台密教。謁見神宗，得善慧大師稱號。受神宗之請，因此斷絕了回日本的念頭，將著書《參天台五台山記》連同其他經典書籍一同送回日本。最後終老於汴京（現在的開封）的開寶寺。

重源（CHOUGEN）（一一二一—一二〇六）

平安、鎌倉期淨土宗之僧。

十三歲時於醍醐寺修行真言，最後隨法然上人學習淨土宗。一一六七年，渡宋，巡禮天台山、育王山。隔年，帶著宋版大藏經歸回日本，之後又多次出入宋朝。一一八一年，東大寺受兵火波及燒毀之際，獲拔擢為大勸進職，經過十五年的努力後修復完成。在宋朝的時期，曾在育王山學習過寺院的土木建築，其中，被稱作天竺樣的建築樣式，對於後世的日本影響極大。

榮西（EISAI／YOUSAI）（一一四一—一二一五）

鎌倉時代的禪僧，日本臨濟宗之祖。

生於備中。十四歲時登比叡山，學習天台密教。一一六八年，也就是二十八歲時，渡往宋朝，於天台山與育王山進行巡禮，半年後返回日本。四七歲時，為了要到印度巡禮，再度前往宋朝，不過由於並未獲得可通行印度的許可，因此在中國停留了四年期間。這段期間，榮西跟隨虛庵懷敞習得臨濟禪。返回日本之後，開臨濟宗，於博多・京都等地布教，逝世於鎌倉的壽福寺。著有《興禪護國論》三卷。

道元（DOUGEN）（一二〇〇—一二五三）

鎌倉時代的禪僧，日本曹洞宗之祖。

內大臣久我通親之子。幼時失怙恃，出家，登比叡山。後來成為了榮西的弟子，修習臨濟禪。一二二三年，跟隨榮西弟子明全一同前往宋朝。在宋朝的四年期間，巡禮全中國的寺院，受天童山的長翁如淨感召開悟。一二二七年返回日本後，於建仁寺開日本曹洞宗，不過後來移往了深草的安養院。一二四三年，因越前志比庄的地頭（地方有權者）之邀，創建了永平寺，之後便以此地為據點。代表著作有《正眼法藏》。

蘭溪道隆（RANKEI Doryu）（一二一三—一二七八）

鎌倉時代的渡來僧。出生於西蜀（四川省）。於陽山的無明慧性禪師處開悟，並繼承其法統。西元一二四六年，得日本留學僧月翁智鏡的推薦，從筑前出發，經過京都後進入了鎌倉的壽福寺。受北條時賴之邀，建蓋了建長寺，為其開山之祖。蘭溪道隆承繼宋朝嚴格的臨濟禪，除北條時賴以外，許多武士也都歸依於他。之後，幾度受到讒言中傷而被流放到甲州，不過也屢屢獲得原諒而得以重返鎌倉，三度擔任建長寺住持。

無學祖元（MUGAKU Sogen）（一二二六—八六）

鎌倉中期到達日本的禪僧。

明州人（浙江省）。一三歲時失怙，出家。跟隨徑山的無準師範、育王山的偃溪廣聞，修習臨濟禪。一二七九年，受執權北條時宗之邀，入鎌倉的建長寺。一二八二年，創建圓覺寺，為開山之祖。以北條時宗為首，許多武士歸依於他。圓寂於一二八六年，諡號佛光禪師，其門派被稱為佛光派。

趙良弼（一二一七—一二八八）

元朝的政治家、外交官。

字輔之。女真族出身。中進士，仕忽必烈（元世祖）。有平定南方之功，元世祖即位後，任參陝西四川宣撫司。西元一二七〇年，以國信使的身分，三度造訪日本，請求「國交」未果。關於遠征日本一事，趙良弼認為日本並沒有戰略價值，加上遠征的困難度，因此極力反對。遠征日本宣告失敗之後，趙良弼規劃了南宋的攻略提案，宋朝滅亡之後，致力於江南的統治。

一山一寧（ISSAN Ichinei）（一二四七—一三一七）

鎌倉時代的渡來僧。

台州人（浙江省臨海縣）。一山為字。幼時出家，學習天台宗以及臨濟禪，住在補陀落山。元成宗即位時，為了實現忽必烈想要征服日本的遺願，因此改派一山一寧禪師東渡日本。西元一二九九年時，抵達日本大宰府，不過遭受北條貞時的逮捕，被軟禁於伊豆修禪寺。後來獲得信任尊崇，歷任建長寺、圓覺寺、淨智寺的住持。一三一三年，後宇多法皇命一山一寧移住南禪寺。其門派被稱作一山派。

中巖圓月（CHUUGAN Engetsu）（一三〇〇—一三七五）

日本南北朝時代的禪僧。

俗姓土屋氏，中巖乃為字。八歲時入壽福寺，並在圓覺寺修禪。一三二五年起的七年期間，遠渡元朝，除了修習臨濟禪以外，也學習儒家思想與文學。返回日本後，歷任建仁寺、建長寺等各地寺院的住持。其弟子們形成了一支名為中巖流的流派。是優秀的學者、文學家，著作除了《日本書》以外，還有以五山文學的作者之身分所寫的《東海一漚集》。

雪舟（Sesshu）（一四二〇—一五〇六）

室町時代的僧侶、水墨畫家。

出生於備中。年幼時入京都相國寺，跟隨周文學習水墨畫。相傳雪舟曾被師父處罰，綑綁在柱子上。雪舟用腳蘸自己的眼淚在地上畫了一隻活靈活現的老鼠。之後，為了躲避戰亂，接受大內氏的庇護前往山口。一四六七年，渡往明朝，跟隨浙派的李在學習水墨畫。一四六九年，歸返日本後，以大分為中心活動。七六年以後，將據點移往山口，旅行全國，畫水墨畫。

鄭舜功（生卒年不詳）

著有詳載一六世紀日本情報的《日本一鑑》。

廣東省新安郡人。為了擬定處理倭寇的對策，接受明朝浙江總督的命令，於一五五五年被派遣到了日本，然後於九州豐後滯留。而在這段時間內收集到的資訊情報，後來成為了鄭舜功的素材，在一五五六年返回中國後，寫下了《日本一鑑》一書，利用各種角度描述日本的歷史、地理、言語、風俗等。將日語的發音用漢字表記，對於解析當時日語的音韻來說，可說是極為珍貴的資料。

鄭成功（一六二四—一六六二）

明朝遺臣。南明復興運動的中心人物。

生於日本的平戶。父親是鄭芝龍，母親是田川七左衛門之女。年幼時跟隨父親前往中國大陸，在南京的太學師事於錢謙益。明朝滅亡後輔佐唐王朱聿鍵，獲賜姓朱，也因此被稱呼為「國姓爺」。其父鄭芝龍降清之後，鄭成功仍在中國沿海，以廈門、金門為據點，在握有控海權的情況下繼續抗清。一六五八年，大舉進攻南京失敗，勢力消縮。一八六一年，攻占荷領安平古堡，奪得臺灣，直至去世為止都在與清朝對抗。

隱元隆琦（INGENRyuki）（一五九二—一六七三）

江戶時期前往日本的禪僧。日本黃檗宗之祖。

福州福清之人。於福州的黃檗山萬福寺出家，師事鑑源。之後周遊諸國進行修行，於一六四六年歸隱山林。一六五四年，為了躲避明末的動亂，接受興福寺留學僧逸然的朝聘，前赴日本。一六五八年，謁見德川家綱將軍。一八六〇年，於山城國宇治都建蓋黃檗山萬福寺，首開黃檗宗。臨濟宗仿效其許多制度，確立了黃檗宗與臨濟、曹洞並立的一大禪宗流派之地位。雖然得到了後水尾天皇等的青睞，但隱元隆琦仍在七二歲時歸隱於松隱堂。

朱舜水（一六〇〇—八二）

明末遺臣、儒學家。

名之瑜，號舜水。餘姚人（浙江省）。以明的遺臣自居，不在清廷任官，參加南明復興運動。之後加入了鄭成功的北伐進攻南京，但失敗。一六五九年，抵達日本長崎。一六六五年，成為水戶藩賓客，並與德川光圀、安積澹泊結交為友。其思想被定位界於朱子學與陽明學之間，風格質實剛健，對於水戶學有很大的影響。

野國總管（NOGUNI Ukan）（生卒年不詳）

將番薯從中國帶進琉球的人物。

當時的琉球，是明朝所推崇的朝貢模範生，貿易興盛。特別是與福建之間，進貢船更是往來頻繁。野國總管並非本名。由於出身於北谷野國村，又擔任與中國進行貿易的進貢船之督管職（事務局長），故稱之。西元一六〇五年，在中國學習番薯的栽種方法後，將番薯引進了琉球。一六〇九年，由於薩摩藩入侵琉球實行苛政，番薯在琉球成為人民用來充飢的作物，廣被栽種。一七〇五年，前田利右衛門將番薯從琉球帶回日本本土，開啟了日本全國栽種番薯的風氣。在薩摩，會將番薯稱做為琉球薯（Ryukyuimo）。沖繩縣嘉手納町的美軍基地中，有野國總管的墓地。

何欽吉（？—一六五八）

對明朝很忠心的明朝遺民、醫學者。

出身於中國廣東省，為了躲避明末的混亂政局，離開了中國漂流到了大隅町內之浦，歸化日本。當時在宮崎縣都城市，有一六世紀末時形成的唐人町，是領主北鄉氏要讓從中國逃難到日本的人們居住的地方。何欽吉便移住到了這個唐人町，並在醫學領域貢獻良多。於薩摩領內採集藥草的時候，發現了東洋蔘（其根部被稱為竹節蔘，藥材）。江戶時代時期，日本雖曾想要把從中國等地進口的高麗人蔘國產化，但卻一直無法得到好的成果。何欽吉所發現的東洋蔘，被當作了高麗人蔘的替代品，又被稱做日本蔘，乃珍貴之品。

蔡溫（一六八二—一七六一）

琉球王國的政治家。

琉球王府為了讓與中國的交涉能夠更加順利無礙，因此讓從中國歸化而來的人民代代永住於那霸的久米村。蔡溫便是出生在這個久米村。二七歲時，以「旅役」（中國的口譯）身分前赴福州，之後三年期間，都留在福州琉球館。然後接受某位應該是陽明學者的隱士的教誨，學習做學問的原則方針。回國後，任國師職務，負責教授國王。另外，面對與從中國前來的冊封使之間的交涉，以及處理薩摩強硬的檢地命令，蔡溫都展現了極為高超的手腕。一七二八年，任三司官（三人制的大臣職務）。他為了重振琉球，使其擺脫薩摩藩的支配，在各個領域都下了不少功夫留下許多成績。其中在近年來特別受到注意的是，他將在中國學習到的風水思想融入了國土建設計畫當中，因應山的地形所制定出來的林業計畫，得到很高的評價。

高杉晉作（TAKASUGI Shinsaku）（一八三九—一八六七）

幕末志士。

出生於日本的荻。求學於吉田松蔭創辦的松下村塾。一八六二年，以從者的身分搭乘幕府貿易船千歲丸前往上海。在太平天國之亂最嚴重的時候，觀察清朝末年的百態。歸國後，主張尊皇攘夷，在四國聯合艦隊對下關進行砲擊的時候，組織奇兵隊進行抵抗。戰敗後，以長州藩大使的身分出席議和會議。第一次長州征伐的時候受到保守派的抬頭而失勢，不過在下關成功發動政變奪回藩政。後來以參謀之姿活躍於第二次長州征伐時期，不過，隔年就因為染病，二十八歲時便英年早逝。

宮崎寅藏（MIYAZAKI Torazo）（一八七一—一九二二）

支持協助中國革命運動的革命浪人。

生於熊本縣玉名郡荒尾村（現在的荒尾市）。號滔天。求學於德富蘇峰的大江義塾，後來前往東京，進入東京專門學校（現在的早稻田大學）。一八九一年，曾前往上海，但馬上就返回日本。後來又到中國，泰國進行訪問。一八九七年，得到犬養毅的賞識，接受外務省特命前往中國視察。結識康有為、梁啟超、孫文等人，並在他們亡命日本之際提供了協助。促成孫文與黃興合作籌組中國革命同盟會。

內山完造（UCHIYAMA Ganzo）（一八八五—一九五九）

大正、昭和時期的中日友好運動家。

出生於日本岡山縣。曾在關西的商家奉公，一九一三年，渡往中國。以販賣藥品的生意累積了錢財後，在一九一七年的時候於上海開了一間書店——內山書店。這間書店並不是只有以在中國的日本留學生為對象，魯迅或郭沫若等當時的中國知識分子也經常出入，是一間有名的沙龍。藉新中國成立之機，返回日本。之後成為日中友好協會的理事長，致力於日中友好運動的推行。一九五九年，逝於北京。

魯迅（一八八一—一九三六）

中華民國時期的文學家。

浙江省紹興縣人。本名周樹人。字予才。沒落士大夫的長男。一九〇二年獲得公費前往日本留學。曾前往仙台醫學專門學校求學，但中途放棄，返回了東京。一九〇九年回到了中國後，便在家鄉過著教員的生活。辛亥革命後，任職於南京臨時政府的教育部。爾後跟隨北伐遷住北京。一九一八年，發表小說《狂人日記》於《新青年》雜誌，以作家身分正式登場亮相。一九二六年離開了北京，一九三六年逝於上海租界。代表的作品有《阿Q正傳》等。

周恩來（一八九八—一九七六）

中華人民共和國的政治家。

出生於江蘇省淮安縣。年幼之時移居瀋陽，曾入南開學校，一九一七年時赴日留學。後來曾經一度回國，但在一九二〇年時，又前往法國留學。在法國的期間加入了中國共產黨。回到中國後，擔任校長為蔣介石的黃埔軍校之政治部主任一職。國共分裂後，參與南昌暴動，之後成為毛澤東的左右手，歷任政治、軍事等要職。一九三六年發生西安事件之際，與蔣介石進行交涉，引導出停止內戰、國共合作等約定。中華人民共和國成立後擔任首任總理，直到一九七六年辭世為止。

秋瑾（一八七五—一九〇七）

清末的女性革命家。

浙江省紹興縣人。夫婿為湖南省富商之子。親眼目睹夫婿用金錢買官，對當時的時局感到憤慨，因此放下孩子，隻身前往東京留學。在東京的時候，結識了孫文等許多革命家。於一九〇五年，加入了剛創設的中國革命同盟會，後來遇到清朝政府取締抓捕留學生的事件，便在同年返回中國。回國後，一面在上海從事教育活動，一面發行《中國女報》，推動女性的啟蒙運動。一九〇七年，徐錫麟的安慶起義失敗，身為同志的秋瑾被逮捕處刑。

陳天華（一八七五—一九〇五）

清末的革命家。

湖南省新化縣人。字星台。一九〇三年，以省費留學生的身分赴日。在東京寫了《猛回頭》和《警示鐘》等革命宣傳書籍。隔年，參與長沙起義時因風聲走漏，再度逃亡日本。一九〇五年，與孫文，秋瑾等熟識之人在東京結成了中國革命同盟會，並且積極執筆機關刊物《民報》。同年十一月，由於《清國留學生取締》事件以及對於相關新聞報導的不滿，因此在大森海岸自殺以示抗議。自殺時所留下來的遺書——《絕命書》，後來為革命派人士所愛讀。

羅振玉（一八六六—一九四〇）

清末、民國時期的教育者、學者。

浙江省上虞縣人。清末時致力於推動農學的普及化，一九〇九年，任北京農科大學監督。辛亥革命發生時，與女婿王國維一同逃往京都。一九一九年返回中國，負責溥儀退位後的教育業務。曾任滿州國參議府參議，監察院長等職務。除了參與以上的教育行政事務外，尚收集、整理了敦煌出土的文書與殷墟出土的甲骨文等遺物並且出版。此外，也致力於放置於內閣大庫中的明清檔案等學術史料之保護、保存工作。

康有為（一八五八—一九二七）

清末的政治家，學者。

廣東省海南縣人。受四川廖平的影響轉入公羊學派。在家鄉創辦了萬木草堂，梁啟超等人便在此受其教育。一八九五年，為了參加會試前赴北京，並在甲午戰爭後的交涉時期，串聯全國舉人，發起了公車上書運動。一八九八年，受到光緒的信任，主導推動戊戌變法，但因為遭受保守派的反擊，變法運動最終只進行了一〇三天便宣告終結，康有為本身也因此亡命日本。中華民國成立之後，康有為返國參加了溥儀的復辟運動，失敗。在青島辭世。

梁啟超（一八七三—一九二九）

清末、民初的政治家、思想家、學者。

廣東省會縣人。字卓如。一八八九年，便以僅僅一七歲的年少之姿考上舉人。於康有為的門下學習，並且致力於協助萬木草堂的創辦。康有為所成立的保皇會之成員，戊戌變法時推動廢止科舉制度，但因隨後所發生的九月政變，因此逃亡到了日本橫濱。於辛亥革命後的一九一二年，返回中國天津，擔任進步黨的理事，並擔任熊希齡內閣的司法總長。批判袁世凱的帝制運動，也反對張勳在袁世凱失勢下台後所發動的復辟運動。其一貫的政治思想為立憲君主制，而在歷史學、政治學領域上，也留下了斐然成就。

孫文（一八六六—一九二五）

中華民國臨時大總統。中國革命之父，被尊稱為國父。廣東省香山縣（現在的中山市）人，字逸仙。農家子弟，十四歲到十八歲的期間，與在夏威夷事業有成的兄長身邊度過。在香港、廣州的基督教體系學校中接受教育成為醫師。一八九四年，前往夏威夷成立了興中會。隔年，計畫在廣州發動武裝革命失敗後，逃往日本。亡命期間，曾前往美國與英國等地參訪，並以東京為據點持續推動革命運動。一九〇五年，將進行革命運動的各個派系整合，成立了中國革命同盟會，成為了首任總理，並以三民主義為其組織綱領。一九一一年時的武昌革命，清朝被推翻，孫文被推選為中華民國的臨時大總統，但卻因與袁世凱的對立，最後又再度亡命逃往日本。之後孫文以廣東為據點，組織了中華革命黨（之後的中國國民黨），並與蘇聯和中國共產黨進行合作。一九二五年時，在北伐途中，因病去世於北京。葬於南京市郊外的中山陵。

黃遵憲（一八七四—一九〇五）

清末的外交官、教育家。

廣東省嘉慶人，字公度。一八七六年錄取舉人。一八七七年，以駐日公使書記官的身分前赴日。在試圖解決琉球、朝鮮等相關外交問題的同時，也一面與日本的文人交換詩歌，著有《日本雜事詩》。另外，於《日本國志》中，舉了日本的平假名為例，首倡中國的文字改革。支持康有為等人發起的戊戌變法，雖然被任命為駐日大使，不過隨著變法運動的失敗，該任命也被撤回。之後便歸返鄉里，過著專心著述的生活。

參考文獻

第一章　面對著大自然——環境、開發、人口的中國史

尾形勇

在本章執筆之際所參照過為數眾多的研究成就中，我先以文章中括弧內出現過的研究成果為中心，然後再添加一些無法直接介紹的參考文獻，試著列出並附上簡單解說。還有一些應該要列舉卻沒有列舉出來的著書與論文，關於這些研究，請參照本系列各冊最後詳列的參考文獻。

專制支配與農民

(1)木村正雄，《中国古代帝国の形成——特にその成立の基礎条件》，不昧堂，一九六五年；新訂版，東洋比較文化研究所，二〇〇三年。

對於農耕地的成因與管理與形成專制國家之間的連帶關係之卓論。

(2)木村正雄，《中国古代農民叛乱の研究》，東京大學出版會，一九七九年。

藉由國家的管理若無法有效觸及該地，便會造成農民窮困這樣的觀點，對於王朝更迭時期所出現的農民叛亂現象提供一個新的理解方式。

(3)尾形勇，《中国古代の「家」と国家——皇帝支配下の秩序構造》，岩波書店，一九七九年。

有人評論說這是我唯一的一部學術作品。

(4)西嶋定生，《中国古代の社会と経済》，東京大學出版會，一九八一年。

從農業、商業、都市、租稅等各面向總括描述中國的前近代史。

一般農業史

(5)天野元之助，《中国農業史研究》，御茶之水書房，一九六二年，增補版一九七九年。

收錄中國農業史先驅研究的著名作品。

（6）西嶋定生，《中国経済史研究》，東京大學出版會，一九六六年。

含括中國古代農業的發展、均田制等土地制度的推動、江南地區棉業的成立等以中國經濟史的特質為中心的實證研究。

（7）西山武一，《アジア的農法と農業社会》，東京大學出版會，一九六九年。

有關華北旱地農法的基礎研究成果。作者西山武一另有一部與熊代幸雄合譯的作品《齊民要術》（亞洲經濟研究會，一九六九年）。

（8）大澤正昭，《唐宋変革期農業社会史研究》，汲古書院，一九九六年。

例如像這本紮實的研究，關於中國農業史的領域，原宗子、渡部武等年輕世代的學者繼續接棒，相關研究成果陸續公開。

關於時代區分問題等的論爭

（9）鈴木俊、西嶋定生編，《中国史の時代区分》，東京大學出版會，一九五七年。

這是中日學者針對時代區分的問題，第一次進行的直接學術交流。就此意義而言，是一部值得紀念的報告書。

（10）谷川道雄編著，《戦後日本の中国史論争》，河合文化教育研究所，一九九三年。

回顧歷史學界充滿華麗論爭的美好年代之作。

自然環境與開發

（11）黃耀能，《中國古代農業水利史研究》，臺北：六國出版社，一九七八年。

中國的水利史的研究進度相較於日本學界稍稍落後。就這點來說，本書是極具價值的一部作品。

（12）袁清林，《中国の環境保護とその歴史》，久保卓哉譯，研文出版，二〇〇四年。【編按】該書譯自：《中國環境保護史話》，北京：中國環境科學出版社，一九九〇年。

一部認真處理環境問題的著作，內容非常充實。

〔華北或是黃土地帶〕

（13）錢林清主編，《黃土高原氣候》，氣象出版社，一九九一年。

隨著近來氣象學的日漸發達，氣候與氣象因素總算逐漸開始在歷史學研究占重要地位。

（14）①原宗子，《古代中国の開発と環境——《管子》地員篇研究》，研文出版，一九九四年。

②原宗子，〈陝北黄土高原の環境と農耕・牧畜〉，收入《黄土高原とオルドス——中国西北路寧夏・陝北調査記》，勉誠社，一九九七年。

③原宗子，《「農本」主義と「黄土」の発生——古代中国的開発と環境2》，研文出版，二〇〇五年。

①為將文獻史料重新評價並詳細分析的作品。②透過在黃土高原所進行的國際調查活動將「黃土」重新定位。③為將上述研究成果系統化的作品。不管是哪一個研究，皆為兼具開創性與縝密性的成果，闡述的內容極為引人入勝。

（15）史念海，《黄土高原森林與草原的變遷》，陝西人民出版社，一九八一年。

（16）史念海，《河山集》，第一—第七集，一九六三年—一九九年，三聯書店~陝西師範大學出版社。

（17）史念海，《黄土高原歷史地理研究》，黄河水利出版社，二〇〇一年。

以上三部作品收錄了關於黃土高原的泰斗研究與見解。

〔江南稻作地帶〕

（18）渡部忠世、櫻井由躬雄編，《中国江南の稲作文化》，日本放送出版協會，一九八四年。

以京都大學東南亞研究中心為首的跨學科共同研究報告書。集結當時赫赫有名的學者，針對農法提出新的解釋，內容讓人獲益良多。

（19）樺山紘一編著，《長江文明と日本》，福武書店，一九八七年。

若不是「北方」，而是將焦點移往「南方」的話，日本文明將要如何定位？本書為以此為題所完成的一本跨學科論著。

（20）北田英人，〈唐代江南の自然環境と開発〉，《シリーズ世界史への問い1：歴史における自然》，岩波書店，一九八九年。

日本學界首次針對開發與環境的相關問題所完成的研究成果，是我很早就注意到的一部重要作品。

（21）長江流域規劃辦公室編，《長江水利史》，高橋裕監修，鏑木校治譯，古今書院，一九九二年。

（22）萬繩楠等，《中國長江流域發展史》，黃山書社，一九九七年。

這兩本書詳細蒐羅了關於長江流域的歷史。

（23）佐藤洋一郎，《イネが語る日本と中国──交流の大河五〇〇〇年》，農山漁村文化協會，二〇〇三年。

植物遺傳學者以簡淺易懂的文筆，概觀介紹稻的起源與傳播。

「三農」的問題

（24）陳桂棣、春桃，《中國農民調查》，人民文學出版社，二〇〇四年。【編按】此書的繁體中文版由大地出版社於二〇〇四年出版。

以毛澤東年輕時候的「湖南農民調查」為概念所完成的爭議之作。我認為是一部優秀的現地調查。傳聞中國將此書列為禁書。

（25）牛若峰、李成貴、鄭有貴等著，《中國的「三農」問題──回顧與展望》，中國社會科學出版社，二〇〇四年。

（26）陸學藝，《「三農」新論──當前中國農業、農村、農民問題研究》，社會科學文獻出版社，二〇〇五年。

一九九八年起「三農問題」逐漸檯面化，以上二書為摸索體制面解決方法的論述考察。

人口史、災害史

（27）陳正祥編著，《中国歴史・文化地理　冊》，原書房，一九八二年。

（28）胡煥庸、張善余，《中國人口地理》，華東師範大學出版社，一九八四年（上冊）、一九八六年（下冊）。

（29）葛劍雄，《西漢人口地理》，人民出版社，一九八六年。

（30）楊子慧主編，《中國歷代人口統計資料研究》，改革出版社，一九九六年。

（31）葛劍雄，《中國人口發展史》，福建人民出版社，一九九一年。

（32）石方，《中國人口遷移史稿》，黑龍江人民出版社，一九九〇年。

（33）佐藤武敏編，《中国災害史年表》，國書刊行會，一九九三年。

（34）江立華、孫洪濤，《中國流民史（古代卷）》，安徽人民出版社，二〇〇一年。

（35）鄒逸麟主編，《中國歷史人文地理》，科學出版社，二〇〇一年。

（36）凍國棟，《中國人口史——隋唐五代時期》，葛劍雄主編「中國人口史」系列全六卷之一，復旦大學出版社，二〇〇二年。

（37）張德二主編，《中國三千年氣象紀錄總集》全四冊，鳳凰出版社、江蘇教育出版社，二〇〇四年。

近年來關於反映人口爆炸與國家抑止政策等人口問題的相關歷史著作，有逐漸增多的趨勢。上海復旦大學歷史地理研究所的《中國歷史地理圖集》全八冊（一九八二—八六年）為此類研究的先驅之作，而參與出版作業的核心成員葛劍雄之前述著作，更是古代史研究者必讀之物。

各種統計資料

（38）壽孝鶴、李雄藩、孫庶玉主編，《中國省市自治區資料手冊》，社會科學文獻出版社，一九九〇年。

（39）國務院人口普查辦公室、國家統計局人口和社會科技統計司編，《中國二〇〇〇年人口普查資料》（上、中、下冊），中國統計出版社，二〇〇二年。

（40）鮮祖德主編，《二〇〇四 中國農村市場調研報告》，中國統計出版社，二〇〇四年。

（41）國家統計局城市社會經濟調查總隊、中國統計學會城市統計委員會編，《二〇〇四 中國城市發展報告》，中國統計出版社，二〇〇五年。

採用中國統計資料的時候，必須要多加「留意」，本章寫作時也意識到了這一點。

其他

（42）辻康吾，《中華曼陀羅——変わる中国、変わらない中国》，岩波書店，二〇〇四年。

將刊載於中國報章雜誌上的當代中國社會百態等內容進行編輯與介紹後所完成的力作。該書亦收錄本章所提及《中國農民調查》的部分內容。

（43）五味久壽《中國巨大資本主義的登場與世界資本主義》（批評社，二〇〇五年）

分析中國激烈變動的市場經濟現況問題的經濟學專門研究。

第二章　中國文明論　鶴間和幸

中國文明的起源

（1）夏鼐著，《中国文明の起源》，小南一郎譯，日本放送出版協會，一九八四年；《中國文明的起源》，文物出版社。

考古學者在日本的演講。以中國考古學的成果為基礎針對中國文明的起源進行討論。雖然認為中國文明受到了西方的影響，不過仍強調中國文明在中國這塊土地上獨自的起源與發展。

（2）費孝通等著，《中華民族多元一體格局》，中央民族學院出版社，一九八九年。

一九八八年社會學者費孝通於香港中文大學的演講。多民族國家的中國以漢族占了絕大多數，而五、六個民族的統合即為中華民族的概念。費孝通以雖然多元卻也具備一體性質的概念，提出理解中國的理論架構。

（3）王震中，《中國文明起源的比較研究》，陝西人民出版社，一九九四年。

（4）蘇秉琦著，《新探中国文明の起源》，張明聲譯，言叢社，二〇〇四年。《中國文明起源新探》，香港商務印書館，一九九七年；北京三聯書店，一九九九年。

該作不將中原與漢族視為中國文明的中心，而提出「六大文化區系類型理論」：北方（燕山南北長城）、東方（山東）、中原（關中、山西南部、河南西部）、東南（太湖）、南部（鄱陽湖～珠江三角洲）、西南（洞庭湖～四川盆地）等六個地區（區系）及其分歧（類型）。以此為根基再進一步提出中國國家形成的發展理論（從夏商周等古國到春秋戰國的方國，再發展到秦漢帝國）。

（5）張光直著，《古代中国社会——美術・神話・祭祀》，伊藤清司、森雅子、市瀨智紀譯，東方書店，一九九四年。

（6）林巳奈夫，《中国文明の誕生》，吉川弘文館，一九九五年。

（7）張光直著，《中国古代文明の形成》，小南一郎、間瀨收芳譯，平凡社，二〇〇〇年。《中國青銅時代二集》，三聯書店，一九九〇年。與不重視相連性的西亞文明不同，中國文明以大自然與人類之間的相連性為特徵，並充分發展玉與青銅器在政治上的象徵意涵。

（8）李學勤主編，《中國古代文明與國家形成研究》，雲南人民出版社，一九九七年。中國社會科學院歷史研究所的研究者針對夏商周三時期的文明起源與國家形成所完成的研究。

（9）《中華文明史（上）（下）》（光明日報出版社，二〇〇三年）近年可以看到將中國文化史作為一個文明加以追溯的出版物。還有很多是彩色圖文版的作品。

長江文明論

（10）中尾佐助，《栽培植物と農耕の起源》，岩波書店，一九六六年。

（11）渡部忠世，《稲の道》，日本放送出版協會，一九七七年。

（12）徐朝龍，《長江文明の発見——中国古代史の謎》，角川書店，一九九八年、二〇〇〇年。中尾佐助、佐佐木高明、渡部忠世將喜瑪拉雅南側中腹地段，雲南、中國南部、日本列島南半部的照葉林（青剛櫟、錐栗等葉面具有光澤的常綠闊葉林）文化之共通性作了論述。稻、茶、絹、漆，Narezushi（熟れ鮨；利用米飯與鹽巴使魚肉乳酸發酵的握壽司）、味噌、納豆、酒類發酵食品、番薯等，此類共通文化會讓這些地區的人感到親切。自從四川省的三星堆挖掘出了獨特的青銅器遺跡後，把長江流域從黃河流域切割出來的主張便一直持續發展。

（13）佐藤洋一郎，《イネが語る日本と中国——交流の大河五〇〇〇年》，農山漁村文化協會，二〇〇三年。

釐清中國文明需要自然科學者的力量。雖然知道稻子中有分秈米與秈稻二種類，但仍須憑藉DNA的分析技術才能明白這兩種稻子方別是利用個別野生稻種栽種而成。研究者在浙江省河姆渡遺跡中發現到有芒的野生稻種，發表秈米的長江起源說，批判原本的阿薩姆雲南起源說。

（14）《黃土高原とオルドス——中国西北路寧夏・陝北調查記》，勉誠社，一九九七年。

中日研究團隊在遍布宛如葉脈般的浸蝕溝的黃土高原上，進行實地研究調查，針對該區域上的長城史跡、長城以北適合遊牧的草原以及面臨到的沙漠化問題進行記錄。提供讀者思考文明與自然關係的線索。

（15）《黃土高原の自然環境と漢唐長安城》，勉誠出版，二〇〇〇年。

實際到黃土高原這個寒冷乾燥的自然環境中走上一遭，便能夠發現不管是都市建設或水利建設等人類充滿歷史感的生活營運技術，是在自然環境調和的過程中產生的。伴隨著地下水位的上昇造成鹽分被析出至地表上的所謂鹽害現象該如何解決，更是人類必須以智慧去面對的課題。

東亞海文明

（16）西嶋定生，《東アジア世界と日本》，「西嶋定生東亞論集」第四卷，岩波書店，二〇〇二年。

西嶋定生的東亞世界論是以東亞世界對於共有文化（漢字、儒家、律令、漢譯佛教）的認識開始，所展開的論述，並指出文化傳播現象的背後有著以中國王朝作為中心的所謂「冊封體制」這樣的國際關係存在。雖然有批評指出這是基於中國史的立場或是以中國作為中心的見解，不過仍為朝鮮史與日本史研究者共同接受之論點。

（17）古厩忠夫，《裏日本——近代日本を問いなおす》，岩波書店，一九九七年。

所謂的「裏日本」，指的是以中央集權式經濟效率主義作為目標的日本所創造出來的區域，本研究以歷史學的方法進行分析，使其作為環日本海區域交流活動的指針。今日，圍繞著環日本海、環黃海等海域的中國、韓國、日本、俄羅斯等國的經濟交流活動極為興盛，故人的建議可說已得到承續。

中國文化論（言語、風物、飲食）

（18）安藤彥太郎，《中国語と近代日本》，岩波書店，一九八八年。

曾有中國年輕人笑著對我喊著「meshi meshi」。他們雖然知道那是電影中日本軍人所使用的日語，不過當知道這其實是「飯飯進上（meshi meshi shin jou）」帶有輕蔑語氣的用語後都嚇了一跳。該書對於日本人的「輕蔑現代中國與尊崇古典中國」雙重中國觀，提出了警語。

（19）竹內實、羅漾明對談，《中国生活誌——黄土高原の衣食住》，大修館書店，一九八四年。

稀飯就是中文裡的粥，文學家竹內實詢問是否以米飯較少的粥為主食，在山西省長大的羅漾明表示粥就像是味噌湯，主食是饅頭。原本以為喝茶在中國是一項很普遍的習慣，不過羅漾明表示對於位在北方的山西省來說，茶葉乃是貴重之物，因此平常都是喝熱開水。本生活誌介紹了許多顛覆日本人認知的區域生活習慣。

（20）陳舜臣、陳謙臣，《日本語と中国語》，德間文庫，一九八五年。

中文「我姓陳」的「姓」乃是動詞，因此日文與其理解成「我的姓是陳」，不如翻譯成「我姓作陳」才比較接近原本中文的語感。日本人由於使用漢字文化的因此常會有誤解偏見。科舉考試狀元所說的方言，皇帝聽得一頭霧水，不過即使發音不同，但只要透過書寫便能夠溝通無礙，是一件了不起的事情。首都北京的語言同樣也是一種方言，中國通常不說標準語，而是將其稱為「普通話」，代表可以通行全國的語言之意。

（21）寺尾善雄，《中国伝来物語》，河出書房新社，一九八二年。

收集列舉了為數可觀、從中國傳到日本的文化。納豆、豆腐、湯葉、甘草（砂糖）、素麵、烏龍麵、蕎麥麵、水果（果物）、點心（菓子）、味噌、醬油、壽司、生魚片等，與其說是充滿中國文化的日本，不如說重新實際感受到日本列島中的大陸文化旋風。中國文明離日本並不遙遠。

（22）袁枚著，《隨園食單》，青木正兒譯注，岩波書店，一九八〇年。
該書透過將各種食材與料理系統化的方式解說中國菜的傳統奧義。「天下原本有五味，不可將其混為一味」、「關於出菜的方式，首先要出的是番薯，味淡之物後出為佳」等，解說非常引人入勝，可學習到中國菜的文明。
(23)青木正兒，《華国風味》，岩波書店，一九八四年。
中國文學家使用文獻資料訴說中國菜的歷史。在〈粉食小史〉中提到餅、麵、饅頭的歷史乃從《周禮》開始。中國南方雖然能夠生產出黏度足夠的優質稻米，不過北方人卻不喜愛這味。在北京煮米飯的時候，使用飯鍋煮好米飯後，會將帶有黏性的米湯倒掉，然後放進蒸籠裡蒸，我們應該要去了解這些飲食文化的地方差異。

第三章　中國人的歷史意識　上田信

(1)Maurice Frydman著，田村克己、瀬川昌久譯，《中国の宗教と社会》，弘文堂，一九九五年。
【編按】該書譯自*Chinese Lineage and Society: Fukien and Kwangtung*。
(2)聶莉莉等編著，《大地は生きている——中国風水の思想と実践》，てらいんく，二〇〇〇年。
(3)瀬川昌久，《客家——華南漢族のエスニシティーとその境界》，風響社，一九九三年。
(4)瀬川昌久，《族譜——華南漢族の宗族・風俗・移住》，風響社，一九九六年。
(5)瀬川昌久，《中国社会の人類学——親族・家族からの展望》，世界思想社，二〇〇四年。
(6)瀬川昌久，《中国人の村落と宗族——香港新界農村の社会人類学的研究》，弘文館，一九九一年。
(7)末成道男編，《中原と周辺——人類学的フィールドからの視点》，風響社，一九九九年。
(8)曽士才、西澤治彥、瀬川昌久編，《暮らしがわかるアジア読本・中国》，河出書房新社，一九九五年。
(9)吉原和男、鈴木正崇、末成道男編，《「血縁」の再構築——東アジアにおける父系出自と同姓結合》，風響社，二〇〇〇年。

（10）Margery Wolf著，《リン家の人々——台湾農村の家庭生活》，中生勝美譯，風響社，一九九八年。【編按】該書譯自*The House of Lim: A Study of a Chinese Farm Family*。

（11）潘允康著，《変貌する中国の家族——血統社会の人間関係》，園田茂人監譯，岩波書店，一九九四年。

（12）西澤治彥，《中国映画の文化人類学》，風響社，一九九九年。

（13）野村浩一、高橋滿、辻康吾編，《もっと知りたい中国II——社会・文化篇》，弘文堂，一九九一年。

第四章　世界史中的中國——中國與世界　葛劍雄

（1）George Macartney著，《中国訪問使節日記》，坂野正高譯注，平凡社，一九七五年。【編按】該書譯自*The Journal of the Embassy to China in 1792,1793,1794*。

（2）堀敏一，《中國と古代東アジア世界——中華的世界と諸民族》，岩波書店，一九九三年。

（3）濱下武志，《近代中国の国際的契機》，東京大學出版會，一九九〇年。

（4）平川祐弘，《マッテオ・リッチ傳》，平凡社，一九六九年。

（5）Marco Polo著，《東方見聞錄》，愛宕松男譯注，平凡社，一九七一年。【編按】該書譯自*The Travels of Marco Polo*，中文譯本可參考《馬可波羅行記》，馮承鈞譯，臺灣商務印書館，二〇〇〇年。

（6）A.G. Frank著，《リオリエント——アジア時代のグローバル・エコノミー》，山下範久譯，藤原書店，二〇〇〇年。【編按】該書譯自*ReOrient: Global Economy in the Asian Age*。

第五章　中國史中的日本　王勇

日文書籍

（1）武安隆、熊達雲，《中国人の日本研究史》，東アジアのなかの日本歷史12，六興出版，一九八九年。

（2）佐藤三郎，《中国人の見た明治日本——東遊日記の研究》，東方書店，二〇〇三年。
（3）石曉軍，《『点石斎画報』にみる明治日本》，東方書店，二〇〇四年。
（4）伊東昭雄等，《中国人の日本人観100年史》，自由國民社，一九七四年。
（5）王勇，《中国史のなかの日本像》，農山漁村文化協會，二〇〇〇年。
（6）Allen S. Whiting著，《中国人の日本観》，岡部達味譯，岩波書店，二〇〇〇年。【編按】該書譯自*China Eyes Japan*。
（7）佐佐木揚，《清末中国における日本観と西洋観》，東京大學出版會，二〇〇〇年。
（8）王敏編著，《「意」の文化と「情」の文化——中国における日本研究》，岡部明日香等譯，中央公論新社，二〇〇四年。

中文書籍

（9）石曉軍，《中日兩國相互認識的變遷》，臺灣商務印書館，一九九二年。
（10）張哲俊，《中國古代文學中的日本形象研究》，北京大學出版社，二〇〇四年。
（11）王曉平，《近代中日文學交流史稿》，湖南文藝出版社，一九八七年。
（12）嚴紹盪，《中日古代文學關係史稿》，湖南文藝出版社，一九八七年。
（13）陳永明，《我的日本觀》，日本僑報，二〇〇〇年。

第六章　日本人眼中的中國　礪波護

（1）對外關係史總合年表編輯委員會編，《対外関係史総合年表》，吉川弘文館，一九九九年。
（2）外務省編《日本外交年表竝主要文書（上）（下）》，原書房，一九六五、六六年。
（3）上山春平，《受容と創造の軌跡——日本文明史の構想》，「日本文明史」第一巻，角川書店，一九九〇年。
（4）礪波護，《中国（上）》，「地域からの世界史」第二巻，朝日新聞社，一九九二年。
（5）礪波護、武田幸男，《隋唐帝国と古代朝鮮》，「世界的歴史」第六巻，中央公論社，一九九七年。

(6)礪波護，《隋唐の仏教と国家》，中央公論社，一九九九年。

(7)尾藤正英編，《日本文化と中国》，「中國文化叢書」第十巻，大修館書店，一九六八年。

(8)大庭修、王曉秋編，《歴史》，「日中文化交流史叢書」第一巻，大修館書店，一九九五年。

(9)村上哲見，《漢詩と日本人》，講談社，一九九四年。

(10)宮崎市定，《古代大和朝廷》，筑摩書房，一九八八年、一九九五年。

(11)西嶋定生，《邪馬台国と倭国——古代日本と東アジア》，吉川弘文館，一九九四年。

(12)池田溫，《東亞アジアの文化交流史》，吉川弘文館，二〇〇二年。

(13)倭人傳之道研究會、朝日新聞西部本社企劃部編，《「幻の女王・卑彌呼」邪馬台国への道——古代日本ナゾとロマン》，朝日新聞社，一九八〇年。

(14)大橋一章、谷口雅一，《隠された聖徳太子の世界——復元・幻の天寿国》，日本放送出版協會，二〇〇二年。

(15)森克己，《遣唐使》，至文堂，一九五五年。

(16)東野治之編，《遣唐使船——東アジアのなかで》，「朝日百科・日本的歴史」別冊，「歴史を読みなおす」第四巻，朝日新聞社，一九九四年。

(17)古瀬奈津子，《遣唐使の見た中国》，吉川弘文館，二〇〇三年。

(18)吉田孝，《日本の誕生》，岩波書店，一九九七年。

(19)網野善彥，〈「日本」とは何か〉，「日本的歴史」系列，講談社，二〇〇〇年。

(20)神野志隆光，《「日本」とは何か——国号の意味と歴史》，講談社，二〇〇五年。

(21)京都國立博物館編，《特別展覧会　倭国——邪馬台国と大和王権》，毎日新聞社，一九九三年。

(22)專修大學、西北大學共同研究計畫編，《遣唐使の見た中国と日本——新発見「井真成墓誌」から何がわかるか》，朝日新聞社，二〇〇五年。
（23）《遣唐使が見た中国文化》，奈良縣立橿原考古學研究所附屬博物館，一九九五年。
（24）《遣唐使と唐の美術》，朝日新聞社，二〇〇五年。
（25）宮田俊彦，《吉備真備》，吉川弘文館，一九六一年。
（26）《特別展——天平》，奈良國立博物館，一九九八年。
（27）井上靖，《天平之甍》，中央公論社，一九五七年。
（28）宮崎市定，《日出づる国と日暮るる処》，星野書局，一九四三年；中央公論社，一九九七年。
（29）佐伯有清，《最後の遣唐使》，講談社，一九七八年。
（30）佐伯有清，《悲運の遣唐僧——円載の数奇な生涯》，吉川弘文館，一九九九年。
（31）森克己，《增補日宋文化交流の諸問題》，「森克己著作選集」第四巻，國書刊行會，一九七五年。
（32）佐藤春夫，《釈迦堂物語》，平凡社，一九五七年。
（33）石井正敏，〈入宋巡禮僧〉，收入荒野泰典等編《アジアのなかの日本史V——自意識と相互理解》，東京大學出版會，一九九三年。
（34）《波涛をこえて——古代・中世の東アジア交流》，石川縣立歷史博物館，一九九六年。
（35）《日中歷史海道二〇〇〇年》，神戶市立博物館，一九九七年。
（36）村井章介，《東アジア往還——漢詩と外交》，朝日新聞社，一九九五年。
（37）上垣外憲一，《日本文化交流小史——東アジア伝統文化のなかで》，中央公論社，二〇〇〇年。
（38）《鎌倉への海の道》，「神奈川藝術祭・特別展圖錄」，神奈川縣立金澤文庫，一九九二年。
（39）國立歷史民俗博物館編，《陶磁器の文化史》，歷史民俗博物館振興會，一九九八年。
（40）國立歷史民俗博物館編，《東アジア中世海道——海商・港・沈沒船》，每日新聞社，二〇〇五年。
（41）唐權，《海を越えた艶ごと——日中文化交流秘史》，新曜社，二〇〇五年。
（42）史跡足利學校事務所、足利市立美術館編，《足利学校——日本最古の学校　学びの心とその流れ》，足利市教育委員會，二〇〇四年。
（43）東方學術協會編，《文久二年上海日記》，全國書房，一九四六年。
（44）加藤周一等編、芝原拓自等著，《対外観》，「日本近代思想大系」第十二巻，岩波書店，一九八八年。
（45）支那問題辭典編輯部編，《支那問題辭典》，中央公論社，一九四二年一月。
（46）竹內實，《日本人にとっての中国像》，春秋社，一九六六年。
（47）《中華人民共和国出土文物展》，朝日新聞東京本社企劃部，一九七三年。
（48）東京國立博物館、ＮＨＫ、ＮＨＫ promotion 編，《シルクロード——絹と黄金の道》，ＮＨＫ，二〇〇二年。
（49）清水美和，《中国はなぜ「反日」になったか》，文藝春秋，二〇〇三年。

日中交流史年表

西曆	日中關係史	中國（中）與日本（日）的主要事件
西元前一六〇〇左右		（中）殷商開始。
一〇五〇左右		（中）西周成立，殷商滅亡。
七七〇		（中）周朝東遷，春秋時代開始。
四〇三		（中）戰國時代開始（～前二二一）。
二二一		（中）秦朝統一中國。
二〇六		（中）秦朝滅亡。
二〇二		（中）西漢成立。
一四一		（中）漢武帝即位。
一三九		（中）張騫被派往大月氏。
一〇八		（日）此時倭人分為「百餘國」（《漢書・地理志》）。

三三	此時倭的「百餘國」中的一部分，通過樂浪郡向中國朝貢（《漢書・地理志》）。	
八	出現王中之王，通過樂浪與漢朝交涉（福岡・三雲南小路遺跡的王墓，福岡・須玖岡本遺跡的王墓）。	
西元二五		（中）東漢成立。
五七	倭奴國王向東漢朝貢，東漢光武帝授予印綬（《後漢書・》東夷傳）（於福岡・志賀島發現「漢委奴國王」金印）。	
一〇七	倭國王帥升等人向東漢朝貢，獻生口一百六十人（《後漢書・東夷傳》）。	
一四〇		（日）此時《魏志》倭人傳記載的國家或已存在。
一八四		（中）黃巾之亂。
一八九		（日）「倭國大亂，更相攻伐，歷年無主」（《後漢書・東夷傳》）。隨著東漢的衰敗，伊都國失去威望。各國間不再維持勢力均衡，各勢力群起爭鬥，倭國持續沒有國王存在。

二二〇	卑彌呼的公孫氏外交〔東大寺山古墳〔奈良・四世紀中葉〕出土刻有年號「中平」的鐵刀〕。	（中）東漢滅亡，三國時代開始。
二三九	女王卑彌呼派遣大夫難升米、次使都市牛利等人至帶方郡，請求朝獻魏國明帝。十二月，魏明帝賜卑彌呼「親魏倭王」之稱號（《魏志倭人傳》）。	（日）此時由卑彌呼（～二四八）統治邪馬臺國。
二四〇	帶方郡太守弓遵派遣使者建中校尉梯儁，將詔書與印綬帶往倭國，並賜予錦、白絹、金、刀與百枚銅鏡等（《魏志倭人傳》）。	
二四三	倭王遣派使者八人赴魏，獻上生口、倭錦等。使者獲賜印綬（《魏志倭人傳》）。	
二四七	倭國的女王卑彌呼與狗奴國的男王卑彌弓呼交戰。魏少帝指派塞曹掾史張政等人攜帶詔書、黃幢前往倭國，授與倭史難升米檄文、告諭倭人（《魏志倭人傳》）。	
二四八	壹與護送魏使張政等人返國，並獻呈男女生口三十人等給魏帝（《魏志倭人傳》）。	（日）卑彌呼在這段時期死去。「卑彌呼以死，大作冢，徑百餘步，殉葬者奴婢百餘人。更立男王，國中不服，更相誅殺，當時殺千餘人。復立卑彌呼宗女壹與，年十三為王，國中遂定。」（《魏志倭人傳》）

二六六	倭王遣使向晉武帝獻貢。倭使者正好遇到武帝即位首次的祭天儀式。	
二八〇		（中）西晉，中國統一。
三〇四		（中）進入五胡十六國時期。
三一七		（中）東晉成立。
三五〇		（日）大和政權成立。
四二〇		（中）東晉滅亡。宋成立（南朝）。
四二一	倭王讚，遣使入宋。	
四二五	倭王讚，遣使入宋。	
四三〇	倭王，遣使入宋。	
四三八	倭王珍（讚之弟），遣使入宋，封安東大將軍、倭國王。	
四三九		（中）北魏統一華北（南北朝開始）。
四四三	倭王濟，遣使入宋，封安東大將軍、倭國王。	
四五一	倭王濟，遣使入宋。	
四六〇	倭王，遣使入宋。	
四六二	倭王的世子興，遣使入宋，封安東大將軍。	
四七七	倭王，遣使入宋。	

四七八	倭王武（興之弟），遣使入宋上表，封安東大將軍。	
四八五		（中）北魏，實施均田制。
五三八		（日）佛教傳至日本。
五八九		（中）隋，中國統一。
六〇〇	日本派遣隋使。	
六〇七	日本派遣隋使（小野妹子等人），並攜帶國書（「日出處天子……」）。	
六〇八	小野妹子攜隋使裴世清一同返日。隋使入京。由小野妹子等人送隋使回國，高向玄理、僧旻、南淵請安也一同被派往隋朝。	
六〇九	小野妹子返回日本。	
六一四	日本派遣隋使（犬上御田鍬等人）。	
六一五	犬上御田鍬返回日本。	
六一八		（中）唐朝成立。
六三〇	日本派遣唐使（犬上御田鍬等人）。	
六三二	犬上御田鍬、僧旻等人返回日本。唐朝使者前往日本（於隔年一月返回中國）。	

六四〇　南淵請安、高向玄理返回日本。

六四五　（日）乙巳之變（大化革新）。中大兄皇子、中臣鎌足等暗殺蘇我入鹿。

六五三　日本派遣唐使。

六五四　日本派遣唐使。前年度遣唐使回國。

六五五　遣唐使回日本。（日）皇極女帝「重祚」（復辟）（齊明天皇）。

六五九　日本派遣唐使。

六六一　遣唐使回日本。（日）齊明天皇逝於朝倉宮。

六六三　倭、百濟軍與唐、新羅軍發生戰爭，倭於白村江大敗。

六六五　唐使劉德高等赴日。

六六九　日本派遣唐使。

六七一　唐使郭務悰等赴日。（日）天智天皇逝於近江宮。隔年六七二年，發生仁申之亂。

七〇一　任命遣唐使（粟田真人、山上憶良等）（日）大寶律令。

七〇二　遣唐使出發。

七〇四　遣唐使歸國。

七一〇		（日）遷都平城京。
七一二		（日）太安萬侶撰《古事記》。
七一三		（中）玄宗，開元之治。
七一六	任命遣唐使（多治比縣守等。下道真備、玄昉、阿倍仲麻呂等亦同行）。	
七一七	授予遣唐使節刀。	
七一八	遣唐使歸國。	（日）撰定養老律令。
七三二	任命遣唐使（多治比廣成等人。榮叡、普照等亦同行）。	
七三三	遣唐使從難波津出發。	
七三五	遣唐使返回日本。吉備真備除引回唐禮，另獻上唐朝的文物。	
七三六	入唐副使中臣名代等人帶唐僧道璿、波羅門僧菩提僊那等人赴日。	
七三七		（日）天花大流行。
七四六	計畫派遣唐使，但最後中止。	
七五〇	任命遣唐使（藤原清河等人）。	
七五一	吉備真備被任命為遣唐副使。	

七五二	賜遣唐使節刀。	（日）大佛開眼供養。孝謙天皇出巡東大寺。
七五五		（中）安史之亂。
七五六		（日）聖武太上天皇逝世。
七五八	唐朝傳來爆發安史之亂的消息。	
七六一	任命仲石伴等人為遣唐使。	
七七一	建造遣唐使船。	（日）東大寺興建完工。
七七五	任命遣唐使（佐伯今毛人等人。今毛人並未前往唐朝）。	
七八〇		（中）實施兩稅法。
七八一		（日）皇太子山部即位，為桓武天皇。
七九四		（日）坂上田村麻呂征討蝦夷。遷都平安京。
八〇三	授遣唐使節刀。遣唐使遇船難，遣唐大使藤原葛野麻呂奉還節刀。	
八〇四	授予遣唐大使藤原葛野麻呂節刀。遣唐使船自肥前出發。	
八〇五	遣唐大使返日，奉還節刀。空海抵達福州。最澄抵達天台山國清寺。	
八三四	藤原常嗣、小野篁等被任命為遣唐使。	

八三五		（中）唐宰相、李訓策劃誅殺宦官，但失敗（甘露之變）。
八三六	遣唐使船出航，漂流到了新羅。而後再度出航，仍遭難，漂流到了肥前等地。	
八三七	遣唐使船再度出航，仍遇船難。	
八三八	遣唐使船出航，圓仁等人同行。遣唐副使小野篁稱病未出航，後遭流放。遣唐大使藤原常嗣等人前往長安，圓仁等人等待天台山的入山許可。藤原常嗣抵達長安。	
八三九	遣唐大使返回日本，奏上大唐敕書。	
八四〇	遣唐使第二船漂流到了大隅。圓仁進長安城。	（中）唐武宗即位。自八四五年開始會昌毀佛。
八四七	圓仁返日。	
八五三	圓珍順搭唐商船前赴唐朝。	
八五四		（日）圓仁任天台座主。
八五八	圓珍返日。	
八六一	真如法親王，為了前往唐朝抵達了大宰府。	
八七五		（中）黃巢之亂（～八八四）。

八九四	菅原道真被任命為遣唐大使。菅原建言廢止遣唐使。	（日）廢止遣唐使。
九〇七		（中）唐朝滅亡，五代十國開始。
九一六		（中）契丹（遼）成立。
九三五		（日）發生承平、天慶之亂（～九四一）。
九六〇		（中）趙匡胤（宋太祖）建立宋。
九七九		（中）宋太宗統一中國。
九八六	源信《往生要集》傳入宋朝。隔年九八七年　然返國，入京並攜回佛像、經論。	
一〇〇三	寂照入宋。源信遣弟子寂照攜《天台宗疑問二十七條》向宋朝僧侶求教。	
一〇〇四	寂照謁見宋真宗。	（中）宋與契丹訂定澶淵之盟。
一〇一四	遣使至藤原實資的領地、筑前國高田牧，打算要向人在大宰府的宋醫僧購買藥品。	
一〇一六		（日）藤原道長攝政。
一〇一九	刀伊（女真族）入侵對馬、壹岐、筑前（刀伊入寇）。	
一〇三八		（中）西夏（党項）成立。

一〇六九		（中）王安石變法（～一〇七六）。
一一一五		（中）金（女真）成立。
一一二六		（中）靖康之變。
一一二七		（中）北宋滅亡。南宋成立。
一一五一	大宰府檢非違所別當，於箱崎、博多審判（檢斷），沒收宋人王昇後家等一千六百家的資產。	
一一五六		（日）保元之亂。
一一五九		（日）平治之亂。
一一六七	居住在博多的宋人為了明州（寧波）寺廟的道路修建分別捐獻錢十貫文。重源，入宋。	（日）平清聖，任太政大臣。
一一六八	榮西，入宋。同年，重源、榮西自宋返回日本。	
一一七二	宋朝贈送後白河法皇‧平清盛國書與唐物。	
一一七三	後白河法皇賜宋使者贈物，平清盛回送返牒。	
一一七九	平清盛向皇太子獻呈從宋朝帶回的《太平御覽》。	
一一八〇		（日）源賴朝舉兵。
一一八五		（日）平氏亡於壇之浦之戰。同年，東大寺大佛開眼供養。

一一八七	榮西，再度入宋。	
一一九二		（日）源賴朝任征夷大將軍。
一一九九	俊芿前往宋朝。	
一二〇六		（中）成吉思汗即位，蒙古帝國成立。
一二一一	俊芿從宋返日。	
一二一六	源實朝計畫渡宋。命令陳和卿監造大型船隻，不過未能建造出堪用船隻，因此打消了隔年渡宋的念頭。	
一二二一		（日）後鳥羽天皇下旨追討北條義時，但最後仍敗給幕府軍（承久之亂）。
一二三四		（中）蒙古滅金。
一二四六	蘭溪道隆從宋朝前赴日本，任泉湧寺來迎院住持。	（日）北條時賴掌權。
一二五四	幕府限制入港宋船數目為五艘。	
一二六〇	宋僧、兀庵普寧赴日。	（日）日蓮撰《立正安國論》。
一二七一		（中）忽必烈定國號為大元（元建國）。
一二七二	無象和尚隨同蘭溪道隆前往陸奧國松島。	

一二七四		（日）文永之役。
一二七七	日本的貿易船隻聽聞宋朝滅亡後逃回日本。	
一二七九	無學祖元受北條時宗之邀聘，自寧波經博多入鎌倉。	（中）南宋滅亡。
一二八一		（日）弘安之役。
一二八六	建長寺住持、圓覺寺的始祖無學祖元去世。	（日）幕府進行弘安之役的論功行賞。
一二九七		（日）永仁德政令發布。
一二九九	元朝使節一山一寧，攜帶元成宗的國書抵達日本。	
一三二五	中巖圓月前往元朝（一三三二年返回日本）。	
一三三三	中巖圓月獻「上建武天子書」給天皇。	（日）鎌倉幕府滅亡。
一三三八		（日）足利尊氏任征夷大將軍。室町幕府成立。
一三四二	足利直義派遣天龍寺船前往元朝。	
一三五一		（中）紅巾之亂（～一三六六）。
一三六八		（中）朱元璋建立明朝（洪武帝）。
一三六九	倭寇襲擾明朝沿岸地區。明洪武帝向懷良親王要求杜絕倭寇。	
一三七〇	明使趙秩前往大宰府。倭寇襲擾明朝沿岸。	

一三七一	懷良親王接受趙秩之言，遣僧祖來赴明。明朝冊封懷良為「日本國王」。	
一三七二	明使仲猷祖闡、無逸克勤抵達博多，但九州探題今川了俊拘留該行使節。	（中）明遠征北元，敗退。
一三七三	明使上京。足利義滿派遣聞溪良宣陪同明使返國，將倭寇俘虜一百五十人返還明朝。	（中）制定大明律。
一三七四	義滿的使節入明，但遭拒。	
一三七六	絕海中津等人自明朝返回日本。	
一三八〇	懷良親王・義滿的使節欲入明，但遭拒。	（中）明朝廢中書省，強化皇帝權力。
一三八一	日本僧使如瑤入明，明太祖斥責日本無禮。	（中）發布里甲制，隔年一三八二年恢復科舉。
一三八六	明朝林賢利用日本兵謀反被發覺。明太祖與日本斷交。	
一三九二		（日）南北朝統一。
一四〇一	義滿派遣肥富、祖阿等人赴明。	（中）燕王舉兵南下直逼京師（南京）。
一四〇二	遣明使祖阿返回日本，明使到達日本。義滿於北山第接見明使。	（中）明惠帝焚死，燕王即位（永樂帝）。
一四〇四	明使攜帶勘合符前往日本，足利義滿接見。勘合貿易開始。	

一四〇五		（中）鄭和第一次下西洋（～一四〇七）。
一四〇八	義持通報義滿之死訊。接受明朝冊封為日本國王。	（中）鄭和第二次下西洋（～一四〇九）。
一四一一	義持拒絕明使入洛，驅之返明。與明朝交往陷入中斷。	
一四一九		（日）應永外寇。
一四二一		（中）永樂帝，遷都北京。
一四三二	義教派遣遣明船。	
一四三四	遣明船、明使歸回日本，日本與明朝關係回復。	
一四四一		（日）義教被赤松滿祐殺害（嘉吉之亂）。
一四六七	桂庵玄樹、雪舟等人前往明朝。	（日）發生應仁・文明之亂。
一四九五	成為日後勘合貿易日方使者的宋素卿被帶往日本。	
一四九六		（日）蓮如建蓋石山本願寺。
一四九八	幕府的遣明使返回日本。	
一五〇六	宋素卿擔任細川氏遣明船的綱司，出航明朝。	
一五一〇	足利義澄命宋素卿為正使，派遣前往明朝。	

一五一三	遣明使了庵桂悟等人，伴陶工祥瑞（五郎大夫）一同歸國。	
一五二三	細川高國、大內義興分別遣使前往明朝，兩團使節於寧波發生衝突。	
一五二七	足利義晴向明朝請求勘合符與金印。	（中）蒙古與倭寇對明朝的威脅日益升高（北虜南倭）。
一五三〇	幕府回應大內義隆的請求，准許了遣明船的恢復。	（中）於北京建設天壇、方丘。
一五三九	幕府派遣湖心碩鼎等人前往明朝請求勘合符。此一時期，前往日本的明船數量增加。	
一五四一	幕府的遣明使湖心碩鼎等人返回日本。	
一五四三		（日）葡萄牙人航抵種子島。
一五四六	明人停泊清淨花院進行商賣。	
一五四七	最後的遣明使策彥周良從肥前五島出發。	
一五四九	策彥周良拜謁明世宗。	（日）沙勿略航抵鹿兒島。
一五五五	明使鄭舜功航抵豐後，請求鎮壓倭寇。	（中）倭寇侵至南京。
一五九〇		（日）豐臣秀吉統一全日本。

一五九二	小西行長於平壤與明朝沈惟敬進行和平談判交涉。	（日）豐臣秀吉出兵朝鮮（文祿之役，～一五九六）。 （中）明朝派遣援軍至朝鮮。
一五九三	接受沈惟敬的議和提議，休戰。秀吉向明使表明議和的條件。	
一五九四	小西行長的使者內藤如安，拜謁明神宗，神宗同意與日議和。	
一五九六	豐臣秀吉於大坂城會見明使，但拒絕了明朝的冊封，決定出兵朝鮮。	
一五九七	明朝軍、朝鮮軍，圍攻蔚山城。	（中）播州之役（～一六〇〇）。
一五九八	明朝、朝鮮兩國水師，阻止日本撤退。李舜臣戰死。	（日）日本軍從朝鮮撤兵。
一六〇〇	明軍自朝鮮退兵。	（日）關原之戰。東軍勝西軍。
一六〇三		（日）德川家康任征夷大將軍，江戶幕府成立。
一六〇九		（日）荷蘭船隻請求進入平戶通商。荷蘭人建立商館。同年，幕府與葡萄牙斷交。
一六一〇	德川家康送書簡給明朝福建總督，求取勘合符。	

一六一一	明朝商人被允許於長崎進行貿易。	
一六一三		（日）幕府禁基督教。
一六一六	限定中國以外的外國船隻只能到長崎與平戶。	
一六三一		（中）李自成之亂（～一六四五）。
一六三五		（日）禁止日本人搭船出國及歸國。
一六三六		（中）後金改國號為清。
一六三七		（日）島原之亂（～一六三八）。
一六三九		（日）開始實施鎖國令（～一八五四）。
一六四四		（中）明朝滅亡，清朝開始統治中國。
一六四五	明朝鄭芝龍等人請求援兵，但日本於隔年拒絕。	
一六四六		（中）鄭芝龍投降清朝。
一六五四	明僧隱元（黃檗宗）赴日。	
一六五八	幕府沒有回應鄭成功請求援兵的要求。	
一六五九		（中）鄭成功進攻南京，但失敗。
一六六一		（中）康熙即位。鄭成功占領臺灣（～一六八三）。

一六七三		（中）吳三桂雲南叛亂，三藩之亂（～一六八一）。
一六七八	平南王尚之信致書予長崎奉行。	（中）吳三桂稱帝，但不久後病死。
一六八三		（中）清廷消滅鄭氏，領有臺灣。
一六八八	限制中國可以進長崎的船隻數量為七十艘。於長崎設立唐人屋敷（唐館），隔年完工。	（日）元祿時代（～一七〇三）
一六八九		（中）清與俄劃定國界（《尼布楚條約》）。
一七一五	幕府限制與中國、荷蘭的貿易（正德新例）。	
一七一六		（日）德川吉宗任第八代將軍。開始享保改革。
一七一七	中國商船私商貿易興盛。幕府將在長崎的中國貿易量增為年四十艘，銀額八千貫目。	（中）於部分地方實施地丁銀制度。
一七一九	幕府隔年開始，將長崎與中國貿易量減為三十艘、新銀四千貫目。	
一七二三		（中）清朝嚴禁基督教。
一七二六	幕府命令薩摩藩等十五藩驅逐清朝的私商貿易船隻。	
一七三五		（中）乾隆即位。

一七四六	幕府強化在長崎貿易的限制措施。長崎的唐人屋敷發生暴動，死傷者共計十八人。	
一七四九	長崎的中國商船貿易，預計增加清船數量十五艘，提高貿易額。	
一七五七		（中）清朝限定外國貿易於廣東。
一七五八		（中）清朝平定準噶爾部。
一七五九		（中）清朝平定回部，改稱新疆。
一七六三	幕府以不具效用為由，禁止廣東人蔘的販賣。	
一七六四	幕府為了提振對清貿易，獎勵乾鮑等海產品的增產。	
一七八七		（日）寬政改革（〜一七九三）。
一七九〇	幕府將對清貿易船數減為一年十艘。	
一七九六		（中）川楚教亂（白蓮教亂）（〜一八〇四）。
一八一三		（中）英國取消東印度公司的貿易獨占權。
一八二一	於長崎，清朝人對於加強取締奉行所的動作不滿，發生暴動。	
一八二五		（日）發布外國船驅逐令（異国船打払令）。

一八三五	幕府下令嚴格取締長崎奉行貿易。	
一八四〇		（中）鴉片戰爭（～一八四二）。
一八四一		（日）天保改革（～一八四四）。
一八五一		（中）太平天國之亂（～六四）。
一八五三		（日）培里率艦叩關浦賀。
一八五四		（日）簽訂《日美親善條約》（日米和親条約）。
一八五六		（中）亞羅號事件。第二次鴉片戰爭（英法聯軍）（～一八六〇）。
一八五八		（日）安政大獄。兩年後櫻田門外事變。
一八六〇		（中）洋務運動（～一八九四）。同治中興（～一八七四）。
一八六七		（日）大政奉還。王政復古。
一八七一	上海、長崎間海底電線鋪設完畢。於天津簽訂《中日修好條規》（日清修好条規），是為最早的平等條約。	（日）廢藩置縣。
一八七三	清朝大臣向日本副使柳澤前光言明，「臺灣生蕃乃化外之民」。	

一八七四	內閣會議通過《臺灣蕃地處分要略》。陸軍中將西鄉從道被指派征討臺灣（臺灣出兵）。參議木戶孝允不滿出兵臺灣的決議，遞出辭呈。三菱商會被委託負責出兵臺灣的軍事輸送。日本從臺灣撤兵。【編按】此即「牡丹社事件」。	（日）民撰議院設立建白書。 （中）光緒皇帝，四歲即位（～一九〇八）。
一八八五	日本與清朝簽訂《中日天津條約》，決議中日兩國同時從朝鮮撤兵，兩國均不得派員至朝鮮教練。	（日）創設內閣制度。
一八八九		（日）大日本國憲法公布。
一八九〇		（中）天壇祈年殿完成。 （日）第一屆帝國議會召開。
一八九四	為了對抗清朝派兵朝鮮，日本派遣了海軍陸戰隊（六月）。陸奧宗光外相，向清朝提議聯合鎮壓東學黨之亂以及共同改革朝鮮（清朝拒絕）。豐島海戰，日本與清朝開戰。對清宣戰。擬定對清戰略。黃海海戰（九月）。日本第一軍進攻滿洲。第二軍占領旅順（十一月）。美國報紙《紐約世界報》（*New York World*）報導日軍於旅順的屠殺行為。	（中）朝鮮國王請求清朝派兵協助鎮壓東學黨之亂（五月）。

一八九五	日本御前會議討論議和條件。第二軍占領威海衛。第二軍占領營口。清朝大臣李鴻章抵達馬關，開始進行談和交涉（三月）。日本公使為伊藤博文與陸奧宗光。簽訂《馬關條約》（四月）。清朝承認朝鮮獨立，割讓遼東半島、臺灣、澎湖列島，支付賠償金二億兩。	（日）三國干涉還遼。俄德法要求日本將遼東半島歸還清朝。日本政府發表歸還遼東半島的聲明（四～五月）。
一八九八	日本御前會議討論對清及對韓政策。與清朝交換不割讓福建省的公文。康有為、梁啟超失勢，亡命日本。	（中）戊戌政變。
一八九九	伊藤博文於御前會議報告清韓視察結果。黑田清隆、西德二郎等人，模擬推演清韓的局勢。	（中）義和團事變（～一九〇一）。
一九〇〇	日本決定加入八國聯軍出兵北京（六月）。	（中）八國聯軍攻入北京。
一九〇一	日本對於是否將庚子事變賠償金列入一般財源產生爭論。簽訂《辛丑條約》（九月）。	（中）慈禧太后、光緒皇帝返回北京（二月）。
一九〇四		（日）日俄戰爭（～一九〇五）。
一九〇五	清朝與日本簽訂《滿洲善後條約》，日本接收俄國的利權。孫文逃亡至東京，組織中國革命同盟會。	（日）簽訂《朴資茅斯條約》（日露講和条約）。
一九〇六		（日）南滿洲鐵道會社成立。

一九〇八	第二次桂太郎內閣成立，發表十二條政綱，指稱清朝乃「東洋的禍源」。	（中）光緒皇帝、慈禧太后逝世。宣統皇帝（溥儀）即位。
一九〇九	清朝與日本締結關於間島問題的《間島條約》，以及關於滿洲五個案件的《東三省交涉五案條款》，日本強化了鐵道權，取得撫順、煙臺煤礦的開採權。	
一九一〇		（日）日本吞併韓國（日韓併合）。
一九一一		（中）辛亥革命爆發。
一九一二		（中）中華民國成立。清朝滅亡。
一九一三	孫文逃亡日本。袁世凱軍隊占領南京，發生日本人殺害事件。	（中）袁世凱就任大總統（～一九一六年）。
一九一四	日軍占領青島。外務大臣加藤高明訓令駐華公使日置益提出《二十一條要求》。	（日）第一次世界大戰，日本參戰。對德宣戰（八月）。
一九一五	日本公使日置益向中國政府提出《二十一條要求》（一月）。上海出現「國民對日同志會」（之後激化為抵制日貨運動）。日本提出《二十一條要求》的最後通牒。中國接受日本所提的《二十一條要求》（五月）。	（中）袁世凱稱帝。

一九一六	日本內閣會議，確定反袁世凱的方針。	（中）段祺瑞內閣成立。
一九一七	日本興業銀行等提供五百萬日圓借款給中國交通銀行（西原借款之始）。日本內閣會議確定了提供段祺瑞內閣財政援助，而不援助南方派的方針。	（中）文學革命。
一九一八	簽訂《中日共同防敵軍事協定》。日本內閣會議決議暫緩對中借款，以免助長中國軍閥的南北爭亂。	（中）軍閥割據開始（～一九二八）。
一九一九	北京發生五四運動。抗日風潮蔓延各地。	（日）巴黎和會（四月）。德國利益轉讓給日本。
一九二一	滿鐵事件問題（於眾議院）。	（中）中國共產黨成立。
一九二二	中日兩國簽署《解決山東懸案條約》（日本交還膠州灣租借地等）。	（日）《華盛頓海軍條約》（ワシントン海軍軍縮条約）。
一九二三	中國政府向日本要求廢止《二十一條要求》，以及歸還旅順、大連。	（日）關東大地震。
一九二四	日本政府宣布不干涉中國內政、維護滿蒙利權等原則。	（中）第一次國共合作。
一九二五		（中）孫文逝世。五三〇事件。

一九二六		（中）開始北伐（～一九二八）。
一九二七	南京事件。國民革命軍襲擊包括日本在內的各國領事館，英美砲擊報復（三月）。日本第一次出兵山東（五月）。	（日）金融恐慌。 （中）國民政府於南京成立。
一九二八	日本第二次出兵山東。濟南慘案。張作霖被炸事件（當時日本稱為滿洲某重大事件）。	（中）蔣介石就任國民政府主席（～一九三一）。
一九二九	日本政府正式承認中國國民政府。日本政府發表張作霖被炸事件的處分名單。濱口內閣提出革新對華外交、促進軍縮、整頓財政、實行金解禁等十大政綱。	（日）民政黨濱口雄幸內閣成立（～一九三一）。
一九三〇	簽訂《中日關稅協議》。	（日）黃金出口解禁（一月）。簽署《倫敦海軍條約》（ロンドン海軍軍縮条約）（四月）。 （中）國共內戰開始（～一九三六）。
一九三一	柳條湖事件（滿洲事件、九一八事變）爆發（九月）。朝鮮軍越境往滿洲出動。中國向國際聯盟申訴日本柳條湖事件。日本政府聲明關於滿洲事件的不擴大方針。國際聯盟決議日本須從滿洲撤兵（十月）。	（日）第二次若槻禮次郎　閣總辭。犬養毅內閣再度禁止黃金出口（十二月） （中）中華蘇維埃共和國於瑞金。

一九三二	上海事變（一二八事變）（一月）。國際聯盟理事會警告日本於上海的戰鬥行為。滿洲國建國宣言（三月）。簽訂《上海停戰協定》（淞滬停戰協定）（五月）。簽訂《日滿議定書》，日本承認滿洲國（九月）。李頓調查團送達報告書給日本政府（十月）。	（日）五一五政變。海軍將校暗殺首相犬養毅。 （中）國民黨軍發動第四次圍剿。國民政府與蘇聯恢復邦交（六月）。
一九三三	關東軍入侵華北。日本軍占領通州。關東軍與中國軍隊簽訂《塘沽停戰協定》（五月）。	（日）退出國際聯盟（三月）。
一九三四	滿洲國實施帝制。執政溥儀成為皇帝（三月）。滿鐵亞洲號開始運轉。	（中）中國共產黨長征開始（～一九三六）。
一九三五	滿洲國皇帝溥儀赴日（四月）。	（中）中國共產黨發表「抗日八一宣言」。
一九三六	廣田弘毅發表演說（廣田三原則），提出：中日合作、承認滿洲國、共同防共。	（日）二二六事件。前首相齋藤實、大藏省大臣高橋是清（財經首長）遭暗殺。 （中）西安事變（十二月）。

一九三七	中日兩軍於盧溝橋發生衝突，中日戰爭爆發（七月）。關於日華紛爭，國際聯盟總會決議日本之行動違反《九國公約》與非戰條約。日本軍占領南京，發生大屠殺事件（十二月）。日本的「北支那方面軍」於北京成立中華民國臨時政府（十二月）。	（中）第二次國共合作（九月）。國民政府遷都重慶（一一月）。
一九三八	日本大本營舉行御前會議，決定支那事變（七七事變）處理根本方針（一月）。日本的「中支那派遣軍」，在南京成立中華民國維新政府（三月）。日軍攻占武漢三鎮（十月）。汪精衛逃離重慶，於河內主張對日和平交涉（十二月）。	（日）實行《國家總動員法》（五月）。
一九三九	滿洲與外蒙兩國於滿蒙邊境發生軍事衝突，引發諾門罕戰役（五月）。日軍封鎖位於天津的英法租界（六月）。	（日）《德蘇互不侵犯條約》簽訂。平沼內閣總辭（八月）。德軍入侵波蘭，第二次世界大戰爆發（九月）。
一九四〇	汪精衛成立南京政府。華北共產黨軍對日本軍發動大規模攻擊。	（日）日軍入侵法屬印度支那。簽訂《德義日三國同盟條約》（三國公約）。

一九四一	關東軍特別大演習（關特演），於滿洲集中了七十萬兵力（九月）。重慶國民政府向德義日宣戰（十二月）。	（日）簽訂《日蘇中立條約》（四月）。日軍入侵法屬印度支那（七月）。全面禁止對日本出口石油（八月）。東條英機內閣成立（十月）。日本攻擊珍珠港，對美英宣戰（十二月）。
一九四二	日軍浙贛會戰（五月）。美英中蘇於重慶舉行作戰會議（十月）。	（日）中途島海戰大敗，海軍損失四艘航空母艦（六月）。美軍開始登陸瓜達康納爾島（八月）。
一九四三	蔣介石任國民政府主席（九月）。開羅會議，中美英首腦協議對日政策（十一月）。日本與汪精衛政權簽訂《日華同盟條約》，《日華基本條約》失效。	（日）阿圖島守軍全數陣亡（五月）。舉行大東亞會議（十一月）。
一九四四	豫湘桂會戰（四月）。日軍緬甸雲南守備隊被重慶軍包圍殲滅（九月）。	（日）塞班島全軍覆沒。中斷英帕爾戰役，東條內閣總辭（七月）。雷伊泰灣海戰聯合艦隊被摧毀（十月）。B29首次空襲東京（十一月）。
一九四五	蘇聯軍入侵滿洲。皇帝溥儀退位，滿洲國滅亡（八月）。在中國的日軍簽訂投降文書（九月）。國共內戰開始（十月）。	（日）美軍登陸沖繩（四月）。廣島、長崎被投下原子彈，日本接受《波茨坦宣言》（八月）。
一九四六	國共於滿洲發生軍事衝突，進入戰爭狀態（三月）。六月，停戰（國共滿洲停戰協定）。	（日）日本國憲法公布。

一九四七	中共於滿洲成立人民政府（九月）。	
一九四八	國共內戰激烈化。	（日）極東國際軍事裁判判決。
一九四九	中華人民共和國成立（十月）。國民黨政府移往臺灣。	
一九五〇		（中）《中蘇友好同盟互助條約》簽訂（二月）。中國人民志願軍前往朝鮮（十月）。
一九五一	《舊金山和約》簽訂。北京及臺北皆未出席（九月）。	
一九五二	簽訂《中日和平條約》（日華平和条約）（四月）。	
一九五三		（中）中國第一次五年計畫（一月）。
一九五五	周恩來、高碕達之助會談（四月）。	
一九五八	發生長崎國旗事件（五月）。	（中）開始人民公社制度。
一九五九	石橋湛山前首相訪問北京（九月）。	（中）中印邊境紛爭，西藏叛亂（三月）。毛澤東辭去國家主席，由劉少奇接任（四月）。中蘇對立白熱化。
一九六〇		（日）簽訂新的《美日安保條約》（一月）。國民抗議運動（安保鬥爭）（六月）。

一九六二	廖承志與高碕達之助簽訂《中日長期綜合貿易備忘錄》。LT貿易開始（十一月）。	（中）中印國境紛爭（十月）。
一九六四	互派常駐新聞記者，互設LT貿易聯絡代表機構（四月）。	（中）中國進行核爆實驗（十月）。
一九六六	禁止原子彈氫彈爆炸大會（原水禁大會）拒絕中國代表團的出席（七月）。	（中）文化大革命開始（八月）。
一九六七	中國外交部驅逐三名日本人記者（九月）。	（中）中國首次氫彈實驗（六月）。
一九六九		（中）珍寶島事件。中蘇於國境發生武力衝突（三月）。
一九七〇		（日）《美日安保條約》自動延長（六月）。
一九七一		（中）聯合國通過中華人民共和國之中國代表權（十月）。
一九七二	田中角榮首相訪問中國，簽署《中日聯合聲明》（中日建交公報）。終止兩國戰爭狀態，國交正常化（九月）。	（中）尼克森訪中，簽署《上海公報》（二月） （日）琉球交還日本（沖繩返還）（五月）。
一九七六		（中）周恩來逝世（一月）。毛澤東逝世（九月）。
一九七八	簽訂《中日友好和平條約》（日中平和友好条約）（八月）。	（中）確定「四個現代化」路線（一二月）。

一九八一		（中）鄧小平、胡耀邦體制確立。
一九八二	中國對於日本的教科書審查標準表達抗議。關於教科書問題，韓國與亞洲各國也對日本進行批判（七月）。文部省對於近現代史的記述方式表示「將從國際理解和國際協調的觀點出發」，進行必要的考慮（十一月）。	（日）第一次中曾根康弘內閣成立（一一月）。
一九八四		《中英聯合聲明》（香港返還協定）（九月）。中蘇外交部長會談（十一月）。
一九八七		（中）胡耀邦卸任中國共產黨總書記職務（一月）。
一九八九		（中）天安門事件（六月）。 （日）昭和天皇駕崩（一月）。
一九九二	天皇首次訪問中國。	
一九九三		（日）細川護熙聯合內閣成立（八月）。
一九九七	橋本龍太郎首相訪問中國，訪問柳條湖（九月）。	（中）鄧小平逝世。
一九九八	江澤民國家主席訪問日本。強調日本的戰爭責任（十一月）。	

一九九九	小淵惠三首相訪問中國（七月）。	（中）中華人民共和國成立五十周年紀念（一〇月）。
二〇〇〇	朱鎔基總理訪日（十月）。	
二〇〇一	上海APEC會議（十月）。中國、臺灣獲准加入WTO（十一月）。	（日）小泉純一郎首相參拜靖國神社（八月）。
二〇〇二		（中）中共第十六次全國黨代表大會，胡錦濤就任總書記。
二〇〇三	中美韓三邊會談於北京釣魚台迎賓館正式展開（四月）。六方會談於釣魚台迎賓館舉行（八月）。	（中）胡錦濤就任國家主席（三月）。成功發射載人太空船（十月）。
二〇〇四	第二次六方會談於北京召開（二月）。	（日）派遣自衛隊前赴伊拉克（一月）。
二〇〇五	中國各地發生反日遊行，抗議日本小泉純一郎首相參拜靖國神社，以及日本的戰爭責任。上海的日本總領事館遭受攻擊（四月）。	（中）載人太空船「神州六號」順利著陸，兩名太空人平安歸國（十月）。

A History of China 12
NIHON NI TOTTE CHUUGOKU TOWA NANIKA
©Isamu Ogata、Kazuyuki Tsuruma、Makoto Ueda、Jian Xiong Ge、Yong Wang、Mamoru Tonami 2005
Original Japaness Edtion published by KODANSHA LTD.
Complex Chinese publishing rights arranged with KODANSHA LTD.
through AMANN CO.,LTD., Taipei.
Complex Chinese edition copyright ©2017
by The Commercial Press, LTD.
All Right Reseved.
本書由日本講談社授權臺灣商務印書館發行繁體字中文版，版權所有，未經日本講談社書面同意，不得以任何方式作全面或局部翻印、仿製或轉載。
本書內文圖片由達志影像授權使用。
ISBN 978-957-05-3073-5

中國・歷史的長河

12

日本人眼中的中國

過去與現在

初版一刷—2017年3月
初版五刷—2018年6月
定價—新台幣500元

作者　尾形勇、鶴間和幸、上田信、葛劍雄、王勇、礪波護
譯者　陳柏傑
發行人　王春申
總編輯　李進文
編輯指導　林明昌
主編　王育涵
封面設計　吳郁婷
內頁編排　菩薩蠻
地圖繪製　吳郁嫻
印刷　沈氏藝術印刷股份有限公司
出版發行　臺灣商務印書館股份有限公司
地址　23141新北市新店區民權路108-3號5樓
電話　(02) 8667-3712
傳真　(02) 8667-3709
讀者服務專線　0800056196
郵撥　0000165-1
傳真　ecptw@cptw.com.tw
網路書店網址　www.cptw.com.tw
臉書　facebook.com.tw/ecptw
部落格　blog.yam.com/ecptw
局版北市業字第993號

日本人眼中的中國：過去與現在／尾形勇、鶴間和幸、上田信、葛劍雄、王勇、礪波護著；陳柏傑譯.-- 初版.-- 新北市：臺灣商務，2017.3
面；14.8x21公分
ISBN 978-957-05-3073-5（平裝）

1. 中日關係 2. 外交史

643.1　　106001849

廣　告　回　信
板橋郵局登記證
板橋廣字第1011號
免　貼　郵　票

23141
新北市新店區民權路 **108-3** 號 **5** 樓
臺灣商務印書館股份有限公司　收

請對摺寄回，謝謝！

傳統現代　並翼而翔

Flying with the wings of tradtion and modernity.

讀者回函卡

感謝您對本館的支持，為加強對您的服務，請填妥此卡，免付郵資寄回，可隨時收到本館最新出版訊息，及享受各種優惠。

■ 姓名：＿＿＿＿＿＿＿＿ 性別：□ 男 □ 女

■ 出生日期：＿＿＿＿年＿＿＿＿月＿＿＿＿日

■ 職業：□學生 □公務(含軍警) □家管 □服務 □金融 □製造 □資訊 □大眾傳播 □自由業 □農漁牧 □退休 □其他

■ 學歷：□高中以下（含高中）□大專 □研究所（含以上）

■ 地址：

＿＿＿＿＿＿＿＿＿＿＿＿＿＿＿＿

＿＿＿＿＿＿＿＿＿＿＿＿＿＿＿＿

■ 電話：(H) ＿＿＿＿＿＿＿＿ (O) ＿＿＿＿＿＿＿＿

■ E-mail：＿＿＿＿＿＿＿＿＿＿＿＿＿＿＿＿

■ 購買書名：＿＿＿＿＿＿＿＿＿＿＿＿＿＿＿＿

■ 您從何處得知本書？

□網路 □DM廣告 □報紙廣告 □報紙專欄 □傳單

□書店 □親友介紹 □電視廣播 □雜誌廣告 □其他

■ 您喜歡閱讀哪一類別的書籍？

□哲學・宗教 □藝術・心靈 □人文・科普 □商業・投資

□社會・文化 □親子・學習 □生活・休閒 □醫學・養生

□文學・小說 □歷史・傳記

■ 您對本書的意見？（A/滿意 B/尚可 C/須改進）

內容 ＿＿＿＿ 編輯＿＿＿＿ 校對＿＿＿＿ 翻譯＿＿＿＿

封面設計＿＿＿＿ 價格＿＿＿＿ 其他＿＿＿＿

■ 您的建議：＿＿＿＿＿＿＿＿＿＿＿＿＿＿＿＿

＿＿＿＿＿＿＿＿＿＿＿＿＿＿＿＿

※ 歡迎您隨時至本館網路書店發表書評及留下任何意見

臺灣商務印書館 The Commercial Press, Ltd.

23141 新北市新店區民權路 108-3 號 5 樓 電話：(02)8667-3712

讀者服務專線：0800-056196 傳真：(02)8667-3709

郵撥：0000165-1號 E-mail：ecptw@cptw.com.tw

網路書店網址：www.cptw.com.tw 網路書店臉書：facebook.com.tw/ecptwdoing

臉書：facebook.com.tw/ecptw